복 있는 사람

오직 여호와의 율법을 즐거워하여 그 율법을 주야로 묵상하는 자로다.
저는 시냇가에 심은 나무가 시절을 좇아 과실을 맺으며 그 잎사귀가 마르지 아니함 같으니
그 행사가 다 형통하리로다. (시편 1:2-3)

책을 읽는 동안 내내 그리스도를 아는 일의 신학적 기초, 성경적 예증, 경건적 의향에서 마음의 눈길을 뗄 수가 없었다. 그와 동시에 낭패감과 수치심에 사로잡혔다. 그리스도와의 깊은 관계를 그토록 강조하고 기독론을 여러 차례나 가르친 나 자신이면서도, 그리스도를 아는 지식이 너무 빈약함을 절감한 때문이다. 예루살렘에 있으면서도 왕의 얼굴을 뵙지 못한 격이라고나 할까? 이 책은 그리스도에 대한 우리의 고질적 피상성을 고치는 데 더할 나위 없이 안성맞춤으로 여겨진다. 각 장당 길이도 너무 길지 않고 번역도 부드럽게 잘 되어 있어, 27일간의 경건한 읽기 devotional reading를 시도하는 것은 어떨까 생각해 본다. 이 책으로 인해 우리 한 사람 한 사람 마음의 왕좌마다 그리스도께서 좌정하시기를! 더 많은 이들의 심령 가운데 그리스도를 참되이 아는 지식이 견고히 자리 잡기를!

송인규 한국교회탐구센터 소장

오늘날 조국 교회가 겪고 있는 아픔의 많은 부분이 그리스도를 아는 지식의 부재로 인한 것이라, 여기 이처럼 귀한 책이 나오게 된 것을 두손 벌려 환영하고 축하한다. 대학 시절 읽었던 패커의 『하나님을 아는 지식』을 통해 받았던 충격이 아직도 생생한데, 이제 패커가 상찬한 마크 존스의 『그리스도를 아는 지식』이 조국 교회 전체에 신선한 충격을 주어 참된 성숙과 부흥의 귀한 열매가 풍성히 맺히기를 기대하는 마음으로 기쁘게 추천한다.

화종부 남서울교회 담임목사

저자는 이 소중한 책을 저술함으로써, 저자 자신이 책 첫머리에 기록한 베드로후서의 한 구절, 즉 "구주 예수 그리스도의 은혜와 그를 아는 지식에서 자라가라" 3:18는 말씀에 대한 순종의 열매를 맺은 셈이다. 이제 독자들은 이 책 덕분에 기독교 정통신앙의 초석에 굳건히 설 수가 있게 되었다. 예수 그리스도와 그의 은혜를 아는 것만이 우리 신자들의 흔들림 없는 고백의 토대이기 때문이다. 저자는 이 책을 통해 예수 그리스도께 영광을 올려 드림으로써, 실로 예수 그리스도의 사랑을 넘치게 알기를 바라는 바울 사도의 간구엡 3:18-19에 대한 응답의 사례를 보여준다. 이 책을 읽는 독자들 또한 이러한 응답의 복을 족히 누리게 될 것을 확신한다. 독자들이 이 책에서 그리스도에 관한 교리를 넘어 그리스도 그분을 만나게 될 것을 기대하면서 참으로 기쁘게 일독을 권한다.

김병훈 합동신학대학원대학교 조직신학 교수

이 책은 한 신학자가 그가 사랑하고 섬기는 그리스도에 대해 사유한 결과물이다. 그는 성경 속에서 우리가 그리스도에 관해 생각하고 배울 수 있는 다양한 주제들을 선택하고 그 하나하나에 대해 깊은 사유를 펼쳐 간다. 그 주제에 관한 성경의 가르침을 차근차근 되짚고, 청교도를 비롯한 신앙 선배들의 생각을 빌려 더 깊은 깨우침을 돕는다. 이 책을 읽는 경험은 저자와 더불어 그리스도에 이르는 여러 오솔길을 하나씩 산책하는 것과 같다. 그가 던지는 생각이나 그가 소개하는 선배들의 지혜도 멋지지만, 사실 이는 우리 자신이 그 아름다운 오솔길을 직접 걷고 맛보도록 돕는 수단에 가깝다. 그래서 멀리서 대충 보면 뻔해 보일 법도 한 책이지만, 저자와 더불어 그리스도를 향한 배움과 사유의 길을 직접 걷는 이들에게는 친근하면서도 때로는 놀라운 멋진 동반자 노릇을 해줄 것이다. 죽이 맞는 맞장구든 혹은 열띤 토론이든, 저자와 더불어 '예수를 깊이 생각하는' 사유의 오솔길을 걸어 보시기를 권한다.

권연경 숭실대학교 기독교학과 교수

예수 그리스도는 신앙과 성경의 목적이며 역사와 우주의 중심이다. 그 사실을 가장 잘 드러낸 신학자들 가운데 청교도가 있다. '청교도의 황태자'라 불리는 존 오웬은, 그리스도의 인격과 직무에 대한 계시는 교회를 위한 다른 모든 가르침 위에 있고 교회의 모든 문제를 해결하는 기초라고 선언했다. 마크 존스의 이 책은 바로 그 가장 중요한 가르침을 현대적 언어로 너무나 멋지게 풀어냈다. 그는 단지 청교도들(차녹, 플라벨, 굿윈, 오웬 등)과 개혁주의자들(칼뱅, 에드워즈, 워필드, 바빙크, 카이퍼, 보스 등)의 작품을 줄줄 인용하는 식으로 글을 쓰지 않았다. 그들 작품의 진수를 담아내면서도 그들 신학의 참된 정신을 본받아 성경에서부터 직접 예수 그리스도에 대한 보석과 같은 가르침들을 찾아내어 오늘날 기독인의 삶을 위해 적용한다. 그러기에 책을 읽을수록 가슴이 뜨거워지고, 기도의 무릎을 꿇게 되며, 주어진 삶을 더욱 그리스도인답게 살고 싶다는 결심에 이르게 된다. 그리스도에 대한 올바른 지식은 더 높은 영적 세계와 더 깊은 참 지혜에 대한 갈망으로 우리를 이끈다. 결코 얇다고 할 수 없는 책을 다 읽었을 때, 다음과 같은 아쉬움(?)이 생기는 것도 그런 까닭이다. '좀 더 길게 써 줬으면 좋았을 것을!' 한마디로 말해, 이 책은 복음이다.

우병훈 고신대학교 신학과 교수

모든 하나님의 사람들은 그리스도 예수를 아는 지식에서 자라가야 한다. 이 책은 이 목적을 높은 수준까지 충족시켜 준다. 저자는 왕성한 집필가요 탁월한 개혁파 신학자이지만 무엇보다 나는 이 책을 읽으면서 그의 목회자적 심장과 섬세한 언어에 감동했다. 그는 청교도의 숨결이 느껴지는 '목회자 겸 신학자'이다. 그는 두껍지 않은 이 책에서 기독론의 전 영역을 다 포괄하되 자신의 학술적 연구까지 일상의 언어로 담았으며, 일반 학자들의 관심 밖에 있는 목회적 주제까지 망라했다. 학술적 깊이와, 체계적 배열과, 목회적 적용까지 다 훌륭하다. 예수를 잘 안다고 생각하는 사람에게 실은 그분을 잘 알고 있지 못했다는 사실을 알게 하는 책이라고 확신하며 일독을 추천한다.

한병수 전주대학교 교목

청교도들이 차린 만찬 석상에서 오랜 시간 향유하던 저자는, 만찬의 제일 특별한 부분을 선별하여 우리에게 내밉니다. 그 음식은 청교도들이 가장 사랑했고 저자가 가장 사랑하는 분으로서, 친히 자기 자신을 '내가 생명의 떡이다!'요 6:35라고 외치시는 분이시지요. 저자가 묘사하고 성경이 말하는 그리스도는 숨이 멎도록 아름답고 탁월한 분입니다. 그래서 저자를 따라 그리스도를 바라보다 보면, 우리의 마음 역시 그분께 매료됩니다. 그 묘사는 사변적이기보다는 성경적이며, 청교도들의 가르침 아래 있으나 놀랍도록 현대적이고 적실한 적용이 반영되어 있습니다. 이 책을 따라 그리스도를 묵상하십시오. 그러면 본서에 인용된 한 청교도의 고백처럼, 여러분 역시 이렇게 외치게 될 것입니다. '나는 그분을 미미하고도 미미하게 소유했도다! 하지만 나는 더 갈망하리.'

이정규 시광교회 담임목사

이 책은 '지식에 넘치는 그리스도의 사랑'을 더 잘, 혹은 처음 알도록 독자들을 돕는다는 점에서 영원히 교회를 섬길 작품이다. 높이 평가하며 추천한다.

리처드 개핀 웨스트민스터신학교 명예교수

그리스도를 아는 지식

Knowing Christ _Mark Jones

Knowing Christ

그리스도를
아는 지식

마크 존스 지음·오현미 옮김

복 있는 사람

그리스도를 아는 지식

2017년 8월 2일 초판 1쇄 발행
2022년 12월 12일 초판 3쇄 발행

지은이 마크 존스
옮긴이 오현미
펴낸이 박종현

(주) 복 있는 사람
주소 서울특별시 마포구 연남동 246-21(성미산로23길 26-6)
전화 02-723-7183, 7734(영업·마케팅)
팩스 02-723-7184
이메일 hismessage@naver.com
등록 1998년 1월 19일 제1-2280호

ISBN 978-89-6360-226-4 03230

이 도서의 국립중앙도서관 출판예정도서목록(CIP)은
서지정보유통지원시스템 홈페이지(http://seoji.nl.go.kr)와 국가자료공동목록시스템
(http://www.nl.go.kr/kolisnet)에서 이용하실 수 있습니다. (CIP 제어번호: 2017016679)

Knowing Christ
by Mark Jones

Copyright ©2015 by Mark Jones
Originally published in English under the title
Knowing Christ by Mark Jones
by The Banner of Truth Trust, 3 Murrayfield Road, Edinburgh EH12 6EL, UK
P.O. Box 621, Carlisle, PA 17013, USA
All rights reserved.

This Korean edition Copyright ©2017 by The Blessed People Publishing Co.,
Seoul, Republic of Korea.
Translated and used by permission of The Banner of Truth Trust
through rMaeng2, Seoul, Republic of Korea.

이 한국어판의 저작권은 알맹2 에이전시를 통하여 The Banner of Truth Trust와 독점 계약한 (주) 복 있는 사람
에 있습니다. 신저작권법에 의하여 한국 내에서 보호받는 저작물이므로 무단 전재와 무단 복제를 금합니다.

케이티, 조슈아, 토머스, 매튜에게

"오직 우리 주 곧 구주 예수 그리스도의 은혜와 그를 아는 지식에서 자라가라.
영광이 이제와 영원한 날까지 그에게 있을지어다."

베드로후서 3:18

차례

한국어판 서문 012
J. I. 패커의 서문 014
감사의 말 017
들어가는 말 019

01 } 그리스도의 선언 024
02 } 그리스도의 엄위 036
03 } 그리스도의 언약 048
04 } 그리스도의 성육신 058
05 } 그리스도의 신성 073
06 } 그리스도의 인성 085
07 } 그리스도의 동행 101
08 } 그리스도의 믿음 115
09 } 그리스도의 감정 125
10 } 그리스도의 성장 138
11 } 그리스도의 성경 읽기 150
12 } 그리스도의 기도 162
13 } 그리스도의 무죄하심 174

14} 그리스도께서 받으신 시험　　　　　　　　186

15} 그리스도의 낮아지심　　　　　　　　　198

16} 그리스도의 변화　　　　　　　　　　　214

17} 그리스도께서 행하신 기적　　　　　　　224

18} 그리스도께서 남기신 말씀　　　　　　　237

19} 그리스도의 죽음　　　　　　　　　　　252

20} 그리스도의 부활　　　　　　　　　　　267

21} 그리스도의 높아지심　　　　　　　　　281

22} 그리스도의 대언　　　　　　　　　　　292

23} 그리스도의 백성들　　　　　　　　　　305

24} 그리스도의 진노　　　　　　　　　　　316

25} 그리스도의 얼굴　　　　　　　　　　　326

26} 그리스도의 이름　　　　　　　　　　　339

27} 그리스도의 직분　　　　　　　　　　　354

맺는 말　　　　　　　　　　　　　　　　　372

주　　　　　　　　　　　　　　　　　　　375

스터디 가이드　　　　　　　　　　　　　　386

한국어판 서문

저의 책 『그리스도를 아는 지식』$^{Knowing\ Christ}$이 '복 있는 사람'을 통해 이렇게 한국어판으로 출간되어 그 서문을 쓰는 특권을 누리게 되었습니다. 이 책이 한국어로 번역된 것이 저에게는 매우 큰 영광인데, 몇 가지 이유가 있습니다. 첫째, 시간과 노력을 들여 읽어 볼 만하다고 여겨지는 책이 다른 나라 말로 번역 출간되는 것을 저는 결코 사소하다 여기지 않기 때문입니다. 둘째, 동료 그리스도인들이 그리스도에 관한 책을 읽을뿐더러 또한 우리 모두가 공유하는 공통의 신앙에 대해 공부한다는 사실을 아는 것은 제가 생각하기에 하나님께서 기뻐하실 일이기 때문입니다. 마지막으로, 교회는 늘 진리를 학습하고 진리를 수호하며 진리를 사랑해야 하기 때문입니다. 여러분들이 지금 손에 들고 있는 이 책을 두고 제가 기도하는 마음으로 소망하고 기대하는 바는, 이 책이 이런 식으로 한국 교회가 복을 받는 데 기여했으면 하는 것입니다.

이미 이 책을 읽은 분들의 말을 들어 보니, 책을 읽어 나가는 데 상당한 노력과 묵상이 요구된다고 합니다. 무엇이든 우리 삶에서 가치 있는 것에 이르기 위해서는 어느 정도의 어려움이 불가피하다는 사실을 우리가 알게 되기를 기도합니다. 예수 그리스도를 아는 지식 또한 예외가 아닙니다.

이처럼 우리가 여기 이 땅에서 그리스도인으로 살아가면서 성령의 도움을 힘입어 하나님과 그의 아들을 알게 되는 것으로 인해 하나님께서 영광 받으시기를 원합니다. 그렇게 예비할 때에 우리는 천국에서 성삼위 하나님을 알게 될 것입니다.

"영생은 곧 유일하신 하나님과 그가 보내신 자 예수 그리스도를 아는 것이니이다." 요 17:3

캐나다 밴쿠버에서,
마크 존스

J. I. 패커의 서문

청교도는 성경을 사랑했고, 성경을 깊이 파고들었다. 또한 청교도는 주 예수를 사랑했으니, 물론 주 예수는 성경의 중심 인물이다. 청교도는 주 예수를 중심으로 모였고, 주 예수께 집중했으며, 성경이 주 예수에 대해 말하는 모든 내용을 면밀히 연구했고, 설교와 찬양과 기도를 통해 쉼 없이 그리고 성실하게 주 예수를 높였다. 마크 존스는 다방면에서 정평 있는 청교도 사상 전문가로, 그 자신이 성경과 성경이 말하는 그리스도를, 그리고 성경과 그리스도를 주해하는 이들인 청교도를 사랑한다. 마크 존스는 이 삼위일체적 사랑을 바탕으로, 고전적 개혁주의 전통과 청교도를 따라 구주에 관한 진리를 더할 나위 없이 탁월하게 풀어놓는 이 기념할 만한 책을 썼다. 이 책은 21세기를 살아가는 우리 영혼을 풍성하게 할 생각으로 집필된 책으로, 이 책을 소개하는 것이 나로서는 큰 영광이다.

그런데 바로 이 지점에 한 가지 문제가 있다. 아니, 우리에게 문제가 있다고, 어쩌면 우리가 바로 문제라고 말해야 할지도 모르겠다. 이를 비유적으로 표현한다면, 현대 서양 세계에서 영혼 따위는 작고 하찮게 취급되며, 우리는 영적 건강에 필요한 이런 자양분에 그다지 식욕을 느끼지 못한다. 그래서 우리 자신에게 몇 가지를 자문하는 게 좋을 듯하다.

지금까지 역사적 개혁주의 세계에서 가장 밝은 광선이 조명하던 모습 그대로 우리 구주를 온전하게 드러내 보여주는 그런 책을 완독한 적이 있는가? 여기 바로 그런 책이 있다. 관심 있는가?

홀로 고요히 예수를 묵상하면서 성경 구절 하나하나가 가리키는 그분의 다면적 영광을 보고 그에 따른 합당한 반응으로 자기도 모르게 다각적 찬양을 터트리는 그런 거룩한 습관을 들인 적이 있는가? 이 책은 우리가 그런 습관을 들일 수 있게 도움을 줄 것이다.

우리를 자기 형제자매로 믿고 그렇게 부르는 분, 한때 우리 죄에 대한 하나님의 보응이라는 상상할 수 없을 만큼 무서운 현실 아래서 우리 각 사람을 대신해 주신 분의 임재 앞에서 경외감을 품는가? 그분이 아니었다면 우리가 얼마나 길 잃고 헤매는 자가 되었을지 우리 자신에게 자주 일깨우며, 그분께도 자주 말씀드리기를 잊지 않는가? 아니, 그리스도인으로서 우리 마음이 혹 늘 다른 것을 향해 있는가? 이 책은 우리를 올바른 길로 인도해 줄 것이다.

그리스도, 곧 우리와 늘 함께하시겠다는 그 영광스럽고 의기양양한 약속을 우리가 소중히 여기든 소중히 여기지 않든 성령을 통해 그 약속을 지키시는 그분의 임재를 우리는 항상 인정하고 감사하는가? 이 책은 이 부분에서 우리가 그 인식을 유지할 수 있도록 도와줄 것이다.

고마워요, 마크 존스. 당신은 우리를 훌륭히 섬기고 있군요. 이제부터 이어질 지면을 통해 당신이 종합해서 보여줄 복음의 진리와 지혜, 우리에게 생기를 북돋아 줄 그 진리와 지혜의 보고에서 우리 모두가 부디 큰 유익을 얻을 수 있기를 바랍니다.

감사의 말

이 책이 세상에 나오기까지 얼마나 많은 분들이 직간접으로 도움을 주었는지 일일이 다 언급할 수 없을 정도다. 하지만 그 중 몇 분에게는 특별한 감사의 말씀을 드리지 않을 수 없다. 원고를 처음부터 끝까지 읽어 주시고 유익한 제안과 훌륭한 조언을 주신 로버트 매클비 박사님, 게리 반더빈 목사님, 짐 라이트 목사님, 케빈 존스 목사님(내 아버지), 조나단 툼즈 목사님께 감사드린다.

흔쾌히 서문을 써 주신 J. I. 패커 박사님께도 감사드린다.

책이 발간되기까지 배너 오브 트루스 트러스트 직원 분들이 멋지게 동역해 주었는데, 그렇게 함께 일하는 과정에서 새로이 우정을 맺게 된 것에 대해서도 감사드린다.

밴쿠버 페이스 장로교회 저녁 예배 때 '그리스도를 아는 지식' Knowing Christ 을 주제로 여러 편의 설교를 할 때 힘을 북돋아 준 우리 교회 교인들에게도 감사의 말씀을 전하고 싶다.

우리 가족들, 특히 이 책을 집필하는 동안 평소와 달리 '까칠하게' 굴 때가 많았던 나를 용납하고 이해해 준 아내에게 특별히 고마움을 전한다. 그리고 우리 아이들은 이런 류의 책이 실제로 왜 중요한지를 나에게 깨우쳐 주는 존재들이다. 아내 케이티와 세 아이 조슈아, 토머스, 매튜가 구주 예수 그리스도의 은혜와 그를 아는 지식에서 계속 자라가기를 바라며 이 책을 이 네 사람에게 헌정한다.

마지막으로, 수고와 노력으로 이 책을 쓰긴 했지만, 책을 쓰는 과정에서 그 수고와 노력을 훨씬 상회하는 기쁨을 느꼈다는 말을 빼놓을 수 없다. 책을 쓰는 일에는 보통 기쁨만큼 고통도 따른다. 하지만 이 책은 오로지 기쁨 위에 또 기쁨일 따름이었다. 그 이유는, 이 책의 영광스러운 주제가 그만큼 중요하기 때문일 것이다! 여러분이 "우리 주 예수 그리스도를 변함없이 사랑"엡 6:24 하는 일에 부디 이 책이 도움이 될 수 있기를 바란다.

들어가는 말

성경에 등장하는 위대한 인물 몇몇을 생각해 보라. 아브라함, 요셉, 모세, 여호수아, 룻, 다윗 왕, 엘리야, 엘리사, 요나, 느부갓네살, 다니엘, 마리아, 세례 요한, 베드로, 바울 등. 교회 역사에 등장하는 위대한 인물들은 또 어떤가. 아우구스티누스, 장 칼뱅, 조나단 에드워즈, 찰스 스펄전 등. 아니면 세계 역사 속에서 정치, 군사 영역의 위대한 영웅들을 생각해 보자. 알렉산드로스 대제, 콘스탄티누스 대제, 나폴레옹, 윈스턴 처칠 등. 이 사람들, 더 나아가 가장 위대한 성도들은 예수 그리스도와 비교해 볼 때 어떠한가? 이는 마치 에베레스트산에 한 줌의 모래알을 견주는 것과 같다.

    삼손이 힘 있다 하나 예수, 곧 능력으로 부활하신 예수의 힘과 비교할 수 있는가? 솔로몬의 지혜는 그 안에 지혜와 지식의 모든 보화가 감추어져 있는 분의 지혜와 비교할 때 어떤 지혜인가? 므두셀라의 나이를 영원히 거하시는 분의 나이와 비교할 수 있는가? 바울이 본 천국은 하늘에 계신 주님 앞에 펼쳐진 광경에 비할 수 있는가? 엘리사가 일으킨 기적을 신인神人의 성육신과 부활에 비교할 수 있는가?

그리스도인들에게는 예수를 알라는 명령이 주어져 있다. 우리는 믿음으로 말미암아 구원받는데, 이 믿음은 계속 자라가는 믿음이기도 하다. 우리는 그리스도인으로서의 삶이 시작될 때 의롭다 여김 받으며 그 뒤로도 계속 그러하지만, 복음의 진리에 동의하는 우리의 생각은 복음을 알고 예수 그리스도를 아는 지식에서 자라간다.벧후 3:18

나는 그리스도인이 된 지 얼마 안 되어(스무 살 무렵) J. I. 패커의 『하나님을 아는 지식』*Knowing God*을 읽었다. 시애틀 마리너 팀의 야구 경기가 벌어지고 있을 때였다. 책을 읽는 동안 나는 못에 박힌 듯 그 자리에서 꼼짝할 수 없었다. 책은 야구 경기보다 훨씬 더 흡입력이 있었다. 그때 나는 이미 하나님을 아는 상태였지만, 내가 바라던 그런 하나님으로 아는 것은 아니었다. 지금도 마찬가지이지만 그때의 나는 예수를 향해 "내가 믿나이다. 나의 믿음 없는 것을 도와주소서"막 9:24라고 하던 사람과 비슷했다. 하나님을 더 많이 알아가면서 나는 내가 하나님에 대해 얼마나 아는 것이 없는지를 깨달았다. 『하나님을 아는 지식』은 그리스도인으로서의 내 삶에 지대한 영향을 끼쳤고, 그 영향은 지금도 계속되고 있다. 하지만 그리스도, 곧 하나님의 아들을 아는 지식은 어떠한가?

이 책에 등장하는 영웅 중 한 사람인 존 오웬이 말하기를, 어떤 저자든 진심으로 예수를 사랑한다고 말하는 사람은 자신의 책에서 "그분의 신적神的 위격과 영광을 고유의 방식으로 증거"해야 한다고 했다. 그러고 나서 오웬은 이렇게 고백했다.

여러 가지 이유로 나는 이 헌금함에 나의 두 렙돈을 넣지 않을 수 없다고 생각했다. 그리고 나는 그렇게 하기로 선택했다. 일종의 논쟁(전에 내가 몰두했던)이 아니라 진리를 변론하며 그와 동시에 참 신자의 믿음을 강화시키고 그 믿음에 대한 지식을 세워 나가는 것을 장려하기 위해서, 그리고 이런 일들의 능력과 현실에 대해 참 신자들이 겪는, 혹은 겪을 수도 있는 체험을 보여주기 위해서 말이다.[1]

오웬의 이런 정서와 비슷하게, 이 책 또한 논쟁적이지 않다. 논쟁적이지는 않지만 그래도 신학적이다. 또한 이 책은 경건서이기도 하다(그러기를 기도한다). 이 책은 신학자들이 아니라 하나님의 백성들을 위한 책이다. 이 책은 하나님의 백성들이 그리스도의 위격을 일별할 수 있게 하려는 생각으로 쓴 책이다. 간단히 말해 내가 이 책을 쓴 것은, 사람들이 그리스도를 알되 이미 알고 있는 것보다 더 잘 알며, 그리하여 그분을 더 사랑할 수 있도록 하기 위해서다. 이 책을 성실하게 읽기 위한 하나의 자극으로서, 그리스도의 영광을 목도하는 것에 대해 오웬이 다음과 같이 논평한 말을 생각해 보라.

[그리스도의 영광을 목도하는 것은] 신자들이 이 세상에서 혹은 다가올 세상에서 누릴 수 있는 가장 큰 특권이자 진보로 손꼽힌다. 그리스도의 영광을 목도함으로써 신자들은 먼저 그 영광을 점차 본받게 되고, 이어서 그 영광을 영원히 즐거워하게 된다. 여기 이생에서 신자들이 그분의 영광을 목도하면 [그리스도의] 형상으로 변화 혹은 변모하게 되며,고후 3:18 이후로 이들은 "영원히 그와 같을" 것인데, 이는 "그의 참모습 그대로 볼 것이기 때문"요일 3:1-2이며 …… 이것이 우리 영혼의 생명이며 상급이다.[2]

아우구스티누스는 시편을 주해할 때 "시편 119편은 미뤄 두면서" 119편 주해는 "늘 내 능력의 최대 범위를 넘어서기" 때문이라고 했다.³ 사도 시대 이후 교회가 알고 있는 가장 위대한 지성知性이었을 아우구스티누스의 경우가 그러할진대, 누구든 그리스도를 아는 일에 대해 책을 쓰는 사람의 심정은 하물며 어떠할지 상상해 보라. 하지만 이런 불안감(뿐만 아니라 다른 많은 염려)을 능가하는 기쁨이 있다. 제임스 앨런 프랜시스1864-1928의 설교 '일어나시오, 기사여'에 등장하는 감동적인 문구가 바로 그런 기쁨을 불러일으킨다.

> 그는 한 외진 마을에서 촌부村婦의 아들로 태어났다. 서른 살이 될 때까지 목공소에서 일하다가 3년 동안 순회 설교자로 살았다. 그는 책 한 권 쓰지 않았다. 어떤 직분을 맡은 적도 없다. 그에게는 가정도 없었다. 집 한 채 가진 적도 없었다. 대학에도 안 다녔다. 태어난 곳에서 300킬로미터 밖으로 나가 본 적도 없다. 위대한 사람들이 흔히 하는 그런 일을 해본 적도 없다. 그에게는 자기 자신 외에 자기를 증명할 그 어떤 증명서도 없었다. 여론이 그에게 등을 돌렸을 때 그의 나이 겨우 서른세 살이었다. 친구들은 도망갔다. 그는 두 도둑 사이에서 십자가에 못 박혔다. 숨을 거둔 뒤 한 친구가 그를 불쌍히 여긴 덕분에 무덤을 빌려 시신을 누일 수 있었다. 그 후로 2천 년 세월이 지나갔고, 오늘 그는 인류의 중심 인물로 우뚝 서 있다. 땅을 행군한 그 모든 군대, 바다를 항해한 그 모든 해군, 의회에 착석한 그 모든 의원들, 세상을 다스린 그 모든 군왕 등 이 모두를 다 합쳐도 이 땅 위 인간의 삶에 이 고독한 한 생명이 끼친 영향에는 미치지 못한다 말해도 과히 틀린 말이 아닐 것이다.⁴

그리스도를 아는 것을 주제로 삼은 책은 별로 많지 않다. 그렇다고 해서 이 주제에 관한 자료가 없다는 뜻은 아니다. 그리스도의 위격과 사역을 다룬 탁월한 책들이 엄청나게 많고, 그리스도께서 다시 오실 때까지 그런 책들은 계속 나올 것이다. 따라서 이 어렵고도 멋진 작업에 착수하면서 나는 교회 역사 속 여러 위대한 신학자들의 어깨에 올라선다. 예를 들어, 독자들은 내가 특별히 청교도 작가들, 그 중에서도 구체적으로 몇몇 이에게 큰 신세를 지게 된다는 것을 금방 알아챌 수 있을 것이다. 그들은 확연한 목회자의 심정으로 지금까지 교회 역사상 다른 어떤 이들보다 더 능숙한 솜씨로 풍성한 신학을 드러내고 표현할 수 있었다. 그들은 원숙 단계에 이른 목회자 겸 신학자였다. 그들은 자신의 저술에서 그리스도를 '설교'하되 독자들이 머리로 명쾌히 이해하고, 그리하여 마음으로 강력히 감동받을 수 있는 그런 방식으로 설교하고자 했다. 그래서 이 책의 목표는, 그리스도의 위격을 살펴보고 독자들에게, 특히 교회에 속한 이들에게 그분을 더 사랑해야 할 이유를 제공하자는 것이다. 우리는 그분을 더 잘 앎으로써만 그분을 더 사랑할 수 있다. 그러려면 개념적 지식을 넘어 관계적 지식으로 나가야 한다. 성경에서 '안다'는 말은 흔히 뭔가에 대해 관심을 갖는다는 뜻인 경우가 많다. 그리고 그 관심에는 지성으로 이해하고 의지가 움직이며 마음으로 적용하는 일련의 과정이 포함된다. '안다'는 것은 '특별한 관심을 기울여 안다' 혹은 '애정을 품는다'는 뜻이다. 그러므로, 우리를 먼저 아신 그리스도를 알기를 갈망하는 열린 마음으로 이 연구에 접근하도록 하자.

01 } 그리스도의 선언

영생은 곧 유일하신 참 하나님과 그가 보내신 자 예수 그리스도를 아는 것이니이다. _요 17:3

예수는 누구신가

예수께서는 제자들에게 "너희는 나를 누구라 하느냐"마 16:15고 물으셨는데, 세상에 이보다 더 중요한 질문은 존재하지 않는다. 그 어떤 질문도 이보다 더 뜨겁게 논쟁된 적이 없고, 전체적으로든 부분적으로든 이 질문만큼 오해된 적이 없으며, 이 질문만큼 위험할 정도로 묵살된 적이 없다. 그리고 맞게 답변할 경우 이 질문만큼 큰 유익을 주는 질문도 없다. 이 질문에 대한 올바른 답변은 한 아이를 구원할 정도로 단순하고, 그와 동시에 신학자들이 영원 세월 동안 분주히 연구해야 할 만큼 복잡하기도 하다. 영생이 곧 예수 그리스도를 안다는 의미일진대,요 17:3 우리는 "많은 사람 가운데에 뛰어나"신아 5:10 분에 관해 무지해도 좋을 만한 여유가 없다.

베드로는 예수가 "그리스도시요 살아 계신 하나님의 아들"마 16:16

이라고 고백했다. 요한은 예수에 대해 말하기를 육신이 되신 "말씀"요 1:14이라고 했다. 바울은 예수를 일컬어 "보이지 아니하는 하나님의 형상이시요 모든 피조물보다 먼저 나신 이"골 1:15라고도 했고, "사람이신 그리스도 예수"딤전 2:5라고도 했다. 비슷한 예로 히브리서 기자는 "하나님의 영광의 광채"히 1:3이신 동시에 혈과 육을 지니신 분히 2:14으로 예수의 정체를 규명했다. 도마는 예수를 만져 본 후 그가 나의 "주님"이요 나의 "하나님"이라고 기억에 남을 만한 주장을 했다.요 20:28 구약성경에서 이사야는 그리스도의 환상을 보았고,요 12:41을 보라 그 후에 그분을 "만군의 여호와이신 왕"사 6:5이라고 불렀다. 그리고 나중에 그는 이 왕을 가리켜 "우리가 보기에 흠모할 만한 아름다운 것이 없"는 여호와의 종이라고도 했다.사 53:2

예수께서도 자기 자신에 대해 많은 말씀을 하셨다. 요한복음은 우리가 잘 아는 "내가 ~이다"라는 말씀의 본산으로, 여기서 예수께서는 자기를 가리켜 "생명의 떡",6:48 "세상의 빛",8:12 "문",10:9 "선한 목자",10:11 "부활이요 생명",11:25 "길이요 진리요 생명",14:6 "참 포도나무"15:1라고 하신다. 요약하자면, 구주께서는 "내가 있느니라"("I am")요 8:58고 엄숙하게 선언하시면서 영원하신 하나님의 자기 계시출 3:14를 되풀이하신다.

그 밖에도 성경은 그분을 교사라고도 하고,막 1:27 선지자라고도 하고,막 21:11 다윗의 자손,막 9:27 종,마 12:18 인자,마 12:8 주,마 14:30 하나님의 어린 양,요 1:36 하나님의 거룩하신 자,요 6:69 근본,골 1:18 대제사장,히 5:1-10 살아 있는 자,계 1:18 구원자,롬 11:26 광명한 새벽별계 22:16이라고도 한다.

이 세상 자체로도 예수께서 행하신 모든 일에 관해 "기록된 책을 두기에 부족"하다는 점을 고려하면,^{요 21:25} 그리스도에 대한 서술과 그리스도를 일컫는 이름들은 수박 겉핥기일 수밖에 없다고 자신 있게 말할 수 있다. 사실 요한이 우리에게 말하다시피, 그리스도에게는 "그분 밖에는 아무도 알지 못하는 이름이 그의 몸에 적혀 있"다.^{계 19:12, 공동번역} 그리스도에 관해서는 우리가 장차 알게 될 것이 참으로 많다.

우리의 가장 큰 소원

이생에서 예수를 사도 바울이 알았던 것처럼 안다고 말할 수 있는 사람은 거의 없다. 하지만 그리스도 밖이 아니라 "그리스도 안에" 있는 사람으로서 바울은 예수를 아는 일과 비교할 때 모든 것을 다 "배설물"로 여겼다. 사실 이따금 하나님에게서 은밀히 직접 계시를 받은 사람으로서 바울이 이 땅에서 간절히 바랐던 것은 "그리스도를 알고자" 하는 것이었다.^{빌 3:10} 바울의 이 소원은 그리스도께서 요한복음 17:3에서 자기의 모든 백성을 위해 하셨던 기도에 대한 직접적 응답이었다. 그리스도께서는 아버지께서 자기 백성들에게 영생을 주실 것을, 즉 죄인을 구원하려고 하나님께서 세상에 보내신 아드님을 알게 해주실 것을 기도했다. 하지만 그리스도를 아는 일에 이 정도로 관심을 가진 사람이 얼마나 될까? 우리는 예수를 반으로 나누어, 자기가 구원받고 자기 운명에 아무 문제가 없다는 것을 알고 싶어 하면서도 진정으로 구원받는다는 것은 참으로 그분을 안다는 의미임은 잊어버리는 경우가 얼마나 많은가! 스코틀랜드 장로교도인 새뮤얼 러더포드^{1661년 사망}의 묘비에서 우리는 그리스도를 알고자 했던 그의 열망을 읽을 수 있다.

참된 경건이 그의 이름을 장식했나니
그는 위의 것과 대화했으며
임마누엘의 사랑에 정통했다…….
그는 쉼 없이 싸웠다,
생명이 다할 때까지,
그리고 완전히 성취하기에 이르렀다,
환상 속에서 보던 일들을.¹

러더포드가 세상을 떠날 때 어떤 모습이었는지를 보여주는 이런 설명은 그가 생전에 그의 서한집에 썼던 말들과 잘 부합된다.

> 천만 낙원의 아름다움을 에덴 동산처럼 하나에 담으십시오. 온갖 나무, 온갖 꽃, 온갖 향기, 온갖 색깔, 온갖 맛, 온갖 기쁨, 온갖 달콤함, 온갖 사랑스러움을 하나에 담으십시오. 그러면 얼마나 아름답고 탁월한 것이 되겠습니까! 하지만 저 아름답고 가장 귀하시며 가장 사랑받는 분 그리스도에 비하면 이조차도 온 바다와 강물과 호수와 만 개의 땅 덩어리 샘에 떨어지는 한 방울 빗물보다 못할 것입니다.²

가족, 직업, 오락, 음악, 스포츠, 여흥, 요리, 테크놀로지 같은 인생의 모든 기쁨을 하나로 합쳐 보라. 오, 얼마나 탁월한 기쁨이겠는가! 하지만 예수를 알며 단지 그분의 공로만이 아니라 그분의 위격과 나누는 교제에 푹 잠기는 즐거움에 비하면 이런 기쁨도 빛을 잃는다! 그리스도는 "한 방울 빗물"인가 아니면 "온 바다와 강물과 호수와 만

개의 땅 덩어리 샘"인가?

동기 부여하기

우리는 그리스도를 더 잘 알기를 거부하는 죄를 짓는다는 점에서 모두 죄책을 공유한다. 하지만 그런 죄책이 교회 안에 보편화되어 있는 것으로 보이는 이 문제를 교정해 주지는 못한다. 다른 해법을 찾아야 한다. 자애로운 우리 아버지께서, 아버지와 그 아들에 대한 사랑도 없고 지식도 없는 우리를 용서해 주신다는 그 중요한 사실과는 별도로 말이다.

설득력은 있으나 당장 눈에 두드러지지 않는 한 가지 해결책은, 우리의 생각을 잠시 그리스도께 집중하는 것이다. 천국의 영화로운 상태로 들어가실 때 그분께서 품었던 모든 인간적 소원 중 자기 백성을 알고자 하는 소원을 능가하는 것은 별로 없었다. 영광의 주님이신 예수께서는 성부와 성령과 택함 받은 천사들의 사랑에는 최고로 만족하셨지만, 자기 백성들을 알고 사랑하며 궁극적으로 그 백성들과 함께 있을 수 없는 한은 아직 만족하실 수 없다. 선량한 남편이 아내와 함께 있을 수 없다면 달리 어떻게 삶을 향유할 수 있겠는가?

예수께서 요한복음 17장에서 대제사장으로서 드린 기도에서 볼 수 있다시피 그분은 지극히 주목할 만한 발언을 하셨다. "아버지여, 내게 주신 자도 나 있는 곳에 나와 함께 있어 아버지께서 창세 전부터 나를 사랑하시므로 내게 주신 나의 영광을 그들로 보게 하시기를 원하옵나이다."요 17:24

하늘의 영광 가운데서 그리스도께서는 자기 백성들을 깊이 생각하신다. 그리스도께서는 우리를 알기 원하실 뿐만 아니라 우리와 함께 있기 원하신다. 사랑하는 자기 백성 하나를 자기 곁으로 부르실 때 그리스도께서는 우리가 사랑하는 사람의 죽음으로 잃는 것보다 훨씬 많은 것을 얻는다는 사실을 우리는 기억해야 한다. 그리스도께서 우리와 함께 있기를 원하시는 것은 그분이 우리를 알기 때문이며, 우리와 함께 있기 위해 그분은 언젠가는 우리를 당신 곁으로 부르실 것이다. 궁극적으로 볼 때, 우리가 그분 곁으로 불려가는 일이 생기는 것은 질병이나 치명적 사고 같은 어떤 일 때문이 아니라 성부께서 성자의 기도에 응답하셨기 때문이다. 그리스도에게는 우리같이 가련하고 죄 된 피조물, 그리스도께 속해 있다는 것 말고는 내세울 만한 게 아무것도 없는 자들을 사랑하기를 좋아하시고 그런 일에 마음이 끌리고 거기서 만족을 느끼는 뭔가가 있다.

　그리스도께서 지금도 여전히 그러하시다면, 언젠가는 그분 곁에 있게 되리라는 확실한 소망을 품은 자로서 과연 그리스도를 알아야 하는 일을 면제받을 수 있을까? 시편 45편에서 시편 기자가 한 말을 생각해 보라. 왕께서 우리 아름다움을 사모하신다는 것을,45:11 "사람들보다 아름다워 은혜를 입술에 머금으"셨고 "즐거움의 기름을…… 부어…… 동료보다 뛰어나게" 하신 분을45:2, 7 알기를 열망할 수밖에 없음을 깨달으라.

　대다수 사람들은 이 세상에서는 도무지 여유를 낼 수 없는 일이 많다는 현실에 거듭 직면한다. 흔히 우리는 이 사실에 강하게 저항하며, 그래서 때로는 감당할 수 없는 일을 저지르는 '여유'를 보이기도 한다(예를 들어, 큰 빚을 진다든가 하는). 하지만 우리가 여유를 부려서는 안 되는 영원히 중요한 일은 단 한 가지뿐이다. 그것은 우리의 아름다운 구주를 모르는 무지 상태에 머무는 일이다. 우리는 그리스도, 살아 계신 하나님의 아들을 알아야 한다.

그리스도인들에게는 다행인 것은, 예수께서 자기 백성을 깊이 생각하사 우리가 당신을 알 수 있게 해주시기를 성부께 기도하심으로써 이 일에서 주도권을 쥐신다는 점이다. 우리가 그리스도께 속해 있다면, 필연적으로 우리는 그분을 아는 사람이 되어야 한다. "나는 선한 목자라. 나는 내 양을 알고 양도 나를 아는 것이."요 10:14

"그들이 알도록"

영생이 곧 하나님과 그의 아들 예수 그리스도를 안다는 의미라면, 하나님의 자녀는 그분을 '안다'는 것이 무슨 의미인지 이해해야 한다. 그분을 안다는 것은 그분의 위격과 사역을 성경에 계시된 대로 파악하는 것이다. 이는 그분이 어떤 분이신지 알 뿐만 아니라 그분의 생각과 뜻에 대해 좀 더 충분한 지식을 갖는 것을 말한다. 우리가 그리스도를 좇아 점점 더 그리스도께서 생각하시는 대로 생각하고 그분께 순복하여 더욱 더 그분의 뜻을 행함에 따라 우리의 믿음과 우리의 순종은 그 자체가 그리스도의 위격에 고정된다.

율법을 중시하는 서기관 하나가 계명 중에 어떤 것이 가장 중하냐고 물었을 때 예수께서는 이렇게 대답하셨다. "이스라엘아, 들으라. 주 곧 우리 하나님은 유일한 주시라. 네 마음을 다하고 목숨을 다하고 뜻을 다하고 힘을 다하여 주 너의 하나님을 사랑하라 하신 것이요."막 12:28-30 그리스도께서는 본질상 신명기 6:4-5 말씀을 인용하신 것이며, 그리하여 하나님 백성에게 요구되는 조건은 늘 똑같았고 사실상 내세에서도 달라지지 않을 것임을 보여주셨다. 주 우리 하나님을 사랑하는 것에는 주 예수 그리스도를 사랑하는 것이 포함된다. '쉐마'("들으라!")[신 6:4]의 요구조건을 들여다보면 예수를 안다는 것이 무슨 의미인지 이해하는 데 도움이 된다.

서기관의 그 질문에 답변하신 분은 타락 이후 여느 인간과 달리 자기의 전 존재로 완벽하게 하나님을 사랑한다는 것이 어떤 것인지 아는 분이셨다. 예수께서는 자기 아버지를 사랑하는 것을 지상에서 자기의 한 의무로 여기셨다. 이 땅에 계실 때 예수께서는 단순히 죄 짓기를 피하시기만 한 것이 아니라 아버지께서 자기와 함께 임재하심을 인식했고 자신이 "언제나" 하나님을 기쁘시게 하는 일을 행한다고 확언하셨다.[요 8:29] 실제로 예수께서는 아버지의 사랑 안에 거하기 위해 하나님의 계명을 지켰다.[요 15:10] 만약 성자로서 단 한 번이라도 겁을 내며 뒷걸음질 쳤다면 성부께서는 그분을 기뻐하지 않으셨을 것이다.[히 10:38]

그리스도께서 제자들에게 "너희가 나를 사랑하면 내 계명을 지킬 것이라"[요 14:15]고 말씀하신 것처럼, 성부께서도 그리스도에게 똑같이 말씀하실 수 있었다. 그리스도께서 아버지의 계명을 지킨 것은 아버지를 사랑하기 때문이었다. '쉐마'는 그리스도의 위대한 신앙고백이었다. 그리스도의 마음과 목숨과 뜻과 힘이 완벽한 일치를 이루어, 존재의 핵심에까지 우리를 겸손하게 만드는 그런 완전무결함으로 그분은 아버지를 사랑하셨다.

성경은 우리 마음이 하나님과 그리스도를 사랑하는 일의 중심에 있음을 분명히 한다. 우리는 "모든 지킬 만한 것 중에 더욱 〔우리〕 마음을" 지켜야 한다. "생명의 근원이 이에서 남"이기 때문이다.[잠 4:23] 선한 뜻을 가진 사람들은 자기 마음에 선을 쌓아 둔다.[눅 6:45] 하나님께서는 예수를 사랑하고 예배하는 이들에게 이런 마음의 정결함을 요구하신다.[시 24:4] 이생에서 믿음으로써든 아니면 내생에서 실제 눈으로 봄으로써든 실로 이런 정결한 사람들만이 그리스도의 면전에서 하나님을 볼 수 있다.[마 5:8, 고후 3:18, 4:6]

우리는 예수를 사랑하되 마음을 다해 사랑해야 할 뿐만 아니라 목숨('목숨'이라고 번역된 단어는 soul로서, '영'spirit과 동의어이다)을 다해서도 사랑해야 한다. 그리스도께 헌신할 때 우리 목숨은 가장 고귀한 영적 훈련을 행할 책임을 진다. 이것이 바로 우리의 감정 활동이 자리 잡는 곳이다. 우리 구주의 순종이 가장 크게 시험 받은 곳은 다름 아니라 겟세마네 동산이었다. 그곳에서 그분의 목숨은 "매우 고민하여 죽게"[마 26:38] 될 정도였다. 목숨은 믿음의 삶에 필연적으로 뒤따르는 슬픔과 기쁨을 표현한다.[시 42편, 32:2] 그래서, '마음'과 '목숨'을 너무 넓게 구별할 수는 없을지라도, 마음은 의지와 관련이 있고 목숨은 감정과 관련이 있는 것으로 보인다. 그리스도를 아는 일에는 우리의 의지와 감정도 포함된다.

우리의 뜻을 다해 예수를 사랑하는 일에는 지적 생활의 자리도 포함된다. 하지만 이는 올바른 성향과 태도, 즉 그리스도께서 자신에 관해 계시하신 내용에 우리의 지성을 순복시키되 그분에 관해 생각할 뿐만 아니라 우리의 생각을 그분의 계시에 복종시키는 그런 성향과 태도로 그분을 사랑한다는 뜻이다. 더 나아가, 우리의 유한함(인간은 유한한 존재라는 사실) 때문에 우리는 예수에 관해 더 배울 필요가 없는 그런 지점에 절대 이를 수가 없다. 하나님께서는 이사야 50:4에서 말하는 '종'(즉 예수)에게 "학자들의 혀"를 주셨다. "아침마다" 하나님께서는 종을 깨워 그를 가르치셨다. 이 종이 하나님을 사랑했다 함은 마음과 목숨뿐만 아니라 그의 뜻까지 다 동원했다는 뜻이다. 뜻을 다해 하나님을 사랑할 수 있기 위해 예수 같은 분도 가르침을 받을 필요가 있었을진대 하물며 우리 같은 사람들이야 더 말해 뭐하겠는가?

우리의 온 "힘을 다해" 예수를 사랑하게 되면 지금까지 말한 다양한 요소들이 다 종합된다. 우리의 마음·목숨·뜻이 그리스도의 말씀에서는 여전히 구별되지만, 실제에서는 이 요소들을 우리 존재를 구성하는 세 가지 개별적 요소들로 여길 만큼 지나치게 분해해서는 안 된다. 그러므로 온 힘을 다해 하나님을 사랑한다는 것은 우리의 전 존재로 하나님을 사랑하는 것이며, 여기에는 우리의 전 인격, 몸과 영혼 모두가 포함된다. 이를 알면 마가복음 12:30에서 그리스도께서 왜 이 네 요소마다 "다하여"에 라는 표현을 쓰시는지 설명이 된다. 게다가 이 네 가지 용어는 저마다 'ex'(~에서/~로부터)라는 헬라어 전치사로 시작되어, 우리가 하나님을 온 마음**으로** 사랑할 뿐만 아니라 우리의 온 마음**으로부터** 사랑한다는 점을 강조한다.

그리스도께서 아버지를 온 마음과 목숨과 뜻과 힘을 다해 사랑한다는 사실에 왈가왈부할 사람은 아무도 없을 것이다. 하지만 그리스도인이라고 해서 모두 다 자기도 그처럼 할 수 있을 것이라고 믿지는 않는다. 그러나 아우구스티누스가 남긴 유명한 말이 있다시피, 하

나님께서는 명하신 것을 주시고 그래서 무엇이든 당신께서 바라시는 것은 다 명령하신다.³

성령의 능력으로 그리스도인들은 자기 전 존재를 다해 구주를 사랑할 수 있다. 시편 기자는 이렇게 말한다. "나로 하여금 깨닫게 하여 주소서. 내가 주의 법을 준행하며 전심으로 지키리이다."시 119:34 "전심으로" 율법을 지킨다는 것은 율법적으로도 혹은 복음적으로도 이해할 수 있을 것이다. 율법적 의미에서는 오직 그리스도만이 전심으로 하나님을 사랑했는데, 이는 율법이 완벽한 순종을 요구하며, 우리는 이런 순종을 바칠 수가 없기 때문이다. 그럼에도, 복음적 의미에서 하나님께서는 그리스도 안에 있는 사랑과 자비로써 우리가 온 마음을 다해 하나님을 사랑할 수 있게 해주신다. 우리의 사랑은 틀림없이 불완전하지만, 하나님께서는 자기 자녀에게 친절을 베푸사 그 사랑이 진실한 사랑인 한 "전심으로" 하나님을 사랑해야 할 의무를 이행한 것으로 여기어 받아들이신다. 로마서 8:24에서 보다시피 이런 일이 생기는 것은 "육신을 따르지 않고 그 영을 따라 행하는 우리에게 율법의 요구가 이루어지게 하려 하심"이다.

이는 우리에게 크나큰 위로의 원천임이 틀림없다. 왜인가? 첫째, 우리의 소망은 궁극적으로 예수 안에 있고, 그 예수께서 우리 대신 이 명령을 완벽하게 이행하시기 때문이다. 우리는 천국에 들어가고자 하는 소망으로서의 불완전한 사랑만 가지고 하나님 앞에 서서는 안 된다. 둘째, 우리가 예수와 연합했고, 그래서 예수께 해당되는 것은 우리에게도 해당되기 때문이다. 하나님께서는 우리가 이 명령에 순종할 수 있게 하시고, 불완전하나마 우리가 전 존재를 다해 하나님과 하나님의 아들을 사랑할 수 있게 하신다. 그리하여 자기 백성에게서 받으시는 그 사랑에 기뻐하실 수 있도록 말이다.

그리스도께서 우리를 온 마음과 목숨과 뜻과 힘을 다해 알고 사랑하시고 깊이 생각하신다는 사실을 알게 되면 이는 얼마나 큰 기쁨인가! 이를 알면 우리 또한 우리 온 마음과 목숨과 뜻과 힘을 다해 그리스도를 알고 사랑하고 묵상할 수 있는 영광스러운 위치에 있게 된다. 이런 식으로 하나님께서는 우리가 그리스도를 더 많이 알기 원하는 것을 기뻐하신다.

02 } 그리스도의 엄위

그는 보이지 아니하는 하나님의 형상이시요 모든 피조물보다 먼저 나신 이시니 만물이 그에게서 창조되되 하늘과 땅에서 보이는 것들과 보이지 않는 것들과 혹은 왕권들이나 주권들이나 통치자들이나 권세들이나 만물이 다 그로 말미암고 그를 위하여 창조되었고 또한 그가 만물보다 먼저 계시고 만물이 그 안에 함께 섰느니라. 그는 몸인 교회의 머리시라. 그가 근본이시요 죽은 자들 가운데서 먼저 나신 이시니 이는 친히 만물의 으뜸이 되려 하심이요. _골 1:15-18

그를 위하여

예수께서 우리를 위해 세상에 오신 것이 아니다. 우리가 예수를 위해 세상에 왔다. 이 말을 대충 스쳐 지나가서는 안 된다. 이 말은 우리가 무엇보다 깊이 묵상할 만하고 간절히 기도하는 자세로 생각해 볼 만하다.

예수는 하나님의 창조와 구속 활동의 이유다. 성자께서 육체가 되시기로 한 결단은 그저 인간의 타락을 예견하신 데 대한 하나님의 반응이 아니었다. 인간의 죄 때문에 예수께서 구속주로 세상에 들어오신 일은 그리스도를 우리에게 내어맡기는 것으로 결말이 나는데, 이때 실은 우리가 만사에서 그분께 맡겨져야 한다. 예수는 어떤 우연한 정체, 아담과 관련한 일들이 제대로 작동하지 않는 탓에 하나님께서 이렇게 저렇게 조합해서 만들어 낸 일종의 '플랜 B'가 아니다.

신인(神人)에 대한 작정은 하나님께서 처음부터 세워 두신 영원한 계획의 한 부분으로 있었고, 그리스도를 구속주로 정하시고 백성을 친히 선택하시기 위한 토대였다. 하나님의 백성을 포함해 만물이 다 그분을 위해 창조되었다.골 1:16 구속은 우리가 그리스도를 통해서만 얻는 것으로서, 그분의 위격의 가치와 영광에 비하면 여전히 열등하다. 따지고 보면 "그는 보이지 아니하는 하나님의 형상"골 1:15이시다. 청교도 스티븐 차녹은 "그리스도에게는 구주라는 직분보다 더 탁월하고 훌륭한 뭔가가 있다. 그분의 위격의 위대함은 그분의 죽음으로 획득되는 구원보다 더 탁월하다"고 주장했는데[1] 이는 정말 맞는 말이다. 그분의 위격의 영광은 우리를 대신하신 그분의 사역의 영광까지도 능가한다. 하지만 그분의 위격은 그분으로 하여금 어떤 인간도 할 수 없는 일을 할 수 있게 한다. 그것은 바로 수많은 죄인들을 대신해 죽는 일이다. 우리는 먼저 그분이 어떤 분이신지를 찬양하고, 그 다음으로 그분께서 이루신 일을 찬양한다.

영화로우신 분으로서 그리스도는 만유의 목표다. 그리스도는 만물의 주님이신 탁월한 분이시다.고전 8:6 시편 8편은 창조 세계를 비롯해 만물이 다 사람이신 그리스도 예수께 복종하는 완벽한 예를 보여준다. 첫 번째 예에서 이 시편은 다윗을 이스라엘의 왕이자 새로운 인류의 대표자로 언급한다(예를 들어, 대상 17:16을 시 8:4과 비교해 보고, 대상 17:20-24을 시 8:1, 9과, 그리고 시 21:5을 시 8:5과 비교해 보라). 이 구속사 맥락에서 기록된 시편 8편은 그리스도를 염두에 두고 읽어야 한다.

고린도전서 15:44-49에서 확신하고 있다시피 인간의 목표인 그리스도의 완전^{시 8:4-6}과 관련해 말하자면, 여기에는 그리스도께서 천사들보다 못한 상태에서 벗어나 높아지심이 수반된다. 이제 인간이 천사를 판단할 것이다.^{고전 6:3} 신약성경에는 시편 8편이 여러 번 인용되거나 언급된다. 그 중에서 핵심 구절 두 군데는 히브리서 2장과 고린도전서 15장이다. 히브리서 기자는 시편 8편이 인간에게 아직 완전히 적용되지 않는다고 주장한다.^{히 2:8 참고} 그래서 히브리서 2:5-8은 그리스도가 아니라 다윗을 새로운 인류의 대표로 언급한다. 이 때문에 히브리서 2:9 서두의 "오직"^{but}이 결정적 의미를 갖게 된다. "오직 우리가 천사들보다 잠시 동안 못하게 하심을 입은 자 곧 죽음의 고난 받으심으로 말미암아 영광과 존귀로 관을 쓰신 예수를 보니……." 다윗이 새로운 인류의 대표로서 비참하고도 절대적으로 실패한 부분에서 그리스도는 우리 모두를 대신해, 특히 승리하는 분으로서 죽으심으로 성공하셨다.

마찬가지로 고린도전서 15:25-27을 생각해 보라. "그가 모든 원수를 그 발 아래에 둘 때까지 반드시 왕 노릇 하시리니 맨 나중에 멸망 받을 원수는 사망이니라. 만물을 그의 발 아래에 두셨다 하셨으니 만물을 아래에 둔다 말씀하실 때에 만물을 그의 아래에 두신 이가 그 중에 들지 아니한 것이 분명하도다." 27절에서 바울이 시편 8편을 인용하는 것은, 그가 그리스도께 명시적으로 초점을 맞추고 있음을 가리킨다. 그리스도께서 하나님의 오른편으로 높아지심은^{계 4-5장} 그분이 참 인간이셨음을, 그리고 이 시편이 성취되었음을 드러낸다. 우리 주님께서 잠시 천사들보다 못한 상태에 계시기는 하셨지만, 이제 그분은 다시 인간과 천사의 세상에서 가장 높은 자리에 계시다.^{히 1:1-3} 히브리서 1장의 맥락은 성육신하신 그리스도가 메시아로서의 신성^{히 1장}에서나 완벽한 인성^{히 2장}에서나 모두 천사들보다 훨씬 우월하다는 점을 명확하게 입증한다.

　예수의 부활은 그냥 어떤 사람 하나가 죽음에서 살아난 것인 양 하나의 고립된 사건으로 작용하지 않았다. 예수의 부활은 예수가 "맏아들", 죽은 자 가운데서 살아나신 "첫 열매"^{롬 8:29, 고전 15:20, 골 1:18}로 묘사되는 새 창조를 예고했다. "죽은 자 가운데서 살아나신 맏아들"로서 그리스도의 위엄이 조망되고 있다. 예수는 자기 모든 백성의 부활의 길을 연 개척자, 창시자로 행동하셨다. 그분께서 죽음에서 일어나심이 없다면 그 누구의 부활도 없을 것이다. 생명으로의 모든 부활은 그분의 부활에 달려 있다.

　그렇게 그리스도 안에서 만물이 함께 섰다.^{골 1:17} 그리스도께서 피조물, 천사, 마귀, 택함 받은 자, 온 인류 등 만유를 다스리신다. 하나님의 목적은 아담과 다윗에게서 비극적으로 미성취되었다가 하나님의 아들 안에서 정점과 완성에 이른다. 하지만 그 목적은 언제나 "하나님의 영광의 광채시요 그 본체의 형상"^{히 1:3상}이신 분을 위한 목적이었다. 예수께서 하늘에 계신 아버지와 그 백성들에게 가장 강력한 사랑을 받으시는 것은 당연한 일이다. 예수는 모든 창조된 현실에서 지존이신 분, 곧 놀라운 창조주시자 구속주시다.^{요 3:35-36}

아버지의 기쁨을 위하여

성육신하신 성자는 성부의 사랑의 주된 대상이다. 성부께서는 만물에게 있는 사랑스러움의 정도에 따라 만물을 사랑하신다. 그리스도의 매력은 피조된 다른 어떤 인간의 매력에 비할 수 없다. 성육신이 있기 전에도 성부께서는 신인(神人)이신 예수를 전망하시고 그에 대해 말씀하셨다. "내가 붙드는 나의 종, 내 마음에 기뻐하는 자 곧 내가 택한 사람을 보라."사42:1 성육신이 있은 후 성부의 기쁨은 그리스도께서 세례 받으실 때마3:17와 변화되셨을 때마17:5 새로워졌다.

성부의 말씀은 첫째, 성자를 위해 주어진 말씀으로, 예수께서 지상 사역을 하시는 동안 성부의 사랑을 계속 확신하실 수 있도록 하려는 것이었다. 둘째, 성부의 말씀은 우리를 위해 주어진 말씀으로, 하나님께서 자기 아들에 대한 사랑을 자기 백성에게 각인시키시려는 것이었다. 다음과 같은 말씀은 그리스도께서 지상 사역을 하시는 동안 끊임없이 되풀이되는 하나의 후렴구 같다. "아버지께서 아들을 사랑하사 만물을 다 그의 손에 주셨으니."요 3:35, 참고 5:20 성부뿐만 아니라 예수 자신도 성부가 성자에게 품는 사랑을 신자들이 알게 되기를 바라고 기도하신다.요 17:23, 26

성부에게서 흘러나와 교회로 향하는 모든 사랑은 그리스도를 통해 흘러가야 한다. 그리스도께서는 우리를 향한 성부의 사랑에 무엇을 더하시지 않는다. 그냥 그 사랑을 이끌어내시기만 한다. 하지만 성자를 향한 성부의 사랑은 단순히 물이 채 사이로 빠져나가듯 그분을 통해 지나가는 것이 아니다. 거기에는 예수께 전달되는 거룩한 은혜의 영원한 흐름이 있어서, 그 은혜는 그분의 머리에서부터 그분의 몸

(교회)으로 영원히 흘러 내려간다. 성부께서 예수를(그리하여 그분의 백성을) 자기 눈동자처럼 사랑하시기 때문이다.

아버지를 본받아

신자들이 항상 기억해야 할 것은, 성자에 대한 우리의 사랑만큼 우리로 성부를 닮게 만들어 주는 것은 없다는 점이다. 위엄 중에 계신 성자가 성부의 사랑의 주된 대상일진대 우리의 영혼도 마찬가지로 그 선택받은 분을 기뻐해야 한다. 그리스도께 대한 사랑이 없는 자들에게는 엄중한 경고가 주어진다. "만일 누구든지 주를 사랑하지 아니하면 저주를 받을지어다."고전 16:22

하나님은 죄인을 구원하는 일에서 언제나 주도권을 쥐는 분으로서 우리에게 여러 가지 복을 주시는데, 그 중에는 우리가 당연시할 만한 복도 있다. "모든 신령한 복"엡 1:3에는 우리 인간의 본성상 하나님과 그리스도께 우리의 사랑을 집중할 수 있는 능력과 집중하고자 하는 소원도 포함된다. 보이지 않는 일들과 존재, 이를테면 주 예수 같은 분을 사랑하기 위해서는 초자연적 은사(즉, 믿음)가 요구된다. 믿음이 없으면 성자를 사랑함으로써 하나님을 기쁘시게 할 수 없다. 믿음 없는 자에게는 그리스도의 위격 안에 "아름다운 것이"사 53:2 아무것도 없다. 그러나 믿는 자의 경우, 그리스도의 위격에 대한 사랑은 사람을 변모시키는 강력한 애정을 동반한다. 그래서 존 오웬은 이렇게 단언한다.

위에 있는 하나님의 모든 천사들과 모든 거룩한 사람들은 바로 이 사람의 사랑스러움과 아름다움을 영원히 찬미하고 칭송한다……. 아래 있는 교회의 즐거움과 기쁨과 사랑과 영광이 바로 이 사람이다……. 열방의 소원이 바로 이 사람이다……. 그리스도와 교회가 이런 사랑의 토대 위에서 상호 교제하는 것이 모든 피조물의 생명이요 영혼이다. 창조 세상의 만물은 그분 안에 존재하기 때문이다.²

이것이 그리스도의 위엄이다. 즉, 그리스도는 교회 및 선택받은 천사들의 사랑의 주요 대상일 뿐만 아니라 성부의 사랑의 특별한 대상이기도 하다. 만물이 그리스도를 위해 창조되었다.

구속의 계획으로 유지되다

그리스도의 위격의 아름다움을 생각하면 성삼위 하나님 사이에서 영원히 제정된 구속의 계획에 놀라 궁금히 여기지 않을 수 없게 된다. 하나님께서 천사와 인간에게 구속의 계획을 세워 보라 하셨다고 상상해 보라. 죄인은 자기 죄에 대해 하나님께 배상을 하지 못한다. 죄 없는 사람이 하나 있다 해도 그가 그 수많은 죄인들을 위해 하나님께 죄값을 치를 수는 없다. 마찬가지로, 천사도 속죄를 하는 일에 인간을 대신할 수 없다. 거룩하신 하나님 앞에서 과연 누가 속죄도 없이 그저 죄인들을 사해 주시기를 제안할 수 있겠는가? 물론 우리는 이야기가 어떻게 전개되는지 알고 있다. 하나님께서 죄인들을 구속하시려는 자신의 계획을 드러내지 않으셨다면, 천사들과 인간들은 구속을 계획하느라 영원의 시간을 소비하다가 결국은 하나님의 요구 조건을 충족시킬 만한 그 어떤 해결책에도 이르지 못할 터였다.

하지만 천사들과 인간들의 생각이 아주 높은 수준에 도달해, 하나님의 영원하신 아들께서 인간의 본성을 입고 십자가에 죽기까지 자기를 낮추는빌 2:6-8 방법을 제안한다고 상상해 보라. 성부에게 영원히 사랑받는 성자께서 저주가 되고, 그리하여 성부의 진노 아래 짓뭉개져야 한다는 견해에 대해 생각해 보라. 하나님께서 먼저 그런 생각을 밝히시지 않았다면 천사들과 인간들은 두려워서 감히 그런 계획을 내놓지 못했을 것이다. 토머스 굿윈이 말했다시피, "그 어떤 피조물의 지각知覺의 태에서도 그런 엄청난 계획이 부화되어 나오지 못했을 것"이다.³

성부께서는 성자만 빼고 그 무엇이든 우리를 위해 희생시키고자 하셨을지 모른다. 예수를 십자가에 못 박는다는 생각 같은 것은 영원한 침묵 속에 쉽사리 묻어 버리실 수도 있었을 것이다. 그러나 성부께서는 그런 내용의 구속 계획을 발효시키기로 영원 전에 한 번 성자와 언약을 맺으셨고, 또한 이 계획에는 당신의 종을 영화롭게 하는 것도 포함되리라는 것을 성부께서는 알고 계셨다.사 49:1-12, 53:12, 빌 2:11 하나님께서 선택하신 사람들의 중보자 역할을 하기로 성자께서 동의하셨고, 그 구원 계획에 의견이 일치했으므로 성삼위 하나님께서는 기뻐하셨다. 이 삼위三位께서는 모두 자기 일을 맡으시되 한 가지를 목표로 삼으셨다. 그것은 바로 성자에게 영광을 돌리는 것이었다.

아이러니한 것은, 그리스도의 엄위가 그분이 겪으신 치욕을 통해 유지되었다는 점이다. 다시 말해, 그리스도는 필연적으로 성육신하시고 시험 당하시고 고난 받으시며 죽으시는 종으로서 치욕 당하는 길을 두루 행하신 후에야 부활하시고 승천하시며 영광 중에 높아지신 구속주로서의 엄위를 나타내셨다는 것이다. 그래서 죽으시기 전 제자들에게 배신당하는 상황에서도 예수께서 "지금 인자가 영광을 받았고 하나님도 인자로 말미암아 영광을 받으셨도다"요 13:31 고 말씀하실 수 있었던 것은 별로 이상한 일이 아니다. 그분의 참 위엄과 영광이 드러났던 것은 사람들에게 멸시당하고 거부당하던 순간이었다.사 53장

왜 성자인가

'쿠르 데우스 호모?'Cur Deus Homo? 하나님은 왜 인간이 되셨는가? 이 질문에 대한 캔터베리의 안셀무스의 답변(즉, "죄를 배상하기 위해서"라는)은 지난 천여 년 동안 기독교 사상에 엄청난 영향을 끼쳤다. 하지만 좀 더 구체적으로 들어가 왜 하나님의 아들이, 왜 성부도 성령도 아닌 성자가 인간이 되셨을까?

첫 번째이자 가장 근본적인 이유는 우리가 아는 삼위일체 교리와 연관이 있다. 우리가 성삼위의 각 위격을 구별하는 호칭은 그렇게 구별되어 계속 유지되어야 한다. 하나님의 아들Son of God은 그 영원한 호칭 덕분에 사람의 아들Son of Man과 한 여자의 아들Son of a woman이 되기에 좀 더 적절하다. 성삼위 안에 '아들'이라는 이름을 지닌 분이 두 분이라면 이는 적절치 못할 것이다. 예를 들어 성부the Father께서 성육신하셨다면, 성부인 동시에 한 아버지(즉, 요셉)의 아들로 존재하셔야 했을 것이다.

둘째, 세 위격(성부, 성자, 성령)의 순서상 '중간 위격'인 성자의 위치는 구속의 계획에서 우리를 위해 이루실 일과 가장 흡사하게 닮았다. 성자는 성부와 성령 사이에 계신 분이요 하나님과 인간 사이의 중

보자가 되실 터였다.

셋째, 성자가 중보자로 아주 특별히 선정된 것은 그분의 중보 사역의 주된 이유에 자기 백성을 하나님의 가정으로 입양하는 일이 포함되기 때문이다.엡 1:5 성자는 자기 백성과 연합하기 때문에 그 백성에게 아들 자격을 전달한다.갈 4:4-5 우리가 하나님의 자녀가 되는 것은 단순히 성자께서 하신 일 때문이 아니라 그분이 하나님의 아들이신 덕분이다. 아들이신 분, 그리고 우리를 형제라 부르기를 부끄러워하지 않으시는 분히 2:11 께서 하나님 아들로서의 사역으로 우리를 하나님의 자녀로 만들어 주신다.

마지막으로, 중보자의 직분, 즉 선지자·제사장·왕 직분을 이행하려면 하나님의 아들이 중보의 사역을 맡을 필요가 있었다. 제사장 직분으로 부름 받는 것은 집안의 장자에게만 배타적으로 속한 일이었다. 중보적 제사장으로서 성자께서 독특하게 성부께 나아갈 수 있는데, 이는 존재론(그분의 타고난 존재)과 경륜(그리스도의 중보 사역) 모두에 바탕을 둔 기능이다. 선지자로서 성자가 특별히 중보자에 적임인 것은 그분이 성부의 말씀이요 지혜이기 때문이다.요 1:18, 히 1:1 왕으로서는, 상속자만큼 적임인 사람이 없다. 자기에게 위임된 나라를 소유할 이로 하나님의 아들보다 더 적절한 분은 없다.

이처럼 구속 계획은 일차적으로 예수께서 이행하실 사역이 아니라 그분이 어떤 분이신가에 주로 달려 있었다. 그분이 영원한 하나님의 아들이시기에 앞으로 하실 일에 대한 토대가 마련되었다. 창조하시고 구속하시고 영화롭게 하시려는 하나님의 결정은 궁극적으로 하나님께서 아들을 영화롭게 하시려는 결정이었다.

성부 하나님께서는 영원하고 거룩하신 아들, 곧 메시아 사역을 이행할 아들로 정하시고 채택하신 분히 1:2-8을 보내심으로써 당신의 영원한 지혜를 드러내셨다. 우리의 신학과 학문에서 다른 어떤 것도 이 기이한 진리에 비할 수 있는 게 없다.고전 1:21-30. 참고 롬 11:33-36

결론

성경에 그리스도의 영광이 골로새서 1장보다 더 명쾌하게 개진된 곳은 별로 없다. 15-20절은 우리 마음에 단호하게 각인하고, 외우고, 우리의 영적 DNA에 새겨 넣어 날마다 삶에 적용해야 한다. 이런 말이 우리를 고무시켜 그리스도를 위해 살게 만들고 확실히 우리 분수를 알게 하며 예수를 더 잘 알기를 소원하게 만들고 설교자들을 자극해 이루 다 헤아릴 수 없는 그리스도의 부요를 설교하게 만들지 못한다면, 이는 하나님의 아들에 관한 하나님의 계시 그 정점에 이르렀으면서도 그 아름다움 가운데 계신 왕을 보지 못하는 것이다.사 33:17 우리는 결단코 그런 상태에 있고 싶지 않다.

하지만 여기 하나의 대안이 있다.

그리스도를 존귀히 생각하시기를, 그리고 값없이 주시는 은혜를 어느 때보다도 많이 생각하시기를 권면합니다. 왜냐하면 제가 알기로 그리스도가 우리들 사이에 알려져 있지 않기 때문입니다. 제가 생각하기에 저는 그리스도를 그 어느 때보다도 많이 봅니다. 하지만 제가 보는 것은 우리가 볼 수 있는 부분의 일부에 지나지 않습니다. 오, 그분이 휘장 옆으로 나오셨으면, 왕께서 그 회랑과 왕궁에서 모습을 드러내셨으면, 내가 그분을 뵐 수 있었으면! 그리스도의 사랑은 기운찬 영광이요 기운찬 천국입니다. 그 사랑은 지옥의 고통을 완화시켜 그 사랑으로 충만하게 합니다……. 오, 그분에게 과연 어떤 대가를 치러 드릴 수 있을 것인지! 천사들은 그분을 평가하지 못합니다. 오, 그분의 무게, 그분의 가치, 그분의 친절함, 그분의 넘치는 아름다움이라니……. 천사들의 세상이 만여 개 창조된다 하더라도 그분의 아름다움에 경탄하느라 모두 고단해질지 모릅니다……. 오, 내가 가까이 다가가 그분 발에 입 맞출 수 있다면, 그분의 음성을 들을 수 있다면, 그 기름의 향기를 맡을 수 있다면! 그러나, 아, 나는 그분을 미미하고도 미미하게 소유했도다! 하지만 나는 더 갈망하리.[4]

03 } 그리스도의 언약

나는 내가 택한 자와 언약을 맺으며 내 종 다윗에게 맹세하기를 내가 네 자손을 영원히 견고히 하며 네 왕위를 대대에 세우리라. _시 89:3-4

서론

구속사는 성삼위 하나님 사이에 맺어진 영원한 언약에 뿌리를 두고 있다. 신학자들은 때로 이 협약을 구속 언약이라 일컫지만, 이 언약 이면의 개념이 이 개념을 나타내는 데 쓰인 용어보다 더 중요하다. 이 영원한 언약은 그리스도의 위격과 사역과 영광뿐만 아니라 하나님의 지혜를 이해하는 틀을 제공한다.

청교도 목사이자 신학자 존 플라벨은 그리스도인들이 그리스도께 순종하기 힘들어서 불평할 때 이 불평을 그치는 데 도움이 될 수 있도록 이 영원한 언약이 어떻게 맺어졌는지 가설적 대화록을 제공했다.

성부: 내 아들아, 여기 스스로 지극히 파멸하여 이제 내 공의 앞에 드러나 있는 가련하고 비참한 영혼들이 있다! 공의가 이들에게 보응할 것을

요구하니, 그렇지 않으면 이들을 영원히 멸망시킴으로써 공의가 스스로 보응할 것이라. 이 영혼들을 어떻게 했으면 좋겠는가?

성자: 내 아버지여, 저들에 대한, 그리고 저들을 위한 저의 사랑이 어느 정도인가 하면, 저들이 영원히 멸망당하게 하기보다는 차라리 제가 저들의 보증인으로서 저들을 담당하겠습니다. 아버지의 명세서를 다 가져오소서, 저들이 아버지께 무엇을 빚고 있는지 제가 보겠나이다. 주여, 다 가져오소서, 차후에 계산할 것이 남지 않도록. 이제 제 손에 요구하소서. 저들이 아버지의 진노를 겪게 하느니 차라리 제가 감당하겠습니다. 저에게, 아버지여 저에게 저들의 죄값을 물으소서.

성부: 하지만 내 아들아, 네가 저들을 떠맡을 경우, 마지막 동전 한 닢까지 갚아야 할 것이다. 감액 같은 것은 기대하지 말거라. 저들을 봐주려면 내 너를 봐줄 수가 없노라.

성자: 기꺼이 그리하겠나이다, 아버지여. 아버지께서 하시고자 하는 대로 하소서. 모든 책임을 저에게 물으소서. 설령 이 일이 제게 일종의 파멸임이 드러난다 할지라도, 설령 이 일이 제 모든 부요를 다 메마르게 하고 제 모든 보화를 다 바닥나게 할지언정, 그래도 저는 기꺼이 이 일을 맡겠습니다.[1]

성부와 성자 간의 이 대화는 성자께서 자기의 위격적 위엄과 궁극적으로 자기 생명을 희생하면서까지 죄인들을 구원하기로 자발적으로 결단하셨다는 사실에 비추어 그리스도인들이 하나님 앞에 투덜대는 행동을 진지하게 반성할 수 있게 도와준다. 게다가 이 대화는 구속의 계획 그 기원을 우리가 어떻게 이해해야 하는지를 알려 주기도 한다. 성부와 성자 사이에 맺어진 언약으로 볼 때 구속 계획의 기원은 영원 세월 전으로 거슬러 올라간다.

참된 신학은 모두 일종의 신적[神的] 언약에, 심지어 하나님께서 예수와 관계를 맺기 위해 택하신 방식에까지 바탕을 두는데, 이 방식은 시편 89:2-4에 잘 나타나 있다. 여기서 시편 기자는 하나님의 영원한 사랑이 하늘에 견고히 세워졌고,[89:2] "택한 자"인 성자와의 영원한 언약에 근거를 두었으며, 앞으로 오실 영원한 왕 예수의 모형인 다윗에게 그 사랑이 맹세되었다고[89:3-4] 증언한다. 가장 기본적인 차원에서 볼 때 언약은 두 사람 혹은 그 이상의 관계에 구속을 받는 서약이다. 따라서 죄인을 구원하겠다는 성삼위 위격 간의 협약은 언약적으로 이해할 수 있다. 언약에 '서약'이 포함된다면 여기에는 반드시 조건이 있어야 한다. 성부와 성자와 성령에게 부과된 조건은 각 위격에 의해 완벽히 이행되었다. 그 조건이 무엇이었으며 그 조건이 어떤 정황에서 이행되었는지 좀 더 풀어놓을 필요가 있다.

그리스도의 예속

그리스도인들은 그리스도께서 자신이 성부께 예속되었음을 나타내는 표현을 쓰시는 것을 접하고 이따금 혼란스러워 한다. 예를 들어, 예수께서는 "아버지는 나보다 크심이라."[요 14:28, 참조 10:29]고 말씀하신다. 영원한 하나님의 아들이신 예수, 그래서 성부와 서로 동등하신 예수께서 어떻게 아버지는 나보다 크다고 말씀하실 수 있는가?

중보자로서 성자는 언약의 조건에 따라 순종을 이루기 위해^{마 26:42,} ^{요 4:34, 15:10} 성부를 하나님이라 부르고,^{시 22:2, 요 20:17} 하나님의 종으로 살며, ^{사 42, 49, 50, 53장} 성부께서 맡기신 과업을 완수함으로써^{사 53:10, 요 6:38-40, 10:18,} ^{12:49, 14:31, 17:4} **자원하여** 자기를 성부께 예속시키신다. 이런 식으로 성자는 구속 사역에서 관계상 역할의 관점에서 성부의 아들로서 성부께 예속된다. 일부 신학자들, 예컨대 교부 오리게네스 같은 사람은 성삼위의 위격적 순서에 이 예속 관계를 두려고 그릇 애썼다. 마치 성자가 본질상으로나 존재상 필연적으로 성부께 예속되는 양 말이다. 성자의 예속은 그보다 성삼위 간에 맺어진 구속 언약과 관련이 있고, 이 언약을 통해 성자가 중보자가 되는 것으로 결정되었다.

예속의 원리는 성삼위 내부의 상호관계에는 적용되지 않는다. 즉, 성삼위의 각 위격이 어떻게 영원히 서로 관계를 맺느냐의 기준에서는 고유의 예속 원리가 없다. 세 위격은 공통의 본질을 공유하므로 서로 동등하다. B. B. 워필드가 주목했다시피, "작용 양식 면에서의 예속 관계는 성삼위 각 위격 사이의 협약, 협정, 즉 기술적 용어로 언약 때문일 수 있으며, 이 언약 덕분에 [성자께서] 자원하여 구속 사역에서 한 독특한 기능을 맡으셨다."[2] 간단히 말해, 구속사에서 성삼위 위격 사이의 예속은 성자께서 성부의 뜻을 이루고자 하는 중보자로서 성부와 언약을 맺으시려는 자발적 결단에 위치한다는 것이다.

죄인을 구원하기 위한 성부와 성자 간의 협약은, 토머스 굿윈의 표현에 따르자면 "하늘에서나 땅에서 지고^{至高}의 주권과 엄위를 갖춘 위격 사이에서 처리된 최대 사건으로, 이와 같은 일은 앞으로도 없을 것이다."³ 그러므로 구속의 계획에서 성자께서 성부와 맺는 관계는 성육신 때에 시작되는 게 아니라 영원 전에 발생된 관계다. 다시 말해, 이 언약은 우리의 영화로운 구속의 전 과정에 토대를 제공한다. 또한 이 언약은 성자께서 왜 자기 자신을 성부께 '예속'시켰다는 관점에서 이야기하셨는지 그 이유를 설명해 준다. 이 언약의 기본 윤곽은 요한복음 17장에서 그리스도께서 대제사장으로서 드리신 기도에서 찾아볼 수 있지만, 성경에서 성부와 성자 간 협약의 증거를 찾아볼 수 있는 곳은 여기뿐만이 아니다. 사실 성경은 이 영원한 언약의 조건과 약속들을 자주 증언한다.

그리스도께서 임명받으시고 이를 수락하시다

이 언약에서 성부가 성자를 중보자로 임명하셨다.요 6:27, 벧전 1:20, 사 42:1 성부와 한마음, 한뜻이신 성자께서는 성부에게 그렇게 사명을 부여받았고 부름 받지 않는 한 자기 백성을 위해 감히 단 한 가지 일도 하지 않으려 하셨다. 그리스도께서는 선지자,신 18:5 제사장,히 3:1-2 왕시 2:6 으로 부름 받으셔야 했다.시 89:19, 사 42:6, 히 5:5 참조 「웨스트민스터 신앙고백서」가 분명히 하고 있다시피, "하나님께서는 자신의 영원한 목적 가운데 독생자이신 주 예수를 하나님과 사람 사이의 중보자, 곧 선지자, 제사장, 왕으로 택하여 정하시기를 기뻐하셨다."⁴

구속의 영원한 언약 가운데 성부께서는 성자를 부르셨다. 그리고 성부와 성자 사이에 사랑의 띠로서 성령께서는 성자께 자기를 맡겼다. 그러나 성자께서 죄인을 구원하라는 부르심 및 거기 따르는 모든 일을 수락하는 것은 자발적이어야 했다. 예수께서 자발적으로 언약의 조건들을 수락하지 않았다면, 구원은 완수될 수 없었을 것이다. 실제로, 세상에 들어오실 때 신(神)으로서의 그분의 뜻뿐만 아니라 인간으로서의 뜻도 성부의 부르심에 거리낌 없이 동의해야 했다. 그러지 않으면 속죄는 이뤄질 수 없었다. 이는 예수께서 왜 끊임없이 아버지의 뜻을 행한다는 말씀을 하셨는지 그 이유를 설명해 준다. "나를 보내신 이의 뜻은…… 이것이니라."요 6:39 성자께서는 때가 되었을 때 성부의 뜻에 동의하기 시작하신 게 아니라 영원 전부터 필요에 의해 그렇게 하셨다.

언약의 조건을 수락하실 때 성자께서는 성부께서 영원 전에 자기에게 주신 모든 사람들을 위한 중보자로 행동하셨다.요 6:37, 39, 17:3, 6, 9, 11, 엡 1:4 성부께서는 그리스도에게 백성만 주신 게 아니라 성육신하신 인간으로서 그분에게 요구되는 조건까지 주셨다. 인간을 구원하기 위해 그리스도께서는 육체가 되어, 자기가 중보하고자 하는 자들의 본성을 취하셔야 했다.히 2:9, 14, 10:5, 빌 2:6-8 우리와 똑같은 본성을 입으신 그분은 율법 아래 있는 자들을 속량하기 위해 율법 아래 태어나실 터였다.갈 4:4, 히 10:7, 롬 8:3 하지만, 그분께서 세상의 죄를 지고 가셔야 했기에,요 1:29 성부께서는 이제 율법 아래 있게 된 그분에게 율법을 지킬 것을 요구하셨을 뿐만 아니라 죄를 대속할 것을 요구하셨다. 존 오웬은 말하기를, 예수께서는 "우리의 본성을 입고 그 본성 안에서, 그리고 그 본성에 의해 (대속을 이루시고), 인간이 마땅히 겪어야 할 일을 감당하시고 겪으심으로써 하나님의 공의에 부응하셔야 했다.사 53:11-12 그것이 없이는 인간이 죄에서 건짐 받거나 구원받아 하나님의 영광에 이르는 것은 불가능했다."[5]

이 언약적 협약에서 각 당사자는 협약의 조건에 자발적으로 동의할 뿐만 아니라 자기에게 부과되는 요구사항을 이행할 능력이 있어야 했다. 협약의 당사자들은 상호 만족해야 했다. 그래서 성자를 중보자로 임명하셨을 때 성부께서는 성자를 보호하고 거들겠다고도 약속하셨다.사 11:2-3, 61:1-3, 마 3:16-17, 요 1:32-33, 골 1:19

그리스도께서 받으시는 도움과 상급

신인(神人)으로서 사역을 이행하라고 성자에게 말씀하실 때 성부께서는 성자의 지상 사역 과정 동안 사랑과 돌보심과 능력으로 성자를 조력하기로 동의하시지도 않은 채 그 사역을 위임하시지는 않았다. 하나님은 자기 자녀를 대하실 때 사랑과 배려와 능력 아닌 다른 어떤 식으로 대하시지 않으며, 이는 성자를 대하실 때도 마찬가지였다.

성부께서는 구속 사역에서 성자가 선지자와 제사장과 왕이 되는 것으로 작정하셨다. 예수께서는 원수를 물리치고, 백성을 다스리며, 교회를 돕고, 하나님의 신비를 선포할 능력과 권위가 있다. 게다가 성부께서는 성자의 인성(人性)을 은혜로 충만케 해주심으로써 성자를 도우셨다.사 11:2-4, 42:1, 61:1 이 은혜는 성령의 능력에 의해 예수께 전달되었는데, 성령은 우리가 하나님의 백성으로서 소유하는 모든 은혜를 직접적으로 만들어 낸 분이시다. 이 은혜에 더하여 그리스도께서는 성부에게서 사기를 북돋아 주는 약속을 받으셨다.사 42:4, 49:1-3 예를 들어, 원수를 물리치고 승리하리라는 것이 그런 약속의 예다.시 89:23, 110:1-6, 엡 4:8, 골 2:15 아마도 가장 큰 약속은 예수께서 악의 세력을 물리치시리라는 것이 아니라, 예수가 성부를 기쁘시게 할 것이며 성부께 은혜롭게 받아들여지리라는 약속이었을 것이다.

성자는 성부께서 맡기신 사역을 완수하고 그에 대해 많은 상급을 약속 받으셨다. 자기를 낮추신 종사 53장, 빌 2:5-8은 이제 높아지신 주님이시고,빌 2:9-11, 행 2:32-33 교회의 머리이시며,엡 1:20-22 영원한 영광과 영예로 관을 쓰셨다.요 17:5, 히 2:9 게다가 예수께서는 자기가 죄의 포로 된 자들을 그 죄에서 해방시켰고, 뿐만 아니라 자기에게는 세상을 현재의 그 속박 상태에서 벗어나게 하고 새 창조를 알릴 권한이 있다는 것롬 8:20-22을 아시고 자신이 완수하신 사역을 더할 나위 없이 흡족해하신다. 천국은 그리스도의 천국일 것이며, 거기서 그의 백성들과 선택받은 모든 천사들이 그분의 얼굴에서 하나님의 영광을 볼 것이다.

언약을 체결하다

존 오웬은 성삼위 하나님께서 영원 전부터 구속을 작정하실 때의 기쁨을 일컬어 "형언할 수 없는" 기쁨이라고 말한다. 너무도 압도적이어서 이루 말로 다 할 수 없는 기쁨이라는 뜻이다. 신인神人으로서 성자가 받으실 영광이 확실하고요 17장 영원 전부터 성자의 백성에게 은혜가 주어졌다는 사실을 앎에 따라 하나님은 기쁨으로, 심지어 당신께서 작정하신 그 모든 일이 실제로 완수되었을 때의 즐거움을 능가하는 기쁨으로 충만하셨다. 토머스 굿윈은 "천국에서, 이런 행복한 타결과 합의에 대한 기쁨 같은 그런 기쁨은 없었다. 성삼위 전체가 이를 즐거워했다"고 말한다.[6] 잠언 8:30-31에서 성자는 의인화된 지혜의 입장에서 이렇게 말씀하신다. "내가 그 곁에 있어서 창조자가 되어 날마다 그의 기뻐하신 바가 되었으며 항상 그 앞에서 즐거워하였으며 사람이 거처할 땅에서 즐거워하며 인자들을 기뻐하였느니라." 이 언약, 영원에서부터 영원까지 영원한 위격 사이에 맺어진 이 언약은 하나님을 기쁘시게 하며, 마찬가지로 우리도 기쁘게 할 것이다. 창세 전에 언약에 의해 작정된 일이 아니면 예수와 교회와 관련해 어떤 일도 일어나지 않는다.

그러므로 이 언약은 성삼위 하나님의 삶을 언뜻 일별할 수 있게 해준다. 완전한 자유가 있는 언약적 삶 말이다. 우리의 입장에서는 성부께서 성자를 저주해 죽음에 이르도록 작정하는 일과 성자께서 성부와의 무한한 결별을 감당하기로 하는 일 중 어느 쪽의 결단이 더 힘들었을지 궁금하기도 하다. 다행히 우리는 성삼위 간에 맺어진 이 언약이 그리스도의 영광과 죄인들의 회복과 사악한 자의 멸망을 작정하는 일에 성삼위의 각 위격이 스스럼없이 완벽하게 합의하셨음을 반영한다는 사실에 기뻐할 수 있다.

우리를 향한 하나님의 은혜가 성자를 향한 그분의 은혜와 더불어 시작된다는 사실을 찬양하라.

> 이것이 은혜의 언약이니
> 내 영혼에 그토록 달콤한 위로를 주네.
> 성부와 성자 사이에
> 은혜로운 협정이 있도다.
> 아담의 후손으로서는 누가
> 성자에 의해 회개하고 은혜를 구할까.
> 성자께서 성부에게 말씀하시기를

내가 사람의 본성을 입겠나이다.

내가 나 자신을 속전으로 치러

택자가 살 수 있게 할 것입니다.

오소서, 성자여, 만일 그렇게 하신다면

저들이 지옥과 화(禍)에서 구원받을 것이니.

성부께서 가련한 인간에게 말씀하시기를

구원에 이를 만한 믿음으로

내 아들을 믿으면 내 너에게 평강을 주리니

영원한 사랑이 너를 껴안으리라 하셨도다.[7]

04 } 그리스도의 성육신

> 말씀이 육신이 되어 우리 가운데 거하시매 우리가 그의 영광을 보니 아버지의 독생자의 영광이요 은혜와 진리가 충만하더라. _요 1:14

하늘이 땅에 입 맞추다

성경에서 가장 충격적인 말씀은 무엇인가? 이런 질문은 대개 답변이 불가능하지만, 그래도 1세기 유대인들의 입장에서는 요한복음 1:14이 가장 충격도가 높은 말씀으로 평가될 것이다. 여호와가 육체가 되었다는 개념은 신성모독으로 여겨졌다.^{요 10:33} 하나님의 성육신은 최대의 불가사의, 어떤 피조물도 감히 상상할 수 없던 일이었다. 하나님 자신도 이보다 더 어렵고 영광스러운 일은 이행하실 수 없었을 것이다. 이 일은 그저 기적 중의 기적이라고밖에 할 수 없었다. 아일랜드의 제임스 어셔는 성육신을 가리켜 "하나님의 지혜와 선하심과 능력과 영광이 최고조에 달한 일"이라고 했다.[1] 토머스 굿윈의 표현을 빌리자면, 성자가 육신이 되었을 때 "하늘과 땅이 서로 만나 입 맞추었다, 즉 하나님과 인간이 말이다."[2]

네덜란드의 개혁파 신학자 헤르만 바빙크는 우리가 하나님의 최대 불가사의를 연구할 때 부딪히는 어려움을 다음과 같이 제대로 요약한다.

> 하나님께서 어떻게 피조물의 형상으로 자기를 계시하실 수 있는지, 어떻게 피조물의 형상으로 자기 자신을 어느 정도 알릴 수 있는지 우리로서는 완전히 이해 불가다. 시간 속에 있는 영원, 공간 속에 있는 광대함, 유한 가운데 있는 무한, 변화 중에 있는 불변성, 존재가 되어 가고 있는 중의 존재, 말하자면 무 속에 전체가 있는 형국이다. 이 신비는 이해될 수 없다. 감사함으로 인정할 수 있을 뿐이다. 하지만 신비와 자기모순은 동의어가 아니다.[3]

하나님께서는 우리가 주로 예수라는 인격이 계시된 데서 하나님을 볼 수 있게 하셨다. 그리고 이 신비가 늘 교회를 지탱시켜 왔고, 영원 세상으로까지 지탱시킬 것이다.

성육신은 역사의 중심 사실이요 교회의 신앙고백의 중심 사실이다. "크도다, 경건의 비밀이여. 그렇지 않다 하는 이 없도다. 그는 육신으로 나타난 바 되시고."딤전 3:16 타락 전에 이미 하나님께서는 성자가 몸과 영혼으로 이뤄진 인간 본성을 취하시는 것으로 영원히 결정하셨다. 시작도 없고 끝도 없는 영원한 성자로서 그분은 자기가 성육신한 분(즉, '육체가 된' 분)이 되리라는 것을 늘 알고 있었다. 하지만 하나님의 아들이 성육신한다는 것은 무슨 의미인가?

성삼위 하나님의 일

삼위일체의 세 위격 모두 하나님 아들의 성육신에서 한 역할을 했다. 구속의 삼위일체적 성질은 성부께서 우리를 선택하셨고 성자께서 우리를 값 주고 사셨으며 성령께서 구원의 혜택을 우리에게 적용하신다는 사실엡 1장을 나타낼 뿐만 아니라, 구원이 어떤 수단으로 이뤄졌는지에(즉, 성육신에) 주목하게 한다. 그리스도인들은 삼위일체 신학을 풍성히 누리지 못하는 잘못을 저지를 때가 아주 많다. 그러나 성육신에 관한 한, 우리는 도처에 찍힌 성삼위 하나님의 인증을 보지 않을 도리가 없다.

간단히 말해, 성부의 권위, 성자의 사랑, 성령의 능력이 모두 합력하여 신인神人이신 예수 그리스도를 빚어낸 것이다.

히브리서 10:5은 시편 40:6을 인용하여 성부께서 그리스도를 위해 예비하신 몸에 대해 말한다. "오직 나를 위하여 한 몸을 예비하셨도다." 히브리서 기자는 그리스도의 인성을 직접적으로 말하면서 성자께서 입으실 몸을 누가 "예비"하셨는지 중요하고도 상세한 내용까지 이야기한다. 히브리서 기자가 말하는 "몸"이란 영혼까지 나타내는 제유법(일부를 사용해 전체를 나타내는 비유법)적 표현이다. 히브리서 10장의 맥락에서 볼 때 그리스도의 인성은 그리스도께서 희생제사를 드릴 수 있기 위해 꼭 필요했다.

청교도 토머스 브룩스의 말에 따르면, 성부께서 "그리스도의 인성을 정하고 형성하고 적절하게 하고 능력 있게 하사 그가 세상에 오셔서 견뎌 내고 감당해야 할 일을 견디고 감당하게 하시고 세상에 오신 목적을 이루게 하셨다."4 하나님께서는 이런 식으로 어떤 특별한 과업을 이행할 수 있도록 구비시키신 당신의 종들과 함께 일하시되, 가장 특별히는 당신의 아들, 곧 죄 된 육신의 모양으로[롬 8:3] 성부께 보냄 받은 아들과 그렇게 함께 일하신다. 하나님께서는 성자를 위해 죄 없는 몸을 예비하셨고, 중보자 사역을 이행하는 데 필요한 은사와 은혜로 그를 구비시키셨다. 사실 성자께서 자기 몸을 바칠 수 있기 위해서는 우선 몸이 필요했다. 당신의 부활한 몸이 우리의 부활한 몸의 원형이 될 수 있기 위해서 그분에게는 몸이 필요했다.

성부께서 총괄 기획자로서 성자가 입으실 몸을 '구상'하고 '예비'하는 일을 책임지셨다면, 성령께서는 건축자로서 마리아의 태 속에 그리스도의 인성이 실제로 형성되는 일을 책임지셨다. "성령이 네게 임하시고 지극히 높으신 이의 능력이 너를 덮으시리니 이러므로 나실 바 거룩한 이는 하나님의 아들이라 일컬어지리라."[눅 1:35] 성령께서는 예수의 육체적·영적 생명을 책임지셨다.[마 1:18, 20] 어셔는 마리아의 태를 일컬어 성령께서 "우리의 인성과 그의 신성 사이에 풀지 못할 매듭을 엮는 신부의 방"이라고 한다.[5] 예수의 구속 사역을 위해, 그리하여 장차 영화롭게 되실 것을 위해 그분의 인성을 빚어내는 일이 성령께는 얼마나 큰 특권이었겠는가!

하지만 인성을 입겠다는 실제적 결정은 성자께 속한 일이었다. 예수께서 자기 백성을 위해 하신 그 모든 일은 자발적이어야지 강요에 의한 일이어서는 안 되었다. 그러기 위해서는 성자가 자기 자신을 진정한 인성(몸과 영혼)과 연합시키려는 결단이 있어야 했다. 이 결단은 인류에게 현세적으로, 그리고 궁극적으로는 영원한 중요성을 띤다는 관점에서 '**가장 중요한 결단**'이라고 할 수 있다. 하지만 위에서도 분명히 말했다시피, 성육신의 중요성은 그토록 위대한 행위에 하나님께서 삼위일체적으로 관여하셨다는 사실로 강조된다.

위격의 연합

성자께서 인간의 본성을 취하신 일은 '위격의 연합'the hypostatic union 이라고 일컫는 게 적절하다. 예수 안에 신과 인간의 연합이 있다. 예수는 참 하나님에게서 나신 참 하나님이시며 참 인간에게서 나신 참 인간이시다. 우리의 구원을 위해서는 그분의 인성이 그분의 신성만큼 중요하다. 하지만 인간이 되실 때 하나님 아들의 위격은 인간 인격을 가지지 않는impersonal 인성을 입으셨다. 즉, 그분의 인성은 하나님 아들의 위격과의 연합에서 분리된 정체성이나 이름을 갖지 않았다는 것이다.

다마스쿠스의 성 요한이 주장한 것처럼, 성자께서는 "독립된 별개의 실체"가 없는, "혹은 원래 개별적 실체로" 있지 않은 인성을 취하셨다.[6] 그리스도는 자신의 본체에 하나의 '인격'을 덧붙이지 않았다. 만약 그렇게 되면 한 분 안에 두 인격체가 있게 되는 말도 안 되는 상황이 벌어지기 때문이다. 더 나아가, 그럴 경우 예수는 이 두 번째 인격적 실재에서는 신#이실 수가 없고 그저 하나님과 친밀히 교통하는 인간일 뿐이다. 결과적으로, 죄를 사할 권위가 있다고 주장하는 예수의 발언(예를 들어, 마 9:6)은 신성모독이 될 것이다. 그러므로 바르게 말하자면, 인성이 성자의 위격(요 1장의 '말씀'〔로고스〕. 349-351쪽 참조) 안에 존재한다. 그리스도의 인성은 성육신의 순간, 즉 '로고스'가 인성을 취한 순간 인격적으로(즉, 정체성을 가진 존재가) 되었다.

이 연합에서는 두 본성이 각각의 본질적 속성을 유지한다. 두 본성이 혼합되거나 혼동되는 일은 없다. 신성은 무한한 지식, 능력, 지배권 등을 소유한다. 인성은 순종했고, 죽었고, 다시 살아났다. 하지만(이것이 중요하다) 우리는 '본성'이 뭔가를 했다고 말하지 말아야 한다! 하나님의 아들 예수께서 십자가에서 죽으셨다. 예수께서 음식을 드셨고, 예수께서 잠을 잤고, 예수께서 죄를 사하신다. 그분의 인성이 음식을 드신 게 아니다. 그보다 예수가 자기 인성을 따라 음식을 드셨다(롬 1:3에서 바울이 어떤 표현을 썼는지도 주목하라. "그의 아들에 관하여 말하면 육신으로는 다윗의 혈통에서 나셨고").

그리스도의 인격에 대한 이런 입장과 관련해 개혁파 신학자들은 '속성의 교류'communication of properties 혹은 '사역의 교류'communication of operations에 대해 이야기해 왔다. 「웨스트민스터 신앙고백서」는 이런 개념들을 다음과 같은 식으로 설명한다. "그리스도는 중보 사역을 행할 때 자기의 두 본성에 따라 행하시되 각각의 본성에 따라 그 본성 고유의 일을 행하신다. 그럼에도 위격의 단일성 때문에 한 본성 고유의 일이 때로 성경에서 다른 본성에 따라 이름 붙여진 위격에 속한 일로 여겨지기도 한다."[7] 신인께서는 두 본성에 따라 행동하신다. 그분(그리스도)이 모든 행동의 주체이시다.

교리의 이 항목은 개혁파 신학자들과 여러 로마 가톨릭 저술가들 사이에서 논쟁의 근원이었다. 예를 들어, 로마 가톨릭의 로베르토 벨라르미노[1542-1621] 같은 사람은 그리스도께서 오직 인간으로서만 중보 행위를 하셨다고 주장했고, 이에 대한 응답으로 개혁파 신학자들은 만약 그리스도의 인성이 중보를 했다면 다른 인간도 그리스도의 성육신 전후에 동일한 효력으로 중보 사역을 할 수 있었을 것이라고 주장했다. 그리스도의 두 본성을 그분의 위격의 연합에 단단히 결부시킴으로써 개혁파 신학자들은 그리스도의 중보 사역을 단순히 인간의 일로 이야기하기를 거부했다. 그렇다, 그리스도의 중보 사역은 신인神人이신 예수 그리스도의 사역이었다.

이런 개념들을 알면 사도행전 20:28 같은 본문을 이해하는 데 도움이 된다. 사도행전의 이 구절은 하나님의 피로 값 주고 산 교회에 대해 이야기한다. 속성과 역사의 교류에 근거해서 개혁파 신학자들은 하나님께서 죽으셨다고 거리낌 없이 말할 수 있었다. 그리스도의 신성은 고난 당하거나 죽는 게 불가능했지만, 그리스도의 사역은 성삼위 전 위격의 사역으로 여겨지기 때문이다. 이 사실은 유다서 1:5의 의미 또한 설명해 준다. "너희가 본래 모든 사실을 알고 있으나 내가 너희로 다시 생각나게 하고자 하노라. 주께서 백성을 애굽에서 구원하여 내시고 후에 믿지 아니하는 자들을 멸하셨으며." 엄밀히 말해, 성육신은 1세기 전에는 일어나지 않았다. 하지만 속성의 교류 때문에 우리는 동정녀 마리아의 태 안에 예수의 인성이 형성되기 전에도 예수께서 어떤 일을 하셨다고 말할 수 있다. 이 외에도 엘리사벳이 마리아를 가리켜 "내 주의 어머니"눅 1:43라고 한다. 마리아는 예수의 인성을 따라 예수의 어머니였다.

두 본성의 증거

마태복음 28:19에서 예수께서는 자신의 정체를 삼위일체의 한 위격으로 밝히신다. 다른 여러 성경 구절도 예수의 신성을 증언한다. 예를 들어, 사도 요한은 예수를 알파와 오메가라고 부른다.계1:8, 17, 22:13 예수의 선재^{先在}가 당연하게 여겨진다.^{요 1:1, 8:58, 17:5, 고후 8:9} 예수는 만물을 지탱하시는 분이시요,^{요 1:3, 골 1:16-17, 히 1:3} 만물에 대한 지배권을 갖는 분이시다.^{마 11:27, 엡 1:20-22, 골 2:10} 예수는 '하나님'이라는 이름으로 불린다.^{요 1:1, 20:28, 롬 9:5, 히 1:8-9, 벧후 1:1} 하지만 성경에는 예수의 참 인성에 대한 증거 또한 그에 못지않게 명백하고 설득력 있게 나타난다. 예를 들어, 마태는 예수의 가계^{家系}를 꼼꼼하게 기록한다.^{마 1장, 참조 롬 1:3} 요한은 예수가 육체를 입고 오셨음을 그리스도인들이 고백한다는 사실에 주목한다.^{요일 4:2} 신약성경 기자들은 하나같이 예수께서 십자가에서 죽으셨음을 입증하려 애를 쓰며, 우리는 또한 예수가 음식을 드셨고,^{마 9:10} 울기도 하셨으며,^{요 11:35} 목마르기도 하셨음을^{요 19:28} 성경에서 본다.

그럼에도 성경에는 이 두 본성 사이에 갈등이 있었다는 말이 없다. 우리는 성육신의 신비를 절대 완전히는 이해하지 못하지만, 신인^{神人}에 관한 진리를 이야기할 수 있을 만큼은 이해할 수 있다. 그것이 바로 우리가 다음과 같이 고백하는 이유다.

> 그러므로 우리는 교부들을 따라
> 다음과 같이 고백해야 할 것을 만장일치로 가르치는 바이다.
> 한 분이시며 동일한 성자이신
> 우리 주 예수 그리스도는
> 신성으로도 완전하시고
> 인성으로도 완전하신 분이며,
> 참 하나님이시고 참 인간이시며
> 이성적인 영혼과 몸을 지닌 분이시며,

인성으로는 모든 면에서

우리와 본질적으로 동일하시되 죄는 없으시고,

신성으로는

만세 전에 성부에게서 나셨고,

인성으로는 이 마지막 날에

우리와 우리의 구원을 위해

하나님의 어머니인

동정녀 마리아에게서 나셨으니,

한 분 동일하신 그리스도시요

성자이시요

주이시요

두 가지 본성을 입으시되

섞이지도

변하지도

나뉘지도

갈리지도 않게

독생하셨으며,

본성이 구별되되

연합으로써 그 구별이 결코 사라지지 않고

오히려 각 본성의 속성이 유지되며

하나의 인격과 하나의 위격 안에 동시에 발생하되

두 인격으로 갈리거나 나뉘지 않는

한 분의 동일한 성자요

독생자요

말씀이신 하나님이요

주 예수 그리스도이시니,

이는 창세로부터 선지자들이

그에 관해 선언한 바요

주 예수 그리스도께서 친히 우리에게 가르치신 바요

거룩한 교부들의 신조로

우리에게 전해진 바와 같도다.[8]

성육신의 영광

그리스도의 신성과 인성의 연합에는 여전히 크나큰 간격이 있다. 창조주께서 피조물과 일체가 되신다. 그리스도 안에서 우리는 영원과 일시성, 영원한 복됨과 일시적 슬픔, 전능과 연약함, 전지(全知)와 무지, 불변성과 가변성, 무한과 유한을 본다. 이 모든 대조적 속성이 예수 그리스도의 위격 안에서 만난다. 청교도 스티븐 차녹은 이것을 다음과 같이 유려하게 증언했다.

> 무한히 거리가 있는 두 본성이 세상 그 무엇보다도 친밀하게 연합된다니 이 얼마나 큰 경이인가……. 한 인물이 영광과 슬픔을 다 지닌다니, 신성으로는 무한한 기쁨과 인성으로는 말로 다 할 수 없는 슬픔을 지닌다니, 보좌에 계신 하나님이 요람 속 아기가 되시다니, 벽력처럼 외치는 창조주가 우는 아기와 고통당하는 인간이 되시다니. [성육신은 놀라게 한다] 땅에서는 인간을, 하늘에서는 천사를.[9]

성육신은 하나님과 인간 사이에 교통의 가능성을 열었으니, 이는 달리 어떻게는 불가능했을 일이다. 워필드의 말을 빌리자면, 성부께서는 "무한히 먼 거리를 내려와 인간에게 있음직한 가장 높은 지점에 이르셨다."빌 2:6-11 10 하나님은 어떤 형태의 자발적 낮춤이 아니고서는 인간과 교통할 수 없으실 터였다. 신神이신 분이 성육신으로 그렇게 몸을 낮춘 것은 자발적이었을 뿐만 아니라 가장 영광스러운 최선이기도 했다. 그리스도를 통해 우리가 하나님께 다가갈 수 있으니 말이다.

따지고 보면, 만약 예수가 어떤 경우에도 그냥 한 인간일 뿐이었다면 우리와 똑같이 하나님에게서 무한히 멀리 계셨을 것이다. 마찬가지로, 만약 예수가 어떤 경우에도 하나님일 뿐이었다면 우리에게서 무한히 멀리 계셨을 것이다. 하지만 중보자로서 예수는 무한하신 하나님과 유한한 인간 사이의 간격에 다리를 놓으신다. 하나님께 속한 모든 것이 예수에게 있다. 어떤 이를 참 인간으로 만들어 주는 모든 것이 예수에게 있다. 아래와 같은 스티븐 차녹의 증언보다 이 사실을 더 잘 표현할 수는 없을 것이다.

> 그분에게는 [하나님을] 진노케 한 본성과 진노한 본성이 둘 다 있었다. 하나님을 기쁘시게 하는 본성과 우리를 즐겁게 하는 본성이 둘 다 있었다. 한 본성으로 그분은 하나님의 탁월함과 손상당한 탁월함을 경험적으로 알았고, 자기에게 돌려지는 영광을 아시고 결과적으로 하나님을 진노케 한 죄의 거대함을 아셨으니, 그 죄가 얼마나 거대한지는 그분의 위격이 지닌 위엄으로 가늠할 수 있었다. 그리고 또 한 본성으로 그분은 하나님을 진노케 한 범죄자가 초래한 비참함을 체감했을 것이고, 그 범

죄자로 인한 재앙을 감당하며, 어느 경우에든 그 범죄자를 긍휼히 여겼을 것이며, 그 사람 대신 합당한 죄값을 치렀다. 그분에게는 자기가 조화시켜야 할 위격과 인격의 감정과 정서를 감당할 수 있는 두 개의 구별된 본성이 있었다. 그분은 한 본성의 옳음과 또 한 본성의 결함을 판단할 수 있는 의로운 판관이셨다.[11]

예수께서는 배우셨고, 예수께서는 모든 것을 아셨다. 예수께서는 죽으셨고, 예수께서는 살아 있는 모든 피조물에게 생명을 주신다. 예수께서는 어머니의 젖을 먹었고, 예수께서는 자기를 먹일 젖을 어머니에게 마련해 드렸다. 하나님 아들의 성육신만이 이런 모순을 설명할 수 있다. 그러므로 우리는 마르틴 루터와 함께 이렇게 말한다.

> 만물이 찬양합니다, 영원하신 하나님
> 살과 피로 옷 입으신 분
> 세상 위의 세상이 다 주님만의 것인데
> 구유를 보좌로 삼으시네.
> 할렐루야![12]

성육신의 효력

하나님 아들의 성육신은 예수가 영원히 하나님이자 인간이라는 뜻이다. 예수는 승천하신 뒤에도 인성을 포기하지 않으셨다(사실 포기하실 수 없었다). 포기하셨다고 생각하는 그리스도인들이 많았고, 지금도 역시 그렇지만 말이다. 인성과 신성의 이 연합은 해체할 수 없다. 예수는 능력으로 하나님의 아들로 부활하셨다.롬 1:4 네덜란드의 뛰어난 신학자 아브라함 카이퍼는 요한복음 1:14을 묵상하면서 한번은 이렇게 말했다.

> 말씀이 육신이 되었다! 말씀이 육신이 되어 그 육신에서 절대 다시 분리되지 않았다! 보좌에 계신 지금까지도…… 육신이 되신 말씀은 그로써 이 아이께서 나를 대신하고, 살과 피를 지닌 이 아이께서 살로 만들어진 나를 구원하고 나를 받아들이고 나를 영화롭게 할 실제적 가능성을 이뤄 낸다.[13]

이는 하나님께서 '육신'(즉, 인성)을 얼마나 사랑하시는지를 보여준다. 하나님께서는 성육신 때문에 영원히 인간과 일체감을 가지신다. 그래서 언젠가 천국은 새로운 창조에서 '육체의' 공간이 될 것이다. 그곳은 우리가 진짜 인간으로 존재하되 '죄'와는 전혀 상관없는 곳일 텐데, 우리의 몸과 영혼이 완벽히 인간 그리스도 예수의 형상대로 변화할 것이기 때문이다.빌 3:20-21, 고전 15:49 내재하는 죄는 완전히 폐지될 것이다. 몸과 영혼이 구속받도록 하기 위해 예수께서는 몸과 영혼을 가지셔야 했다. 무엇이든 예수께서 취하시지 않은 것은 치유될 수 없었기 때문이다. 몸과 영혼 둘 중 어느 하나가 나머지 하나보다 더 중요하지는 않다. 몸을 떨쳐 내고 "자유롭게 떠다니는 영혼"으로 살 수 있는 날을 고대해야 할 것 같지만, 이는 사실과 거리가 멀다. 우리는 우리의 몸과 영혼 둘 다 그리스도의 영광스러운 몸의 형상으로 변화될 날을 고대한다(요일 3:2, "우리가 그와 같을 줄을……").

결과적으로 성육신은 천국이 왜 영원할지 그 이유를 설명해 준다. 우리(몸과 영혼 모두)가 우리의 남편인 예수 그리스도(몸과 영혼 둘 다 지닌)와 연합하기 때문에 천국은 끝날 수가 없다. 천국이 끝나려면 두 가지 일 중 하나가 일어나야 한다. 예수께서 존재를 끝내시든지, 아니면 하나님께서 죄를 지으시든지 해야 한다. 그런데 둘 다 불가능한 일이다. 하나님께서 왜 죄를 지으시겠는가? 우리가 존재를 끝내기 위해서는 하나님께서 이혼을, 하나님께서 싫어하시는 그 일을^{말 2:16} 허용하셔야 한다. 천국에서 신부와 남편의 연합이 그리스도의 결단뿐만 아니라 하나님의 결단으로 보증받는 것은, 깨질 수 없는 연합을 유지하기 위해서다.

하나님의 법은 천국에서 그리스도와 그 백성에 의해 준수될 것이다. 안식에 들어간 우리는^{히 4:11} 마음과 뜻과 생각과 힘을 다해 주 우리 하나님을 사랑할 뿐만 아니라(첫째, 둘째, 셋째 계명) 우리의 신랑도 사랑할 것이다(일곱째 계명). 그리스도께서 자기 신부에게 품으실 사랑의 유형은 다른 어떤 사랑도 원하지 않도록 우리를 지극히 안전하게 지켜 줄 것이다.

마지막으로, 바울은 성육신을 본받으라고("너희 안에 이 마음을 품으라") 우리에게 명시적으로 명하고 나서야 하나님의 아들께서 죽기까지, 심지어 십자가에 죽기까지 자기를 낮추신 것을 포함해 성육신의 그 모든 내용을 상세히 설명한다.^{빌 2:5-11} 그리스도인에게는 '그리스도 우리 구주'라는 호칭 다음으로 '그리스도 우리의 모범'이라는 호칭이 가장 소중하다. 우리는 낮아짐의 예로 거지를 본받으라고 명령받지 않고 영광스러운 하나님을 본받으라고 명령 받았다. 낮아짐이라는 그리스도인의 미덕은 하나님 아들의 성육신을 본받는 데서 시작된다. 그렇게 하기 위해 우리는 낮아짐이 무엇인지를 알아야 한다. 그리고 낮아짐이 무엇인지를 알려면 낮아짐을 묵상해야 한다. 실로 그렇다, 우리 신앙의 신비가 참으로 크다.

> 인간을 만드신 분이 인간이 되셨으니
> 별을 다스리는 분이 어머니의 품에서 젖을 먹고
> 떡이신 분이 주리시고
> 샘이신 분이 목마르시고
> 빛이신 분이 주무시고
> 길이신 분이 여정에 지치시고
> 진리이신 분이 거짓 증인이라 고소당하시고
> 선생이신 분이 채찍에 맞으시고
> 터이신 분이 나무에 달리시고
> 능력이신 분이 약해지시고
> 치료자이신 분이 상처 입으시고
> 생명이신 분이 죽으시게 되었더라.[14]

05 } 그리스도의 신성

조상들도 그들의 것이요 육신으로 하면 그리스도가 그들에게서 나셨으니 그는 만물 위에 계셔서 세세에 찬양을 받으실 하나님이시니라 아멘. _롬 9:5

참 하나님에게서 나신 참 하나님

그리스도인들은 예수의 완전한 신성을 부인하지 않는다. 사실, 그리스도인이기 위해서는 예수의 완전한 신성을 부인할 수 **없다**. 예수는 하나님이시다. 성경은 그리스도의 신성에 대한 증거로 우리를 그냥 압도시킨다. 하지만 그리스도의 신성의 진리를 그냥 받아들이기만 해서는 안 된다. 성자의 자발적 겸비를 제대로 알고 감사하기 위해서는 그분이 완전한 하나님이시라는 것이 무슨 의미인지를 우리 능력껏 이해하는 것 또한 목표로 삼아야 한다. 그리스도의 위격과 관련해 많은 그리스도인들이 품는 의문은 비교적 단순하기도 하거니와 그리스도인으로서 우리의 행보(行步)에 큰 해악을 끼칠 수도 있다. 우리는 예수가 한 인물 안에 신으로도 존재하시고 사람으로도 존재한다는 것이 무슨 의미인지 제대로 이해하지 못한다. 그 결과 예수는 우리의 생각 속에서 일종의 '슈퍼맨'이 되어 버리고, 그래서 예수와 우리는 누구에게도 쓸모가 없는 상황에 처하게 된다.

예수가 하나님이심을 고백하는 그리스도인들은 세계 최고의 신학자들이다. 이들은 태초부터 하나님의 모든 백성이 입에 올렸던 고백을 메아리처럼 되울리고 있다. 신약 시대 이후 교회 안에 지금까지 남아 있는 가장 오래된 설교에서 우리는 다음과 같은 문구를 발견한다. "형제 여러분, 우리는 예수 그리스도를 하나님으로 생각하되, 산 자와 죽은 자를 심판하실 분으로 생각해야 합니다. 그리고 우리의 구원을 하찮게 여겨서는 안됩니다. 우리가 그분을 하찮게 여기면 무엇을 받을 것을 별로 기대 안 하게 되기 때문입니다."[1] 그리스도께 대한 그런 멸시는 그분이 바로 참 하나님에게서 나신 참 하나심이심을 제대로 믿지 못하는 데서 비롯된다. 그런 오류 때문에 우리는 죄인들을 구속하기 위해 그분께서 얼마나 낮은 곳으로 내려오셨는지 그 깊이를 깨닫지 못한다.

신[**]이신 아들

신약성경에서 구약성경을 인용하는 부분을 포함해 신약성경을 그냥 읽어 보기만 해도 기독교회가 왜 인간 그리스도 예수가 그냥 평범한 인간이 아니라 하나님이시기도 하다고 단호히 주장하는지 그 이유를 알 수 있다. 예수는 '한 신'[a god]이 아니라, 성부와 성령과 함께한 하나님으로 영원히 항상 계시며 성부와 성령과 동등한 '참 하나님'[God]이시다. 요한복음 1:1("태초에 말씀이 계시니라. 이 말씀이 하나님과 함께 계셨으니 이 말씀은 곧 하나님이시니라"), 요한복음 20:28("도마가 대답하여 이르되 나의 주님이시요 나의 하나님이시니이다"), 로마서 9:5 ("조상들도 그들의 것이요 육신으로 하면 그리스도가 그들에게서 나셨으니 그는 만물 위에 계셔서 세세에 찬양을 받으실 하나님이시니라, 아멘"), 디도서 2:13 ("복스러운 소망과 우리의 크신 하나님 구주 예수 그리스도의 영광이 나타나심을 기다리게 하셨으니"), 히브리서 1:8 ("아들에 관하여는 하나님이여, 주의 보좌는 영영하며 주의 나라의 규는 공평한 규이니이다"), 베드로후서 1:1 ("우리 하나님과 구주 예수 그리스도의 의를 힘입어 동일하게 보배로운 믿음을 우리와 함께 받은 자들에게") 같은 본문은 모두 예수의 신성을 명백하게 증거한다.

신약성경에는 그다지 명백하지는 않지만 그렇다고 해서 설득력이 덜하지는 않은 구절도 있는데, 이런 구절들에 대해서는 좀 더 깊이 파고들어 갈 필요가 있다. 요한계시록에서 사도 요한이 예수를 묘사할 때 쓰는 표현은 이사야가 여호와를 설명할 때 썼던 표현에 기원을 두고 있다. 예수는 "처음이요 마지막"계 1:17 으로 언급되는데, 이는 이사야 41:4과 서로 연관된다. "나 여호와라. 처음에도 나요 나중 있을 자에게도 내가 곧 그니라."계 2:8, 사 44:6도 보라 여기에 더해 요한은 예수를 "알파와 오메가요 처음과 마지막이요 시작과 마침"계 22:13 이라고 부름으로써 이사야 48:12에서 차용한 표현을 반영한다. "나는 그니 나는 처음이요 또 나는 마지막이라." 이사야에서 이런 특정 표현을 차용함으로써 요한은 신의 이름을 재언명한다. 확실히, 예수는 여호와이시다.

요한은 또 이사야 6장도 언급하는데, 여기서 이사야 선지자는 "만군의 여호와[주]이신 왕"사 6:5 의 환상을 본다. 이사야는 누구를 본 것일까? 그는 여호와를 본 것이 확실하다. 좀 더 구체적으로 그는 영광 중에 계신 예수를 봤다. 이사야가 "이렇게 말한 것은 주[예수]의 영광을 보고 주를 가리켜 말한 것"요 12:41이기 때문이다. 요한복음 후반에서 우리는 창세 전에 성부와 함께 누렸던 영광을 위해 그리스도께서 어떻게 기도하셨는지를 보게 된다.요 17:5 하지만 이사야는 하나님께서 자기 영광을 다른 누구에게 주시지 않는다고 주장한다.사 42:8 예수, 곧 이제와 앞으로도 늘 하나님과 "얼굴과 얼굴을 맞대고" 계신요 1:1 영원하신 하나님의 아들 예수만이 이 구절들을 납득할 수 있게 해 준다.

이에 대해서는 더 많은 사례들을 추가할 수 있다(예를 들어, 빌 2:5-11을 사 45:22-23과 비교해 보라). 성경 말씀을 지배하려는 마음이 아니라 성경 말씀에 지배받으려는 마음으로 성경에 접근하는 그리스도인은, 예수가 실제로 하나님이 아니라면 예수가 어떤 분이고 어떤 일을 이루셨든 그다지 의미가 없게 된다는 점을 금세 알게 될 것이다. 하지만 니케아 신조에서 확언하는 것처럼 예수가 "참 하나님의 참 하나님"very God of very God이시란 것은 무슨 뜻인가? 하나님의 속성 몇 가지를 살펴보면 이 질문에 대한 통찰을 얻게 될 뿐만 아니라 성자께서 친히 참 인성을 취하신 것이 얼마나 놀라운 겸비인지를 알 수 있다.

영원하신 하나님

영원eternity이란 말은 하나님 안에는 시작, 끝, 그리고 시간의 연속이 없음을 암시한다. 이 개념은 이해하기 어려울 뿐만 아니라 표현하기도 어렵다. 영원은 절대 시작하지도 않고 절대 끝나지도 않는다. 하나님의 존재 기간은 하나님의 본질이 무한한 만큼 끝이 없다. 하나님은 영원한 하나님이시다.창 21:33, 롬 16:26 하나님에게 시작이 없다면 분명 끝도 없으시다.시 9:7, 52편, 계 4:9-10 하나님은 아무것도 부족한 게 없기 때문에 존재를 끝내실 수가 없다. 하나님에게는 과거나 미래가 없고, 오직 단순한 현재 안에서 만물과 과거와 현재와 미래를 한꺼번에 보신다. 하나님은 과거의 하나님에다 무언가를 추가로 더 받으시지 않는다. 하나님은 과거의 하나님이 아닌 다른 뭔가가 되시는 법이 없다. 하나님은 만세 전부터 완전하시고 만세 후에도 그러하실 것이다. 현재의 하나님은 과거의 하나님과 다름이 없고, 현재의 하나님은 앞으로도 계속 여일㎞一하실 것이다. 말하자면 하나님은 한 순간에 수십억 년을 살고, 하나님에게는 매 순간이 수십억 년이다. 예수는 이 영원의 속성을 지니신다. 예수는 "옛적부터 항상 계신" 분이시다.단 7:9, 13, 22

시편 90편은 그리스도의 위격에 대해 다소 장엄한 증언을 한다. 2절은 예수를 가리킨다. "산이 생기기 전, 땅과 세계도 주께서 조성하시기 전 곧 영원부터 영원까지 주는 하나님이시니이다." 여기 예수의 위격의 영광이 화면 가득 펼쳐진다. 예수는 이 시편 나머지 부분에서도 언급된다. 예수는 자기 날 계수하는 법을 배우셨다.90:12 예수는 하나님의 진노 중에 지나가셨다.90:9 하지만 하나님께서는 그리스도의 손이 행한 일을 견고하게도 하셨다.90:17 모든 시편을 다 그렇게 읽어야 하긴 하지만, 특히 90편을 그리스도 중심적으로 읽으면 시詩에 생기가 돈다. 하나님에 대해 말하는 구절은 예수를 가리킨다. 하지만 인간에 대해 말하는 구절 역시 예수를 가리킨다. 이제 천국에서 높아지셨으므로 그분의 날은 계수할 수 없다. 그리스도께 속한 자들은 영생을 받을 때 자기 날을 계수할 수 없을 것이다.

불변하시는 하나님

영원이라는 하나님의 속성은 필연적으로 그분의 불변성을 함축한다.시 102:26-27 지속하는 것(영원)은 변할 수 없고 변하는 것은 지속할 수 없기 때문이다.시 52편 또한 하나님은 우리 인간이 슬픔이나 비탄을 겪는 식으로 슬픔이나 비탄을 겪지 않으신다는 의미에서 격한 감정passions이 없다. 하나님의 영광과 행복은 영원하고 무한하기 때문에 어떤 일도 그분을 다소간 진노하게 하거나 다소간 슬프게 만들 수 없다. 하나님의 복된 상태는 한계를 모르며, 줄어들 수도 없다. 하나님 안에 있는 무엇 때문이든 하나님 밖에 있는 그 무엇 때문이든 말이다. 또한 하나님의 불변성은 하나님의 지식이 늘어나거나 줄어들 수 있다는 것을 부인한다. 하나님의 본질이 변할 수 없을진대 하나님보다 더 권능 있는 존재라야만 하나님의 본질을 변화시킬 수 있을 것이다. 성경에서 때로 하나님께서 "후회하신다"는 표현을 보게 되는 것이 사실이지만, 이는 신인동형론적 언어로서 무한하고 영원하고 불변하시는 하나님, 영이신 하나님을 인간의 관점에서 묘사하는 말일 뿐이다.

하지만 예수는 사실상 변화하셨다. 예수께서는 "지혜와 키가 자라가며 하나님과 사람에게 더욱 사랑스러워"지셨다.눅 2:52 예수께서는 "순종함을 배워서"히 5:8 "온전하게 되셨다."5:9 신성을 좇아서 무한한 기쁨을 소유하시지만, 지상에 계시는 동안에는 "질고를 아는 자"man of sorrows, 사 53:3이셨다. 참 인간으로서 예수는 변화의 세상에 들어와 본성상의 변화를 겪으셨는데(수치에서 영광으로), 우리는 이 땅에 있는 동안에는 이것이 어떤 변화인지 감히 짐작조차 할 수 없다.

무소부재하시는 하나님

하나님은 하늘과 땅에 충만하시다.^{렘 23:24} 영원성이 하나님의 완전이며 이로써 하나님에게 시작도 끝도 없다면, 그리고 불변성도 하나님의 완전이며 이로써 하나님이 어떤 식으로든 증대되거나 축소될 수 없다면, 편재^{omnipresence}는 하나님의 속성으로 이로써 하나님에게는 경계나 한계가 없다. 우주에 천만 개의 세상이 있다면, 그 천만 개의 세상 하나하나의 모든 부분에 하나님의 본질(하나님은 영이시다, 요 4:24)이 있을 것이다. 하나님이 모든 시간보다 크신 것처럼 또한 하나님은 모든 장소보다 광대하시다. 무한은 곧 편재를 뜻한다.

예수가 비록 참 인간으로서 어느 한 장소(땅)에 계시고 다른 곳(하늘)에는 계시지 않았지만, 칼뱅은 다음과 같이 핵심을 말했다.

> 말씀이 자신의 광대무변한 본질 가운데 인간의 본성과 연합해 한 인간이 되었다 해도 우리는 그분이 거기 제한되어 있었다고 생각하지 않는다. 여기에 어떤 불가사의가 있다. 하나님의 아들이 하늘에서 내려오되 하늘을 떠나지 않는 방식으로 내려와 기꺼이 동정녀의 태에서 태어나 세상을 두루 다니며 십자가에 달리기로 하셨다. 그러면서도 그분은 태초부터 그렇게 해 오셨듯 여전히 세상에 충만하셨다!²

그러므로 예수께서 편재성 때문에 한 장소에 제한당하지 않으셨다 해도 우리는 예수가 "아버지를 떠나셨고", 아버지 곁으로 돌아가기를 고대하셨으며, 이제 그곳에 영광 중에 앉아 계심을 기억해야 한다.^{요 17 장, 행 2:33-36, 빌 2:5-11} 찬송가 '어찌 날 위함인지'에서 노래하듯이,

위에 있는 아버지 보좌를 버리셨으니

크고 무한하도다, 그 은혜.

어디에나 계신 분이 자기 백성을 위해 이 땅에 머무는 동안에는 아버지와 함께 계시지 않았다.

전지全知하신 하나님

예수께는 모든 지식이 다 있다. 예수는 전지하시다. "우리 주는 위대하시며 능력이 많으시며 그의 지혜가 무궁하시도다."시 147:5 영원하신 하나님은 과거와 현재와 미래의 모든 일을 오류 없이 다 아신다. 하나님은 자기 자신을 완전히 아신다. 아직 일어나지 않은 일들에 대한 작정을 포함해 당신께서 창조하신 모든 것을 완벽히 아실 뿐만 아니라 자신의 작정 밖에 있는 일들에 대해서도 완벽히 아신다. 다시 말해, 하나님은 가능한 일들, 당신의 권능으로 이룰 수 있는 일들, 그러나 여느 인간이나 천사에게는 영원히 어둠 속에 싸여 있을 일들을 아신다. 하나님의 지식과 이해는 무한하다.욥 37:16

차녹은 이 지식에 대해 누구 못지않게 훌륭히 설명한다.

하나님은 다른 모든 일을 다 아신다. 그 일들이 과거나 현재나 혹은 미래에 가능한 일인지, 당신께서 하실 수는 있지만 절대 하지 않을 일인지, 지금까지는 하셨지만 이제는 하지 않는 일인지, 지금 존재하는 일인지 존재하지 않는 일인지, 적절하고도 직접적인 원인에 배태胚胎되어 있는 일인지를. 하나님의 지식이 무한할진대, 알려질 수 있는 일은 무엇이든 다 아신다. 그렇지 않으면 그분의 지식에는 경계가 있다 할 것인데, 한계가 있는 것은 무한하지 않고 유한하다.³

하나님이 단 한 가지라도 배워야 한다면 그분은 하나님이 아닐 것이다. 그럼에도 우리 주 예수 그리스도는 "아침마다" 잠에서 깨어 성부에게 가르침을 받으셨다.사 50:4-6 그분은 "지혜……가 자라"셨다.눅 2:52 요한복음에서 예수께서는 성부에게서 받은 가르침에 대해 줄곧 이야기하신다.요 7:16, 8:26, 28, 38, 40 알려질 수 있는 모든 일을 다 아시는 분께서 자기를 낮추사 배울 수 있는 일은 다 배우셨다.

전능하신 하나님

하나님의 권능에는 한계가 없다. 그럼에도 꼼꼼한 성경학도라면 주목하지 않을 수 없는 것이 있다. 하실 수 있는 일이라고 해서 하나님이 늘 그 일을 하시기로 선택하시지는 않는다는 것 말이다. 하나님에게는 절대 권능potentia absoluta과 질서적 권능potentia ordinata이 있다. 수백만 개의 세상을 만들고 그 각각의 세상에 수백만 가지 피조물을 창조하시는 것은 하나님에게 어린아이의 놀이만큼 쉬운 일이다. 그런데 어떤 결과물이라도 만들어 내실 수 있는 하나님께서 한 특별한 역사를 지닌 어떤 한 세상을 작정하기로 하셨다. 예를 들어, 예수께서는 마태복음 26:53-54에서 하나님의 절대 권능과 질서적 권능에 대해 말씀하셨다. "너는 내가 내 아버지께 구하여 지금 열두 군단 더 되는 천사를 보내시게 할 수 없는 줄로 아느냐"(그분의 절대 권능). "내가 만일 그렇게 하면 이런 일이 있으리라 한 성경이 어떻게 이루어지겠느냐"(그분의 질서적 권능). 하나님의 절대 권능이 필수적 권능인 것은 이 권능이 하나님의 본질에 속하기 때문이다. 하지만 질서적 권능은 하나님께서 보여주실 수도 있고 안 보여주실 수도 있다. 이 권능을 행사하는 것은 하나님의 의지의 행위이기 때문이다.

예수께서는 하나님에게 절대 권능이 있다는 것을 알고 계셨다. 그래서 겟세마네 동산에서 이렇게 기도하셨다. "아빠 아버지여, 아버지께는 모든 것이 가능하오니 이 잔을 내게서 옮기시옵소서."막 14:36상 또한 예수께서는 하나님에게 질서적 권능이 있다는 것도 알고 계셨다. "그러나 나의 원대로 마시옵고 아버지의 원대로 하옵소서."막 14:36하 하나님의 권능은 그 아들의 연약함을 통해 나타났다. 예수는 절대 권능을 가진 분이었지만 거리낌 없이 연약함의 길을 택하셨다. "그리스도께서 약하심으로 십자가에 못 박히셨으나."고후 13:4 사실 하나님에게는 모든 것이 가능하다. 하지만 우리가 기억해야 할 것은, 하나님께서 약함을 통해 자기 권능을 나타내기로 정하셨다는 점이다. 하나님이 어떤 분이고 그리스도가 어떤 분인지에 대해 생각할 때 우리는 하나님이 우리가 기대하는 방식으로 일하시지는 않는다는 사실을 늘 고려해야 한다.

엄위로우신 하나님

하나님이 엄위로우신 것은 그가 하나님이시기 때문이다. "내 영혼아, 여호와를 송축하라. 여호와 나의 하나님이여, 주는 심히 위대하시며 존귀와 권위로 옷 입으셨나이다. 주께서 옷을 입음 같이 빛을 입으시며 하늘을 휘장 같이 치시며."시 104:1-2 주권적 주님으로서 하나님은 만유에 대해 절대 지배권을 행사하신다. 엄위는 하나님께 속해 있으니, 하나님에게는 무한한 권능이 있다. 실제로 신성은 주권의 토대를 제공한다. 신의 본성상 하나님은 무한하시고, 불변하시고, 능력 있으시며, 거룩하시고, 전지하시고, 영원하시다. 이 속성들 때문에 필연적으로 하나님은 만유에 대해 지배권을 갖는다. 하나님의 다른 속성과 관련하여 하나님의 지배권을 이해하는 한 가지 방법이 있다. 타인에게서 권력을 이끌어내는 인간과 달리 하나님의 지배권은 전적으로 독립적이다. 하나님 자신이 독립적인 분이시기 때문이다. 이 독립성을 고려할 때 하나님의 다스리심은 필연적으로 절대적이다. 하나님으로서 그분의 권위에는 제한이 없다. 하나님께서 이 지배권을 행사하실 때는 하나님의 다른 속성들(이를테면, 지혜·의·선하심)이 다 함께 드러나며, 이는 하나님의 주권이 절대 압제적이지 않고 언제나 완전하다는 의미다.

절대 엄위를 지니셨음에도 예수는 지상에 계실 때 이렇게 말씀하셨다. "여우도 굴이 있고 공중의 새도 집이 있으되 인자는 머리 둘 곳이 없도다."눅 9:58 절대 지배권을 가진 이 분은 사람들에게 침 뱉음을 당하고, 매를 맞고, 조롱 당한 분이시기도 했다.마 26:67-68 주권적 주님께서 저주를 받아 나무에 달리셨다.갈 3:13 신인神人이신 예수 그리스도의 위격에 나타난 복음의 영광에 눈을 뜬 사람이 아니면 도무지 이런 일들이 납득이 되지 않을 것이다.

그리스도의 탁월함

미국의 위대한 신학자 조나단 에드워즈1703-1758가 펴낸 최고의 설교문 중 '그리스도의 탁월함'이라는 제목의 설교가 있다. 이 설교에서 에드워즈는 예수의 "무한한 높으심과 무한한 겸비"를 그려 냈다. 신(神)이신 분으로서 예수는 당연히 신의 모든 속성을 다 지니신다. 에드워즈가 주목하다시피 "그분은 지극히 높으시되 우리에게서 그 무엇도 필요로 하지 않으실 만큼 무한히 높으시다." 그러니 "과연 어떤 겸비 행위를 그리스도의 겸비보다 더 위대하다고 생각할 수 있을까?" 에드워즈는 이렇게 말한다.

> 그리스도의 위격에서 실로 다양한 그런 탁월성들이 만나니, 그 위격이 아니고서는 이 탁월성들이 한 주체 안에서 전혀 양립할 수 없다고 생각해야 할 것이다. 그 탁월성들은 신이 되었든, 사람이 되었든, 천사가 되었든 다른 어떤 존재 안에서도 결합되지 않는다. 그 탁월성들은 어떤 인간도, 어떤 천사도 한 존재 안에서 서로 만난다고 상상할 수 없을 것이다. 그리스도의 위격에 나타나지 않았다면 말이다.[4]

예수는 신(神)이시다. 앞에서 말했듯이, 이 진리는 옹호되고 포용되어야 할 뿐만 아니라 하나님에 대한 지식에 우리 지성을 작동시킴으로써 이해되어야 할 진리이기도 하다. 예수가 하나님이시라는 것이 무슨 뜻인지 이해한다는 것은 곧 신부를 위해 자기 자신을 주신 그분의 사랑이 얼마나 놀라운지를 이해하는 것이다. 아무것도 부족한 것 없는 그분이 아무것도 없는 자들을 구원하기 위해 자기 권리와 특권을 다 포기하사 그 사람들로 당신께서 포기한 그 모든 것을 획득할 수 있게 하셨다.[고후 8:9]

06 } 그리스도의 인성

사람이신 그리스도 예수. _딤전 2:5

서론

예수는 신(神)이실 뿐만 아니라 인간이시기도 하다. 칼케돈 신조에서 말하다시피, "참 인간이시며 이성적인 영혼과 몸을 지닌 분이시다……. 인성으로는 모든 면에서 우리와 본질적으로 동일하시되 죄는 없으시고." "사람이신 그리스도 예수"[딤전 2:5]는 죽음을 통해 마귀를 물리치기 위해 "혈과 육"을 함께 지니셨다.[히 2:14] 그분은 "범사에" 우리와 같으시며,[히 2:17] 우리처럼 모든 일에 시험을 받기까지 하시지만 죄는 없으시다.[4:15]

그리스도의 참 인성에 대한 증거는 그분의 완전한 신성에 대한 증거 못지않게 결정적이다. 여자에게서 태어난[갈 4:4] 예수께서는 마리아의 아들이라 불리셨다.[눅 2:7] 예수는 육체를 따라서는 다윗의 후손이었다.[행 2:30, 롬 1:3] 예수께서는 배고픔,[마 4:2] 목마름,[요 19:20] 피곤함[요 4:6] 같은 육체의 반응을 경험하셨다. 예수는 눈물 흘리셨고,[요 11:35] 우셨고,[눅 19:41]

한숨 쉬셨고,[막 7:34] 탄식하셨다.[막 8:12] B. B. 워필드가 말하다시피 "예수 안에 있는 그 무엇도 그가 우리와 똑같은 인간이었다는 강력한 인상을 남기기에 부족하지 않다."[1] 사실 그리스도의 완전하고 진정한 인성을 부인하는 것은 기독교 신앙을 부인하는 것이다.[요이 1:7] 역사는 나사렛 예수와 관련해, 심지어 그분의 인성에 관해서도 얼마나 온갖 엉뚱한 견해가 있었는지를 보여준다. 우리를 위해, 그리고 우리의 구원을 위해 그리스도의 인성은 그분의 신성만큼 중요하기에, 우리는 그분을 더 잘 아는 것을 목표로 삼아야 한다. 그리스도의 인성은 하나님을 완벽히 표현해 준다. 그리스도는 "보이지 아니하는 하나님의 형상"[골 1:15]이시기 때문이다.

영웅과 이단

그리스도와 사도 시대 이후 각 세기마다 우리는 그리스도의 두 가지 본성과 관련해 한두 가지 이상의 비정상적 견해를 목도해 왔다. 여기서 비정상적이라 함은 칼케돈 신조를 기준으로 판단했을 때 그렇다는 것이다. 1세기 말에는 가현설[Docetism]이라는 오류가 주목을 받았다. 안디옥 주교 세라피온[190-203]은 훗날 예수의 육신은 "영적인" 육신이었다는 견해를 펼쳤다. 예수는 진짜 인성을 지녔던 게 아니라 그저 인간으로 보였을 뿐(헬라어 '도케인', 보이다)이라는 것이다. 이 그릇된 견해를 가진 사람들은 심지어 신약성경[요이 1:7]에서 자기 입장의 기원을 찾기도 한다. 2세기에는 에비온파('가난한 자들')가 나타나 예수의 동정녀 잉태를 부인했다. 이들은 예수가 메시아라고 주장하면서도 그분이 신이라는 사실은 받아들이지 않았다. 3세기 초에는 안디옥 교회

주교인 사모사타의 바울이 등장했는데,²⁶⁰년경 그는 그리스도에 대해 몇 가지 이단이 뒤섞인 입장을 갖고 있었다. 그가 생각하기에 예수는 평범한 사람이었으나 후에 로고스(말씀)가 내주하게 되어 하나님의 아들이 된 분이었다. 예수에게 내주한 로고스는 성부와 성령과 구별된 신적 위격이라기보다 예수 안에 내재한 성부의 신적 속성이었다.

4세기에는 정통 기독론의 가장 큰 적수 두 사람이 있었는데, 그중 한 사람은 라오디게아의 아폴리나리우스³¹⁵경-³⁹²였다. 그는 어떤 면에서 다른 이단 운동에 대응을 했다고 볼 수 있다. 사모사타의 바울 같은 사람의 견해에 대해 아폴리나리우스는 로고스가 인간의 정신이 아니라 인간의 몸을 취했다고 주장했다. 이에 대해 아폴리나리우스의 반대파는 그렇다면 성육신은 그저 신성이 정신/영혼 없는 육체에 내주한 것밖에 안 된다는 의미라고 제대로 반박했다. 오늘날의 많은 그리스도인들도 이와 비슷한 오류에 빠진다. 이들은 그리스도의 정신과 영혼이 곧 그분의 신성이라 생각한다. 하지만 이는 틀린 생각이다. 이 시대의 또 다른 이단은 알렉산드리아의 아리우스²⁵⁰경-³³⁶였다. 그는 로고스가 성부와 함께 영원히 계시고 성부와 동일 본질이시고 성부와 동등하다는 것을 부인하면서, 하나님의 아들이 신이시며 모든 피조물 중 가장 크신 분이기는 하되 존재하지 않았던 때가 있었다고 주장했다.

5세기 무렵에는 비교적 정밀한 기독론이 등장했지만, 그것도 많은 정치적·신학적 싸움을 거친 뒤에야 가능했다. 사실 칼케돈 공의회 전에도 그리스도의 위격에 관해 성경의 자료를 수집해 해석하려고 했던 공의회가 있었다. 5세기는 기독론 발전에서 가장 의미 깊었던 때로서, 이 시기에 안디옥의 신학자들은 그리스도의 완전한 인성을 올바로 다루려고 매우 빈틈없는 노력을 기울였는데, 네스토리우스도 이 시기에 안디옥에서 교육 받았다. 알렉산드리아의 키릴루스[376경-444]는 아마도 초대교회에서 그리스도의 위격을 논한 가장 중요한 신학자일 텐데, 그는 이 문제의 중요성을 깊이 인식한 사람이었다. 비록 이따금 이러한 믿음과 상충되어 보이는 발언을 하기는 했지만 말이다. 실제로 키릴루스와 안디옥 학파 신학자들은 한때 약간의 의견 일치를 보이기도 했다. 물론 그 일치가 완전하지는 않았고, 비교적 극단적인 키릴루스 추종자들, 이를테면 유티케스 같은 이들이 그리스도의 인성을 '신격화'하는 경향이 있었다.

이 모든 내용은, 이 지점에 이르기까지 모든 신학자들이 그리스도의 두 본성에 대해 공통의 믿음을 갖고 있었다는 사실을 가리킨다. 이들의 의견 차이는 두 본성이 그리스도의 위격 안에서 서로 연관될 때 이 본성의 성질 혹은 본모습에 집중되었다. 어떤 이는 그리스도의 신성을 너무 중시해서 인성을 논할 여지가 거의 혹은 전혀 남지 않았다. 또 어떤 이들은 그 반대였다. 칼케돈 공의회는 처음 5세기 동안 교회를 괴롭혔던 문제들을 정리하는 데 대성공을 거둔 듯하다.

칼케돈 신조 451년

5세기에 기독론의 위기가 계속 심화되자 풀케리아 황후와 마르키아누스 황제는 칼케돈에 회의를 소집했다. 회의 내용은 엄격히 감시되었다. 어떤 주교는 참석이 허용되고 어떤 주교는 허용되지 않았을 뿐만 아니라, 어떤 문서는 인정되고 어떤 문서는 금지되었다. 에베소 회의⁴³¹ᵜ에서는 교황 레오의 교서가 인정되지 않았지만, 칼케돈에서는 이 교서를 받아들여 알렉산드리아의 키릴루스의 주장과 결합시켜서 일종의 절충 선언에 도달했다. 칼케돈 회의 몇 년 전에 세상을 떠난 키릴루스는 그리스도의 두 본성이 흠 없는 '하나'로 연합했다고 강력히 주장한 바 있었다. 두 본성을 강조하는 것은 서방의 이중 본성 기독론의 산물로서(그러므로 아우구스투스적인) 교황 레오의 강조점을 반영하며 이는 칼케돈 신조 속으로도 녹아들었다. 칼케돈 신조의 중심 구절은 다음과 같다.

> 그러므로 우리는 교부들을 따라 한 분이시며 동일하신 주 예수 그리스도를 고백하고 또한 모두 가르치노니, 그는 신성으로도 완전하시고 인성으로도 완전하신 분이며, 참 하나님이시고 참 인간이시며, 이성적인 영혼과 몸을 지니신 분이며, 신성을 따라서는 성부와 동일한 실체이시고 인성을 따라서는 모든 면에서 우리와 본질적으로 동일하시되 죄는 없으시며, 신성으로는 만세 전에 성부에게서 나셨고 인성으로는 이 마지막 날에 우리와 우리의 구원을 위해 테오토코스('하나님의 어머니')인 동정녀 마리아에게서 나셨으니, 한 분의 동일하신 그리스도요, 성자이시요, 주이시요, 두 가지 본성을 입으시되 섞이지도, 변하지도, 나뉘지도, 갈리지도 않게 독생하셨으며, 그 본성이 구별되되 연합으로써 그 구별이 결코 사라지지 않고, 오히려 각 본성의 속성이 유지되며 하나의 위격, 즉 본체 안에 결합되어 두 인격으로 갈리거나 나뉘지 않는 한 분의 동일한 성자요, 독생자요, 말씀이신 하나님이요, 주 예수 그리스도시니, 이는 그 옛날 선지자들과 주 예수 그리스도께서 친히 우리에게 가르치

신 바요 교부들의 신조가 우리에게 전해 준 바다.

그리스도의 위격에 관한 이 진술은 정통 기독론을 꼭 필요한 말로 아름답게 표현한 글로 남아 있다. 이 선언은 시간의 검증을 거치며 존속해 왔다. 일반적으로 인정되다시피, 신조는 그 자체가 다양하게 해석될 수 있다. 예를 들어, 로마 가톨릭, 루터교, 개혁파 신학자들은 어떤 부분에서 조화될 수 없는 기독론들을 전개해 왔다. 더 나아가, 칼케돈 이전에는 두 본성의 관계가 많은 분쟁의 근원임이 입증되었다면, 어떤 분쟁은 지금도 진행 중이라는 점을 부인할 수 없다. 고대 교회에서와 같은 정치적 만행은 없을지라도 말이다. 이 장과 다음 장에서 그리스도의 위격에 대한 정통 견해뿐만 아니라 그릇된 견해에 대한 짤막한 논의와 함께 그리스도의 인성을 좀 더 면밀히 들여다보면 많은 놀라운 진리들이 드러날 것이다.

유한한 인성

하나님만이 홀로 무한하시다. 왜냐하면 하나님은 공간이나 범위나 규모에서 제한이 없으시거나 혹은 끝이 없으셔서 측량이나 계산이 불가능하기 때문이다. 다른 누구도 이런 속성을 소유하지 못한다. 그러나 인간은 유한하다. 왜냐하면 우리 인간에게는 한계 혹은 경계가 있기 때문이다. 우리에게 일정한 한계가 있는 것은 우리가 인간이기 때문이다. 개혁파 신학자들은 유한(인성)은 무한(신성)을 이해하거나 무한에 이를 수 없다는 신학적 금언을 간직했다.

이 금언은 그리스도의 두 본성에도 해당된다. 그분이 하늘에 계신 지금도 말이다. 인성은 신성에 절대 도달하지 못한다. 그런 이유로 그리스도는 인성을 좇아 한계를 지니신다. 그리스도께서는 유아에서 성인으로 단계를 따라 자라셨고, 각 발달 단계에 따라 지식이 자라는 것을 경험하셨다.^{눅 2:52} 그리스도께서는 성부에게 배우셔야 했다.^{사 50:4-6} 지상에 계시는 동안에는 모든 게 자신에게 드러나지 않는다는 사실에 만족하셔야 했다. "그러나 그 날과 그 때는 아무도 모르나니 하늘의 천사들도 아들도 모르고 오직 아버지만 아시느니라."^{마 24:36} 그리스도께서는 고난을 통해 "순종함을 배워"야 했다.^{히 5:8} 그리스도께서는 구약성경을 읽음으로써 당신께서 장차 당할 고난에 대해 아셨다(예를 들어, 창 3:15, 시 22편, 사 53장). 성경과 그리스도의 인성을 제대로 이해하기 위해서는 예수의 삶에 순전히 인간 차원의 발전과 성장이 있었다는 점을 알고 인정해야 한다.

이런 강조점은 다른 신학 전통과 대립된다. 예를 들어, 로마 가톨릭 신학자들은 전형적으로 두 본성의 연합(위격적 연합)을 어떤 식으로 이해했는가 하면, 신성이 "마치 쇠에 열기가 스며들 듯 인성으로 완전히 스며들어 불태워, 신의 영광과 지혜와 권능에 참여하게 만든다"는 의미로 이해했다.[2] 이 입장에 따르면, 성육신 때 신의 속성이 아니라 신의 은사가 그리스도의 인성에 직접적으로 전달된 것이다. 이 때문에 그리스도는 이 땅에서 순례자였을 뿐만 아니라 인간의 능력으로 이해할 수 있는 모든 것을 완전히 이해하는 분이었다. 하지만 이 입장은 성경의 증거를 올바로 다루는 견해가 아니다.

로마 가톨릭 신학자들의 견해를 따른다면 예수는 믿음으로 행하신 게 아니라 눈에 보이는 것을 보고 행하셨다. 그러므로 예수는 믿음

이나 소망으로 사신 게 아니었다. 왜냐하면 이 입장에 따를 때

> 그리스도의 인성이 발휘할 수 있었던 모든 은사는 점진적으로 주어진 게 아니라 성육신 때 한꺼번에 주어졌다……. 예수의 지혜가 자라갔다는 것은 눅 2:52 객관적인 것이 아니라 주관적인 것으로 이해해야 한다. 다른 부분에서도 이는 마찬가지였던 것 같다. 기도하실 때 그리스도는 뭔가가 부족해서 기도하신 게 아니라 우리를 위해서, 우리에게 본을 보이기 위해 기도하셨다. 사실상 예수는 어린아이였던 적이 없었다. 그분은 처음부터 성인이었다.[3]

예수는 이 세상에서 눈에 보이는 것으로가 아니라 믿음으로 행해야 했던 사람들에게 공감하는 대제사장이셨는데, 위의 견해는 예수가 어떻게 그런 분이실 수 있었는지를 우리에게 적절히 설명해 주지 못한다. 이 견해에 따르면 예수는 '엄마' 같은 생애 첫 단어도 배운 적이 없고 서른한 살 때와 다름없이 한 살 때도 아람어를 할 줄 아셨다는 말이 된다.

 로마 가톨릭의 기독론은 루터교에서 맞수를 만나게 된다. 한 가지로 통일된 신앙 전통이 아님에도 루터교의 기독론 또한 위격의 연합에서 신의 속성이 그리스도의 인성에 전달되었다는 입장을 견지한다. 루터교는 지금도 그리스도의 두 본성이 구별된다고 주장하지만, 신의 속성 다수를 성육신 때 그리스도의 인성이 즉각 그리고 직접적으로 소유했다고 말한다. 이를테면 전능함 같은 속성이 그렇게 그리스도의 인성에 전해졌다고 한다. 개혁파 신학자들이 보기에 이는 받

아들이기 힘들 뿐만 아니라 터무니없는 견해다.

전능함은 하나님의 본질에 속한다. 다시 말해, 전능하다는 것은 곧 하나님이라는 뜻이다. 하나님의 본질은 나뉠 수 없으므로, 하나님이 전능하다는 것은 그분이 다른 모든 분리할 수 없는 신적 속성을 자기 존재와 일치하는 것으로서 일제히 소유한다는 뜻이다. 신학자들은 이를 일컬어 '하나님의 단순성'이라고 하는데, 하나님은 여러 다른 부분들로 이뤄지지 않는다는 것이다. 따라서 하나님의 지혜는 곧 하나님의 권능이고, 하나님의 권능은 곧 하나님의 선하심이고, 하나님의 영원성은 곧 하나님의 불변성이다. 그러므로 전능성이 그리스도의 인성에 전해졌다면, 영원성과 자존성을 포함해 다른 모든 속성들도 다 전해졌을 터이다. 인성이 영원하고 자존하게 되는 것이다. 다시 말해, 인성이 신이 되는 것이다. 이렇게 해서, 언제까지 나뉠 수 없는 것(연합된 인성과 신성)은 이제 구별 불가능하게 된다(하나의 본성으로 융합되고 섞인다).

결국 로마 가톨릭과 루터교 이 두 전통은 인성에 하나님의 특성 혹은 속성이 있는 것으로 상정하며, 이는 본질적으로 예수에게서 참 인성을 빼앗는 것으로, 인성에게 정해져 있는 경계 너머로까지 인성을 끌어올린다. 유한은 무한을 품을 수 없다. 그리스도의 위격 안에서조차도 말이다. 유한이 무한을 품을 수 없다는 견해는 예수를 비하하는 것이기는커녕 사실상 그분께 더 큰 영광을 돌리는 견해다. 그분께 합당한 그 높아지심의 자리에 이르기 위해 그분이 해야 했던 그 모든 일을 생각해 볼 때 말이다.

타고난 은사

하나님께서는 모든 인간, 당신의 형상을 지닌 모든 인간에게 태어날 때부터 일정한 은사를 주신다. 이 은사는 믿음과 사랑 같은, 구원에 이르게 하는 은혜가 아니다. 하나님께서는 레오나르도 다빈치, 볼프강 모차르트, 알베르트 아인슈타인, 아이작 뉴턴에게 놀랄 만한 방식으로 은사를 주셨다. 인간의 지성은 심지어 죄에 물든 지성임에도 특별한 능력을 지닌다. 타락 전의 아담은 하루 만에 모든 피조물에게 이름을 지어 주었다._창 2:20 아담의 정신적·육체적 능력은 경이로울 정도였을 테고, 앞서 말한 천재들도 아담 앞에서는 아주 평범해 보였을 것이다. 생각만 해도 벅차다! 또한 솔로몬이 하나님에게서 어떤 지적 은사를 받았는지 생각해 보라.

> 하나님이 솔로몬에게 지혜와 총명을 심히 많이 주시고 또 넓은 마음을 주시되 바닷가의 모래 같이 하시니 솔로몬의 지혜가 동쪽 모든 사람의 지혜와 애굽의 모든 지혜보다 뛰어난지라. 그는 모든 사람보다 지혜로워서 예스라 사람 에단과 마홀의 아들 헤만과 갈골과 다르다보다 나으므로 그의 이름이 사방 모든 나라에 들렸더라. 그가 잠언 삼천 가지를 말하였고 그의 노래는 천다섯 편이며 그가 또 초목에 대하여 말하되 레바논의 백향목으로부터 담에 나는 우슬초까지 하고 그가 또 짐승과 새와 기어다니는 것과 물고기에 대하여 말한지라. 사람들이 솔로몬의 지혜를 들으러 왔으니 이는 그의 지혜의 소문을 들은 천하 모든 왕들이 보낸 자들이더라. _왕상 4:29-34

솔로몬의 지혜와 지식이 정말 이 정도였다면, "그 안에는 지혜와 지식의 모든 보화가 감추어져 있"는골 2:3 그리스도는 얼마나 더하겠는가? 이 구절은 그리스도의 인간적 지혜와 지식을 말하는 것이지 신적인 지혜와 지식을 말하는 것이 아니다. 베드로가 "주님, 주님은 모든 것을 아십니다"라고 했을 때 이는 그리스도의 인간적 지식이 아니라 신적 지식을 가리키는 것이었다. 부활 후 예수는 하나님께서 인간에게 주는 모든 계시의 수납자인 기름부음 받은 메시아로서 "모든 것을 아셨다." 하나님께서 예수에게 은사로 주신 지적 능력과 비교해 보면 솔로몬은 한갓 어린아이로 보였다. 무엇보다 솔로몬은 죄인이었지만, 그리스도는 죄 없는 분이셨다.히 7:26

죄에서 자유로우시다

예수는 인성으로는 참 인간에게 있는 모든 속성을 다 지니셨다. 우리 인간은 몸과 영혼 둘 다로 이루어진다. 인간은 영혼이 딸린 몸도 아니고 몸이 딸린 영혼도 아니다. 우리는 "생령"living souls 혹은 "영의 몸"soulish bodies, 창 2:7이다. 가장 훌륭한 신학자들은 성자께서 인간을 구원하기 위해 인성을 취하셨다고 다소 강력하게 주장해 왔다. 성자의 영혼은 우리가 경험하는 감정, 이를테면 사랑·기쁨·두려움·슬픔·부끄러움 등에서 자유롭지 못했다(예를 들어, 마 26:38, 67을 보라). 마찬가지로, 그분의 몸도 배고픔·목마름·추위·고통·죽음의 경험에서 자유롭지 못했다(예를 들어, 마 27:45-50을 보라). 그런데 목마름을 겪은 그분은 능욕을 당하고 있는 상황에서 목마름을 겪었다. 그것은 전인全人을 포괄하는, "치욕으로 가득한 목마름"이었다. 그러므로 우리는 영혼과 몸의 밀접한 관계가 사라질 정도로 그분을 나눠서는 안 된다.

하지만 그리스도는 과연 완전한 수준으로 인성을 취하셨는가? 이는 어떤 신앙 전통을 막론하고 거의 모든 신학자들에게 특별히 까다로운 질문이 되어 왔다. 성경은 그리스도의 인성이 무죄^{無罪}했으나 인간이 죄로 떨어진 데 따른 저주의 일부인 연약함으로 고통당하셨다는 개념을 지적한다. 요한복음 1:14의 "말씀이 육신이 되었다"는 구절은 그리스도께서 타락의 결과인 연약함으로 옷 입은 인성을 취하셨음을 암시하는 듯하다. 로마서 8:3에서 바울이 어떤 표현을 쓰는지도 주목해 보라. "자기 아들을 죄 있는 육신의 모양으로 보내어……."

"육신" 혹은 "죄 있는 육신의 모양"이라는 말이 무슨 의미인지 논의할 때 몇 가지 주의할 게 있다. 아마도 그리스도께서는 타락 후 인간 본성을 특징짓는 그 모든 연약함을 다 입지는 않으셨을 것이다. 그래서 '고통스러운 연약함'과 '죄 있는 연약함' 사이에 구별이 이루어져 왔다. '죄 있는 연약함'에서 예수는 완전히 자유로우시다. 하지만 '고통스러운 연약함'과 관련해서는 오직 한 측면만을 취하셨던 것으로 보인다. 말하자면, 인간의 '고통스러운 연약함'은 질병(예컨대, 나병 같은)의 형태로 드러나는 연약함과 고통·비탄·슬픔 같은 '자연스러운'(적어도 이 타락한 세상에서는) 연약함으로 나뉠 수 있을 것이다. 우리가 아는 한 그리스도는 질병에 매이지 않았다. 그런데 성경은 그리스도가 "간고를 많이 겪었으며 질고를 아는 자"[사 53:3]라고 분명히 단언한다.

요점을 말하자면, 고통스러운 연약함에 관한 한, 그리스도께서 어떤 형태로든 질병을 경험하셨다는 말은 성경에 없지만 그래도 우리는 그분이 비탄과 고통을, 거의 죽을 만큼의 비탄과 고통을 겪으셨다는 것을[마 26:38] 알고 있다. 다시 말해, 그리스도는 만사에서 우리와 비슷하시지만(왜냐하면 우리가 인간이므로), 우리의 죄 있는 본성의 그 모든 연약함을 따라서 우리와 비슷하신 것은 아니다.

우리가 그리스도의 본성에 관해 생각하는 방식에서 지워 없애야 할 한 가지 흔한 오해가 있다. 일부 그리스도인, 심지어 일부 신학자들 중에도 그리스도의 신성이 그리스도의 영혼을 대신했다고 주장하는 이들이 있다. 이들은 그리스도가 인간의 몸을 지니셨다는 것은 인정하지만, 그리스도의 영혼은 어쨌든 하나님 아들의 '위격'이었다고 생각한다. 그러나 예수는 완전한 인간이셨기에 피조된 영혼을 지니셨고, 우리에게 우리 영혼이 그러하듯 예수께도 그 피조된 영혼이 그분의 도덕적 행위의 직접적 원리였다. 이는 쉽게 이해되지 않을 수도 있다. 그럼에도 한 존재 안에 두 본성의 위격적 연합은 단일한 심리적 중추를 요구하지 않는다. 마치 하나님 아들의 '마음'이 오로지 인간의 몸만을 취하기라도 한 것인 양 말이다. 우리는 인격적인 것the personal을 심리적인 것과 동의어로 여기는 데 익숙하다. 내가 말하는 '인격'person이란 그리스도의 정체성을 말하며, 그분은 "두 본성 안에서 섞이지도, 변하지도, 나뉘지도, 갈리지도 않는 분으로 고백되어야 한다"(칼케돈 신조). 죄만 빼고 인간 본성에 자연스러운 것은 모두 다 그리스도에게도 있었던 것으로 단언해야 한다. 신성에 속한 것은 무엇이든 다 그리스도께 있었던 것과 마찬가지로 말이다.

만일 예수가 인간의 몸과 인간의 영혼을 모두 지니지 않으셨다면, 성육신은 온전히 일어나지 않았을 테고 우리 인성의 어느 국면은 구속받지 못했을 것이다. 초대교회 교부인 나지안주스의 그레고리우스의 유명한 선언처럼 "그분은 자기가 취하지 않은 것은 치유하지 않으셨다."⁴ 그리스도의 몸과 영혼은 우리의 몸과 영혼 못지않게 사실적이다.

우리를 위한 몸

우리의 구원은 그리스도의 신성 못지않게 그리스도의 인성에도 달려 있다. 즉, 그리스도의 위격 안에 어느 한 본성이 없으면 우리는 구원받지 못한다. 우리의 몸은 "불의의 무기요, 그래서 그분은 그 모든 무기를 다 취하사 모두 하나님 앞에 성결하게 하시고 그것을 의의 무기로 만드신다."⁵ 우리 안에는 그리스도께서 미처 다 구원하지 못하고 잃어버린 부분이 전혀 없다. 그래서 영원한 성자께서는 스스로 완전한 인성과 연합하셔야 했다. 그래야 우리가 더럽혀진 부분 없이 하나님의 형상 가운데 완전히 회복된 인간으로 존재한다는 게 정말로 무슨 의미인지 언젠가 알게 될 것이기 때문이다.

그리스도께서 그의 인성 덕분에 우리에게 "가까이 다가오시는" 방식을 토머스 굿윈이 어떻게 설명하는지 읽고 생각해 보라.

> 그분은 인간이 그러하듯 씨로 만들어져, 잉태되기까지 하며, 태에 자리 잡을 것이고, 거기서 한 개의 방울, 미량에서 점차 자라고 태어나 우리처럼 젖먹이가 되실 것이다……. 알다시피 그리스도는 우리와 똑같은 방식으로 만들어져 똑같은 곳, 모든 인류가 누워 있는 그 은밀하고 어두

운 방에 눕는다는 면에서 우리와 똑같다. 잉태는 우리 본성의 기본 토양으로, 죄가 이 토양을 오염시켜서 썩어 부패되었으며, 이 토양에서 나병이 이 몸체의 사방 벽으로 퍼져 나갔다……. 그리고 우리가 그분의 자리, 천국에 있는 그분의 대저택, 그분의 아버지 집에 갈 수 있도록 그분께서 먼저 우리의 자리로, 우리 어머니 집으로 내려오실 것이니, 그 집이 바로 태胎이다.[6]

그러므로 태에서 영원으로 그리스도의 생명의 자취, 참 인간의 자취를 좇는 일이 우리에게 남아 있다. 그분의 생명에는 영광이 있으며, 이 영광은 우리가 얼마나 그분의 참 인성을 포용하고 깨닫느냐에 따라서만 그 가치를 알고 인정할 수 있다. 그래서 B. B. 워필드는 이렇게 썼다.

> 개혁 신학을 물려받은 것은 우리의 행복으로, 이 신학은 [인간을 인간으로 존재하게 하는 그 모든 것을 지닌 인간, 그리스도께서는 영원토록 바로 그런 인간이시라는] 사실을 마주하고 거기 함축된 그 모든 내용과 더불어 그 사실을 기뻐하기를 주저한 적이 없다. 지식을 예로 든다면, 개혁파 신학은 그리스도께서 인간으로서 유한한 지식을 가지셨고, 유한한 지식을 영원토록 소유하실 게 분명하다고 인정하기를 회피하지 않는다. 이 신학은 인성이 언제나 유한하며 이 유한한 인성이 무한한 은사를 다 담을 수 없는 것은 신성의 무한한…… 속성을 다 담을 수 없는 것과 마찬가지라고 선언한다. 그래서 그리스도의 인성이 지닌 지식은 하나님 자신의 무한한 지혜가 아니며 절대 그럴 수가 없다는 게 확실하다. 그러

므로 개혁 신학은 인간으로서의 그리스도가 지닌 지식의 한계를 주저 없이 인정하며, 그분의 인성의 완벽함과 완전함을 과장하여 말하기를 두려워하지 않는다.[7]

아멘.

07 } 그리스도의 동행

내가 붙드는 나의 종, 내 마음에 기뻐하는 자 곧 내가 택한 사람을 보라. 내가 나의 영을 그에게 주었은즉 그가 이방에 정의를 베풀리라. _사 42:1

서론

예수를 알고자 하는 그리스도인이라면 누구나 필연적으로 직면하게 되는 사실이 있는데, 예수에게는 잉태될 때부터 떼어놓을 수 없는 동행이 있었다는 사실이다. 그 동행은 바로 영원하신 성령이다. 예수를 안다는 것은 성령을 아는 것이고, 성령을 안다는 것은 예수를 아는 것이다. 이사야는 메시아('기름부음 받은 자')를 자신의 과제를 이행하려고 성령 부음을 받는 이로 여러 곳에서 이야기했다.사 11:2, 42:1, 61:1

신인神人으로서의 우리 구주에 대해 앞에서 이미 이야기한 것을 고려할 때 예수의 동행으로서의 성령에 대해 한 가지 의문이 생긴다. 그리스도의 삶에 성령의 사역을 위한 공간이 존재하는가? 이 질문은 꼼꼼히 답변해 볼 만하다. 사실 대다수 그리스도인들은 예수께서 기적을 행하신 것은 그분이 하나님이시기 때문이라고 생각한다. 하지만 성경은 조금 미묘한 차이가 나는 그림을 보여준다. 특히 성경에 분명 하나님이 아닌데도 기적을 행한 이들이 있다는 점을 생각하면 더욱 그렇다! 예수의 삶에서 성령이 수다하게 언급되는 것을 생각하면 우리는 성령께 의미 있는 역할을 부여할 수 있어야 한다. 따지고 보면 성령은 모든 진실한 경건 생활을 만들어 내는 분이다. 이는 에덴 동산의 아담에게만 해당되는 사실이 아니라 이 세상이라는 '광야'에서 마지막 아담이신 예수께도 해당되는 사실이다.

대다수 신학 전통은 예수께서 성령에게서 은사를(예를 들어 지식, 사랑, 지혜 같은) 받으셨음을 인정하지만, 예수께서 이 은사를 가지고 어떤 일을 하셨는지 모든 신학 전통이 사실상 다 아는 것은 아니다. 루터교에서 말하는 것처럼 그리스도의 신적 속성이 그분의 인성에 전해졌다면, 예수의 삶에서 성령의 역할은 불필요하다 할 것이다.

개혁파 신학자들은 그리스도의 두 본성이 원래 모습 그대로 온전하다고 주장하는 신중한 태도를 취해 왔다. 이 점과 관련해 존 오웬은 적어도 겉으로 보기에는 다소 놀라운 암시를 한다. 즉, "인성과 관련해 성자의 위격이 직접적으로 행한 유일한 행위는 자신의 본체 속으로 그 인성을 취한 것 뿐"이라는 것이다. 이는 "성자가 고유의 인성에 의거해서 한 행위에서도 (성령이) 성자 자신의 모든 신적 행위의 직접적 작동자^{operator}였다. 하나님의 아들께서 인성으로써, 인성에 의해, 혹은 인성 위에서 어떤 일을 하셨든, 그분은 이 일을 그의 영이신 성령에 의해 행한 것"이라는 뜻이다.[1] 하지만 이 입장이 옹호될 수 있을까? 만일 그렇다면, 예수께서 지상 사역을 하시는 동안 전적으로 성령께 의지했다는 말에는 어떤 목회적 가치가 있는가?

성육신

성령께서는 성육신 때 예수와 관련해 성령 고유의 사역을 시작했다. 성령은 성육신이 일어나게 할 수 있었던 즉각적인(즉, 직접적인) 신적 효력이었다. 성령이 동정녀 마리아에게 임하여 기적적으로 아기 예수를 잉태하게 했다.

> 보라, 네가 잉태하여 아들을 낳으리니 그 이름을 예수라 하라. 그가 큰 자가 되고 지극히 높으신 이의 아들이라 일컬어질 것이요 주 하나님께서 그 조상 다윗의 왕위를 그에게 주시리니 영원히 야곱의 집을 왕으로 다스리실 것이며 그 나라가 무궁하리라. 마리아가 천사에게 말하되 나는 남자를 알지 못하니 어찌 이 일이 있으리이까. 천사가 대답하여 이르되 성령이 네게 임하시고 지극히 높으신 이의 능력이 너를 덮으시리니 이러므로 나실 바 거룩한 이는 하나님의 아들이라 일컬어지리라. _눅 1:31-35

예수가 잉태된 일은 새 '창조'를 나타냈다. 사실 이 새 창조는 우리가 그리스도인으로 새롭게 태어나는 것과 명백히 병행을 이룬다. 바울은 누구든 그리스도 안에 있으면 "새로운 피조물"이라고 했다.[고후 5:17] 새로운 (영적) 생명이 죽은 자에게 전해졌다.[엡 2:1] 인간 예수에게 새로운 (육체적·영적) 생명이 전해진 것처럼 말이다. 성령께서는 마리아라는 인간에게 역사하사 하나님의 아들이 입으실 참 인성을 만들어 내어 그분이 그 자신으로 존재하게 하셨고, 그 결과 성자께서는 이제 영원히 신인(神人)이라는 정체성으로 존재하신다.

성령의 이 사역은 예수의 인성이 그 어떤 죄에도 오염되는 일 없이 마리아에게서 나올 수 있기 위해 절대적으로 필요했다. 성자께서 요셉과 마리아가 성관계를 가진 데서 빚어진 자연적 결과로서의 인성을 취하셨다면 이는 불가능했을 것이다.

「웨스트민스터 신앙고백서」는 예수가 "성령의 능력에 의해, 동정녀 마리아의 태에서, 마리아의 실체로 잉태"되었다고 말함으로써[2] 예수의 인성을 세심하게 보호한다. 이 고백서에서 주목할 것은, 예수의 잉태가 "성령에 의해서" 되었다고 하지 않고 단순히 성령의 "능력"에 의해서 되었다고 말한다는 점이다. 이런 식으로 우리는 예수의 잉태가 기적이고 죄 없는 잉태인 한편, 참으로 그리고 완전히 인간다운 잉태였다고 단언할 수 있다. 그러므로 우리는 예수의 무죄함을 보호하기 위해 죄 없는 마리아에 의한 '무염시태'('원죄 없으신 잉태')를 주장하는 로마 가톨릭 교회에 고개를 끄덕일 필요가 없다.

세례

성경은 공생애를 시작할 때까지의 예수의 생애에 대해서는 그다지 많은 것을 알려 주지 않는다. 어린 시절, 아버지이신 하나님을 아는 일에 전념할 때 예수는 "숨겨져" 있었지만,[사 49:2] 그럼에도 아버지와 성령 충만한 교제를 누리셨다.[눅 2:49] 정해진 때가 되자 예수는 공생애를 시작하셨고, 이때 세례 요한은 애초의 소원과 달리 요단강에서 예수께 세례를 베풀었다. 여기서 예수는 아주 주목할 만한 방식으로 세례 받으시고 공적 사역으로 임명받으셨다. 죄 없으신 영광의 주께서[고전 2:8] 죄 있는 인간에게 공개적으로 '정결하게 씻김'을 받으셨다.

그리스도께서 물에서 올라올 때 성령이 비둘기같이 그분에게 내려왔다. 여기서 성령이 예수께 새로이 부어진 것은 예수의 사역의 합당함을 입증하고, 예수를 선지자와 제사장과 왕으로 정하며, 앞으로 있을 싸움을 위해 예수를 지지하기 위해서였다. 성부께서는 성령과 함께 '두 증인'이 되어 성자에게 들릴 만한 소리로 말씀하셨다. "너는 내 사랑하는 아들이라. 내가 너를 기뻐하노라."[막 1:11] 성부께서는 자기가 기뻐하시는 이에게 성령으로 은사를 베푸셨다. 이때 어머니의 품에서부터 순종적이었던[시 22:9] 분인 예수께서는 성령을 "한량없이" 받았다.[요 3:34]

기름부음

방금 우리는 예수께서 세례 받으실 때 성령이 강림한 일에 대해 이야기했다. 여기서 성령은 거룩한 기름부음을 나타내는 것으로서, 그리스도가 공적으로 사역할 때 그를 임직하고 지탱시켜 주며 능력을 부여하기 위해 그리스도를 감싸고 있었다. 아브라함 카이퍼는 성령을 주제로 한 유명한 저서에서 다음과 같이 주장했다.

> 그리스도에게 필요한 것은 성령의 은사로 자신의 연약한 본성이 점점 더 능력 있게 되고, 자신의 거룩한 계획을 이루어 나갈 때 그 은사가 자신의 도구가 되며, 마침내 그 연약한 본성이 중생에 의해서가 아니라 부활에 의해 영광스러운 본성으로 변화되고, 연약함의 마지막 흔적에서 벗어나 그 변화된 본성 최고의 영광을 펼쳐 보일 준비를 하는 것이었다.[3]

성경을 면밀하게 검토해 보면 카이퍼의 주장에 힘이 실릴 것이며, 예수가 빼어난 성령의 사람으로서 수치에서 나와 영광으로 들어간 분임을 알 수 있을 것이다. 실제로 '그리스도'란 말은 예수에게 아주 적절한 이름으로서, '기름부음을 받았다'는 뜻이다. 선지자와 제사장과 왕으로서 예수는 자신이 중보자로서의 일을 이행하도록 능력 있게 해주는 성령을 소유했을 뿐만 아니라 자신의 메시아 사역을 변호해줄 성령을 필요로 하기도 했다.

시험

아담은 에덴 동산에서 성령을 의지하지 못했다. 그 결과 아담은 무죄 상태로 머물 수 있는 이상적인 조건에서 죄를 지었다. 나사렛 예수와 관련된 결과 및 정황과 얼마나 다른가!

성령으로 세례 받고 기름부음 받은 예수는 성령의 직접적 보호 아래 있게 되었다. 마가는 아주 뜻이 강한 동사('몰아내다')를 사용해 그리스도께서 받은 시험을 묘사한다. "성령이 곧 예수를 광야로 몰아내신지라."[막 1:12] 누가는 시험 받기 전에 예수 안에 성령이 내주하고 계심을 강조한다. "예수께서 성령의 충만함을 입어 요단강에서 돌아오사 광야에서 사십 일 동안 성령에게 이끌리시며."[눅 4:1]

마귀를 상대로 거룩한 전쟁을 하실 때 그리스도는 혼자였다. 하지만 어떤 의미에서 그분은 혼자가 아니었다. "예수를 광야로 몰아내" 마귀에게 시험 받게 하신 성령께서는 예수를 버리지 않으시고 이 세상 임금 곧 마귀와 싸울 때 예수를 지탱시켜 주었다. 우리는 그 사십 일 밤낮 동안 예수가 어떤 일을 겪으셨는지 절대 완전히 다 알지는 못할 테지만, 한 가지는 분명하다. 예수가 받으신 시험은 단순한 현상이 아니었다는 것이다. 예수는 있을 수 있는 모든 방식으로 사납게 공격 받으셨으며, 그 공격이 얼마나 거칠었던지 나중에는 천사들까지 와서 그분을 수종들 정도였다.^{마4:11} 예수께서 만약 자기 신성에만 의지해 자기를 지탱했다면 천사들이 그렇게 그분을 수종들 이유가 없었을 것이다.

설교

누가는 그리스도께서 시험 받으신 후 "성령의 능력을 입고 갈릴리로 돌아오셨다"고 알려 준다.^{눅4:14, 새번역} 그리고 나서 그리스도께서 나사렛에서 사람들에게 배척당하셨다고 보고한다. 여기서 또 다시 우리는 예수의 사역에서 성령이 중요한 역할을 한 것을 주목하게 된다. 의미심장한 것은, 청중을 "놀랍게"도 하고^{눅4:22} 그 뒤 일부 사람들로 하여금 그리스도를 죽이려 하게도 만든^{눅4:28-29} 설교가 모두 이사야 61:1-2을 바탕으로 한 설교였다는 점이다. 청중 앞에서 성경을 읽는 순서에서 그리스도는 그들에게 이렇게 고했다. "주의 성령이 내게 임하셨으니 이는 가난한 자에게 복음을 전하게 하시려고 내게 기름을 부으시고 나를 보내사 포로 된 자에게 자유를, 눈먼 자에게 다시 보게 함을 전파하며 눌린 자를 자유롭게 하고 주의 은혜의 해를 전파하게 하려 하심이라 하였더라."^{눅4:18-19}

성령의 능력과 나타나심으로 그리스도의 설교는 언제나 듣는 이들에게 좋든 나쁘든 충격을 안겼다. 그리스도의 설교에 성령의 임재와 능력이 임했다는 증거는 그 설교를 듣는 이들의 반응을 보면 분별

할 수 있을 것이다. 그리스도는 그때까지 존재했던 모든 설교자 중 가장 훌륭한 설교자였고, 그리스도께 임한 성령은 청중을 깨우치고 회심시켜 그리스도를 미워하게 만들든가 아니면 그리스도를 따르게 만들었다. 중립 지대는 없었다. 성령의 능력으로 행한 이 설교를 듣고 사람들은 이렇게 말했다. "그 사람이 말하는 것처럼 말한 사람은 이때까지 없었나이다."요 7:46

기적

설교(선포)가 예수께서 오신 이유이기는 했지만막 1:38 예수는 설교만 하신 게 아니라 여러 가지 큰 기적도 행하셨으며, 이는 예수의 권위가 하나님에게서 왔다는 가시적인 증거였다.막 9:1-8 대다수 그리스도인들은 그리스도께서 그런 대단한 일을 행하실 수 있었던 것은 그분이 하나님이시기 때문이라고 믿지만, 이 부분에서 우리는 약간 조심해야 한다.

　　기적은 영적 진리를 담고 있는 가시적 설교로서, 이 영적 진리는 대개 그리스도의 위격과 사역에 관한 것이다. 예를 들어, 그리스도께서 앞 못 보는 사람을 보게 해주셨을 때,요 9장 이 일은 그리스도가 신적 메시아라는 증거를 제공했다.사 29:18, 35:3-5, 42:7, 막 11:5, 눅 7:22 이 기적은 그리스도가 어떤 분이신지를 증거했을 뿐만 아니라 당신께서 하나님 나라를 시작하셨다는 사실을 사람들 앞에서 확증했다. 마찬가지로, 요한복음 2장의 첫 번째 '표적', 즉 물을 포도주로 변화시킨 일은 그리스도가 신적 메시아라는 사실을 입증했다(구약성경 이사야 25:6-12와 아모스 9:13-15을 배경으로 이 사건을 읽을 경우). 하지만 이 모든 일에서 그리스도께서 이러한 기적들을 일으킨 수단(혹은 능력)은 성령의 권능이었다.

　마가는 예수께서 폭풍우를 잠잠케 하신 일을 설명하면서[막 6:45-52] 그리스도의 위격에 대한 매혹적인 통찰을 제공한다. 제자들은 바다에 있었고, 예수는 홀로 뭍에 계셨다.[6:47] 제자들은 바람 때문에 "힘겹게" 노를 젓고 있었다.[6:48] 그런데 밤 "사경쯤"(새벽 3-6시) 예수께서 물 위를 걸어 제자들에게 다가오셨다.[6:48] 재미있는 것은, 구약성경에서도 우리는 하나님께서 물 위를 걸으셨다는 이야기를 본다는 사실이다. 욥기 9:8-11에서 우리는 욥이 하나님께서 "홀로 하늘을 펴시며 바다 물결을 밟으시며 북두성과 삼성과 묘성과 남방의 밀실을 만드셨으며 측량할 수 없는 큰 일을, 셀 수 없는 기이한 일을 행하시느니라. 그가 내 앞으로 지나시나 내가 보지 못하며 그가 내 앞에서 움직이시나 내가 깨닫지 못하느니라"고 이야기하는 것을 본다.

　시내산에서 하나님께서 모세를 "지나"가셨다는 사실[출 33:22]을 제외하면, 헬라어 구약성경(칠십인역)의 욥기 9:8과 마가복음 6:48 사이에는 재미있는 병행이 이루어진다. 바다 물결을 밟고 걸으시는[욥 9:8] 하나님께서 또한 바다 위를 걸으셨는데,[막 6:48] 두 경우 모두 헬라어로 '페리파톤 에피 타라세스'peripaton epi thalasses라는 동일한 표현을 쓰고 있다. 하지만 마가복음에서 예수는 원래 의도하셨던 대로,[6:48] 그리고 하나님이 하셨던 것처럼[욥 9:11] 제자들을 지나가시지 않고 이제 그들에게 자신을 드러내셨다. "내니 두려워하지 말라."[6:50] 구약성경에서 모세와 욥이 간절히 바라던 일, 즉 하나님의 얼굴을 보는 일이 예수께서 "물결을 밟으시며" 오실 때 이제 제자들에게 이루어졌다. 예수께서 하신 일은 엄청나게 중요한 의미가 있다. 예수는 지금 자기가 누구인지를 증언하신 것이다. 그런데 그 상황에서 물 위를 걷는 기적이 예수가 하나님이심을 입증하기는 했지만, 예수께서 그렇게 하실 수 있었던 것은 그분에게 임한 성령의 권능 때문이었다.

마태복음 12:28에서 예수께서는 자신이 "하나님의 성령을 힘입어" 귀신을 쫓아내면 하나님 나라가 사람들에게 임했음을 그들이 알게 될 것이라고 단언하셨다. 예수께서는 귀신을 쫓아내는 기적의 능력이 성령께 속한 능력임을 명백히 밝히셨다. 이방인들에게 설교할 때^{행 10장} 베드로도 "하나님이 나사렛 예수에게 성령과 능력을 기름 붓듯 하셨으매 그가 두루 다니시며 선한 일을 행하시고 마귀에게 눌린 모든 사람을 고치셨으니 이는 하나님이 함께 하셨음이라"^{10:38}고 특별히 언급하면서 이 점을 확실히 했다.

그리스도께서 기적을 행하신 것은 성령께서 그분에게 능력을 주셨기 때문이었다. 때로 그리스도께서 큰 일을 행하실 수 없었던 것은 ^{막 6:5} 성령께서 능력을 주시지 않았기 때문이었다. 하나님의 권능은 인간의 죄보다 크지만, 그럼에도 마가복음 6:5에서 우리는 인성을 입으신 예수가 성령께 전적으로 의존해서 기적을 행했다는 사실에 대한 확연한 증거를 목격한다. 이 사실은 예수가 성부의 권위 아래 있었고, 성부는 그리스도가 지상에 계실 때 선지자와 제사장과 왕으로서 행한 모든 행위를 다 조직하고 계획한 위대한 지휘자였다고 할 때에만 설명될 수 있다. 성부께서 그리스도에게 기적을 행할 특권을 주지 않고 보류하셨다 해도 그리스도는 "그것이 아버지의 완벽한 뜻이라면 하는 수 없다"고 말씀하실 수밖에 없었을 것이다. 그리스도께서는 자기 고유의 '신적' 자원에 의지할 수도 있었지만, 그렇게 하지 않고 대신 성부의 뜻에 의존했고, 성부께서는 그리스도께서 필요로 하실 때 성령을 주셨다. 실제로 그리스도는 자신의 신성을 본격적으로 행사하기를 자발적으로 거절하심으로써 자기를 낮추사 "사람들과 같이" 되셨고,빌 2:6-7 공생애 기간 내내 성령께 의지하셨다.

죽음과 부활

그리스도의 죽음은 그분이 낮아지신 상태의 최절정을 보여준다. 그리스도는 어떤 의미에서는 죽임을 당하셨고,행 2:36 또 어떤 의미에서는 성령의 능력으로 자기 생명을 스스럼없이 내놓은 것으로 보인다.요 10:18 이에 대한 증거는 히브리서 9:14, 즉 "영원하신 성령으로 말미암아 흠 없는 자기를 하나님께 드린 그리스도"에서 볼 수 있다. 싱클레어 퍼거슨이 성령을 주제로 쓴 훌륭한 저서에서 주목하고 있다시피, "예수께서 자기를 드릴 때의 영^{pneuma}을 신적인 영을 가리키는 것으로 이해해야 할 강력한 논거가 만들어질 수 있다."[4] 예수께서 인간으로서의 영을 성부께 맡길 수 있었던 것은눅 23:46 성령께서 그분으로 하여금 자기 생명을 내려놓을 수 있게 하셨기 때문이다.

무덤에서 그리스도의 시신은 썩음을 당하지 않았다.시 16:10, 행 2:27, 13:35 그리스도의 시신은 성령의 능력으로 보존되었다. 또한 그리스도의 인성을 형성시킨 성령께서는 이제 영화롭게 된 그분의 인간으로서의 몸을 형성시킬, 다시 말해 '옛'(즉, 연약한) 몸을 취하여 '새로운'(즉, 능력 있는) 몸으로 만드는 책임도 맡으셨다. 그래서 그리스도의 부활은 성령께서 하신 일로 돌려진다.롬 8:11 부활 때 예수께서는 "성결의 영으로······ 하나님의 아들로 선포"되셨다.롬 1:4 또한 예수께서는 성령으로 의롭다는 인정을 받으셨다.^{딤전 3:16} 부활에서 성령의 역할은 어떤 면에서도 모순되지 않으며, 다만 예수께서 어떻게 "나는 버릴 권세도 있고 다시 얻을 권세도 있"다고^{요 10:18} 말씀하실 수 있었는지를 설명해 준다.

결론

우리 앞에 이 모든 성경적 증거가 있기에 바빙크가 다음과 같이 말한 게 전혀 이상하지 않다.

> 이 부분에서는 그리스도의 인성과 관련한 성령의 이 활동이 절대 그 자체로 홀로 있지 않다는 점을 주목하는 게 중요하다. 성령의 활동은 그리스도의 잉태와 더불어 시작되었지만 거기서 그치지 않았다. 성령의 활동은 그분의 전 생애 내내, 심지어 그리스도께서 높아지신 상태에 이르기까지 줄곧 계속되었다. 대체적으로 말해서, 이 활동의 필요성은 성령이 모든 피조물의 삶, 특히 인간의 종교적·윤리적 삶을 지으신 분이라는 사실에서 일찌감치 추론될 수 있다. 하나님의 형상을 지닌 참 인간이 단 한 순간이라도 성령의 내주 없이 산다는 것은 상상할 수도 없는 일이다……. 인간이 전반적으로 성령에 의하지 않고는 하나님과 교통할 수 없을진대 하물며 이 사실은 그리스도의 인성에 훨씬 더 강력하게 적용된다.[5]

성경의 증거를 따르면, 성령은 그리스도께서 지상 사역을 하시는 동안 그분과 불가분의 관계에 있는 동반자였다. 그러므로 우리의 기독론은 예수께 대한 성령의 역사를 말하는 수많은 성경 구절에 뜻이 통하게 해주는 그런 기독론이어야 한다.

이것이 얼마나 중요한지는 아무리 말해도 지나치지 않다. 우리를 대신한 그리스도의 순종은 한 인간에게서 우러나오는 진짜 순종이어야 했다. 예수께서는 자신의 신성에 의지해서 두 번째 아담으로 행동하는 '속임수'를 쓰지 않으셨다. 그보다는, 성령을 받고 성령께 의지함으로써 전적으로 성부께 의지했다.^{요 6:38} 새국제역^{NIV} 성경은 예수에 관해 말하는 빌립보서 2:6을 "그는 하나님의 참 본성을 입으신 분으로, 하나님과 동등함을 자기 이익을 위해 써야 할 뭔가로 여기지 않았다"고 번역했는데, 이는 위에서 말한 그리스도와 성령의 관계 이해 모델에 완벽히 들어맞는 번역이다. 예수께서는 삶에서나 사역에서 자기 신성을 이기적 목적으로 이용하지 않았다. 예수의 신성은 그분께서 성령을 의지해 마지막 아담으로서 행하신 일에 대한 우리의 올바른 이해를 증진시키는 역할을 할 뿐이다.

그리스도의 인성과 신성의 관계 문제로 다시 돌아가, 우리는 그리스도의 신성이 그분의 인성에 직접 작용하지 않고 성령을 수단으로 해서 중재적으로 작용했다고 말할 수 있다. 성령은 그리스도 위에, 그리스도 안에 직접 거했다. 그리스도는 모든 부분에서 성부께 순종했다. 하지만 그 순종을 가능케 한 것은 성령이었다. 그리스도께 임한 성령의 역사로 인해 하나님을 찬양할지어다!

이 사실을 염두에 두고, 성령께서 우리 그리스도인들과 관계를 맺는 방식은 그리스도가 이 땅에 계실 때에 그와 관계를 맺은 방식과 모든 면에서 연관이 있다는 것을 알아야 한다. 첫째, 예수께서는 자기 백성에게 성령을 주신다.^{행 2:33} 지상 사역을 하실 때 예수는 성부의 뜻에 매여 있었고, 그래서 성령께도 매여 있었다. 후에 높아지신 상태에 서는 영의 주님이 되셨다.고후 3:17 이 영은 그리스도의 이름을 취하기까지 한다.롬 8:9, 벧전 1:11 그래서 그리스도께서는 당신의 영을 보내사 우리를 돌보신다. 그리스도의 사역이 성령으로 이행되었듯, 지금도 진행 중에 있는 그리스도의 사역 또한 신자들 안에서 그리스도의 대리자이신 성령에 의해 이행된다.

하지만, 우리에게 보냄 받은 성령은 먼저 그리스도에게 임했다. 왜인가? 성자의 경건하고 영적인 삶의 '원본'을 만들어 택자들에게 나눠 주기 위해서다. 우리가 그리스도의 경건하고 영적인 삶을 더 잘 이해하면 할수록, 우리 자신의 경건하고 영적인 삶이 어떠해야 하고 무엇을 닮아야 할지 더 잘 알게 될 것이다. 성령의 목표는 그리스도의 양떼가 자기들 자신은 덜 닮고 자기들의 구주는 더 많이 닮게 함으로써 그리스도를 영화롭게 하는 것이기 때문이다.

런던 뉴파크 스트리트 채플에서 스펄전에 앞서 시무했던 제임스 스미스[1802-1862]는 이렇게 말했다.

> 어디에 계시든 성령께서는……
> 그리스도를 계시하사 알게 하시고
> 그리스도를 사랑의 보좌에 앉히시고
> 그리스도에게 의지의 지배권을 주시고
> 그리스도를 마음으로 소중히 여기게 하시고
> 영혼으로 그리스도를 영화롭게 하시고
> 사람을 그리스도의 사랑스러운 형상으로 변화시키신다.[6]

08 } 그리스도의 믿음

오직 주께서 나를 모태에서 나오게 하시고 내 어머니의 젖을 먹을 때에 의지하게 하셨나이다. _시 22:9

서론

예수가 그리스도인의 삶의 면류관이라면, 믿음은 그 면류관에 박힌 보석이다. 신자는 "믿음으로 행하고 보는 것으로 행하지 아니"한다.^{고후 5:7} 바울처럼 우리도 우리를 사랑하시고 우리를 위해 죽으신 하나님의 아들을 믿는 믿음으로 사는 것을 목표로 한다.^{갈 2:20} 우리는 믿음으로 그리스도인의 삶을 시작하고 역시 믿음으로 지상의 삶을 끝낸다. 의인은 믿음으로 살 것이니 말이다.^{롬 1:17} 믿음으로 우리는 "바라는 것들을 보증"하고 "볼 수 없는 것들을 확증"한다.^{히 11:1, 공동번역} 우리는 하나님께서 우리와 우리의 운명에 관해 말씀하신 모든 것, 하나님을 믿는 이들에게 약속하신 모든 것을 믿고 의지한다.

그러나 그리스도인의 삶에는 그토록 큰 구원의 영광을 얻기 위해 반드시 알아야 할 중요한 원리가 있다.^{히 2:3} 그 원리는, 우리가 하나님에게서 어떤 영적 복을 받은 이는 예수에게도 해당되는 게 틀림없다는 것이다. 그러므로 우리가 믿음의 선물을 받았다면 그 선물은 예수에게도 있었음이 분명하다. 예수가 우리 믿음의 "창시자"요 "완성자"이신 것은 예수가 그 길을 선도하셨기 때문이다.히 12:2, 새번역 예수는 이 땅에 계시는 동안 믿음으로 사셨다(히 2:13, "내가 그를 의지하리라"). 토머스 굿윈은 예수가 "우리가 그러하듯 믿음으로 사는 삶을 살게 되셨다……. 그리스도께서 보이신 이 모범에서 우리는 이제까지 존재한 믿음 중 가장 고상한 믿음의 예를 보게 된다"고 주장했다.[1]

칼뱅주의 침례교도인 J. C. 필폿1802-1869은 그리스도의 은사를 다음과 같이 멋지게 설명한다.

> 주의 백성들이 적당히 소유하고 있는 성령의 은사나 성령의 열매 중에 주님께서 무한히 소유하고 계셨던 은사나 열매 아닌 것은 없다. 그리고 이 은사는 능동적 은사로서, 이를 전해 주신 바로 그 성령께서 이끌어 내시고 계속 발휘하라고 하신 은사라는 사실을 유념해야 한다. 믿음으로 행동하고, 소망의 닻을 내리고, 사랑을 흘려 보내고, 인내로 참고, 겸손으로 복종하고, 간구로 기도하고, 찬미하며 찬양하고, 무릎 굽혀 순종하고, 불같이 거룩하고, 뜨겁게 예배하는 등, 성령의 이 모든 은사가 우리 복되신 주님께서 말씀하고 계신 그 시편들에서 우리 주님의 직접적 체험 속에 천상의 빛줄기로 빛을 발하고 있는 것을 볼 수 있다.[2]

다시 말하거니와 우리가 예수는 자신의 신성神性으로 인해 자신에게 속해 있던 특권을 다 포기하신 참 인간이라고 주장할진대, 그리스도는 이 땅에서 눈에 보이는 것이 아니라 믿음으로 행한 순례자였다고 단언할 수 있고 또 단언해야 한다. 예수는 하늘에 계신 아버지께서 자기를 변호해 주실 것을,^사50:4-6 그리고 세상에 와서 하셔야 했던 일을 신실하게 완수한 것에 대해 상급을 주실 것을^요6:37-40 믿고 의지했다.

믿음이란 무엇인가

믿음은 세 가지 방식으로 하나님과 하나님의 말씀에 화답한다. 첫째, 하나님이 어떤 분이시며 무엇을 계시하셨는지 아는 지식으로 화답한다. 둘째, 하나님께서 명령과 약속과 위협과 징조의 형식으로 계시하신 내용에 동의함으로써 화답한다. 셋째, 하나님을 신뢰함으로써 화답한다. 예수는 이런 식으로 믿음을 구성한다고 정의된 이 세 가지 요소를 다 갖고 계셨다. 첫째, 예수는 하나님을 아셨다.^요8:55 둘째, 예수는 이 땅에 계시는 동안 자신에 대한 하나님의 뜻에 동의하셨다.^히10:9 셋째, 예수는 자기에게 주어진 약속에 근거해 성부께서 자신에게 상급을 주실 것을 믿고 의지했다.^사53:11-12

핵심을 말하자면, 믿음은 하나님과 하나님의 입에서 나오는 모든 말씀을 믿는 것이다.^신8:3, 마4:4 예수께서는 하나님의 존재 자체를 믿어야 한다기보다는 하나님의 말씀을 믿어야 했다. 예수는 하나님이 존재하신다는 것을 알고 있었다. 하지만 성부의 뜻이 선하다는 것, 상황이 그렇지 않아 보일 때도 하나님의 뜻은 선하다는 것을 믿어야 했다. 하나님이 존재하신다는 단순한 믿음이 그저 마귀의 영을 반영할 수도 있는 이유가 바로 그것이다.^약2:19 바빙크가 말하다시피, "그리스도에게 믿음이란…… 다름 아니라 하나님의 말씀과 약속에 매달리는

행위였다."³

아우구스티누스는 이렇게 말했다. "믿음은 아직 안 보이는 것을 믿는 것이며, 믿는 것을 보게 되는 것이 이 믿음에 대한 상급이다."⁴ 성부께서는 예수가 죽은 뒤에야 성취될 약속을 예수에게 하셨다. 그 결과, 이 약속이 성취될 때까지 그리스도께서는 믿음의 사람으로 살면서, 하루하루를 위해서뿐만 아니라 훗날 영화롭게 되어 보이는 것으로써 사는 영역에 관해 약속된 것을 위해서도 성부를 믿고 의지해야 했다.

주목할 만한 점은, 예수가 지극히 성령 충만하셨기에 믿음은 그저 성령의 그런 내주하심에 대한 자연스런 반응일 뿐이었다는 것이다. 예수에게 믿음은 행위였다. 우리에게도 믿음이 그러한 것처럼 말이다. 그러나 믿고 의지할 수 있는 능력은 하나님에게서 왔다. 우리의 경우도 그러한 것처럼 말이다.

구유에 누인 믿음의 아기

그리스도의 믿음을 묘사하는 장면은 사실 시편으로까지 거슬러 올라갈 수 있는데, 시편은 여러 가지 면에서 지상에서의 그리스도의 영적 삶에 대해 가장 밀도 있는 통찰을 제공한다. 그 중에서도 예수의 삶에서 아주 분명하게 성취된 시편으로 시편 22편만한 게 없다. 우리는 보통 이 시편을 예수께서 십자가에서 감당하신 고뇌와 연결시키며, 그렇게 하는 것이 옳기는 하다. 하지만 이 시편에서는 그리스도의 어린 시절의 믿음과 관련해 귀중한 진실이 등장하기도 한다.

오직 주께서 나를 모태에서 나오게 하시고 내 어머니의 젖을 먹을 때에 의지하게 하셨나이다. 내가 날 때부터 주께 맡긴 바 되었고 모태에서 나올 때부터 주는 나의 하나님이 되셨나이다. _시 22:9-10

예수는 신인神人으로서 두 가지 본성을 지니신다. 그러므로 예수에게는 두 가지 의지가 있다. 하나는 신의 의지이고 또 하나는 인간의 의지다. 신의 의지가 죄인의 구원에 관해 영원 전에 동의하신 내용을 인간의 의지도 때가 되자 따라야 했다. 그래서 자라면서 이성적인 추론을 하기 시작하자 예수의 인간 의지는 성부의 뜻에 즉각, 그리고 일제히 순복했다. 그리스도께서 말씀하셨다시피, "내가 하늘에서 내려온 것은 내 뜻을 행하려 함이 아니요 나를 보내신 이의 뜻을 행하려 함"이었다.요 6:38 아버지 하나님의 의향은 날 때부터 성령 충만하신, 죄 없으신 신인神人이신 그분의 존재 깊이 아로새겨졌다. 도덕법이 마음에 기록되어 있었던 예수는 생각으로나 행동으로나 하나님의 영광을 위해서라면 반드시 모든 일을 다 하고자 하셨다. 구유에 누워 우는 일까지도 말이다.

말이 난 김에 말하자면, 이것이 바로 내가 '그 어린 주 예수'라는 찬송을 부르지 말아야 한다고 생각하는 이유다. 가사에 "그 순하신 예수 우시지 않네"라는 부분이 있기 때문이다. 예수가 아기 때 우시지 않았다면, 사실 그분은 절대 아기가 아니었다. 예수는 죄 있는 마음으로 우셨던 것이 아니다. 하지만 그게 먹을 것이 필요할 때나 아플 때(예를 들어, 걸음마를 배우다 넘어졌을 때) 울 수 없었다는 뜻은 아니다.

아기로서 자신에게 있는 추론 능력에 따라 예수는 자기에게 주어진 도덕법의 요구에 맞춰 모든 생각을 하나님께로 향했다. 사실 신명기 6:5의 명령("너는 마음을 다하고 뜻을 다하고 힘을 다하여 네 하나님 여호와를 사랑하라")은 예수가 서른 살 때였을 때와 마찬가지로 생후 첫날이었을 때에도 예수께 적용되었으며, 그때마다 예수는 하나님을 사랑하라는 그 명령을 완벽히 이행하셨고, 그 때의 나이에 어울리는 믿음으로써 그렇게 하셨다.[시 22:9-10]

굿윈이 말하다시피 "그리스도께서는 잉태되던 순간부터 자기 안에 감춰진 지혜와 지식의 모든 보화를 갖고 계셨고, 그런 만큼 잉태되던 순간부터 인간으로서 오직 하나님에게만 모든 염려와 소망을 두실 수 있었을 것이다."[5] 어린아이로 삶을 시작하던 바로 그 순간부터 예수께서는 자신의 특별한 삶의 순간순간마다 하나님을 믿고 신뢰하셨다. 예수는 심지어 구유에 누운 아기 상태에서도 일찍이 없었던 가장 위대한 신자였다. 하지만 예수의 믿음은 시험을 받을 터였다.

이 땅에서 예수의 삶

여러 가지 이유에서 예수는 하나님께서 자신에게 하신 약속을 믿으려 몸부림쳤을 수도 있다. 한 고비를 겪고 나면 또 한 고비가 예수를 기다리고 있었다. 마귀에게 시험 받으신 것에서부터 제자들의 수많은 실패에 이르기까지, 가족들의 불신앙에서부터 이스라엘 백성과 지도자들에게 자신의 사역을 사악하게 배척당하기에 이르기까지, 그리고 결국 십자가에서의 죽음이라는 최종적 수욕受辱에 이르기까지, 그리스도의 믿음이 시험 받지 않은 순간은 단 한순간도 상상할 수 없다. 하지만 이 모든 상황에서도 하나님께서 자신을 의롭다 해주실 것이라는 예수의 단호한 믿음은 흔들리지 않았고, 흔들릴 수도 없었다.

히브리서 10:37-38은 한 부분 한 부분이 일차로 그리스도를 가리킨다. "잠시 잠깐 후면 오실 이가 오시리니 지체하지 아니하시리라. 나의 의인은 믿음으로 말미암아 살리라. 또한 뒤로 물러가면 내 마음이 그를 기뻐하지 아니하리라 하셨느니라." 그리스도께서는 믿음으로 말미암아 사셨을 뿐만 아니라 만약 "뒤로 물러가면" 하나님께서 그를 기뻐하지 않으실 것이라는 부단한 위협 아래 사셨다.요 15:10 하지만 성경은 하나님께서 자기 아들을 기뻐하신다는 것을 우리에게 알려 주려고 수고를 마다하지 않는다.사 42:1, 마 3:17, 17:5, 눅 2:52, 골 1:13

다양한 위험, 배척, 말썽, 고난, 불안에 맞닥뜨리면서 예수는 분명 시편 16:1의 정서를 마음에 품게 되셨을 것이다. "하나님이여, 나를 지켜 주소서. 내가 주께 피하나이다." 예수께서는 사람들에게 치욕을 당하거나 사람들이 침을 뱉을 때도 얼굴을 가리지 않았다.사 50:6 성부께서 자신을 의롭다 해주실 것이므로 궁극적으로 자신이 "수치를 당하지 아니할 줄"사 50:7 아셨기 때문이다. 이 모든 일 가운데서 그리스도께서는 자기 사역의 어느 지점에서 실제적으로 다른 모든 이들이 자기를 적대할 때 아버지께서 자기를 의롭다 해주실 것을 신뢰하고 믿어야 했다. 믿음이 우리에게 능력을 줄 때 우리가 할 수 있는 일이 바로 이것이다. 우리의 구원을 위해서 하나님을 신뢰할 뿐만 아니라 삶의 모든 세세한 부분에서 하나님을 신뢰하는 것이다.

예수께서는 믿음에 근거해 성부께 자기를 드렸다. 그리고 성부께서는 은혜에 근거해 예수에게 자기를 주셨다. 그리고 예수와 성부는 성령의 위격에 의해 함께 묶였다. 그리스도의 믿음의 삶에는 '율법

주의적' 요소가 전혀 없다. 오히려 그 삶은 자기 사람들을 사랑하시고 그들을 위해 자기를 주신 하나님의 아들을 믿는 믿음으로 살고자 하는갈 2:20 이들을 위한 완벽한 모범이었다. 게다가 우리가 이 세상에서 믿음으로 살려고 하는 몸부림을 예수는 결코 모르시지 않는다. 예수께서는 치열한 믿음의 삶을 기억하시고, 자기가 갔던 그 힘든 그러나 궁극적으로 보람 있는 그 길, 보이지 않아도 믿음으로 살아야 했던 여기 이 땅에서와 달리 보는 것으로 사는 영광스러운 삶으로 향하는 길을 가는 사람들에게 공감하신다.

죽어가는 신자

그리스도의 삶에는 하나님을 아버지로 믿지 않은 날이 단 하루도 없었다. 하지만 아버지의 선하심을 믿는 예수의 믿음은 십자가에서 극한의 시험을 받게 된다. 예수께서는 시편 31:5에서 다윗이 한 말을 하루하루 삶으로 구현했다. "내가 나의 영을 주의 손에 부탁하나이다." 예수의 믿음 충만한 삶은 그분의 믿음 충만한 죽음을 위한 준비였다. 그리스도께서 자기 사명을 의심해야 할 순간이 혹 있었다면, 그것은 바로 갈보리에서였음이 분명하다.

예수는 자기가 저주 받았음을 아셨다.갈 3:13 예수는 어둠을,출 10:21-23, 마 27:45 사랑하는 사람들에게 버림 받음을,막 14:50 자기 몸에 가해지는 잔혹함을,막 15:16-32 비웃음을,막 15:29 그리고 아버지와 분리되는 일을막 15:34 경험하셨다. 말로 다 할 수 없이 거룩하신 예수는 십자가에서 하나님 백성의 모든 죄가 전가됨에 따라 죄를 짊어지신 예수가 되셨다. 하나님은 우리 죄를 예수께 담당시키셨다.사 53:6 그럼에도 예수께서는

"나를 의롭다 하시는 이가 가까이 계시"다고 믿었다.^사 50:8 이는 예수께서 마지막 숨을 내쉬는 순간에 "아버지, 내 영혼을 아버지 손에 부탁하나이다"^눅 23:46 라고 말씀하실 수 있었던 이유를 설명해 준다. 이 소중한 말씀, 수많은 세월에 걸쳐 그리스도인들의 입에서 나온 이 소중한 말씀이 그리스도의 최종적 신앙고백을 이뤘다.

결론

그리스도의 믿음은 그리스도의 품격을 떨어뜨리기는커녕 오히려 그분의 거룩한 삶에 광채를 더해 주고 있으며, 이 광채는 그리스도인들로 하여금 어떤 경우에도 믿음이 흔들리지 않은 분에게 경외감을 느끼게 만들어 우리 자신도 그런 믿음에 도달할 수 있게 해줄 것이다. 그리스도께서 하나님을 온전히, 일관성 있게, 뜨겁게 믿지 않았다면 우리는 불신앙의 구덩이 바닥에 떨어져 있을 터였다. 예수께서 우리에게 믿음을 주심은 그가 먼저 믿음으로 살았기 때문이다.

덧붙여, 예수께서는 우리에게 믿음의 한 양식樣式을 보여주셔서 우리가 그 양식에 따라 살 수 있게 하신다. "예수께서는 우리 안에 믿음을 만들어 내시지 않고 그 자신이 직접 고차원의 삶, 믿음의 필요성을 초월하는 삶을 사셨다. 그 자신이 완벽히 믿음을 발휘함을 통해 신자들이 자기 발자취를 따라오도록 돕는다"[6]

그리스도의 대적들조차도 그리스도께서 하나님을 신뢰한다고 인정했을진대,^마 27:43 그리스도의 친구들도 마땅히 이를 인정했을 게 분명하다. 보스는 히브리서 12:2을 논평하면서 이렇게 말한다.

히브리서 기자는 수신인들에게 이렇게 권면한다. "인내로써 우리 앞에 당한 경주를 하며 믿음의 주요 또 온전하게 하시는 이인 예수를 바라보자." 구체적 신뢰라는 또 다른 의미에서의 믿음, 죄책을 진 죄인이 하나님 보시기에 의롭게 되는 통로인 그런 믿음을 우리 주님께서는 발휘하실 수 없었다. 왜냐하면 그분은 무죄했기 때문이다. 하지만 바라는 것에 대한 확신이요 보이지 않는 것들의 증거인 믿음은 그분의 삶에서 큰 비중을 차지했다.7

예수는 일찍이 없었던 가장 훌륭한 신자다.

09 } 그리스도의 감정

그들의 마음이 완악함을 탄식하사 노하심으로 그들을 둘러보시고. _막 3:5

그리스도의 감정

예수가 참 인간이라고 단언하는 것과 그 말이 무슨 뜻인지 설명하는 것은 별개의 문제다. 우리는 두 본성이 한 인격 안에 연합하는 일의 복잡성을 다뤄야 할 뿐만 아니라 예수는 죄가 없는 동시에 측량할 수 없을 만큼 성령 충만하셨다는 중요한 사실 또한 다뤄야 한다. 게다가 인간의 감정을 보는 우리의 관점은 이 감정이 어떻게 보이느냐 하는 우리의 죄악된 관념에 오염되어 있다. 그렇지만 우리 앞에 어떤 난관이 있든 성경은 감정과 관련된 예수의 삶에 대해 많은 이야기를 한다. 그 이유만으로도, 예수를 안다는 것은 곧 구약과 신약 곳곳에 명쾌히 드러난 그분의 감정에 대해 아는 것이다.

　은혜에 대적하는 것은 인간의 본성이라기보다 죄이므로, 그리스도의 감정에 대해 공부를 하면 정말로 인간다운 인간으로 존재한다는 것이 어떤 의미인지 이해하는 훈련이 된다. 그 과정에서 우리는 성령 충만한 그리스도인으로서 우리의 감정, 곧 하나님의 은사인 이 감정이 우리가 마주치는 다양한 상황에서 적절히 표현되어야 한다는 것을 알게 된다. 솔로몬이 말했다시피

> 울 때가 있고 웃을 때가 있으며 슬퍼할 때가 있고 춤출 때가 있으며…… 안을 때가 있고 안는 일을 멀리 할 때가 있으며…… 잠잠할 때가 있고 말할 때가 있으며. _전 3:4-5, 7

예수께서는 이 명령을 완벽하게 이해하고 실행했다. 예수께서는 웃을 때가 언제이고 울 때가 언제인지 아셨다. 예수께서는 침묵할 때가 언제이고 말할 때가 언제인지 아셨다. 감정과 관련된 예수의 삶을 생각해 보노라면 적절하게 감정을 표현할 줄 아는 그리스도인으로 사는 법에 대해서도 알게 된다. 사실 오늘날 교회의 문제점 중 하나는, 우리가 너무 감정적으로 치닫는다는 것이 아니라 오히려 그리스도의 본을 좇아 충분히 감정을 표현하지 않는다는 것이다.

그리스도의 자비

감정과 관련된 예수의 삶에 관해 아마도 영어로 쓰인 가장 멋진 에세이라고 할 수 있는 글에서 B. B. 워필드는 아래와 같이 지적한다.

> 예수는 이런 감정을 매우 자주 느꼈을 것이라고 우리가 당연히 기대하는 감정이 있다. 예수께서 전 생애에 걸쳐 완수해야 할 사명이 자비의 일이었고, 예수의 사역은 제자들의 기억 속에서 "선한 일을 행하"며 두

루 다니는행 10:38 것으로 요약될 만큼 시혜施惠 행위를 주요 특징으로 했으므로, 그 감정은 바로 '긍휼'임이 틀림없다.[1]

천국의 대제사장 직분을 위해 인생의 행로를 가는 동안 하나님께서 온전히 구비시켜 주신 제사장으로서 예수는 자비로우셔야 했다. 예수의 제사장 직분이 이를 요구했다.

그래서 우리는 예수가 "불쌍히 여기사"막 1:41 라는 말씀을 보게 된다. "무리를 보시고 불쌍히 여기시니 이는 그들이 목자 없는 양과 같이 고생하며 기진함이라."마 9:36 "예수께서 나오사 큰 무리를 보시고 불쌍히 여기사 그 중에 있는 병자를 고쳐 주시니라."마 14:14 "예수께서 불쌍히 여기사 그들의 눈을 만지시니 곧 보게 되어 그들이 예수를 따르니라."마 20:34 많은 경우 예수는 사람들의 육체적 어려움을 해결해 주셨지만, 우리 주님께서는 늘 그들의 삶을 파멸시킬 수도 있는 더 깊은 문제들을 보셨다.눅 8:40-56 이 세상의 육체적 병고는 영적 빈곤의 결과로서, 이 빈곤은 전염성 높은 바이러스처럼 우리 몸과 영혼의 중심에 이르기까지 우리 모두를 감염시켰다.

마가복음 6:30-44은 그리스도께서 우리의 몸과 영혼을 염려하심을 알 수 있는 뚜렷한 예를 보여준다. 사람들이 배 속이 텅 비어 어려움을 당하고 있을 때 그리스도께서 이를 치료해 주셨다. 그보다 더 중요한 것은, 이들에게 음식을 먹이기 전 이들이 "목자 없는 양 같음"을 보고 긍휼히 여기사 "여러 가지로 가르치"셨다는 것이다.막 6:34 예수의 자비는 몸과 영혼, 곧 전인全人에 미쳤다.

이웃을 사랑하라는 명령요 15:13을 진지하게 받아들이신 예수는 사람들에 대한 이 큰 사랑 때문에 타인의 고통을 능동적으로 감지하고 그들에게서 이 고통을 덜어 주려고 하셨다. 예수께서는 자비를 구하는 사람들에게 단순히 반응만 하신 게 아니라 자비를 베풀 기회를 적극적으로 추구하셨다. 특히 십자가에서의 자발적 죽음이 그 예다. 그러므로 참 그리스도인은 반응하는 사람, 행동이 요구되는 상황을 만났을 때 단순히 옳은 일을 하려 애쓰는 사람이 아니다. 그렇다, 우리는 자비롭게 행동하려 애쓴다. 우리도 그렇게 베풀어진 자비에서 유익을 얻고 있음을 알기 때문이다. "긍휼히 여기는 자는 복이 있나니 그들이 긍휼히 여김을 받을 것임이요."마 5:7

하지만 자비로운 분 예수는 자비로 대접 받지 못하셨다. 무고하고, 자애로우시고, 긍휼 많으신 그분은 십자가에 달리기까지 무자비하게 대접 받으셨다. 장차 하나님의 자비가 자신을 건너뛰어 백성들에게 임할 때 자신의 죽음이 예상됨에도 예수께서는 사역 기간 내내 자비를 보이기를 멈추지 않으셨다. 예수는 인간에게 베푼 모든 것에 대해 정반대의 보응을 받으리라는 것을 알고 계셨다.

그리스도의 진노

대다수 그리스도인들은 의로운 분노 결핍증을 앓는다. 오늘날 교회에서는 의로운 분노를 좀 더 많이 드러내도 된다. 하나님의 분노와 진노는 구약과 신약을 불문하고 성경의 두드러진 주제다.시 69:24, 76:10, 렘 21:14, 요 3:36, 롬 1:18, 계 19:15 불의 앞에서 분노를 표현하지 않는 것은 경건하다는 표시가 아니라 도덕적으로 연약하다는 표시다. 워필드는 이렇게 주장한다. "의분과 분노라는 감정은…… 그 자체로 도덕적 존재의 자기 표현에 속하며, 도덕적 존재라면 잘못 앞에서 의분과 분노를 드러내지 않을 수 없다." 그리스도에게는 늘 '하나님의 마음'이 있었다. 예수께서는 하나님을 좇아 하나님의 생각을 했다. 따라서, 자기 백성들이 드러낸 고집스럽게 완악한 불신앙처럼 하나님을 진노하게 한 일은 지상에서 예수도 필연적으로 격노케 했다.

예를 들어, 마가복음에서 예수의 진노에 대해 몇 가지 선명한 시나리오를 보여주는 것을 생각해 보자. 마가복음 3:1-6에서 우리는 예수께서 바리새인들에게 진노하셨다는 말씀을 본다. 이 상황에서 그리스도의 진노는 그분께서 선을 행하고 계실 때 저절로 발현되었다. 하지만 타인을 향한 그리스도의 자비가 완악한 마음을 가진 자들에게는 그분을 고소할 기회가 되었다. 그리스도께서 그들에게 "안식일에 선을 행하는 것과 악을 행하는 것, 생명을 구하는 것과 죽이는 것, 어느 것이 옳으냐"고 비교적 간단한 질문을 하셨을 때, 바리새인들은 (놀랍게도) 아무 대답도 하지 못했다! 이 상황에서 단 한 가지 적절한 반응은 의로운 분노뿐이었다.^{3:5} 하나님의 은혜에 그토록 눈멀어 있고 병자의 절박한 요구에 그토록 몰인정한 사람들에게 예수께서 달리 어떻게 반응할 수 있었겠는가? 비록 죄악된 분노였지만 바리새인들도 분노했다. 이들은 예수를 "죽이고" 싶었기 때문이다.^{3:6}

후에 마가는 예수께서 자기 제자들에게 진노하신 일에 대해서도 이야기한다. 사람들이 예수께 아이들을 데려와 축복을 받으려 하자 제자들은 화를 내며 죄악된 태도로 이들을 "꾸짖었다."^{막 10:13} 이때 그리스도께서 언제나처럼 진노로 반응하신 것은 의로운 진노의 한 예였다.^{막 10:14} 예수는 단순히 '상황을 조정해 화평케 하는 이'로서 반응하신 것이 아니라 긍휼도 없고 하나님 나라의 본질을 이해하지도 못하는 제자들에게 실망한 분으로서 그렇게 반응한 것이었다. 때로 분노에는 분노로 반응하는 게 옳을 때가 있다.

그러면 그리스도께서 격노하여 성전을 깨끗게 하신 두 차례의 사건요 2:13-17, 막 11:15-19에 대해서는 뭐라고 말해야 할까? 마태복음 23장에서 바리새인들을 상대로 장문의 비난 연설("화 있을진저…… 바리새인들이여")을 하신 것에 대해서는? 라오디게아 교회를 향해 진노하신 것(계 3:16, "내 입에서 너를 토하여 버리리라")에 대해서는? 헤롯을 가리켜 "저 여우"눅 13:32라고 하신 것은? 거짓 선지자들에게 "노략질하는 이리"마 7:15라고 하신 것에 대해서는?

그리스도가 진노하신 것으로, 혹은 분개하신 것으로 묘사된 사례들에는 어떤 공통의 맥락이 있는 것 같다. 즉, 그리스도의 진노의 대상이 되는 사람들은 뭔가를 좀 더 잘 알아야 했다! 제자들이든, 바리새인들이든, 종교 지도자들이든, 거짓 선지자들이든, 혹은 오늘날의 교회든 거룩한 진리를 안다는 것 때문에 우리 모두가 다 지금보다는 더 잘 알아야 할 위치에 있다. 그리스도께서 말씀하시다시피 "무릇 많이 받은 자에게는 많이 요구할 것"이다.눅 12:48

예수에게는 은사와 은혜를 통해 많은 것이 주어졌고, 그래서 많은 것이 요구되었다. 예수께서는 요구되는 모든 것을 다 주셨다. 그런데도 예수는 아버지의 진노를 받으셨다. 예수께서는 구속받은 성도 그 누구도 완전히 이해할 수 없는 진노의 대상이 되셨다. 차녹은 이렇게 말한다.

사악한 세상에 부어진 혹은 부어질 그 모든 심판의 대접도, 죄인의 양심이 던져질 타오르는 풀무불도, 반역한 마귀들에게 선고된 뒤집을 수 없는 판결도, 저주 받은 피조물들의 괴로운 신음 소리도 하나님의 아들에게 발하여지는 하나님의 진노만큼 죄에 대한 하나님의 증오를 드러내 보여주지 못한다.[2]

그리스도의 진노는 그분께서 죄인들을 향해 보여주시는 자비의 사실성을 입증한다. 사실 하나님께서 우리를 구원하시는 중에도 만약 갈보리 십자가에서 당신의 아들을 향해 진노하시지 않았다면, 우리를 향해 자비를 베푸실 수 없었을 것이다. 마찬가지로 우리도 진노하지 못한다면 자비를 베풀 수 없다.

그리스도의 기쁨

"간고를 많이 겪었으며 질고를 아는 자"사 53:3가 자기를 멸시하고 전반적으로 자기를 배척하는 세상에 사는 동안 과연 기쁨을 경험한 적이 있을까? 기쁨이 없는 것에 대해 우리가 변명을 해줄 수 있는 사람이 있다면 그 사람은 바로 예수일 것이다. 하지만 이는 예수의 위격과 성품을 매우 부당하게 대하는 일일 것이다.

바울은 '기쁨'을 성령의 열매로 묘사한다.갈 5:22 성령의 사람으로서 예수께서는 그 영혼에 필연적으로 기쁨을 경험하셨다. 하지만 우리의 경우가 그러하듯 예수도 특별히 기쁨과 즐거움을 느끼게 된 어떤 특정한 상황과 사실이 있었다. 예를 들어, 누가복음 10:21에서 예수께서 "성령으로 기뻐하"신 것은 당신께서 사탄을 의기양양하게 정복함으로 말미암아 임한 구원을 성부께서 "어린아이들에게" 계시하셨기 때문이다.^{눅 10:18-20}

예수에게 기쁨을 안긴 일은 우리에게도 기쁨을 주어야 한다. 예수는 당신께서 가능한 한도 내에서 가장 주목할 만한 방식으로 사탄을 물리치시게 될 것을 알고 기쁨을 누리셨다. 바로 십자가를 통해서 말이다.^{히 2:14} 우리도 이제 완전히 성취된 그 영광스러운 승리에서 기쁨을 누려야 하지 않겠는가? 예수께서는 십자가로, 지상에서 가장 수치스러운 그곳으로 가셔서, 자기 앞에 놓인 기쁨으로 "부끄러움을 개의치 아니하"셨다.^{히 12:2} 워필드는 이렇게 말한다. "그분은 기쁨을 누리셨다. 하지만 그것은 삶에서 느끼는 단순한 이교적 즐거움이라는 피상적 기쁨이 아니었고, 실패하게 되어 있는 기만적인 소망의 기쁨도 아니었다. 그 기쁨은 묶인 자를 풀어 주는 승리자의 한껏 고양된 환희였다."[3]

그리스도께서는 십자가로 가셔서 기쁨이 놀랍게 발산되는 상태에 이르셨는데, 스펄전은 이때 그리스도께서 경험하신 슬픔 가운데서의 기쁨을 누구도 흉내낼 수 없는 고유의 방식으로 강조한다.

우리의 죄 짐이 그리스도께 지워졌을 때 그분에게는 큰 슬픔이 임했다. 하지만 그렇게 해서 우리가 길 잃은 상태에서 회복된다는 것을 생각하자 그리스도의 마음에는 슬픔보다 큰 기쁨이 순식간에 밀려들었다……. "엘리 엘리 라마 사박다니?"(나의 하나님, 나의 하나님, 어찌하여 나를 버리셨나이까?)라는 외침조차도, 그 비통함이 깊이를 알 수 없는 심연으로 메아리치는 순간 그 심연에 기쁨의 진주가 감춰져 있음을 알

게 될 것이다.⁴

그리스도께서 그 캄캄한 암흑의 시간에 경험하신 기쁨이 어떤 기쁨인지 우리는 아마 내세에 가서야 조금이나마 알게 될 것이다. 또한 성경에는 예수께서 큰 소리로 웃음을 터뜨리셨다는 명시적 기록이 없지만, 그 점을 너무 진지하게 해석할 이유는 없다. 예수께서 나누신 교제는 '영적'이기만 한 교제가 아니라 아주 인간적인 교제이기도 했다. 다시 말해, 예수는 "먹고 마시고" 하셨으며 세리와 죄인의 친구가 되셨다.마 11:19 그런 참된 우정을 능가할 만한 기쁨은 별로 없다. 세리들하고든 가장 가까운 세 제자들(베드로, 야고보, 요한)하고든, 예수는 인간적 우정을 누리셨다. 사실 예수께서 사람들과 교제하고 교통하며 기쁨을 누리지 않으셨다면 그분은 뭔가 아주 이상한, 어쩌면 비인간적이기까지 한 분이었다고 할 것이다. 어찌 되었건 사람이라면 누구에게나 "웃을 때"가 있는데,전 3:4 예수는 분명 웃으셨다.

그리스도의 눈물

그리스도께서 우리가 이 땅에서 경험하는 기쁨을 훨씬 능가하는 방식으로 기쁨을 경험하셨다면, 죄와 불행이 넘치는 이 세상에서 우리가 겪는 슬픔과 눈물을 완전히 초월하는 그런 슬픔과 눈물 또한 감당하셨으리라는 데에 의문의 여지가 없다.

우리가 어떤 상황에 있든, 그 모든 순간 하나하나가 다 그 순간에 적절한 반응을 요구한다. 누군가의 고통을 하찮게 여기는 사람은 누군가의 기쁨에도 역시 무심하게 반응한다. 예수는 자기 감정을 감추는 금욕주의자가 아니었다. 어떤 상황에서든 예수는 완벽하게 말씀하셨을 뿐만 아니라(요 12:49, "아버지께서 내가 말할 것과 이를 것을 친히 명령하여 주셨으니"), 그 상황에 적절하게 반응하셨다. 예수께서 율법에 순종하신 것은 단순히 관례를 지키거나 죄를 삼가는 선에서가 아니라, 이를테면 살다가 슬픈 일을 당할 때 그 상황이 요구하는 대로 진정 슬퍼하며 눈물을 흘림으로써 성취되었다.

요한복음 11장에 기록된 나사로의 죽음은 예수께서 눈물 흘리신 경우의 아주 두드러진 예를 보여준다. 예수는 나사로를 사랑하신 게 분명하지만,[11:36] 본문의 맥락으로 볼 때 예수는 이 상황을 완벽하게 장악하고 계셨다. 예수께서는 자신이 부활이요 생명인 줄 알고 계셨기에 나사로의 죽음에 당황하지 않으신 듯하다.[11:25-26] 나사로의 죽음은 잠시의 문제일지는 모르나 영원한 문젯거리는 아니었다.

나사로가 다시 살아날 것이니 염려할 필요 없다고 예수께서 마르다에게 그렇게만 말씀하셨다고 해도 놀랄 일은 아닐 것이다. 그런데 이야기는 그 이상으로 전개된다. 예수는 사랑하던 친구의 죽음 앞에 깊은 슬픔으로 "심령에 비통히" 여기셨다.[11:33] 그렇게 예수는 진심에서 우러나는 비통함으로 타인과 슬픔을 함께하셨다. "예수께서 눈물을 흘리시더라."[11:35] 당신 자신이 장차 나사로를 영원히 안전하게 해주시리라는 것을, 즉 부활과 생명을 얻게 해주리라는 것을 잘 알고 계셨음을 생각하면, 예수께서 우는 자들과 함께 우는[롬 12:15] 능력이 있었다는 점에 놀랄 수밖에 없다. 죽음은 무섭다. 죽음은 추하다. 죽음은 우리의 마지막 원수다. 그러므로 예수께서 우신 것은 적절했다. 복음주의 설교자 옥타비우스 윈슬로[1808-1878]는 『인간에게 공감하시는 그리스도』에서 이 장면에 관해 이렇게 감탄했다.

> 여기 사별死別이 있었다. 그리고 그 아픔을 위로하는 따뜻한 마음이 있었다. 여기 죽음이 있었다. 그리고 죽음을 정복하는 본질적 생명이 있었다. 여기 무덤이 있었다. 그리고 무덤을 텅 비게 하는 부활이 있었다. 여기 하나님의 거룩한 위엄 및 위풍당당한 권능과 더할 수 없이 친밀하게 연합한 가운데 마음이 무너져 내려 눈물 흘리는 인간의 감수성이 있었다. 얼마나 섬세한 배려인가! 온 세상의 창조주, 존재하는 모든 것을 지으신 분, 우주를 지탱하시는 분께서 인간적 비통함으로 눈물을 비처럼 쏟으시며 무덤 앞에서 위로를 베푸시다니!⁵

예수는 다른 상황에서 다른 이유로 또 우셨다. "가까이 오사 성을 보시고 우시며."눅 19:41 나사로가 설령 무덤에서 나오지 않는다 해도 그의 영원한 운명이 안전한 손 안에 있다는 것을 잘 아시는 분께서, 자기 백성들이 자기를 배척한다는 고통스러운 현실 앞에서 또 눈물을 흘리셨다. 이번 경우, 예수에게는 진실로 울 만한 이유가 있었다. 하나님의 아들을 배척할 경우 사람들은 영원히 지옥의 고통을 당할 것이다. 하물며 그리스도 시대에 살았고 그분의 설교와 그분이 일으킨 기적, 그리고 자신이 구원에 이르는 유일한 길이라는 주장에 콧방귀를 뀐 사람들은 얼마나 더하겠는가.

그리스도께서는 천국에서 누리는 영생의 기쁨뿐만 아니라 지옥에서 당할 영벌의 공포를 다른 어느 인간보다 잘 아셨다. 그리스도는 당신께서 사람들을 무엇에서 구원하실 수 있는지 생생하게 알고 계셨다. 그런데 이는 그들의 불신앙으로 인한 그분의 고뇌를 가중시키기기만 할 뿐이었다. 이 반역을 목도하는 것이 그분에게는 얼마나 엄청나게 좌절스럽고 고통스러웠겠는가(눅 19:42-44을 보라). 예루살렘을 보고 흘리신 눈물은 십자가에서 아버지를 향해 외친 부르짖음만큼이나 현실적이었다. 감사하게도 그런 눈물이 예수의 눈에서 모든 인류를 위해 흘러나오지는 않을 것이다. 왜냐하면 갈보리에서 그분이 자기 백성을 '울음'과 '비탄'에서 구속하셨기 때문이다.^{마 13:42} 우리가 19세기 시인 엘런 윌리스와 더불어 그 일을 다음과 같이 기념할 수 있기를.

> 복되신 예수여! 슬픔 가운데 계신 주님을
> 친구들과 친척들은 지나쳤습니다.
> 주님 혼자만 얻을 수 없었습니다,
> 위로와 지지를.
> 주님의 심장이 터져 나갈 때
> 목마름으로 입술이 갈라졌을 때
> 적들이 에워싸
> 주님의 쓰라린 비애를 조롱할 때
> 주님, 모두에게 인정을 베푸신 주님 홀로
> 쓰디쓴 잔을 들이키셨습니다.[6]

마찬가지로, 불신앙과 죽음 앞에서 우리가 흘리는 눈물을 예수께서 인정해 주심은 그분 자신의 경험 때문이다. 실로 생명과 구원의 원수인 이 불신앙과 죽음을 대면할 때 우리의 반응 태도는 우리 구주 그리스도의 마음을 반영할 수 있어야 한다.

결론

이 땅에 사시는 동안 예수께서 드러내 보이신 여러 가지 감정에 대해서는 더 많은 말을 할 수 있을 것이다. 워필드는 다음과 같이 탁월한 표현으로 요점을 정리한다. "예수 안에 있는 그 무엇도 그가 우리와 똑같은 인간이었다는 강력한 인상을 남기기에 부족하지 않다."[7] 하지만 우리의 감정과는 매우 달리 예수의 감정은 완벽하게 표현되었고, 또한 그 표현에는 영광스러운 조화가 있었다. 그리스도의 감정은 언제나 '완벽한 조화와 균형' 가운데 드러났다.

> 예수에게 이것은 단순한 기쁨이 아니라 환희였고, 단순히 짜증 섞인 불쾌감이 아니라 맹렬한 분개였고, 그저 스쳐 지나가는 연민이 아니라 긍휼과 사랑으로 마음이 깊이 움직이는 것이었으며, 피상적 괴로움이 아니라 죽을 만큼 넘치는 슬픔이었다. 하지만 그분은 절대 이런 감정들에 압도당하지 않았다.[8]

10 } 그리스도의 성장

아기가 자라며 강하여지고 지혜가 충만하며 하나님의 은혜가 그의 위에 있더라……. 예수는 지혜와 키가 자라가며 하나님과 사람에게 더욱 사랑스러워〔카리티〕 가시더라. _눅 2:40, 52

서론

성경을 꼼꼼히 집중해서 읽다 보면, 도무지 말이 안 되는 것 같은 구절을 종종 만난다. 예를 들어, 히브리서 기자는 그리스도가 "온전하게 되셨"다고 말한다.히 5:9 누가는 예수께서 지혜와 키가 자라고 하나님과 사람에게 점점 더 사랑스러워져 갔다고 말한다.눅 2:52 이 구절에서 '하나님'을 빼고 사람에게 예수가 점점 지혜로워지고 키가 자라고 사랑스러워져 갔다고 하면 우리가 보기에 아마 좀 더 의미가 통했을 것이다. 하지만 본문에서는 예수가 하나님에게 점점 사랑스러워져 갔다고 분명히 말한다. 이렇게 생각해 보라. 영원하신 성자, 곧 성부를 알고 사랑하며 "나는 항상 그가 기뻐하시는 일을 행한다"고 말씀하신요 8:29 성자가 성부에게 더욱 사랑스러워져 갔다고 말이다. 바로 앞에서 누가는 예수가 "자라며 강하여지고 지혜가 충만"해졌다고 쓰고 "하나님의 은혜(카리스)가 그의 위에 있더라"고 덧붙인다.눅 2:40

예수가 하나님에게 더욱 사랑스러워져 갔다 혹은 하나님의 은혜가 그분 위에 있었다는 개념과 관련해 두 가지 질문에 답변할 필요가 있다. 첫째, 이 말은 무슨 뜻인가? 둘째, 예수는 어떻게 하나님께 더욱 사랑스러워져 가셨는가?

하나님의 사랑

누가는 예수께서 사랑(chariti, 헬라어 '카리스'(charis)에서 유래한)을 점점 더 많이 받은 것에 대해 말한다. 이 말은 여러 가지 영어 번역어가 시사하는 대로 '총애'favour를 뜻하는가? 아니면 우리는 이 말을 '은혜'grace로 번역해야 하는가? 여러 역본이 누가복음 2:40의 '카리스'를 '은혜'로 번역한다(예를 들어 NIV, NASB, KJV). 신적 은혜가 단지 구속사 시대에 택자들을 향한 하나님의 선하심만을 말하는 게 아니라는 것만 알면 어떤 번역어가 쓰이는가에 대해 지나치게 까다롭게 굴 필요가 없다. 또한 은혜란 것이 단순히 죄 지은 자들에게 주어지는 것도 아니다.

하나님의 거룩한 은혜는 하나님 본성의 극치이며, 그래서 은혜는 하나님께서 죄를 별개로 하시면서까지 유한한 피조물과 관계를 맺으실 때 드러나는 하나의 특성이다. 에덴 동산에서 하나님의 은혜는 아담에게 임했다. '광야'에서 하나님의 은혜는 하나님의 아들, 곧 두 번째 아담에게 임했다. 하나님의 은혜로우심은 시편 145:8-9이 분명히 설명하고 있다시피 하나님이 하나님 자체로, 그리고 하나님 스스로 어떤 분이신가 하는 것으로 간단히 요약될 수 있다. "여호와는 은혜로우시며 긍휼이 많으시며 노하기를 더디하시며 인자하심이 크시도다. 여호와께서는 모든 것을 선대하시며 그 지으신 모든 것에 긍휼을 베푸시는도다."

예수께서 죄를 짓지 아니하셨음에도 하나님이 예수에게 "은혜로우실" 수 있었던 것은, 하나님이 자기 피조물에게 은혜로우시기 때문이다. 피조물에게 은혜로우신 분이 사랑하는 아들에게는 얼마나 더 은혜로우시겠는가? 하나님은 당신께서 좋아하시는 아들에게 특별한 사랑을 보이셨다. 하나님 눈의 눈동자이신 예수는 은혜 위에 은혜를 받으사 백성들에게도 은혜 위에 은혜를 나눠 주실 수 있었다. 빌립보서 2:9에서 바울은 수신인들에게 말하기를, 그리스도께서 죽기까지, 심지어 십자가에서 죽기까지 순종하셨기에 하나님께서 예수에게 모든 이름 위에 뛰어난 이름을 "아낌없이 주셨다"[freely gave] 혹은 "부여하셨다"[bestowed]고 말한다('주셨다'고 번역된 헬라어 '에카리사토'[echarisato]는 '은혜'를 뜻하는 명사 '카리스'에서 나온 동사다). 똑같은 헬라어가 이에 앞서 빌립보서 1:29에도 나오는데, 여기서는 예수를 믿고 예수를 위해 고난 받을 특혜가 신자들에게 "아낌없이/은혜롭게 주어졌다." 게하더스 보스의 말에 따르면,

> '에카리사토'는 하나님께서 이것을 은혜로운 선물로 주셨다는 뜻이지만, '은혜'라는 말의 독특한 의미에서 주신 것은 아니다. 만약 그 의미에서 보면 그리스도에게 그 선물을 받기에 합당치 않은 어떤 부덕[不德]이 있고 하나님께서 그것을 눈감고 넘어가 주셔야 했다는 뜻이 되어 버리

기 때문이다. 여기서 이 단어는 이 행위가 그분의 은혜로움과 친절이 저절로 드러난 행위였음을 암시하는 좀 더 일반적인 의미에서 쓰였다.¹

이와 같은 해석이 바울의 가르침에 대한 지혜롭고도 분별 있는 반응인 것 같다. 보스는 본문의 의미를 제대로 해석하는 한편, 자신의 말은 뭔가 합당치 않은 것을 그리스도에게 돌려, 마치 죄인이 은혜를 요구하는 식으로 그분도 은혜를 필요로 했다는 의미가 아니라고 설명한다.

앞에서, 특히 그리스도의 동행을 설명한 장에서 주목했다시피, 예수에게는 현실적인 필요가 있었다. 예수의 인성은 은혜로 성결하게 되고 충만하게 되었다. 성령의 열매 갈 5:22는 이 땅 모든 사람들 것을 다 합친 것보다 그리스도에게서 더 풍성하게 나타났다. 이 때문에 존 오웬은 다음과 같이 통찰력 있게 말했다.

> 영혼, 정신, 의지, 감정의 선천적 능력이, 마치 하나님께서 직접적으로 달리 어떻게는 창조하실 수 없는 듯, 정결하고 무구하고 더럽혀지지 않은 상태로 창조된다고 해보라. 그래 봤자, 단 한 사람의 인간조차도 하나님을 위해 살게 만들기에는 충분치 않다. 예수 그리스도 안에 있는 그 모든 것들도 그렇지 못했다.²

그리스도의 마음·목숨·뜻·힘은 그분께서 주 하나님을 사랑하는 수단으로서, 하나님과 교통을 누릴 수 있도록 하나님에게서 받은 은혜다. 성자께서 성령의 능력으로 성부와 교통을 누리시는 것을 생각해 보라. 이는 교회 생활에서 다시 불붙어야 할 풍성한 삼위일체 신학이며, 그리스도의 삶에 초점을 맞추는 것이 그 시작이다. 바빙크가 언젠가 말한 것처럼 "무릇 인간이 성령으로가 아니고는 하나님과 교통할 수 없다면, 그리스도의 인성에는 이 사실이 훨씬 더 강력하게 적용된다."[3]

그리스도의 성장

위에서 주목했다시피, 누가복음 2:52 전에 우리는 아이 시절 예수가 "자라며 강하여지고 지혜가 충만하며 하나님의 은혜가 그의 위에 있더라"[눅 2:40]는 말씀을 듣는다. 아이 예수는 '발육'이라고 일컬을 수 있는 방식으로 유아에서 성인으로 자라셨다. 예수께서는 육체적으로, 지적으로, 영적으로 발육하셨다. 하늘에 계신 하나님과 마찬가지로 이 땅의 사람들도 이 점을 잘 인식했다.

살아가는 동안 예수는 율법과 잠언을 삶으로 생생하게 구현해 보이셨다. 다양한 삶의 체험은 예수께서 그때그때마다 적절한 지혜를 발휘할 기회가 되어 주었다. 이는 얼마나 주목할 만한 성장이었겠는가! 일찍이 세상에 태어난 아이 중 유일하게 죄 없는 아이로서 예수는 지혜와 지식이 자라면서 어른으로 커 갔을 뿐만 아니라 그 과정에서 매 단계마다 성결해지기도 하셨다. 초대 교회 교부 이레나이우스[130경-202경]는 이 사실을 다음과 같이 적절하게 진술한다.

그러므로 주님이신 그분은 주님으로서 나이를 먹어 가면서 인간의 그 어떤 조건도 멸시하거나 회피하지 않으셨고, 인간을 위해 정하신 법을 정작 자신은 무시하거나 하지 않으셨으며, 한 해 두 해 나이를 먹어 감에 따라 자기의 나이에 상응하는 단계에 따라 성결해지셨다. 그분은 자기 자신이라는 수단을 통해 모두를, 다시 말해 그분을 통해 하나님께로 다시 태어난 모든 아기와 어린아이와 청소년과 장년과 노년을 구원하러 오셨기 때문이다. 그러므로 그분은 모든 나이를 다 통과하사, 아기에게는 아기가 되어 아기를 성결하게 하셨고 어린아이에게는 어린아이가 되어 그 나이의 아이를 성결하게 하셨고 그와 동시에 이들에게 경건과 의와 순종의 본이 되셨다. 그리고 청년에게는 청년이 되사 청년에게 본이 되셔서 주님을 위해 그들을 성결하게 하셨다.[4]

아기, 어린이, 성인이 다 구원받을 수 있는 것은 그리스도께서 모든 연령을 다 성결하게 하셨기 때문이다. 그리스도께서는 모든 연령을 성결하게 하셨을 뿐만 아니라 생애의 각 단계에 이를 때마다 각각 다른 유형의 시험에 직면하셨다. 그래서 그리스도는 우리 모두에게 공감하실 수 있으며 어린아이도 예외가 아니어서 그리스도는 아이들에게 특별한 관심을 가지셨다.눅 18:15-17 각 발달 단계마다 그리스도께서 보이신 순종은 하나님을 기쁘시게 했다. 그리고 이는 이 땅에 사시는 동안 예수께서 어떻게 점점 더 하나님을 기쁘시게 했다고 말할 수 있는지 그 이유를 설명해 준다.

그리스도께 임한 하나님의 사랑

성경은 성자가 성부를 얼마나 기쁘시게 했는지를 아주 열정적으로 설명한다. 예를 들어, 성자가 세례 받을 때 하신 말씀("너는 내 사랑하는 아들이라. 내가 너를 기뻐하노라"), 그리고 성자가 변화되었을 때 하신 말씀("이는 내 사랑하는 아들이요 내 기뻐하는 자니")은 성부께서 성자를 얼마나 기뻐하시는지를 보여준다. 성부의 영원한 독생자로서 성자는 성부의 모든 사랑의 완전한 대상이시다. 다시 말해 성부는 성자를 영원히, 변함없이, 무조건, 그리고 무한히 사랑하신다. 이 사랑은 때가 되자 명백히 드러났다. "아버지께서 아들을 사랑하사 자기가 행하시는 것을 다 아들에게 보이시고."요 5:20

신인(神人)으로서 예수는 성부의 사랑의 독특한 대상이다. "내가 붙드는 나의 종, 내 마음에 기뻐하는 자 곧 내가 택한 사람을 보라. 내가 나의 영을 그에게 주었은즉 그가 이방에 정의를 베풀리라."사 42:1

영원 세상에서 성자께 해당되는 사실은 이 땅에 사셨던 한정된 시간 안에서도 마찬가지였다. 피조물을 향한 하나님의 모든 행동은 궁극적으로 아들, 곧 인성으로 옷 입으신 분의 영광을 위한 것이다.골 1:16-18 성부께서 우리를, 교회를 사랑하심은 그분께서 성자를 사랑하시기 때문이다. 하지만 누가복음 2:52 본문은 예수에 대한 성부의 기쁨이 점점 커져 갔음을 암시한다.

신학자들은 하나님의 선의의 사랑(무조건적 사랑)과 하나님의 충족의 사랑(조건적 사랑)을 구별하곤 한다. 따라서 예수께 대한 아버지의 사랑/은혜가 점점 커져 갔다고 하는 누가복음 2:52은 충족의 사랑을 염두에 둔 말씀이다. 요한복음 10:17에서 예수께서는 "내가 내 목숨을 버리는 것은 그것을 내가 다시 얻기 위함이니 이로 말미암아 아버지께서 나를 사랑하시느니라"고 말씀하신다. 굿윈이 주목하다시피 "이는 앞에서 언급한 이 명령(즉, 목숨을 버리는 것)······ 성취와 관련하여 한 말씀이다. 그리스도께서 우리에게 보이실 사랑 때문에 하나님께서 그리스도를 더 많이 사랑하셔야 하기라도 하는 것처럼 말이다."⁵

요한복음 후반부에서 예수께서는 거의 믿을 수 없는 발언을 하신다. "내가 아버지의 계명을 지켜 그의 사랑 안에 거하는 것 같이 너희도 내 계명을 지키면 내 사랑 안에 거하리라."^{요 15:10} 굿윈도 그리스도가 자기 목숨을 버리라는 명령을 받은 게 어찌해서 다른 어떤 이유보다도 아버지의 사랑 안에 머물기 위해서였는지를 보여주며, 그리스도의 양떼는 성부와 성자 간 상호 사랑의 서약이었다고 말한다. 그리스도가 자기 아들이기에 하나님은 성자를 필연적으로 기뻐하실 뿐만 아니라, 그리스도께서 아버지께 완벽히 순종하시고 이 순종이 성부께 기쁨을 안겨 드리기에 하나님은 성자를 기꺼이 기뻐하신다. 시편 5:12("여호와여, 주는 의인에게 복을 주시고 방패로 함 같이 은혜로 그를 호위하시리이다")는 누구보다도 예수께 적용되는 말씀임이 확실하니, 그분은 이 땅에 계시는 동안 늘 이렇게 말씀할 수 있었던 분이다. "나의 양식은 나를 보내신 이의 뜻을 행하며 그의 일을 온전히 이루는 이것이니라."^{요 4:34}

이렇게 해서 성부는 성자에게 이중의 사랑을 품으신다. 하나는 그분이 거룩한 성자이기에 그분의 위격에 대해 품으시는 자연스럽고 무한하고 영원한 사랑이고, 또 하나는 아버지께 완벽히 순종하시고 고난 받을 때 순종을 배우시면서^{히 5:8} 중보자 역할을 하신 신인^{神人}으로서의 그리스도께 품으시는 사랑이다. 첫 번째 사랑은 커질 수 없지만, 두 번째 사랑은 커질 수 있다.

그리스도의 삶

열두 살 무렵 예수는 구약성경을 외울 수 있었다. 이렇게 되기까지 예수께서는 다양한 시험을 보셨을 것이며 그 시험을 다 통과하셨을 것이다. 이 점은 우리네 자녀들보다는 자애로운 부모들이 아마 더 잘 이해할 것이다. 자녀가 세상에 들어오는 순간, 우리는 자녀에 대한 사랑과 자녀에 대한 기쁨으로 충만해진다. 어쩌면 우리는 자녀에 대한 우리의 사랑이 더는 커질 수 없다고 생각할지 모른다. 그러나 몇 년이 지나 돌아보면 우리의 사랑이 더 커졌다는 것을 알게 된다. 사랑이 더 커진다는 게 불가능한 일이라고 생각했지만, 그래도 우리는 이에 대해 하나님께 감사를 드린다. 마찬가지로, 이 땅에서 그리스도의 삶의 본질은 "순종을 배우는 것"이었고,[히 5:8] 이는 성부를 점점 더 크게 기쁘시게 했다.

예수께서 공적으로 설교 사역을 시작하기 전, 마귀가 광야에서 그분을 시험했다.[눅 4:1-13] 이때 성자가 성경을 잘 알고 또 자기가 성부께 전적으로 의지하고 있음을 증명하는 방식으로 성경을 적용하는 것을 보고 성부께서 어찌 기쁨으로 충만하시지 않을 수 있었겠는가?

겟세마네에서 예수께서는 광야에서 겪은 것보다 더 어려운 시험에 직면했다. 예수께서는 "자기를 죽음에서 능히 구원하실 이에게 심한 통곡과 눈물로 간구와 소원을 올렸"다.[히 5:7] 그러나 성부가 자기를 죽음에서 구하실 수 있음에도 예수는 성부께서 이 잔을 치우시지 않으실 것이라는 답변을 받았다. 그런 답변이 예수께 얼마나 견디기 힘든 일이었을지 이 땅 어느 누구도 감히 상상할 수 없을 것이다. 하지만 예수께서는 기꺼이 자기 자신을 성부의 뜻에 맡기셨다. "그러나

나의 원대로 마시옵고 아버지의 원대로 하옵소서."^(막 14:36. 참고 요 5:30, 6:38,)
^(빌 2:8) 성부께서 이제 곧 당신이 그토록 기뻐하신 사랑하는 아들을 버리
실 터였다는 명백한 사실을 기억하자.

그리스도께서 십자가로 가신 것은 에덴의 역상^(逆像)처럼 보인다.
에덴에서는 모든 나무들이 "보기에 아름답고 먹기에 좋"았으며,^(창 2:9)
"동산 가운데에는 생명나무와 선악을 알게 하는 나무도" 있었다.^(창 2:9)
선악을 알게 하는 나무는 하나님께서 아담에게 먹지 말라고 명하신
나무로서, 이 나무 역시 보기에 아름다웠다. 하지만 이 나무 열매를
먹는 것은 곧 죽음을 의미했다. 아담이 이 나무에 마음이 끌렸다면 그
리스도는 자기가 달려 죽게 될 나무를 완전히 멀리하고 싶었을 것이
라고 말할 수 있다. 하지만 "그 나무로 가려는" 아담의 결정이 인류에
게 파멸을 초래할 터라면, 마지막 아담이 "그 나무로 가려는" 결정은
인류에게 구원을 안길 터였다.

하나님께서는 그리스도가 이 땅에서 사역하는 동안 늘 그리스도
를 기뻐하셨다. 하지만 그분의 사역은 "다 이루었다"^(요 19:30)는 말로 상
징되듯 십자가에서 완결되었다. 그렇게 종결된 사역은 하나님의 새
창조 사역의 기반이 되었고, 이 새 창조에 대해 그분은 "매우 좋다"
고 말씀하실 수 있었다. 십자가에서의 죽음과 관련해 말하자면, 하나
님께서는 아들에게 가장 진노하셨던 이때보다 아들을 더 기뻐하셨던
적이 없었다.

그리스도의 신부

예수처럼 그리스도인들도 성삼위 하나님의 무조건적(선의의) 사랑뿐

아니라 기쁨 혹은 즐거움의 사랑을 받는 이들이다. 성경은 이 점에 대해 이보다 더 명쾌할 수가 없다. 우리가 천국에서 우리 아버지를 기쁘시게 할 수 있는 것은 오로지 그리스도께서 이 땅에서 사역하시는 동안 아버지께 완벽히 순종하심으로써 아버지를 기쁘시게 했기 때문이다. 부활하신 구주와 연합했기 때문에 우리는 하나님과 그리스도를 기쁘시게 하라는 권면을 자주 받는다. 바울은 빌립보서 4:18에서처럼 하나님을 기쁘시게 하는 것에 대해 이따금 말하기도 하고,골 3:30, 히 13:21, 롬 8:8, 14:18, 살전 4:1도 보라 또 어떤 때는 우리 행위로 그리스도를 기쁘시게 하는 것에 대해서도 말하며,고후 5:9 이것이 우리가 "범사에" 그리스도를 "기쁘시게" 하는 결과를 낳을 것이라고 한다.골 1:10

그리스도인은 믿음으로 사는 이들인 만큼 "어떻게 해야 주님을 기쁘시게 할까?"를 쉼 없이 묻는다. 우리는 주님을 기쁘시게 하고 그분께 영광 돌리는 것을 목표로 삼거니와, 이것이 그분께서 희생적 죽음으로 우리를 정결하게 해주신 것에 대해 그분께 드리는 보답이다. 우리가 그리스도를 기쁘시게 하면 할수록 그리스도는 자기 백성을 기뻐하시고 우리를 위한 자신의 사역이 우리 안에서 행하시는 자신의 사역으로 실현되고 있다는 사실에 즐거워하신다. 교회의 성화聖化는 그리스도의 영광에서 아주 중요한 부분이다. 그리스도가 만물의 으뜸이 되시기를 바라는 우리의 소원이 우리 마음을 움직여 그분을 더욱 기쁘시게 하고자 해야 한다.골 1:18 그러면 우리도 지혜가 자라고 하나님에게 더욱 사랑스러워져 갈 수 있다는 것을 알고 말이다.

바울이 말했다시피 "우리는 몸으로 있든지 떠나든지 주를 기쁘시게 하는 자가 되기를 힘"쓴다.고후 5:9 그런 큰 뜻을 품으라고 제임스

스미스는 신자들을 부른다.

> 이 땅에서 우리가 주로 할 일은 하나님을 기쁘시게 하는 것.
> 이것이 우리가 창조된 큰 목표이니, 우리는 그분을 영광스럽게 할 자들로 빚어졌도다.
> 이것이 우리의 구속에 담긴 큰 계획이었으니, 그분을 찬양하는 것이라.
> 이 한 가지 목적에만 우리가 집중해야 할 것이요!
> 이 한 가지 목표로만 우리의 모든 노력이 향하여야 할 것이라![6]

11 } 그리스도의 성경 읽기

예수께서 그 당할 일을 다 아시고 나아가 이르시되 너희가 누구를 찾느냐.
_요18:4

서론

앞으로 내 삶에 일어날 일이 기록된 책을 미리 읽어 볼 수 있다면, 얼마나 많은 호기심과 불안과 소망이 내 영혼을 가득 채울지 상상해 보라. 그런데 내 삶뿐만 아니라 내 죽음에 관해, 그것도 아주 시시콜콜한 내용까지 기록된 책을 읽는다면 기분이 어떻겠는가? 그런 책을 읽게 된다면 단순히 불안하기만 한 게 아니라 두려움과 공포에 휩싸이게 될 것이다. 반면, 죽음 후 삶을 전망할 수 있다면, 게다가 누군가에게 전해질 수 있는 최고의 영광을 전망할 수 있다면 열렬한 관심으로 그 책을 읽게 될지 모른다. 예수가 바로 그런 입장에 있었다.

부활 후 엠마오로 가는 길에 두 제자와 대화를 나누던 예수는 그중 하나인 글로바라 하는 제자눅24:18를 다음과 같이 꾸짖으셨다.

이르시되 미련하고 선지자들이 말한 모든 것을 마음에 더디 믿는 자들이여, 그리스도가 이런 고난을 받고 자기의 영광에 들어가야 할 것이 아니냐 하시고 이에 모세와 모든 선지자의 글로 시작하여 모든 성경에 쓴 바 자기에 관한 것을 자세히 설명하시니라. _눅 24:25-27

구약성경을 읽은 분으로서 예수는 자기가 당할 고난과 영광을 알고 있었다. 성령께서는 그리스도의 정신적·영적 능력을 촉진시켜서, 그리스도의 죽음을 미리 정해 놓은 하나님 말씀에 생명을 불어넣었다. 그런데 그 성경 말씀은 그리스도의 영광 또한 예견하고 있었고, 그 때문에 예수는 자신의 죽음이 '약함'에서 '능력'에 이르는 영광스러운 변화의 시작임을 알고 십자가를 향해 의기양양하게 나아갈 수 있었다. 바울의 말처럼 예수는 "성결의 영으로는 죽은 자들 가운데서 부활하사 능력으로 하나님의 아들로 선포되셨"다.롬 1:4

그리스도께서 자기가 받을 고난이 기록된 성경을 읽으시다

예수가 자발적으로 당한 고난은 복음의 영광을 수호하는 한편, 자기가 당할 고난을 의식한 것은 복음의 아름다움을 장식한다. 예수는 자기가 장차 당할 고난에 관해 알 수 있는 것은 다 아는 상태로 사셨다. 세상의 의사란 의사는 다 모여도 예수께서 장차 당할 육체적·정신적 고난에 대해 하나님의 말씀만큼 그분을 준비시킬 수는 없었을 것이다. 토마스 굿윈은 이 점을 아주 잘 설명한다.

이 세상에서 우리가 어떤 일을 겪을지 미리 안다는 것은 참 불행한 일일 것이다. 그 일을 미리 생각하면 마음이 아플 것이고, 불안 때문에 힘들 것이기 때문이다. 그래서 앞일은 모르는 편이 더 낫다. 하지만 그리스도는 자기 안에 능력을 가지신 분으로서, 앞으로 자기가 어떤 고난을 당할지 알 수 있었고 예견할 수 있었지만, 그런 상황에서도 마음의 평정과 침착을 유지할 수 있었다. 성경에서 보다시피 그분은 예견했던 바로 그 순간에 이르기까지 그렇게 하셨다. 자기가 당할 일을 다 아는 것은 그분에게 필연적인 일이기도 했다. 그리스도께서 고난을 겪은 것은 아버지와의 계약[언약]에 의한 일이었기 때문이다. 바로 이 사실 때문에 그리스도의 고난과 우리의 고난 사이에 엄청난 차이점이 생긴다.[1]

예수께서는 성경을 읽고서 자신의 운명을 구체적으로 알게 되셨다. 구약성경에서 몇 가지 사례를 들어보면 예수께서 자신에 관해 기록된 성경을 읽으면서 어떤 마음이셨을지 이해하는 데 도움이 될 것이다.

구속사에서 첫 번째 복음의 약속(역사적으로 '원복음'이라고 하는)은 그리스도의 고난과 영광을 직접적으로 설명한다. "내가 너로 여자와 원수가 되게 하고 네 후손도 여자의 후손과 원수가 되게 하리니 여자의 후손은 네 머리를 상하게 할 것이요 너는 그의 발꿈치를 상하게 할 것이니라."창 3:15 이 말씀을 읽으면서 예수께서는 자기가 뱀을 짓뭉갤 것이되 다만 발꿈치가 "상하게" 되리라는 것을 알게 되셨다.

시편은 그리스도의 고난과 영광에 대해 구약성경의 다른 어느 부분보다도 분명히 말한다 할 것이다. 시편을 읽고 암송하며, 또한 기도하는 마음으로 그 말씀을 묵상하는 시간이 그리스도에게는 고통투성이의 사역 기간 내내 아픈 영혼을 어루만지는 진정제였을 것이다.

어떤 시편은 그리스도의 고난을 명시적으로 강조하지만(예를 들어, 시 22편), 또 어떤 시편은 비교적 간접적이되 그러면서도 적절하게 그분께서 수욕 당하실 것을 증언한다. 그리스도께서는 그 시편의 내용이 자신에게 해당되는 것으로 여기셨을 것이다. 그 모든 시편은 다 그분에 관해 증언하는 것이기 때문이다.

시편 90편을 예수의 관점에서 읽어 보면 그분의 놀라운 겸비가 강조되는 것을 알 수 있다. 많은 이들이 2절에서 그리스도를 나타내고 있다고 본다. "산이 생기기 전, 땅과 세계도 주께서 조성하시기 전 곧 영원부터 영원까지 주는 하나님이시니이다." 그렇게 보는 것도 맞지만, 이 시편에는 예수의 시각에서 이 땅에서의 삶과 사역에 결부시킬 만한 구절도 있다. 예를 들어, 12절에서 우리는 "지혜로운 마음을 얻"기 위해서 "우리 날〔을〕 계수"하라고 배운다. 예수께서 바로 그렇게 하셨다. 예수께서는 이 땅에서의 삶이 그 특성상 쏜살같이 지나가리라는 것을 생각하면서 자기 인생의 날들을 계수하셨고, 하루하루를 중히 여기셨다. 게다가 하나님의 진노가 예수의 삶을, 괴로운 마음으로 경험한 그 삶을 종식시키셨다.[90:7, 참고 마 27:46] 예수께서는 한숨 한 번 내쉬는 것처럼 자기 날을 마치셨다.[90:7, 참고 눅 23:46] 하지만 예수께서는 여호와의 은총이 자기에게 임했기에 자기 손으로 행한 일이 든든히 서리라는 것을 알고 계셨다.[90:17]

시편 22편은 그리스도께서 이 땅에 사시는 동안 당할 고난에 대해서뿐만 아니라 십자가에서 당할 고난에 대해서도 말한다. 신약성경 기자들은 이 시편을 이용해 그리스도의 죽음을 묘사한다. 예를 들어, 마태복음 27:35("그들이 예수를 십자가에 못 박은 후에 그 옷을 제비 뽑아 나누고")은 시편 22:18("내 겉옷을 나누며 속옷을 제비 뽑나이다")의 반향이다. 마태복음 27:43("그가 하나님을 신뢰하니 하나님이 원하시면 이제 그를 구원하실지라")은 시편 22:8("그가 여호와께 의탁하니 구원하실 걸, 그를 기뻐하시니 건지실 걸 하나이다")을 돌아보고 있다. 여기에 추가해 누가복음 24:39-40에서 예수의 손과 발이 창에 찔리는 광경은 시편 22:16("개들이 나를 에워쌌으며 악한 무리가 나를 둘러 내 수족을 찔렀나이다")을 성취했다. 또한 마태복음 27:46("예수께서 크게 소리 질러 이르시되 엘리 엘리 라마 사박다니 하시니 이는 곧 나의 하나님, 나의 하나님, 어찌하여 나를 버리셨나이까 하는 뜻이라")은 시편 22:1("내 하나님이여, 내 하나님이여, 어찌 나를 버리셨나이까")을 인용한다.

    시편 22편을 읽는 첫 순간부터 예수께서는 자신이 아버지께 버림 받고 폭력적인 죽음을 죽어 이 시편의 1절을 성취하게 되리라는 사실을 깨달았다. 아버지에 대한 사랑은 계속 커져 갔고 아버지와의 교제도 점점 깊어졌지만 이제 그 사랑과 교제는 어둠과 심판에 봉착할 것이고, "나의 하나님, 나의 하나님, 어찌하여 나를 버리셨나이까"라고 크게 외칠 수밖에 없을 터였다.

    하지만 시편 22편에 비추어 본 예수의 이 초상을 볼 때 그리스도를 따르는 이들은 22-31절이 묘사하다시피 일종의 해명을 기대할 수 있게 된다. 그리고 부활 기사를 보면서 그 기대가 헛되지 않음을 알게 된다. 히브리서 2:12는 시편 22편의 해명 부분에서 22절을 인용해 예수께서 자기를 따르는 이들의 인성을 공유하심을 보여준다. 왜냐하면 여기서 예수께서 그들을 "형제"라 부르고 있기 때문이다. 이 논거를 펼치기 위해 히브리서 기자는 예수를 이상적 인간으로 보기도 해야 하는데, 이는 히브리서 기자가 시편을 복음서만큼 많이 활용하고 있다는 의미다.

그리스도께서는 구약성경을 아주 면밀하게 읽으셨기 때문에 자기가 장차 어떤 고난을 당할지 잘 아셨다. 더할 나위 없는 결단과 자기가 지금 무엇을 하고 있는지 완벽히 인식하는 가운데 그 고난을 성취하실 정도로 잘 아셨다. 다윗이 아히도벨에게 배신 당한 일과 이와 비슷하게 예수께서 유다에게 배신 당한 일을 생각해 보라. 다윗과 예수 둘 다 기드론 시내를 건넜다.삼하 15:23, 요 18:1 아히도벨과 유다 둘 다 밤을 틈타 행동에 나서려 했고,삼하 17:1, 요 13:30 일을 저지르고 난 뒤 스스로 목을 맸다.삼하 17:23, 마 27:5 다윗과 예수 둘 다 감람산에서 구원을 위해 기도했다.삼하 15:31, 눅 22:39-46 재미있는 것은, 다윗과 예수의 죽음 둘 다 사람들에게 평화를 안겨 줄 것이라는 주장이 나왔다는 점이다.삼하 17:3, 요 11:50

요한복음 18:4은 이렇게 배신을 염두에 두고 그런 맥락에서 읽어야 한다. "예수께서 그 당할 일을 다 아시고 나아가 이르시되 너희가 누구를 찾느냐." 그분에게 어떤 일이 일어날지 성령께서 직접 계시하셨을 가능성도 있다. 하지만 예수께서 구약성경을 들여다보는 안목이 아주 심오하고 정확해서 자신에게 어떤 일이 일어날지 아셨을 수도 있다. 구약성경에서 자기가 장차 당할 고난에 대해 읽는다는 것은 그분에게 아주 의미 깊은 경험이었음에 틀림없다. 이사야 53장을 처음 읽고서 그분이 어떤 생각을 하셨을지 상상해 보면 우리는 경이감에 휩싸일 수밖에 없다.

실제로 몇몇 신학자들이 언급했다시피, 자기가 장차 어떤 고난을 당할지 전망한다는 것이 그리스도에게는 영원한 겟세마네였다. 예를 들어, 예수는 자기 자신에 대해 이렇게 말했다. "나는 받을 세례가 있으니 그것이 이루어지기까지 나의 답답함이 어떠하겠느냐."눅 12:50 이 "답답함"은 그분에게 상존常存하는 시련, 십자가에서의 "세례"가 있기까지 계속 그분을 무겁게 "내리 누르고" 심히 "괴롭게 하는" 시련이었다. 장차 당할 고난에 대해 처음 읽었을 때부터 그분은 이 답답한 일이 분명 이뤄지리라는 생각을 뇌리에서 지워 낼 수 없었을 것이다. 사형을 코앞에 둔 범죄자라 할지라도 최후의 순간에나마 사면되기를 소망한다. 하지만 죄 없으신 분 예수는 알고 계셨다. 자신의 사면은 우리의 멸망을 뜻하며, 그런 상상은 자신에게 어쩌면 십자가형보다 훨씬 더 끔찍한 일이라는 것을. 사실, 아내를 살리고 그 대신 자기가 죽으면 되는 선택 앞에서 자기가 죽는 것보다 아내가 죽는 편을 택한다면 그 남편을 좋은 남편이라고 할 수 있겠는가?

그리스도께서 자기가 받을 영광에 대해 기록된 성경을 읽으시다

그리스도께서 자기 앞에 놓인 고난만을 예상하셨다면 어떻게 그런 단호한 결단으로 아버지께서 주신 일을 완수할 수 있었을지 우리로서는 좀 의아할 수도 있다. 하지만 그리스도가 아버지에게서 받은 사명은 언제나 장래의 영광을 염두에 두고 있었다. 성경에는 그리스도의 높아지심이 그리스도의 고난과 나란히 등장하는 경우가 아주 많다.사 53:1-12, 빌 2:6-11

엠마오로 가는 길에 예수께서 하셨던 말씀으로 다시 돌아가서, 그가 영광을 받으리라는 사실은 그에 앞서 고난을 받으리라는 사실만큼 분명했다. 구약성경에는 고난과 영광 둘 다 예언되어 있었다. 그리고 그분이 깊은 절망의 구렁텅이에 던져 넣어질 때마다 필요로 했던 것이 바로 영광에 대한 소망이었다. 그래서 예수는 자기 옆에서 죽어가는 도적에게 이렇게 말할 수 있었다. "내가 진실로 네게 이르노니 오늘 네가 나와 함께 낙원에 있으리라."눅 23:43 바울이 로마서 8:18에서 그리스도인들에게 주는 위로의 말("생각하건대 현재의 고난은 장차 우리에게 나타날 영광과 비교할 수 없도다")은 예수께서 이 땅에 사시는 동안 오직 그분만이 완벽히 믿었던 진리를 담고 있다.

메시아를 위한 영광. 이 영광에 대한 소망은 단순히 구약성경에 딸린 부록이 아니다. 시편은 그리스도께서 겪으실 여러 가지 정신적 외상을 강조하는 한편 그분께서 원수를 이기고 궁극적으로 승리하신다는 사실을 그와 똑같은 강도로 역설한다. 시편 110편은 신약성경에서 다른 어떤 시편보다 많이 인용되는데(대략 22번쯤), 이 시편은 그리스도를 자기 원수를 진압하시는 성부 오른편에 앉아 계신 분으로 묘사한다.110:1 신인(神人)이신 그리스도께서는 자기가 온 세상을 광범위하게, 분별 있게, 그리고 영원히 다스리리라는 것을 알고 계셨다. 왕으로서 자기가 누리게 될 영광에 대해 구약성경에서 읽은 것을 예수께서 어떻게 이해하셨을지 알기 위해서는 이 시편을 시편 2편과 비교해 봐야 한다. 이 두 시편은 다음과 같은 유사성을 보인다. 열방들의 복종,2:1-3, 110:1-2 이스라엘의 원수들의 멸망,2:9, 110:5-6 아들에게 대적하는 왕들을 향한 하나님의 진노.2:5, 110:5-6 다윗 계통의 왕으로서 그리스도는 특별한 의미에서 하나님의 아들이다. 우리는 흔히 예수를 '하나님의 아들'로 묘사하고 그것이 그분의 신성을 입증한다고 여기지만, 1세기 유대인들은 '하나님의 아들'이라는 호칭을 들으면 곧 왕과 메시아

를 가리키는 것으로 이해했을 가능성이 높다.막 16:16 참고

확실히 그리스도는 영원하신 하나님의 아들이요, 능력과 영광에서 성부와 성령과 동등하시다. 하지만 시편 2편과 110편은 '하나님의 아들'이라 불리는 독특한 특권을 부여받는 지상의 왕을 염두에 두고 있다. 이런 의미에서 예수 그리스도는 진정한 왕으로서 성부의 통치권을 공유하되 성부의 우주적 주권에 여전히 복종하는 상태에 있다. 그리스도는 하나님의 왕이시기에(즉, 참 아들이시기에) 원수들을 물리치고 승리하실 것이 확실하다.

시편 110편에서 그리스도는 아버지의 오른편에 앉아 계신다. 이렇게 보좌 오른쪽에 앉는다는 것은 어떤 인간이 받아 누릴 수 있는 최고의 권위다.마 28:18 이는 권세, 영예, 은총을 나타낸다. 위의 두 시편에는 그리스도의 왕권의 속성이 달라지고 있음을 반영하는 약간의 차이점이 있다. 시편 2:2에서는 "관원들이 서로 꾀하여 여호와와 그의 기름부음 받은 자를 대적"한다. 반면 시편 110:2에서는 그리스도께서 원수들 가운데서 다스리신다. 시편 2:8에서는 예수께서 열방을 자기 유업으로 요구하시고, 시편 110편에서는 하나님께서 그리스도의 다스림을 이용해 아들을 위해 싸우신다. 관원들과 나라들은 하나님의 아들에게 순복하라고 소환되지만시 2:10-12 이들은 그렇게 하지 않았고, 시편 110:5-6은 이에 따른 진노의 보응을 강조하고 있다.

신약성경은 시편 110:1을 돌아보면서 그리스도의 왕권에 관한 중요 진리를 제시한다. 첫째, 그리스도께서는 인간으로 낮아지신 상태에 있을 때 친히 이 본문을 사용해 자신의 초월성에 대해 말씀하셨다.막 12:36 둘째, 베드로는 부활 후의 그리스도를 변증하기 위해 이 구

절을 언급했다.^행 2:32-36 셋째, 로마서 8:34에서 바울은 높아지신 그리스도의 다스림을 그분의 중보 사역과 연관시키고 있으며, 이는 그분의 왕권과 제사장직을 증거한다는 면에서 시편 110편과 일치를 보인다. 마지막으로, 신약성경은 시편 110:1을 사용해 온 피조물, 심지어 천사들에게까지 미치는 그리스도의 주권^lordship에 대해 분명히 말한다.^히 1:13

시편 2편과 110편을 읽는 것이 예수께는 얼마나 큰 특권이요 기쁨이었겠는가! 실제로, 시편 22편, 그리스도의 십자가형에 관해 지극히 명백하게 말하고 있는 이 시편에서조차도 장차의 영광에 대한 소망이 밝게 빛나고 있다.^22:22-31

이사야서의 두 번째 종의 노래(49장) 또한 이사야 53장에 모든 관심이 쏠리는 바람에 우리가 이따금 잃어버리곤 하는 소중한 진리를 담고 있다. 이사야 49장은 그리스도의 고난을 그분의 영광과 연결시킨다.

> 이스라엘의 구속자 이스라엘의 거룩한 이이신
> 여호와께서
> 사람에게 멸시를 당하는 자, 백성에게 미움을 받는 자,
> 관원들에게 종이 된 자에게 이같이 이르시되
> 왕들이 보고 일어서며
> 고관들이 경배하리니
> 이는 이스라엘의 거룩하신 이
> 신실하신 여호와 그가 너를 택하였음이니라. _사 49:7

이 테마는 이사야 53장의 네 번째 종의 노래에서도 계속 이어진다. 여호와께서는 예수를 상하게 하신다. 여호와께서는 예수가 질고를 당하게 하신다.$^{53:10}$ 하지만 그리스도께서는 자기 씨를 보게 될 것이고, 자기 날이 길 것이며, 자기가 이룬 일이 잘 되어 갈 것이고, 만족할 것이고, 자신이 죄를 담당하고 죽었기에 많은 이를 의롭다 하게 될 것이며, 자기 몫을 받게 될 것이라는 말씀 또한 읽으셨을 것이다.$^{53:10-12}$

구약성경의 이 말씀은 첫째로 예수를 위해 기록되었고, 다음으로 그분의 백성을 위해 기록되었다. 예수께서는 이 진리를 마치 자기 것인 양 대하실 게 확실하다. 이 진리가 그분을 증거하고 있으니 말이다. 예수께서는 사람들에게 배척당하고, 고난 받으시고, 죽으시고, 아버지와 떨어진다는 생각으로 마음이 상하셨을 수도 있다. 하지만 궁극적으로 그분의 마음은 절대 이런 생각에 압도당하지 않았다. 오히려 예수는 자기를 기다리고 있는 영광스러운 상급을 생각하면서 마음을 황폐하게 만드는 그런 생각에 맞섰다. "참으로 나에 대한 판단이 여호와께 있고 나의 보응이 나의 하나님께 있느니라."$^{사 49:4}$

결론

그리스도인은 그리스도께서 자기의 고난과 영광에 관한 성경을 친히 읽으신 것에서 많은 교훈을 얻을 수 있다. 성경은 그리스도에 관해 기록된 것과 똑같은 방식으로 우리에 관해 기록되지는 않았지만, 그럼에도 우리는 우리의 고난이 "장차 우리에게 나타날 영광과 비교할 수 없"다는 사실에서 위로를 받는다.$^{롬 8:18}$ 고난 받으시는 종 예수께 속해 있기에 우리도 고난 받으리라는 것을 우리는 알고 있다. 하지만 우리는 높아지신 왕 예수께 속해 있기에 높아지기도 할 것이다. "우리가 주와 함께 죽었으면 또한 함께 살 것이요 참으면 또한 함께 왕 노릇 할 것"딤후2:11-12이기 때문이다.

성경을 읽으며 우리의 고난과 영광에 대해 알아가고 있는가? 그리스도와 함께 고난 받는 한 우리는 그분의 영광에도 참여하게 될 것이다.

12 } 그리스도의 기도

그는 육체에 계실 때에 자기를 죽음에서 능히 구원하실 이에게 심한 통곡과 눈물로 간구와 소원을 올렸고 그의 경건하심으로 말미암아 들으심을 얻었느니라. _히 5:7

서론

초대교회 교부 다메섹의 요한은 다음과 같은 의문을 붙들고 씨름했다. "우리 주님은 나사로 사건 때와 자신이 수난 당하실 때 기도를 드렸는데, 그러면 그런 일은 어떻게 해서 생겼는가? 주님의 거룩한 정신은 영단번에 본체 안에서 하나님의 말씀과 완전히 연합했기에 하나님을 향해 일어나거나 하나님께 어떤 간구를 할 필요가 없었는데 말이다."[1] 다시 말해, 예수는 신이신데 하나님이 어떻게 자기 자신에게 기도를 할 수 있느냐는 말이다. 아니, 예수는 우리가 괴롭고 곤궁하거나 혹은 감사할 때 어떻게 행동해야 하는지 그저 본을 보여주신 것일까?

예수는 신이실 뿐만 아니라 완전히 인간이기도 했다는 사실을 기억하면 이런 명백한 딜레마는 사라진다. 완벽한 인간이심에도 예수는 여전히 기도가 필요했음이 분명하다. 고난 받는 종으로서 예수가 맞닥뜨린 여러 가지 시련과 괴로움을 생각하면, 확고하고 경건하며 모든 것을 아버지께 의지하는 기도 생활은 꼭 필요하기도 했고 적절하기도 했다. 성경을 보면 우리의 경우와 마찬가지로 예수에게도 기도 생활은 필수 불가결했다는 확실한 인상을 받는다. 신약성경에 생생히 기록된 예수의 기도 생활을 볼 때 우리는 경외감에 휩싸인다. 성령의 능력으로 성부 하나님께 기도하는 하나님의 아들이라니, 생각만 해도 엄청나다! 그분의 기도가 성령의 능력으로 믿음의 날개를 타고 하늘로 올라갔을 때 하늘은 어떤 광경이었겠는가?

기도하라는 그리스도의 명령

예수는 기도에 대해 많은 말씀을 하셨다. 왜, 어떻게, 언제, 어디서, 무엇을 기도해야 하는지에 관해 제자들에게 충분한 가르침을 주셨다. 예수는 원수를 위해서도 기도하라고 신자들에게 명하신다. "너희를 저주하는 자를 위하여 축복하며 너희를 모욕하는 자를 위하여 기도하라."눅6:28 추수할 것이 "많은" 곳으로 일꾼들을 보내 주시기를 하나님께 기도하라고 말씀하신다.10:2 아버지께서는 구하는 자들에게 성령을 주시므로 끈기 있게 간구하라고 제자들에게 말씀하신다.11:5-13 그러므로 우리는 낙심하지 말고 끈기 있게 그분께 나아가야 한다.18:1-8 예수는 허세에 지나지 않는 외식과 장황한 기도에 대해 경고하신다.20:47 마지막으로 예수는 시험에 드는 일을 피하기 위해 기도하라고 제자들에게 권면하신다.22:40, 46

우리가 알아야 할 중요한 점은, 예수께서는 자기가 설교한 것을 친히 실천하셨다는 것이다. 예를 들어, 원수를 위해 기도해야 할 의무에서 예수도 예외가 아니었다. "아버지, 저들을 사하여 주옵소서. 자기들이 하는 것을 알지 못함이니이다."눅 23:34 그리스도께서는 자기 자신도 지킬 준비가 안 되어 있던 지침을 자기 백성들이 이행하리라고는 기대하지 않으신다. 여기에는 하나님을 의지하는 활발한 기도 생활도 포함된다.

그리스도의 기도

예수께서는 공생애를 시작하면서 세례 받으셨을 때 기도하셨다.눅 3:21 하나님께 감사하는 기도와 간구가 사역 전체의 특징을 이루는 분에게 이는 얼마나 적절한 행위였는가! 예를 들어, 마가는 예수께서 갈릴리에서 설교하기 전 아침 일찍 일어나 "나가 한적한 곳으로 가사 거기서 기도"하셨다고 자세히 이야기한다.막 1:35 비슷한 예로, 누가도 군중들이 밀려들고 사역의 짐은 점점 가중되는 상황에서 예수께서 어떻게 "물러가사 한적한 곳에서 기도"하셨는지에 대해 이야기한다.눅 5:16 예수께서는 아버지와의 교통이 자신의 사역을 완수하는 데 필수 불가결하다는 것을 알고 계셨다. 열두 사도를 임명하고 대대적 치유 사역에 임하시기 전,눅 6:13-19 "기도하시러 산으로 가사 밤이 새도록 하나님께 기도"눅 6:12 하신 것에서는 그리스도께서 겸손히 아버지께 의지하는 모습을 분명히 볼 수 있다.

때로 예수께서는 공개적으로 기도하셨다. "천지의 주재이신 아버지여, 이것을 지혜롭고 슬기 있는 자들에게는 숨기시고 어린아이들에게는 나타내심을 감사하나이다. 옳소이다, 이렇게 된 것이 아버지의 뜻이니이다."마 11:25-26 예수는 기도하는 법을 사람들에게 가르쳤을 뿐만 아니라,마 6:9-13, 눅 11:1-4 자기 자신에 대해서 그리고 기도에 대해서 사람들을 가르치기 위해 때로 그들 앞에서 기도하시기도 했다. "아버지여, 내 말을 들으신 것을 감사하나이다. 항상 내 말을 들으시는 줄을 내가 알았나이다. 그러나 이 말씀 하옵는 것은 둘러선 무리를 위함이니 곧 아버지께서 나를 보내신 것을 그들로 믿게 하려 함이니이다."요 11:41-42 요한복음 17장에서 그리스도께서 대제사장으로서 드린 기도는 제자들이 성삼위 하나님의 내적 교통, 특히 성부와 성자의 관계와 교회의 구원에 관해 깊은 통찰을 할 수 있었던 몇 안 되는 경우 중 하나였다.

또한 떡을 먹고 잔을 마시기 전에도 예수는 공개적으로 감사 기도를 올리셨다."눅 22:19 사실 그런 감사 기도는 그분의 죽음, 곧 피하고 싶었으나 아버지의 뜻에 따라 결국 마시게 될 그 잔에 관한 기도였다.눅 22:42 그래서 우리는 큰 고뇌와 연약함 가운데, 그분께서 "더욱 간절히"눅 22:44 기도하신 것을 보게 된다. 철저히 아버지께 의지하는 이 부르짖음은 우리가 세심히 묵상해 볼 만한 가치가 있다.

겟세마네

겟세마네에 관해서는 스코틀랜드 신학자 토머스 크로포드[1812-1875]가 제대로 이야기했다. "우리 주님의 역사 중 이 구절에는 매우 신비로운 뭔가가 있다. 이 구절을 꼬치꼬치 파고드는 것은 적절하거나 적당한 일이 아닌 것 같다. 또한 이 부분에 대해 이야기할 때마다 예외 없이 우리가 뭔가 부적절하게 이야기하고 있다는 느낌이 들고 잘못 이야기하는 것일 수도 있다는 두려움이 든다."² 그러므로 그리스도의 기도 생활을 다루는 '지성소'에 들어갈 때는, 복음서 기자들이 설명한 상황을 더할 수 없이 신중하고 공손하게 존중하는 태도로 들어가야 할 것이다.

> 그들을 떠나 돌 던질 만큼 가서 무릎을 꿇고 기도하여 이르시되 아버지여, 만일 아버지의 뜻이거든 이 잔을 내게서 옮기시옵소서. 그러나 내 원대로 마시옵고 아버지의 원대로 되기를 원하나이다 하시니 천사가 하늘로부터 예수께 나타나 힘을 더하더라. 예수께서 힘쓰고 애써 더욱 간절히 기도하시니 땀이 땅에 떨어지는 핏방울 같이 되더라._ 눅 22:41-44

그리스도의 대적들이 동산에 도착했을 때^{마 26:36} 그리스도는 기도하고 계셨다. 그리스도께서는 때가 이르렀음을 아셨다. 하지만 이 '때'는 그분에게 가장 힘든 때가 될 터였고, 그래서 자기 앞에 있는 거대한 시련을 감당해 낼 힘을 달라고 하나님께 구하셔야 했다. 제자들에게서 떨어져 있었으므로 그 기도를 들을 수 있는 이는 아버지와 성령과 또 그분에게 힘을 더해 준 천사뿐이었다.

예수께서 겟세마네 동산에 있었던 것은 우연이 아니었다. 아담의 타락은 에덴 동산에서 일어났다. 사탄은 에덴에서 아담을 정복했다. 아담은 사형 선고를 받고 포로 신세가 되어 동산에서 끌려나갔다. 여기서는 예수께서 아담처럼, 죽음을 향해 가는 포로가 되어 겟세마네에서 끌려갔다. 위대한 독일 개혁파 설교자 크루마허[1796-1868]는 뜻깊은 역작 『고난 받는 구주』에서 이렇게 말했다.

> 에덴 동산에 울려 퍼진 음성은 이렇게 외쳤다. "아담아, 네가 어디 있느냐?" 그러나 아담은 벌벌 떨며 동산 나무들 뒤로 몸을 숨겼다. 그때와 똑같은 음성이 똑같은 의도가 담겨 겟세마네 동산에 들려왔다. 그러나 두 번째 아담은 그 음성을 듣고 몸을 감추지 않고 오히려 앞으로 나와 지존하신 분, 자기를 소환하신 그분을 맞으며 말했다. "내가 여기 있나이다!"[3]

그러나 대적들에게 잡히기 전, 그분은 자기 자신과 아버지와의 '싸움'을 싸우셨다. 의사인 누가는 그리스도의 고뇌를 생생하게 묘사한다. 그리스도에게서 터져 나오는 고함은 있는 힘을 다 쥐어짜 내질러야 할 만큼 소리가 컸다. 시편 기자처럼 예수는 "피곤하고 심히 상했다." 예수는 이렇게 말할 수 있었다. "내가…… 마음이 불안하여 신음하나이다."[시 38:8]

예수는 이 잔이 지나가게 해달라고 세 번 구하셨지만[마 26:44] 그 기도로써 단 한 번도 죄를 짓지 않으셨다. 결국 예수는 하나님의 진노의 잔을 이제 막 마실 참이었다. "악인에게 그물을 던지시리니 불과 유황과 태우는 바람이 그들의 잔의 소득이 되리로다."[시 11:6] 사실 예수는 우리를 위해 저주를 받고 나무에 달릴 준비를 하심에 따라[갈 3:13] 이 큰 진노의 쓴 잔을 이제 곧 마실 터였다. 그럴 수 있다면 하나님께서 이 잔을 자기에게서 치워 주시기를 구했다 해도 별로 이상할 것은 없다. 이는 어떤 대안을 염두에 두고 요구하는 형식의 절대적 요청이 아니었다. 그보다 이는 "그러나 내 원대로 마시옵고 아버지의 원대로 되기를 원하나이다"눅 22:42 라는 조건이 붙은, 조건부의 순종적 기도로 예수의 입에서 나왔다.

그렇다면 예수는 왜 이 잔을 없애 주시기를 구했는가? 워필드가 올바로 대답한다.

> 그러므로 예수의 깊은 동요는 단지 육체적 죽음 체험에서 뒷걸음질치려고 한 데서 비롯된 게 아니다. 설령 그런 뒷걸음질도 죽음에 대한 공포의 표현이라기보다 죽음이라는 개념에 대한 반감의 표현인 측면이 강할 수 있지만 말이다. 죽음 이면에서 그분은 죽음의 권세를 지닌 자, 그리고 죽음의 쏘는 것을 구성하는 죄를 보았다. 이를 보고 그분의 존재 전체가 그 최종적이고 가장 깊은 수치에 반감을 보였으니, 그 수치를 통해 악의 권세가 그분에게 인간의 죄에 대한 가차 없는 형벌을 가할 터였다. 그 권세의 일격에 고개를 숙인다는 것은 더할 수 없는 모욕, 종의 형체를 입은 상태에서 그분이 바쳐야 할 그 순종 행위 중 가장 힘든 순종이었다.[4]

하지만 우리는 예수께서 그 고뇌 한가운데서 "더욱 간절히" 기도하셨다는 사실을 놓치거나 그냥 지나쳐서는 안 되며, 그 사실에 좀 더 머물러야 한다. 이 잔을 치워 달라는 첫 번째 요청이 얼마나 강력했을지 이생에서 우리는 가늠할 수 없다. 세 번째 요청이 얼마나 간절했을지 우리는 내세에 가서도 절대 알지 못할 것이다. 잉글랜드의 찬송가 작사가 아이작 와츠[1674-1748]는 '주님의 예비하심은 얼마나 풍성한지요, 주님!'이라는 찬송에서 바로 이 사실의 어떤 면을 포착했던 것이 틀림없다.

> 우리가 알지 못하는 모든 기쁨을 그가 주시네
> 우리가 알지 못하는 고뇌로 사신 기쁨을.

아니면 스펄전의 말처럼 "주님의 고뇌의 모든 근원을 다 안다고 말한다면 지혜가 다음과 같은 질문으로 우리를 꾸짖을 것이다. '네가 바다의 샘에 들어갔었느냐. 깊은 물 밑으로 걸어 다녀 보았느냐.'"[5]

예수의 기분이 어땠을지 우리는 알지 못한다. 사실 알 수도 없다. 하지만 예수께서 핏방울 같은 땀을 흘리셨다는 사실은 놀랄 만하다. 이 묘사는 혈한증이라는 보기 드문 증상을 가리키는 말은 아닐 텐데, 혈한증血汗症이란 환자가 극도의 정서적 스트레스를 겪을 때 출혈성 땀샘을 통해 피부에서 피가 배어나는 것을 말한다. 예수의 땀이 핏방울 같았다는 것은 이런 병증보다는 그분이 겪고 있는 일이 얼마나 강도 높은 체험인지를 나타내기 위해 땀을 피에 비교한 것일 뿐이다. 영광의 주께서 "자기를 죽음에서 능히 구원하실 이에게 심한 통곡과 눈물로 간구와 소원을 올렸고 그의 경건하심으로 말미암아 들으심을 얻었"다는 것에[히 5:7] 우리는 놀라 입을 다물 수 없다.

청교도 토머스 브룩스[1608-1680]는 이 장면을 다음과 같이 감동적으로 묘사했다.

오, 이는 얼마나 놀라운 광경인가! 그의 머리와 팔다리는 온통 피 같은 땀투성이였고, 이 땀이 뚝뚝 떨어져 그의 의복을 장식했으니, 그 옷은 마치 별이 점점이 박힌 새 하늘처럼 서서, 다가오는 폭풍우를 예고했다. 땀은 거기 머물지 않고 땅으로 흘러내렸도다. 오, 그런 피눈물로 물 댄 복된 동산이여! 오, 이 강물은 다메섹의 강들보다도, 아니 이스라엘의 모든 물보다 얼마나 더 나은가. 그렇다, 에덴 동산에 물 대는 그 모든 강물보다 나으리라!6

핏방울 같은 그 땀방울은 그분의 손과 발에 박힌 못 못지않게 우리 구원에 꼭 필요했다.

예수께서 그렇게 무릎을 꿇고 경건하게 기도하시며 거의 죽음에 가까운 상태가 되기까지 영혼을 쏟아 내셨을 때^{막 1:34} 천국은 놀라 할 말을 잊었을 게 분명하다. 하나님의 아들께서 그런 간구를 했을 때 천사들은 떨려서 입을 열지 못했을 것이다. 왕이 말하면 모두가 그 앞에 잠잠할 것이기 때문이다.^{합 2:20}

그리스도께서 드린 대제사장의 기도

요한복음 17장은 예수께서 이 땅에 계실 때 드린 기도의 특별한 발언뿐만 아니라 성삼위 하나님의 내밀한 삶이라는 진기한 광경을 얼핏 들여다볼 수 있게 해준다. 한때 이 땅에서 드렸던 이 기도는 천상에서도 계속되고 있고, 그곳에서 그리스도는 우리의 대제사장으로서 여전히 우리를 위해 중보하고 계시다. 그리스도의 영광, 그의 신부의 구원, 그리고 교회의 일치는 다 성부께서 그 아들의 요청에 응답하실 것인지의 여부에 달려 있다.

이제까지 전해진 설교 중 가장 훌륭한 설교(요 13-16장)에 뒤이어 이제까지 드려진 기도 중 신학적으로 가장 풍성한 기도가 등장했다(요 17장). 이 기도의 내용은 그 이후 그리스도인들에게 복의 근원이 되어 왔다. 마르틴 루터는 세상을 떠나기 전날 밤 이 기도를 읽어 달라고 세 번이나 요청했다고 한다. 존 녹스도 임종의 자리에서 아내에게 이 기도를 읽어 달라고 했는데, 그도 그럴 것이 이 본문이 바로 그가 그리스도께 대한 믿음의 '닻'을 처음 내린 곳이기 때문이었다.

그런데 여기 중요한 사실 하나가 있다. 그것은 예수께서 이 기도를 드리지 않았다면 세상에는 그리스도인이 하나도 없으리라는 것이다.$^{요\ 17:26}$ 이 기도의 내용은 우리가 숨 쉬는 공기보다 중요하다. 야고보의 말에 따르면, 우리가 얻지 못함은 구하지 않기 때문이다.$^{약\ 4:2}$ 예수께서는 구하셨고, 그래서 받으셨다. 믿음으로 예수께서는 대제사장으로서 드리는 기도를 통해 자기가 구하는 모든 것을 다 얻을 것이라 생각하셨다.

예수께서는 아버지가 자신에게 한 영원한 약속, 바로 성경에서 읽은 그 약속을 바탕으로 기도하셨다. 아들의 요청을, 언제나 아버지의 뜻에 따라 간청하는 그 아들의 요청을 하나님께서 어떻게 거절하실 수 있었겠는가?

의로운 사람

그리스도의 기도는 몇 가지 이유에서 효력이 있었다. 첫째, 그리스도께서는 하나님의 뜻을 아셨다. 그리스도보다 오래 전, 엘리야는 비가 오지 않기를 기도했다. 엘리야가 이런 요청을 한 것은 그것이 좋은 생각으로 보였기 때문이 아니다. 그보다 엘리야는 성경에 근거해서 이런 간구를 했다. 하나님께서는 가뭄을 포함해 여러 가지 저주로 백성들을 위협하셨다.^{신 28:22, 24} 야고보는 "의인의 기도"로 엘리야의 기도를 예로 들면서, 그런 간구는 "역사하는 힘이 큼"을 보여주었다.^{약 5:16} 엘리야가 우리에게 여전히 그런 모범으로 남아 있을진대, 예수께서 이 땅에 계실 때 드린 기도는 얼마나 더하겠는가!

요한복음 17장에서 예수께서는 아들인 자기에게 하신 약속을 이뤄 주시기를 하나님께 구했다. 예수는 건방지지 않았고(건방짐은 하나님 백성을 늘 따라다니는 특별히 가증한 성향이다), 다만 아버지께서 아들과 아들의 백성에게 하신 약속을 아버지에게 부지런히 '일깨워' 드렸다. 이 끈질긴 간구는 예수께서 대제사장의 기도를 드린 뒤에도 중단되지 않았으며, 모든 것이 다 이뤄질 때까지 천국에서도 계속된다.

그리스도는 이방인도 약속받으셨다.^{사 49:1-12} 그래서 그리스도께서는 이방인들을 위해서도 기도하셨다.^{요 17:20} 그리스도는 영광을 약속받으셨다.^{단 7:13-14} 그래서 영광을 요청하셨다.^{요 17:1-5} 우리는 그리스도께서 이 땅에 사시는 동안 요구하신 것은 모두 그분에게 합법적으로 약속된 것이었음을 의심할 만한 이유가 없다. 우리 구주처럼 우리도 하나님께서 약속하신 것보다 더 많은 것을 요구해서는 절대 안 된다. 사실, 약속 없는 믿음은 무례가 될 수 있다. 더 나아가, 하나님께서 약속하신 이상 뭔가를 하나님께 간구하지 못하는 일이 있어서도 안 된다. 그런 자세에서도 역시 건방짐의 기미가 풍긴다.

왓슨이 적절히 단언하는 것처럼, "기도는 천국의 열쇠이고, 믿음은 그 열쇠를 돌리는 손이다."⁷ 예수, 곧 하늘의 주님께서는 천국의

문을 여는 의로운 분으로서 믿음으로 기도하셨다. 그 결과, 천국의 모든 복이 그분 자신과 교회에 임했다. 그리스도가 기도를 하셨다는 사실과 그 기도의 필요성을 치워 없앤다면 우리의 구원에 관해서도 똑같은 짓을 하는 셈이다. 그리스도 자신을 위해서나 그분의 신부를 위해서나 우리는 그리스도의 기도 생활의 필요성을 소홀히 여길 수 없다.

잉글랜드의 유명한 찬송가 작사가 윌리엄 카우퍼[1731-1800]가 한번은 이런 가사를 썼다('우리는 얼마나 여러 가지 장애를 만나는가').

사탄은 두려워 떠네
연약하디 연약한 성도가 무릎 꿇은 것을 볼 때에.

그리스도가 이 땅에 계실 때 무릎 꿇으신 것을 보고 사탄이 어떻게 반응했을지 상상해 보라! 그리고 그리스도께서 천국에서 영광 중에 앉아 계신 지금, 그분의 기도는 우리의 기도라는 결과를 낳고 있으니, 그분은 성령을 우리 마음에 보내 주사 우리는 이로써 "아빠, 아버지" 롬 8:15를 부르짖는다.

13 } 그리스도의 무죄無罪하심

이러한 대제사장은 우리에게 합당하니 거룩하고 악이 없고 더러움이 없고 죄인에게서 떠나 계시고 하늘보다 높이 되신 이라. _히 7:26

서론

교회의 구원은 물론 전 우주의 질서도 예수의 무죄한 삶에 의존하는데, 예수의 무죄한 삶 자체는 몇 가지 요소를 조건으로 한다. 결국 이 논제는 상아탑 속 신학자들만을 위한 게 아니라 우리 모두와 관련되어 있으며, 우리 모두가 깊이 생각해 봐야 할 문제이기도 하다. 성경은 오직 한 인간만이 절대 죄를 짓지 않았다는 사실을 자주 그리고 강력하게 이야기한다. 이 사실만이 우리의 위로다. 우리에게 필요한 것은 죄 없는 분, 그 신인神人께서 우리를 대신해 주시는 것뿐이다.

우리는 죄 가운데 태어나기 때문에[시51:5] 숨쉬는 것처럼 자연스럽게 죄를 짓는다. 우리는 우리 자신에게, 타인에게, 그리고 궁극적으로는 하나님께 죄를 짓는다. 그 어떤 상황에서든, 그리고 그 모든 상황에서 범죄는 모두에게 해가 되는 나쁜 짓이다. 그리고 세상에 무고한 죄, 혹은 무해한 죄 같은 것은 없다. 죄 짓는 행위의 가증함은 그 어떤 말로도 충분히 설명할 수 없다. 하나님은 사랑과 긍휼이 충만하신 분으로서, 죄를 미워하신다. 그런데 그 가운데서 우리는 예수께서 "우리 죄를 없애려고 나타나신 것을" 아나니 "그에게는 죄가 없"으시다.^{요일 3:5} 그 진리가 우리의 소망이다. 그것이 우리의 고백이다. 그리고 그 진리가 우리의 거룩한 믿음의 정수精髓이자 본체다. 왜냐하면 우리는 모두 가증하고 더러운 죄인이고, 우리는 마치 물을 마시듯 죄를 꿀꺽 꿀꺽 들이키기 때문이다.^{욥 15:16}

여기서 우리는 현실적인 곤경에 처한다. 하지만 그 해법 또한 현실적이다. 사실 예수를 혹여 죄인으로 여기느니 차라리 우리 자신을 무죄하게 여겨야 할 것이다. 우리 자신을 무죄하게 여긴다는 말도 터무니없지만, 예수를 죄인으로 여긴다는 말은 더더욱 터무니없다. 자기를 무죄하게 여기는 것은 인간을 높이는 입장인 반면 예수를 죄인으로 여기는 것은 하나님을 낮추는 입장이다. 둘 다 가증하기는 마찬가지지만, 가증함의 정도가 똑같지는 않다.

그리스도의 무죄함

예수는 자기 자신을 일컬어 세상의 빛이라고 했는데,^{요 8:12} 성경이 죄를 어둠으로, 정결함을 빛으로 말한다는 것을 알면^{엡 5:8-14} 예수의 이 말에 담긴 함축적 의미를 이해할 수 있다. 자기의 무죄함을 깊이 자각하는 이만이 그런 말을 할 수 있다. 그래서 유대인들과 언쟁하실 때 예수께서는 이렇게 물으셨다. "너희 중에 누가 나를 죄로 책잡겠느냐."^{요 8:46} 레온 모리스는 이 질문이 "무죄함에 대한 어마어마한 단언"이었다고 한다. 그리고 그는 또 이렇게 덧붙인다. "역사에서 다른 어떤 인물이 그런 주장을 하는 것은 상상 불가다."[1] 신학자들은 그리스도가 죄를 지을 능력이 없었다는 것을 가리켜 그분의 '무죄성'impeccability이라고 하는데, 이 단어는 '페카레'peccare라는 라틴어 동사와 관련 있다. 이 땅에 계실 동안의 그리스도에 대해서만 '논 포세 페카레'non posse peccare 즉 '죄를 지을 수 없는 상태에 있다'고 말할 수 있을 것이다. 하지만 그런 주장을 할 수 있는 그분 덕분에, 영광 중에 온전하게 된 모든 구속받은 죄인들에게도 똑같은 사실이 적용될 것이다.

예수께서 자신의 무죄함을 인식하신 것은 자신이 누구인지 알았고 또 하나님을 아버지로 알았기 때문이다. "스스로 말하는 자는 자기 영광만 구하되 보내신 이의 영광을 구하는 자는 참되니 그 속에 불의가 없느니라."요 7:18

또한 그리스도께서는 구약성경, 예를 들어 이사야 선지자가 한 말을 읽으면서 자신은 죄를 지을 수 없는 상태에 있다는 것을 알게 되셨다. "그는 강포를 행하지 아니하였고 그의 입에 거짓이 없었으나."사 53:9

그리스도를 가장 잘 아는 이들도 마찬가지로 그분의 무죄함을 확신했다. 예를 들어, 베드로는 그리스도인의 구원과 거룩한 행위를 그리스도의 무죄라는 장엄한 현실과 연관 짓는다. "너희가 알거니와 너희 조상이 물려준 헛된 행실에서 대속함을 받은 것은 은이나 금 같이 없어질 것으로 된 것이 아니요 오직 흠 없고 점 없는 어린양 같은 그리스도의 보배로운 피로 된 것이니라."벧전 1:18-19 나중에 베드로는 "그리스도를 본받는 것"을 우리 자신이 당해야 할 고난의 한 양식으로 강조하지만,^벧전 2:21 그렇게 함으로써 베드로는 이사야 53:9과 위에 언급한 구절에서 계시된 대로 그리스도의 정결에 우리의 관심을 집중시킨다. "그는 죄를 범하지 아니하시고 그 입에 거짓도 없으시며."^벧전 2:22

요한도 예수를 개인적으로 알았던 사람으로, 세상에 죄 없는 사람이 있을 수 있다는 환상 같은 것은 품지 않았지만,^요일 1:8 그런 요한도 그리스도가 무죄하기에 "신실하고 의로운" 분으로서 우리의 죄를 사하시고 깨끗하게 해주실 수 있다고 말한다.^요일 1:7, 9 편지 후반부에 가서 요한은 이 상관관계를 훨씬 명쾌하게 개진한다. "그가 우리 죄를 없애려고 나타나신 것을 너희가 아나니 그에게는 죄가 없느니라."^요일 3:5 나를 가장 잘 아는 사람은 내 결함도 가장 잘 안다. 요한("그가 사랑하시는 자", 요 13:23)은 예수를 친밀하게 아는 사람으로서, 그분이 전적으로 무흠한 분인 것을 눈으로 직접 보아서 알 수 있는 특권을 누렸다.

히브리서 기자 또한 그리스도의 무죄성에 관해 설득력 있는 증언을 한다. 완전한 대제사장은 "거룩하고 악이 없고 더러움이 없고 죄인에게서 떠나 계시고 하늘보다 높이 되신 이"시다.^히 7:26 이는 진실의 일부일 뿐이다. 왜냐하면 그분은 죄가 없을 뿐만 아니라 절대적으로 그리고 완벽하게 거룩하시기 때문이다.

그리스도의 거룩하심

천사가 마리아에게 이르기를, 기적적 잉태로 그녀에게서 태어날 아기는 "거룩한 이…… 하나님의 아들이라 일컬어지리라"고 했다.^눅 1:35

그분이 거룩하신 것은, 우리 자신 안에 없는 것을 우리가 예수 안에서 그리고 예수에게서 얻어야 하고, 그러지 않을 경우 거룩한 하나님께서 우리를 받아들이실 수 없기 때문이다.

스펄전은 이에 대해 이렇게 말한다.

> 성경의 영감이라는 위대한 진리를 내팽개치고 심지어 천국과 지옥까지 하찮게 여기려는 사람일지라도 주 예수 그리스도의 성품만큼은 놀란 눈으로 응시했다. 이 성품은 인간 중에서는 유례가 없다. 이 성품은 절대적으로 완전하다! 세상 모든 고봉을 능가하는 고산高山의 제왕 알프스 위로 눈 덮인 봉우리 하나가 솟아오르듯, 그리스도의 삶도 그저 이 땅에 속했을 뿐인 모든 박애주의자와 모든 교사의 삶과 가장 고상한 정결함 위로 솟아오른다. 세상에 그와 같은 분은 없다. 그리스도에게는 아무런 결점이 없으니 그분을 능가할 자가 없다! 그는 하나님이 자기 마음으로 기뻐하시는 분이다! 그는 위에 있는 모든 성도들의 즐거움이다! 그는 그대의 기쁨이요 나의 기쁨이니, 우리에게 사랑받는 분이요 어느 한 군데 사랑스럽지 않은 곳이 없는 분이라.[2]

성경에는 우리가 보기에 애매한 부분, 이해하기 어려운 부분이 있을 수 있다.[벧후 3:16] 하지만 그리스도가 무죄하다는 진리는 그 어떤 논란거리도 아니다. 복음은 이 진리에 의존하고 있다. 이는 그분의 무죄함이 우리의 대속자로서 십자가에서 죽으신 죽음과 왜 필연적으로 연관되는지 그 이유를 설명해 준다.

율법이 하나님의 거룩한 요구의 사본을 전해 주는 것처럼, 그리스도께서는 하나님의 거룩하심의 생생한 형상을 우리에게 보여준다. 그리스도는 이 땅에 사시는 동안 그 율법의 살아 있는 사본이었다. 하나님의 거룩함은 우리도 거룩해질 수 있도록 동기를 제공한다.[벧전 1:16] 하지만 이보다 더 중요한 것은, 그리스도에게서 드러난 하나님의 거룩함은 우리가 본받아야 할 이 모범의 기초를 마련해 준다는 점이다. 하나님께서 거룩함이라는 자신의 속성을(그리고 사실상 다른 여느 속성도) 중보자를 통해 우리에게 설명해 주시지 않았다면 그 속성은 죄인인 우리가 감당하고 헤아리기에는 너무 엄청났을 것이다. 하나님의 영광은 우리가 바라보기에는 여전히 너무도 눈부시다. 따라서 우리가 본받아야 할 궁극적 모범은 하나님이 아니라 그리스도 안에 계신 하나님이다. 따라서 이사야서 6장에서 이사야가 그리스도를 본 것은 신기한 일이 아니다.[요 12:41 참고] 하나님께서는 그리스도 안에서, 그리고 그리스도를 통해 자신의 거룩함을 계시할 필요가 있었지만, 거룩함을 다루는 책들에서는 이 사실이 대개 간과된다.

시편 45편에서 왕에게 하는 말을 생각해 보라. 이 말은 예수에게서 뚜렷하게 성취되었다.

> 왕은 사람들보다 아름다워
> 은혜를 입술에 머금으니
> 그러므로 하나님이 왕에게 영원히 복을 주시도다.
> 용사여, 칼을 허리에 차고
> 왕의 영화와 위엄을 입으소서.
> 왕은 진리와 온유와 공의를 위하여

왕의 위엄을 세우시고 병거에 오르소서.

왕의 오른손이 왕에게 놀라운 일을 가르치리이다.

왕의 화살은 날카로워

왕의 원수의 염통을 뚫으니

만민이 왕의 앞에 엎드러지는도다.

하나님이여, 주의 보좌는 영원하며

주의 나라의 규는 공평한 규이니이다.

왕은 정의를 사랑하고 악을 미워하시니

그러므로 하나님 곧 왕의 하나님이 즐거움의 기름을 왕에게 부어

왕의 동료보다 뛰어나게 하셨나이다.

왕의 모든 옷은 몰약과 침향과 육계의 향기가 있으며. _시 45:2-8

이 시는 왕의 권세와 아름다움에 매혹된 사람이 하는 말이다. 무죄한 왕, 거룩한 왕, 정복하시는 왕을 보면 우리는 그 엄위로운 거룩함 가운데 계신 그분을 바라는 것밖에 다른 도리가 없다. 하나님의 무한한 거룩하심에 가장 근접한 사본을 우리가 가질 수 있다면, 그것은 바로 인간이신 그리스도 예수라는 사본이다. 피조물이 아무리 거룩하다 해도 흠과 주름이 있으면 그 거룩함에는 반드시 뭔가 결핍된 게 있다. 흠과 주름이 없는 유일한 분이신 그리스도는 자기 교회를 자기와 같이 만드신다. "남편들아, 아내 사랑하기를 그리스도께서 교회를 사랑하시고 그 교회를 위하여 자신을 주심 같이 하라. 이는 곧 물로 씻어 말씀으로 깨끗하게 하사 거룩하게 하시고 자기 앞에 영광스러운 교회로 세우사 티나 주름 잡힌 것이나 이런 것들이 없이 거룩하고 흠이

없게 하려 하심이라."⁽ᵉᵖ 5:25-27⁾ 그리스도의 무죄한 제사는 우리도 무죄하게 될 수 있다는 소망을 준다. 그분은 우리가 그분과 같이 될 수 있도록 하려고 우리처럼 되셨다.

우리의 생명은 그분의 죽음을 의미했다. 그분의 죽음은 우리의 생명을 뜻했다.

그리스도의 무죄한 제사

히브리서 기자는 9:14에서 예수께서 자기 자신을 "흠 없는" 제물로 바쳐서 우리가 정결케 된 양심으로 살아 계신 하나님을 섬길 수 있게 했다고 말한다. 하지만 그리스도의 무죄 교리의 실질적 용도는 무엇인가? 성경 기자들의 말에 따르면, 모든 면에서 큰 쓰임새가 있다고 한다. 예수께서 완전히 거룩한 인간으로서 자기 자신을 제물로 바쳤다는 것은 이 본문을 비롯해 다른 유사한 성경 구절을 그냥 읽어 보기만 해도 부인할 수 없는 사실이지만, 히브리서의 이 구절은 그리스도의 죽음에 관해 또 다른 진실을 암시하는 듯하다. 그것은 바로 그 죽음의 율법적 성질이다.

자신의 제사가 합법적 제사이기 위해 예수는 흠이나 얼룩이 없어야 했다. 모세의 율법에 따르면, 제물(예를 들어, 어린양)에는 흠이 있을 수 없었다.⁽출 12:5⁾ 예수에게는 없어야 할 점이 있거나 있어야 할 점이 없어서 하나님께서 그분의 제사를 받을 수 없도록 만들지 않았다. 그래서 세상에 오실 때 예수께서는 이렇게 말씀하셨다. "하나님이 제사와 예물을 원하지 아니하시고 오직 나를 위하여 한 몸을 예비하셨도다."⁽히 10:5⁾ 이 몸을 입고 예수께서는 하나님의 뜻을 행하러 오셨으며,

우리가 성결해질 수 있도록 그리스도께서 그 몸을 제물로 바치는 것도 하나님의 뜻이었다.^{히 10:7-10} 우리는 주 예수의 거룩한 제사가 없이는 하나님을 섬기거나 하나님을 예배하거나 하나님을 기쁘시게 하거나 하나님을 즐거워할 수 없다.

오웬의 말에 따르면, 그리스도께서는 죄인들을 위해 자기를 드림으로써 "열심, 사랑, 순종, 인내 그리고 성령의 다른 모든 은사들 면에서 은혜롭고 거룩한 인성^{人性}을 발휘하시되…… 그 행위의 영광과 효력이 최고조에 달하기까지" 그렇게 하셨다. 그리스도가 자기 몸으로 드린 제사의 영광은 우리 죄의 수치를 능가한다. 오웬은 또 이렇게 덧붙인다.

> 이는 하나님 보시기에, 그리고 모든 거룩한 천사들이 보기에 가장 영광스러운 광경이었다. 이로써 그분은 율법의 머리에 영광의 관을 씌워 율법의 교훈을 내용에서나 방식 면에서 최대한 성취하였고, 율법의 형벌 혹은 저주를 감당하시고 하나님의 진리와 의를 율법에 확립하셨다. 이로써 그분은 하나님의 거룩과 공의를 영화롭게 하시되 그 거룩과 공의의 속성을 보여주시고 그 요구에 순종하셨다……. 〔이리하여〕 하나님은 아주 기뻐하셨고, 만족하셨고, 죄인들과 화해하셨다.[3]

예수의 흠 없는 제사는 우리가 영광 중에 계신 그분을 볼 뿐만 아니라 사랑으로 그분을 예배하는 한 광경으로 남아 있다. 그리스도의 죽음의 달콤한 향기^{엡 5:2}는 사방에 있는 모든 백성들의 죄로 그리스도가 치욕을 당하셨을 때에 비해 하나님을 훨씬 더 기쁘시게 하고 영화롭게 했다. 그 향기가 우리에게 주는 기쁨과 확신은 우리 죄가 우리에게 주는 불쾌감과 괴로움보다 훨씬 더 크다.

그리스도를 죄로 삼으심

죄 없으신 분 예수는 제물로 바쳐진 분 예수이기도 했다. 하지만 우리는 그리스도의 무죄하심의 또 다른 국면을 우선 살펴볼 필요가 있다. 즉, 세상 죄를 지고 가는 하나님의 어린양은요 1:29 나무에서 저주를 받기도 하셨다는 점을 말이다.갈 3:13 바울은 그 찬란한 본문인 고린도후서 5:21에서 이 두 가지 사항 모두를 확언한다. "하나님이 죄를 알지도 못하신 이를 우리를 대신하여 죄로 삼으신 것은 우리로 하여금 그 안에서 하나님의 의가 되게 하려 하심이라."

십자가에서 예수 그리스도는 전가轉嫁에 의해 '일찍이 없었던 가장 큰 죄인'이 되셨다. 전가는 하나님께서 십자가에서 우리 죄를 그리스도께 돌리신 행위였다. 전가라는 이 '빛나는 교환' 행위에서 하나님은 완전한 진짜 의義를 자기 자녀에게 효력 있게 부여하시고 증여하신다. 하나님께서는 그리스도의 의를 우리에게 돌리신다. 혹은 우리의 의로 간주하신다. 그래서 우리가 믿음을 통해 그리스도를 영접할 때 그리스도의 완전한 의가 우리에게 전가될 수 있도록, 우리 죄는 십자가에서 그리스도께 전가되었다.

이 사실은 세상 어떤 사람도 예수만큼 죽음을 두려워한 적이 없다는 루터의 주장이 무슨 뜻인지 설명해 준다. 이는 예수께서 죄악된 두려움을 경험하셨다거나 혹은 그분에게 담대함이 부족했다는 뜻이 아니다. 예수는 이 땅에 살았던 사람들 중 가장 담대한 분이셨다. 루

터의 말은 예수께서 자신의 죽음을 저주를 담당하는 죽음으로 이해
하셨다는 뜻이다. 스코틀랜드의 설교자이자 신학자였던 제임스 데니
1856-1917는 이렇게 말했다.

> 이런 치명적 두려움과 버림 받음을 경험한 것은, 자신의 죽음으로, 그리
> 고 그 죽음을 아버지께서 마시라고 주신 잔으로 받아들이는 통로가 되
> 었던 겟세마네에서의 고뇌를 통해 예수께서 세상의 죄라는 짐을 짊어
> 지고 있었고 범죄자 중 하나로 헤아림 받기로 동의하시고 실제로 그렇
> 게 되셨다는 사실과 짝을 이룬다.4

바로 이 지점에서 복음의 신비와 하나님의 지혜가 인간의 생각 앞에
서 진가를 보인다. 누구나 다 죽음을 당해 마땅하지만, 그렇지 않은
유일한 분께서 결국 우리가 상상할 수 있는 다른 어떤 죽음보다 영
적으로 훨씬 더 잔혹한 죽음을 죽으셨다. 하나님께서 죄 없으신 분을
"죄로" 삼으셨다. 이보다 더 충격적이고도 장엄한 일은 없다. 우리에
게 이보다 더 경외감과 기쁨을 안겨 주는 일은 없다. 이 위대한 현실
때문에 이 땅에서 우리 생각은 계속 분주히 움직이게 된다. 하나님의
거룩하신 분이 거룩하지 않다 선포되었고, 그래서 거룩하지 않은 죄
인들이 거룩하신 하나님 앞에 흠 없이 설 수 있게 되었다.

하나님께서 십자가에서 우리 죄를 예수께 전가시키셨지만, 우리
가 받아야 할 저주를 대신 지신 그분의 희생은 그분을 궁극적으로 패
배시키지 못했다. 이 사실은 예수께서 죽음에서 부활하신 것으로 입
증된다. 죄의 삯인 죽음롬 6:23은 예수를 붙잡을 수 없었다. 예수는 죄를

지은 적이 없었기 때문이다. 그래서 죽음을 물리친 것은 죄와 마귀를 이긴 승리였다. 그리고 예수의 승리는 곧 우리의 승리다. 죄 없고 의로운 이는 무덤에 포로로 잡혀 있을 수 없기 때문이다. 어느 날, 우리도 그분처럼 부활하여 생명을 얻으면 다음과 같이 기록된 말씀이 이뤄질 것이다.

> 사망을 삼키고 이기리라……. 사망아, 너의 승리가 어디 있느냐. 사망아, 네가 쏘는 것이 어디 있느냐. 사망이 쏘는 것은 죄요 죄의 권능은 율법이라. 우리 주 예수 그리스도로 말미암아 우리에게 승리를 주시는 하나님께 감사하노니. _고전 15:54-57

14 } 그리스도께서 받으신 시험

그가 시험을 받아 고난을 당하셨은즉 시험 받는 자들을 능히 도우실 수 있느니라. _ 히 2:18

서론

그리스도의 무죄함은 이 땅에서 사역하시는 동안 겪은 시험(temptation은 이 단어가 등장하는 맥락에 따라 '시험' 또는 '유혹'으로 옮겼다—옮긴이)에 비추어 볼 때 훨씬 더 면밀히 검증된다. 그리스도인은 예수가 완벽히 무죄하셨다는 사실을 논박하지 않는다. 증거가 너무 압도적이기 때문에 이 사실을 인정할 수밖에 없다. 하지만 예수께서는 **죄를 지을 수가 없었다**는 점에 대해서는 논쟁할 수 있지 않을까? 예수가 죄를 지을 수 없었다면, 이는 일부 사람들의 주장처럼 예수께서 시험 받으신 일의 사실성을 무효화하는 것일까? 신학자들은 보통 그리스도는 죄를 범할 수 있다^{peccable} 혹은 죄를 범할 수 없다^{impeccable}의 관점에서 이야기를 했다. 'impeccable'이라는 영어 단어의 정의를 보면, 보통 두 가지 의미가 담겨 있다. 죄를 범하거나 잘못을 저지를 수 없다는 뜻이든지 혹은 흠이나 결함이 전혀 없다는 뜻이다.

그리스도께서 시험 받으신 일의 사실성을 알고자 할 때는 첫 번째 의미가 적실하다. 이는 신학자들이 그리스도의 'impeccability'를 '죄를 지을 수 없다'는 의미의 '논 포세 페카레'^{non posse peccare} 라는 라틴어 표현과 관련해 논한다는 점으로 뒷받침된다. 어떤 이들은 그리스도께서 죄를 지을 수 없었다고 하면 그분께서 시험 받으신 일이 속임수가 된다는 것을 근거로 그 개념은 잘못된 개념이라고 주장한다. 이들의 주장인즉 그리스도에게 죄 지을 능력이 없었다고 하면 광야에서 마귀를 이기신 그 승리가 힘과 호소력을 잃는다고 한다.

성경은 그리스도께서 시험 받으신 일의 사실성을 부인하지 않는다. 하지만, 그러면서도 성경은 죄를 짓는 것은 신인神人에게는 불가능하다고 말할 수밖에 없게 만든다. 예수는 죄를 지으실 수가 없었다. 예수는 죄를 지을 수 없는(논 포세 페카레) 상태에 있었고, 앞으로도 늘 그러하실 것이다.

하지만, 우리가 너무 소극적으로, 즉 그리스도는 죄를 지을 수 없는 분이었다고 처음부터 너무 소극적 관점에서 이야기를 시작한 게 아니기를 바란다. 이 진리, 이제부터 우리가 단언하고 옹호하게 될 이 진리는 가능한 한 가장 강력한 표현으로 확언되어야 한다. 예수께서 죄를 지으실 수 있었음을 부인하는 것은 마치 그분에게 한계가 있었다는 말로 들리지만, 그런 한편 이 사실은 전혀 다른 그림 하나를 그려 낸다. 이 교리는, 최종분석 단계에서는 적극적 어휘로 진술될 것이 분명하다. 그리스도는 시험을 이겨 낼 능력이 있었기에 크나큰 힘을 발휘하셨다. 진실로 그분은 죄를 짓지 않으셨고, 죄를 지을 수도 없었다. 이를 긍정적인 표현으로 바꾸자면, 그리스도는 자기 앞에 닥친 시험을 정복하셨다.

한 위격, 두 본성

예수가 죄를 지을 수 있었는지의 여부는 예수의 위격의 단일성을 일단 생각해 보는 데서 답을 찾을 수 있다. 예수의 인성은 따로 분리된 실존이나 인격을 지닌 적이 없다. 예수의 인성은 오로지 하나님의 말씀(로고스)과 연합함으로만 실존했다. 인성이 '홀로' 있었던 적이 없으므로, 예수가 죄를 지을 수 있었다는 개념은 제대로 된 논리적 결론을 도출해 낼 가능성이 없는, 애초부터 잘못된 개념이다. 왜인가?

장로교 신학자 W. G. T. 셰드[1820-1894]는 그리스도가 죄를 지을 수 없는 분이셨다는 주장을 가장 정교하게 옹호한 것으로 손꼽히는 한 글에서 이렇게 주장했다. "로고스가 인성과 연합하고, 그럼으로써 인성을 지닌 단일 위격을 구성할 때, 그는 이 위격이 이 본성의 도움으로 행하는 모든 일에 책임을 지게 된다……. 예수 그리스도가 만약 죄를 짓는다면 성육신하신 하나님이 죄를 짓는 셈이다."[1]

이렇게 생각하면, 예수께서 죄를 지으실 수 있었다는 개념은 지극히 흉포한, 실로 신성모독적인 개념이다. 성삼위 하나님은 예수께서 하시는 모든 일에 연관되어 있다. 하나님은 예수에 의해 의롭다 여겨지시고, 예수에 의해 영화롭게 되시며, 예수에 의해 가시적인 분이 된다. 예수가 죄를 지을 수 있었다면 하나님은 하나님이 아닐 것이다.

두 가지 의지

예수는 두 본성을 지니셨기에 두 가지 의지, 곧 신의 의지와 인간의 의지를 지닌다. 예수가 죄를 지을 수 있었다고 주장한다면, 그리스도가 지닌 인간의 의지와 신의 의지, 이 둘의 관계와 관련해 한 가지 문제가 생긴다. 제6차 세계 공의회에서는 신앙을 정의하면서 이렇게 말한다. "그리고 이 두 본성의 의지는 불경한 이단들이 주장하는 것처럼 서로 모순되지 않고(하나님이 금하신다!), 인간으로서의 그분의 의지는 저항하면서 마지못해서라기보다 복종하면서 신으로서의 전능한 의지를 따른다."[2] 그리스도 안에서 인간으로서의 의지는 신으로서의 의지와 상충될 수 없고, 신으로서의 의지에 순종할 뿐이다.

아담이 그러했듯, 인간은 거룩하게 그리고 시험에 저항할 수 있는 존재로 창조되었을 것이다. 범죄한 천사는 적극적으로 시험에 저항했을 수 있다. 하지만 실제 상황이 증명하다시피, 죄의 가능성은 있었다. 결과적으로 그들은 죄를 지을 수 없는 존재들이 아니었다. 그러나 셰드가 말하는 것처럼 예수는 "시험에 저항할" 수 있었다는 점에서만 아니라 "실제로 저항했을 게 틀림없다"는 점에서 이들과 다르다. "예수의 의지가 지닌 거룩한 에너지는 시험을 정복할 수 있을 만큼 강할 뿐만 아니라 정복당할 수 없을 만큼 강하기도 하다."[3]

광야

누가는 예수께서 "성령의 충만함을 입어 요단강에서 돌아오사 광야에서 사십 일 동안 성령에게 이끌리시며 마귀에게 시험을" 받으신 정황에 대해 이야기한다.눅 4:1-2 아담은 동산에서 시험 받았는데 예수는 훨씬 더 힘든 환경에서 시험 받으셨다. 바로 광야에서였다. 누가는 그리스도의 족보를 제시하면서 그리스도를 아담과 연결시키고 있고 게다가 그 족보를 그리스도께서 시험 받으신 이야기 바로 앞에 배치하고 있는데,눅 3:23, 38 이것으로 볼 때 누가는 아마 아담이 동산에서 겪은 실패를 염두에 두고 있었던 것 같다. 그러나 아담이 유혹 받은 사건과 달리 예수의 경우에는 고난과 수욕이라는 요소가 있었다. 성령의 이끌림을 받았을 때(내몰렸을 때) 예수는 자기 뜻에 반하여 강제로 간 것이 아니라 자유롭게 가셨다. 시험의 시련을 면제받을 수 있는 사람이 있다면 예수가 바로 그런 사람이었을 게 분명하다. 하지만 예수는 거침없이, 담대하게, 흔들림 없이 갔다. 우리라면 그 누구도 갈 수 없었을 곳으로. 흑암의 권세자에게 40일 동안 맹공격 당하는 곳으로.

광야 시험에 대해서 우리는 예수께서 에둘러 말하기보다는 실제로 사탄을 대면하셨다고 말할 수 있을 것이다. 마귀의 입장에서는 그리스도가 성령께 의지하는 것을 막고 싶었고, 그리하여 낮아지신 상태에서 섬김의 태도를 유지하지 못하게 만들고 싶었을 것이다. 예수는 메시아로서의 자기 영광이, 즉 하나님의 아들로서의 예수가 드러나기를 바랐는데, 그 소원은 오로지 고난을 통해서만 이뤄질 수 있었다. 돌을 떡으로 만드는 것은 고난의 길이 아니라 영광의 길이었다. 하나님을 의지하는 것눅 4:4, 8, 12은 믿음의 행위였다. 믿음으로써가 아니라 보이는 것으로써 사는 삶(영광)은 아직 오지 않았다. 그런데 사탄은 그리스도가 하나님을 의지하고 신뢰하는 것을 포기하기를 바랐다. 아담을 유혹해 그렇게 만들었던 것처럼 말이다. 우리가 시험을 만날 때 마귀는 우리에게도 그렇게 하기를 바란다.

'첫 번째' 시험: 신명기 8:3

첫 번째 시험에서 마귀는 말했다. "네가 만일 하나님의 아들이어든 이 돌들에게 명하여 떡이 되게 하라."[눅 4:3] 기억하라, 예수는 방금 세례를 받으셨고, 그 현장에서 성부께서 자기 아들이 메시아라는 사실과 또 자신이 "기뻐하는"[눅 3:22] 그 아들에 대한 사랑을 공개적으로 선언하셨다는 사실을. 하나님의 메시아로서 자기 정체를 확신하고 보여 주기 위해서 예수는 마귀의 명령 앞에서 기적을 행하는 게 아니라 하나님께서 선언하신 그 말씀을 믿을 필요가 있었다.

예수는 신명기 8:3으로 이 시험에 답변하셨다. "기록된 바 사람이 떡으로만 살 것이 아니라 하였느니라."[눅 4:4] 신명기를 보면, 이스라엘 백성은 자연 현상과 별개로 하나님께서 자기들의 필요를 채워 주셨다는 사실을 일깨움 받았다. 예수의 답변은 영적 음식(하나님의 말씀) 대 통상적 음식의 대조를 염두에 둔 답변이 아니다. 그보다 그리스도께서는 성령의 이끌림을 받아 광야로 들어가 굶주리셨고 낮아지셨다.[신 8:3 참고] 그리스도는 이제 결정해야 할 터였다. 믿음으로 살 것인가, 보이는 것으로 살 것인가? 전능하신 하나님의 손으로 살 것인가, 아니면 자기 자신의 자원에 의지할 것인가?

여기서 예수께서는 믿음으로 사는 삶의 정황에서 고난을 통해 순종을 배우는[히 5:8] 과정을 인내로 지속하신다. 이 고난은 수치과 배고픔을 겪게 될 것이라는 전망일 뿐만 아니라 굶주려 죽을 수도 있다는 궁극적 위험이기도 했다. 그러므로 천사들이 예수를 수종 들러 온 것도 무리가 아니다.[막 1:13]

'두 번째' 시험: 신명기 6:13

예수가 직면한 두 번째 시험에서 마귀는 자기에게 경배하기만 하면 세상 모든 나라를 다스릴 수 있는 권한과 영광을 주겠다고 약속했다.[눅 4:5-7] 우리 구주께서는 신명기 6:13을 인용하여 지혜롭게 대꾸하셨다. "기록된 바 주 너의 하나님께 경배하고 다만 그를 섬기라 하였느니라."[눅 4:8]

이 시험은 다른 두 시험처럼 교묘히 위장된 시험이 아니었다. 사탄은 마귀에게 경배하라고 드러내 놓고 예수를 꼬드겼다. 이 시험에서는 다음과 같은 도전이 분명히 모습을 드러냈다. 예수는 십자가에서 죽기까지 고난의 길을 따름으로써 하나님의 메시아로 존재할 것인가, 아니면 십자가에서 죽을 필요 없이 그냥 사탄에게 절함으로써 사탄의 메시아로 존재할 것인가? 어느 길이 더 쉬운 길인지는 말하지 않아도 알 수 있다.

그리스도인이 영광을 향해 가는 길은 반드시 고난의 길이다. 이는 괴로운 길이요, 좁은 문으로서, 생명으로 이어진다.[마 7:13-14] 영광으로 가는 쉬운 길이 있다는 것은 마귀의 거짓말이다. 이 거짓말이 예수께 제안되었고, 예수의 제자들에게 계속 제시되고 있다. 그러나 주님께 드리는 우리의 예배와 우리의 섬김은 주님의 조건에 따라야지 우리의 조건에 따라서는 안 된다. 예수도 그런 식으로 예배하고 섬겼으며 우리도 마땅히 그런 식으로 예배하고 섬겨야 한다.

'세 번째' 시험: 신명기 6:16

구약성경 신명기 6:16, 9:22, 33:8 그리고 출애굽기 17장의 맥락을 보면, 하나님을 시험하는 데에는 "하나님을 증명"하려는 시도도 포함되어 있음을 알 수 있다. 이스라엘을 에워싸고 있는 죄는 바로 사악한 불신앙이었다(예를 들어, 시 95편, 히 3-4장을 보라). 맛사('시험하는' 곳)에서 이들은 하나님께서 결국 자신들을 약속의 땅으로 데려다 주시리라는 것을 믿지 않았다. 이들은 안하무인으로 물었다. "여호와께서 우리 중에 계신가 안 계신가."^{출 17:7}

예수를 성전 꼭대기로 이끌고 간 마귀는 하나님께서 천사들을 보내 보호해 주실 것을 기대하고 뛰어내리라고 예수를 시험했다.^{눅 4:9-11} 하지만 그리스도의 대답은 "주 너의 하나님을 시험하지 말라 하였느니라"였다.^{눅 4:12} 이는 만약 마귀의 말대로 뛰어내린다면 그것은 이스라엘 백성들과 똑같은 죄를 짓는 것이 되리라는 사실을 강조한다. 예수께서는 하나님을 시험하거나 하나님을 증명하기를 거부했다.

하나님의 아들조차도 하나님을 두고 실험하지 않는다. 가정적으로 말해, 예수께서 정말 뛰어내리셨을 경우 하나님께서 과연 천사들에게 명령해 예수를 보호하라고 하셨을지 심히 의심스럽다. 물론 시험의 결과는 확연히 드러났지만, 중요한 사실은 여전히 남는다. 어떤 상황에서도 하나님은 시험 받으실 수 없다.

무신론자들이 하나님의 존재에 대해 그리스도인들과 논쟁을 벌일 때 이따금 이렇게 묻는다. "하나님이 정말 존재한다면 왜 지금 당장 나타나서 이 논쟁을 끝장내지 않는가?" 이런 반응으로 이들은 자신들이 정죄 받은 자들이라는 사실만 강화할 뿐이다. 죄인의 입에서 나오는 그런 최후통첩 따위에 반응하신다면 하나님은 하나님이 아닐 것이다.

광야의 그리스도 이야기는, 백성들이 눈에 보이는 것으로나 혹은 자기를 의지하는 태도로가 아니라 믿음으로 하나님을 알고 신뢰하기를 원하시는 하나님의 바람을 명확하게 입증한다. 우리는 날마다 이런 시험을 만난다. 우리는 만사에 주님을 신뢰하면서 주님께 우리 자신을 맡기는가? 아니면 눈으로 볼 수 있는 것에 우리 자신을 맡기고, 그리하여 하나님 아닌 우리 자신과 다른 이들이 우리를 돌봐 줄 것이라 믿는가? 예수께서 이런 시험을 만난 것은 그분도 우리처럼 모든 면에서 시험을 당해야 하되 죄는 없으셨기 때문이다.히 4:15

시험의 사실성

그리스도께서 시험 받으신 것은 사실이었다. 성경은 그리스도께서 어느 누구도 겪어 본 적 없는 그런 시련과 시험을 당하셨다는 것 말고 다른 어떤 그림도 우리 앞에 그려 보이지 않는다. 복음서 기사가 우리에게 알려 주다시피, 마귀와 대면하기에 앞서 그에 대한 준비로 성령이 예수를 충만히 채우셨고, 싸움에서 이기고 기진맥진해 있을 때 천사들이 와서 예수를 수종 들었다.

그렇지만, 예수는 죄를 지을 수 없는 분이므로 죄를 못 지었다면, 그분께서 시험 받으신 일의 사실성을 우리는 어떻게 이해해야 하는가? 여기에는 큰 신비가 담겨 있지만, 신학자들은 예수께서 이 땅에서 받은 이 시험의 진정성 문제와 최선을 다해 씨름했다.

우리가 받는 시험은 불신앙과 죄악된 정욕 같은 죄를 낳는 그런 욕망에 꾀임을 받음에 따라 대개 우리 안에서 생겨난다.약 1:14-15 예수는 이런 유형의 시험에서는 자유로웠다. 예수에게는 악으로 향하는 성향이 없었다. 예를 들어, 무죄한 분이요 측량할 수 없을 만큼 성령 충만한 분으로서 예수는 여인을 향해 마음에 정욕이 생기는 경험 같은 것은 하지 않으셨다. 하지만, 그렇다고 해서 어떤 특정한 여인을 보고 매력적이라 여긴 적이 한 번도 없었다는 뜻은 아니다. 한 남자로서 예수도 아름다운 여인을 보면 자연스레 끌림을 느끼셨을 것이다. 그럼에도 이 '끌림'은 언제나 철저히 제어되었다. 이 '끌림'이 정욕이나 탐심의 영역으로까지 간 적은 단 한 번도 없었다.

예수께서 느끼셨을 여러 가지 시험에는 어떤 호소력이 있었을 수도 있지만, 예수는 이것을 물리치려고 격렬히 싸우셨다. 자기 자신을 의지하는 것, 혹은 정욕적 생각이나 행동에 한순간 굴복하는 것에는 언제나 호소력이 있지만, 예수는 그렇게 할 수도 없었고 그렇게 하지도 않았다. 예수는 늘 아버지께 자기 자신을 맡기셨다. 예수는 어떤 상황에 처하든 늘 완벽하게 대처하셨다.

하지만 그리스도에게는 자기 인성 내부에서 발생된 죄악된 충동이 전혀 없었다. 예수에게는 연약함이 있었고, 예컨대 때가 되면 배가 고플 수밖에 없는 자연스러운 인간적 약점이 있었다. 그래서 마귀는 예수가 하나님을 의지하지 않고 떡에만 의지하기를 바라면서 바로 그 영역에서 그분을 시험했다. 배가 고플 때 음식을 먹고 싶은 욕구는 죄가 아니지만, 하나님께서 공급해 주실 것을 믿지 않은 채 먹고자 하는 그런 갈망은 죄다. 죄 없는 분으로서 예수는 우리의 상상 이상으로 유혹의 위력을 체감하셨다. 죄가 없는 상태는 유혹을 줄여 주는 게 아니라 오히려 유혹을 고조시킨다. 그래서 레온 모리스는 이렇게 말했다.

특정한 시험에 굴복하는 자는 그 시험이 지닌 힘을 완전히 체감하지 못한다. 이 사람은 굴복한 반면 시험은 아직 유보된 뭔가를 지니고 있다. 시험에 굴복하지 않은 사람, 그 특정한 시험에 관한 한 죄가 없는 사람만이 그 시험의 위력이 어느 정도인지 안다.[4]

예수께서는 끝까지 무죄하게 견디셨고, 그 덕분에 시험이 지니는 위력을 완전히 체감하셨다. 시험에 저항한다 해도 잠시일 뿐인 우리로서는 도저히 알 수 없는 방식으로 말이다. 예수께서 받으신 시험의 사실성은, 예수가 한번도 그 시험에 굴복한 적이 없기 때문에 더 강화되었다.

존 머리는 그 특유의 명료함으로 이 문제를 설명한다.

죄를 지을 수 없는 그분의 거룩함이 시험의 고통에 격렬함을 더했다. 어떤 사람이 거룩하면 거룩할수록 상대의 유혹과 만났을 때 그만큼 더 견디기 어렵다……. 우리 주님의 경우가 바로 그러했는데, 주님이 완전하셨기에 그 고통은 견줄 데가 없을 만큼 강했다.[5]

그리스도께서 이 땅에 사시는 동안 얼마나 힘든 시험을 얼마나 많이 겪으셨는지 우리는 이생에서는 절대 알 수 없을 것이다. 가족, 친구, 제자들, 친족, 그리고 마귀가 그리스도를 공격했다. 사람들의 불신앙에 직면했을 때 그리스도는 무감하거나 무관심하고픈 유혹을 받으셨을지 모른다. 그러나 그리스도는 그렇게 하지 않고 오히려 인내와 긍휼과 자비를 보이셨다. 사실, 이 땅에서 우리가 받는 시험은 예수께서 하늘에 계신 우리의 대제사장으로서 오늘날까지도 우리에게 그 인내와 긍휼과 자비를 보이실 수 있게 하려고 계획되었다.

마찬가지로, 그리스도께서 그 완전한 거룩함 가운데 겪으신 시험이 어느 정도의 위력을 지녔었는지 완전히 다 알면, 시험 받을 때 우리가 얼마나 연약한지, 우리가 얼마나 쉽게 그 시험에 굴복하는지 실감하게 된다. 우리의 대적, 곧 이 세상과 육체와 마귀를 대면할 때 우리는 얼마나 순식간에 굴복하며 얼마나 미미하게 저항하는가! 그런 연약함을 깨달을 때 우리는 진짜 능력을 알 수 있다. 진짜 능력은 피를 흘리기까지 저항한 분에게서 나온다.^{히 12:4}

할렐루야, 얼마나 놀라운 구주이신가!

15 } 그리스도의 낮아지심

예수께서 이르시되 여우도 굴이 있고 공중의 새도 거처가 있으되 인자는 머리 둘 곳이 없다 하시더라. _마 8:20

서론

이제 영광 중에 높아지사 아버지의 오른편에 앉아 계신 예수는 언제나 그 자리에 앉아 계신 게 아니었다. 부활하시기 전 예수는 이 땅에서 낮아지신 상태(그리스도의 상태와 관련해 humiliation과 exaltation은 흔히 '비하'(卑下)와 '승귀'(昇貴)라는 번역어로 옮기지만, 이 책에서는 각각 '낮아지심'과 '높아지심'이라는 우리말로 풀어 옮겼다―옮긴이)에서 사셨다. 빌립보서 2:6-11에서 바울은 높음-낮음-높음 변화에 대해 설명한다. 참 하나님에게서 나신 참 하나님이신 예수는 종의 형태를 취해 십자가에서 죽기까지 자기를 낮추셨다. 예수의 그 기꺼운 순종 때문에 하나님은 예수를 높이셨다.

  예수, 곧 영광의 주요,[약 2:1] 아름답고 영화로운 분이며,[사 4:2] 하나님의 영광의 광채이시고,[히 1:3] 은혜와 진리가 충만하신 분이[요 1:14] 한때는

"벌레요 사람이 아니라. 사람의 비방거리요 백성의 조롱거리"였다.^시 22:6 게다가 "그는 멸시를 받아 사람들에게 버림 받았으며 간고를 많이 겪었으며 질고를 아는 자라. 마치 사람들이 그에게서 얼굴을 가리는 것 같이 멸시를 당하였고 우리도 그를 귀히 여기지 아니하였"다.^사 53:3 옛적부터 항상 계신 이가^단7:22 날 수가 많지 못하여 죽는 어린이가 ^사65:20 되사 평생 수욕을 겪으셨다. 존 플라벨의 말처럼 "이는 놀라운 자기부인 아닌가? 영원 전부터 아버지를 미소 짓게 하고 아버지의 자랑이었던 분, 창세로부터 천사들에게 하나님으로 찬미와 경배 받으시던 분이 이제 모든 악한들이 밟고 서는 발등상이 되셔야 했다니."[1]

예수보다 더 큰 수욕을 당한 이는 없었다. 누구도 그렇게 낮아진 적이 없다. 누구도 그렇게 높은 곳에서 온 적이 없으니 말이다. 예수는 신성의 모든 특권을 다 내려놓으시고 영광의 옷을 스스로 벗어 버리셨다. 무엇을 위해 그리하셨는가? 수치와 조롱의 대상이 되기 위해서였다. 성자께서 그처럼 자기를 낮추신 게 어떤 의미였는지 깨달으라고 의로운 천사를 벌레로 변화시키려 해봤자 헛수고일 것이다. 예수께서 십자가에서 죽으신 것은 그분의 낮아지심의 절정이었지만, 그 전에 다른 여러 가지 일을 겪은 후에야 예수는 벌거벗은 채 거기 달려 하나님의 저주를 받고 온 세상의 구경거리가 되셨다.

카이사레아의 바실리우스 330경-379는 그리스도께서 생전에 어떤 식으로 자기를 낮추셨는지 그 단계를 다음과 같이 놀랍게 펼쳐 보인다.

주와 관련된 모든 일에서 우리는 겸비의 교훈을 얻는다.

아기 때 주님은 태어나자마자 푹신한 침상이 아니라 어두운 방 구유에
누이셨다.

가난한 목수와 어머니 집에서 주님은 어머니와 그 남편에게 순종하셨다.

배울 필요가 없는 것을 배우셨고 듣지 않아도 될 말을 유의해서 들으셨다.

주님은 질문을 하셨지만, 질문을 하는 중에도 그 지혜에 대해 칭송을 들
으셨다.

주님은 요한 앞에 공손히 고개를 숙이사 종의 손에 세례를 받으셨다.

주님은 누가 자기를 공격할 때 자기에게 있는 경이로운 능력을 사용해
이에 저항하지 않으셨고, 마치 윗사람에게 순복하듯 세상 권세자가
그에 합당한 권세를 휘두르게 하셨다.

주님은 범죄자처럼 대제사장 앞에 끌려오셨고, 이어서 총독 앞에 끌려
오셨다.

주님은 묵묵히 비방을 당하셨고 자기에게 내려진 선고에 순복하셨다,
그 거짓 증언을 논박하실 수 있었음에도.

종들과 천하디 천한 하속들이 주님에게 침을 뱉었다.

주님은 죽음에, 인간이 알고 있는 가장 수치스러운 죽음에 자기를 내어
주셨다.

이렇게, 태어날 때부터 생을 마칠 때까지 주님은 인간이 당할 수 있는
모든 위급한 일을 다 겪으셨고, 그 정도로 겸비를 보여주신 뒤에야 자
기 영광을 드러내사 자기의 치욕을 함께 나눈 이들과 영광 중에 연합
하셨다.[2]

예수는 자기를 낮추셨다

예수는 거침없이, 기꺼이, 그리고 즐거이 자기 자신을 낮추셨다. 예수께서 우리와 우리 구원을 위해 하신 모든 일은 다 자발적이었지 강제적인 게 아니었다. 아버지의 뜻에 따라 예수는 하나님과 사람 앞에 자기를 낮추셨다. 그럴 필요가 없었는데도 즉각 자기 자신을 비워 더 이상 낮아지려야 낮아질 수 없는 자기비하의 구덩이에까지 이르신 모습 앞에서 그리스도인들은 무릎 꿇고 우리 구주를 찬미해야 할 것이다. 실로 우리가 지금 바로 찬미하며 고개를 숙이지 않는다면, 훗날 산 자와 죽은 자 모두의 판관으로 돌아오실 그리스도 앞에서 그가 주님이심을 고백하면서 복종하며 머리를 조아려야 할 것이다.빌 2:11

성육신 그 자체를 반드시 낮아지심으로 생각해서는 안 된다. 그럼에도 하나님 아들의 성육신은 특정한 역사적 정황 가운데서 이뤄진 성육신이었다. 이 정황은 필연적으로 그리스도의 성육신이 불완전하나마 낮아지심이었다고 하는 입장을 낳았다.

성육신으로 예수는 연약한 인간의 육신을 입었다. 칼뱅은 예수가 "참으로 사람의 씨에서 난 인간으로, 배고픔과 목마름과 추위를 비롯해 우리 인간의 본성이 지닌 다른 여러 가지 약점들에 매일 수밖에 없었다"고 말한다.³ 사실 그리스도는 "흠도 없고 부패하지도 않은" 분으로서 다른 모든 사람들과 뚜렷이 구별된다. 그러나, 아주 단순하게 말해, 그래도 "그는 참 인간이시다."⁴ 하나님의 아들의 입장에서 성육신은 비할 데 없는 수욕羞辱이었다. 목말라 하신 성자는 물을 만드신 바로 그분이었다. 너무 지쳐서 자기가 달릴 십자가조차 끌고 갈 수 없었던 성자는 온 세상을 지탱하시는 바로 그분이었다. 창으로 옆구리를 찔린 성자는 그 찌른 자에게 호흡과 생명을 주신 바로 그분이었다. 죄와 비참으로 이루어진 이 세상에서 하나님 아들의 성육신은 참으로 굴욕의 행위였다. 이 굴욕은 성자가 이 땅에 태어나실 때 시작되어 성자가 죽어 무덤에 장사될 때까지 계속되었다.

탄생과 어린 시절

태어나던 순간부터 이 땅에서 예수의 역사는 깊디깊은 수욕羞辱의 역사였다. 14세기 설교자 카시아의 시몬1295경-1348은 "여관에는 기적적으로 태어난 아기가 머물 방이 없으니, 땅은 그 하나님을 영접하지 않는다. 하나님에게는 이 세상 어디에도 적당한 처소가 없다. 하늘과 땅이 감당치 못할 분이 구유에 누우신다"고 말했다.[5] 예수는 여물통에서 잠을 잤고, 자신이 생명을 주신 골 1:16 어머니의 젖을 먹었다.시 22:9 예수는 전적으로 자신에게 의존해 있던 누군가에게 물리적으로 의존했다. 그뿐 아니라, 만왕의 왕이요 만주의 주이신 분께서는 왕과 왕후를 부모로 두지 않았고, 목수를 아버지로 두었다. "이는 그 목수의 아들이 아니냐."마 13:55

마태복음에 보면, 이 왕께서 세상에 오셨을 때 동방의 현자들 외에는 누구도 관심을 갖거나 주목하지 않은 것 같다.마 2:1-2 가야 할 모든 곳 중에서 예수는 결국 애굽으로 가셨으니, 예수에게는 그곳이 본토보다 더 안전한 땅이었다. 고국으로 돌아온 예수는 인구 2천 명이 넘지 않는 작은 마을 나사렛에서 자라셨다. 의로운 나다나엘조차도 이렇게 묻던 곳이었다. "나사렛에서 무슨 선한 것이 날 수 있느냐."요 1:46, 참고 7:41, 52

두 번째 종의 노래에서 예수는 어떻게 "여호와께서 태에서부터 나를 부르셨"는지,^{사 49:1} 그리고 아버지께서 어떻게 자기 입을 날카로운 "칼" 같이 만드셨는지^{49:2}에 대해 이야기한다. 그러나 여기서 예수께서는 특별한 사실 하나를 밝히시는데, 그것은 여호와께서 예수를 숨기셨다는 것이다. "나를 갈고 닦은 화살로 만드사 그의 화살통에 감추시고."^{49:2} 예수께서는 백성들을 섬길 수 있는 때를 기다리셔야 했다. 예수는 불과 열두 살 때 다른 모든 종교 지도자들의 지식을 다 합친 것보다 더 많은 지식을 갖고 계셨다. 하지만 지혜와 지식의 모든 보화를 다 가진 분이 기다리셔야 했다. 그러므로 예수의 낮아지심에는, 비록 준비가 되어 있었음에도 때를 기다리셔야 했다는 사실도 포함된다. 예수는 다른 이들보다 더 많은 것을 알고 있었음에도 사람들의 말을 경청해야 했다. 공개된 자리에서 예수는 '학생'으로(이를테면, 회당에서 말씀을 듣는) 여겨졌다. 사실은 예수가 선생이셨는데(그리고 지금도 선생이신데) 말이다!

성년기

예수는 가난하게 세상에 들어오셨고, 역시 가난하게 살다가 죽으셨다.^{고후 8:9} 클레르보의 베르나르두스¹⁰⁹³⁻¹¹⁵³가 한번은 이렇게 말했다. "예수가 나를 위해 얼마나 비천한 신분이 되셨느냐에 따라 예수가 나에게는 그만큼 더 귀한 분이 되실 것이다."⁶ 맞는 말이다. 성경에는 이것이 무슨 의미를 전달하고 있는지 정말 깊이 생각해 볼 경우 우리를 충격에 빠트릴 만한 진술이 아주 많다. 한 번에 한 구절씩 깊이 묵상을 해보면(물론 맥락에 주의를 기울이면서) 앉은 자리에서 성경을 몇

장씩 읽을 때에 비해 우리 삶에 훨씬 더 풍성한 열매가 맺힐 것이다. 예를 들어, 예수께서는 이렇게 말한다. "여우도 굴이 있고 공중의 새도 거처가 있으되 인자는 머리 둘 곳이 없다."마 8:20 습관처럼 얼른 넘어가지 말고 이 구절을 깊이 묵상해 보라. 그리고 자신에게 물어보라. "내 신분으로 도저히 머물 수 없을 만큼 그렇게 보잘것없는 환경이 이 세상에 있을까?" 플라벨은 그리스도의 "외적 환경이 공중을 나는 새나 땅의 짐승이 사는 조건보다 더 경시되고 궁핍한 환경이었다"고 단언한다.7 실제로 자기와 베드로 몫의 세금을 내야 했을 때 예수께서는 주머니에서 돈을 꺼낸 게 아니라 말하자면 기적적인 방식으로 세금 낼 돈을 마련하셔야 했다.마 17:27

그리스도께서 진리와 자비의 사역을 행하실 때 사람들이 이에 대해 보인 반응을 보면 어처구니가 없다. 예수의 가족들은 심지어 예수가 "미쳤다"고 생각한 적도 있었다.막 3:21 한때는 예수의 친형제들조차 예수를 믿지 않았고 예수께 메시아로서 하는 일을 증명해 보라고 조롱했다.요 7:3-5 이런 부정적 반응은 육신의 가족들 너머 예수의 영적 가족들에게서도 나타났다. 유다는 입맞춤 한 번으로 예수를 배신했다.막 14:33-35 유다는 그리스도를 껴안는 시늉을 했으나, 사실은 회의하는 마음으로 주님을 부인할 뿐이었고(즉, 그리스도는 명색뿐인 볼품없는 메시아라는 것이다), 그래서 유다는 영원하신 구주를 덧없는 동전 주머니 하나와 맞교환했다. 베드로마저 예수를 세 번 부인했다.눅 22:54-62

복음서는 예수의 친 백성, 즉 메시아가 오기를 고대하고 있던 유대 민족이 정작 예수를 배척했다는 사실을 아주 의미심장하게 조명한다. 요한이 그 서막에서 분명히 밝히고 있다시피, "그가 세상에 계셨으며 세상은 그로 말미암아 지은 바 되었으되 세상이 그를 알지 못하였고 자기 땅에 오매 자기 백성이 영접하지 아니하였"다.요 1:10-11, 참고 3:11, 32, 5:43 그리스도의 가르침은 영생의 말씀이었건만,6:69 이 말씀은 기쁨과 반가움으로 영접되지 않았다. 예수께서 자신은 아브라함이 나기 전부터 있었다고 주장했을 때8:58 유대인들이 한 행동은, 누군가가 자칭 "나는 스스로 있는 자"I AM라고 영원한 자존자 하나님을 참칭했을 때 마땅히 그 사람에게 보여야 할 바로 그 행동이었다. 즉, 그들은 돌을 들어 예수를 향해 던지려고 했다.8:59 이들은 자기들이 만세 반석에게 돌을 던지려 하고 있다는 것을 알지 못했다. "여호와를 영원히 신뢰하라. 주 여호와는 영원한 반석이심이로다"사 26:4라고 했건만 이들은 그렇게 하지 않았다.

바리새인 시몬이 한번은 우리 구주께서 당연히 받으셔야 할 후한 대접을 베풀지 않음으로써 구주를 모욕했다.

> 그 여자를 돌아보시며 시몬에게 이르시되 이 여자를 보느냐 내가 네 집에 들어올 때 너는 내게 발 씻을 물도 주지 아니하였으되 이 여자는 눈물로 내 발을 적시고 그 머리털로 닦았으며 너는 내게 입 맞추지 아니하였으되 그는 내가 들어올 때로부터 내 발에 입 맞추기를 그치지 아니하였으며 너는 내 머리에 감람유도 붓지 아니하였으되 그는 향유를 내 발에 부었느니라. _눅 7:44-46

천지의 창조자께서 집주인에게서 손님대접을 받지 못했다. 시몬은 시편 2:12 말씀을 유의해야 했다. "그의 아들에게 입 맞추라. 그렇지 아니하면 진노하심으로 너희가 길에서 망하리니 그의 진노가 급하심이라. 여호와께 피하는 모든 사람은 다 복이 있도다."

다음 성경 구절은 다른 누구보다도 그리스도에게 딱 들어맞는 말이었다. "자기 땅에 오매 자기 백성이 영접하지 아니하였으나."요1:11 길이요 진리요 생명이신 분이 말씀하신 그런 진리를 말한 사람이 일찍이 있었는가?요14:6 그런데, 비둘기 모양으로 임한 성령이든, 성부의 음성이든, 그리스도께서 보이신 기적이든, 혹은 그가 하신 생명의 말씀이든 그분의 사역에 동반되는 그 모든 가시적 증거에도 불구하고 그리스도의 동향 사람들은 그분을 믿지 않았다. 이들은 영광의 주님을 악의적으로 배척했다. 이들은 예수를 가리켜 사람들을 미혹하는 사기꾼이라고 했다.요7:12 한술 더 떠서 예수는 자기가 음식을 먹고 마시는 행동이 사람들 사이에서 최악의 시각에서 해석되고 있음을 제자들에게 알려 주셨다. 먹기를 탐하고 술 취하기 좋아하는 자라고 말이다.마11:19 그리고 예수께서 행하시는 기적은 딱한 형편에 있는 사람들에게 자비를 베푸는 행위였지만 이마저도 사탄의 힘을 빌려 벌이는 일로 해석되었다.마9:34 유대 백성들은 평강의 왕사9:6과 뭔가 더 얽히기보다는 차라리 살인자를 방면해 주는 편을 택했다.마15:7

하나님의 아들이 지금까지 이야기한 것보다 더 큰 수욕을 당하실 수 있었을까? 정말 이보다 더 나쁠 수가 있었을까? 그렇다, 상황은 이보다 훨씬 더 나빠졌다.

심문

우리 주님을 상대로 한 심문은 주님의 무고함을 공개적으로 입증하는 과정이어야 했다. 하지만 우리가 다 알다시피 실제는 그렇지 않았다. 전에 우리 주님의 제자였던 유대의 종교 지식인 한 사람과 이방(로마) 호송병들이 예수를 찾으러 왔다.요 18:1-4 이 장면에서, 예수를 체포하는 과정에 관여한 사람들은 온 세상의 죄를 상징했다.

그리스도를 심문하는 과정에는 적어도 일곱 가지의 불법 요소가 있었고, 이 때문에 예수가 겪는 모욕은 그 깊이를 더했다. 산헤드린은 원래 밤에 모이지 않는데, 이 날은 밤에 모였다. 사형이 심문 당일에 선언될 수는 없는데, 이 날은 당일에 선언되었다. 안나스와 가야바는 선입견을 지닌 사람들이기 때문에요 11:49-52 자기들이 심문자로서는 결격임을 알고 물러나야 했지만, 그렇게 하지 않았다. 거짓 증거와 거짓 증인들이 동원되었다.마 26:59-60 게다가 사실 예수는 저들의 주장처럼 신성모독 죄를 지은 게 아니었다. 그럼에도 예수는 심문 중에 속수무책으로 주먹질을 당했다.요 18:22, 막 14:65 또한 산헤드린이 안식일 전야에 모여서 사형에 해당하는 사건을 다룬다는 것은 허용되지 않는 일이었다. 그런데 이들은 영광의 주님을 십자가에 매달기 위해 거리낌 없이 규정을 어겼다.

설상가상으로 제자들은 도망쳤고, 가장 가까운 친구 중 하나(베드로)는 공개적으로 예수를 부인했다. 이 사도가 한때 "내가 주와 함께 죽을지언정 주를 부인하지 않겠나이다"마 26:35 라고 말했다는 것을 생각하면 이는 얼마나 놀라운 일인가. 그는 한 번도 아니고 세 번이나 연이어 주님을 부인했다.마 26:70, 72, 74

그 심문은 정의가 희화화戲畫化된 광경이었다. 베드로를 비롯해 그 외 제자들의 태도는 인간의 신의信義를 조롱하는 태도였다. 예수는 이런 일들을 홀로 오롯이 겪어 냈다.

십자가형

예수는 자기 자신을 낮추되 그냥 죽기까지 낮춘 게 아니라 십자가에서 죽기까지 낮추었다. 예수는 나무에 달려 공개적이고 치욕적이고 저주 받은 죽음을 죽음으로써 아버지의 뜻에 기꺼이 순복하셨다. 여기서 예수의 수욕은 점점 깊어지는 상태에 이르렀다.

구약성경은 그런 결말을, 특히 예수께서 이때 겪을 정서적·정신적 고통을 아주 생생하고 세세하게 예언했는데, 앞에서 언급했다시피 이 고통이 바로 예수의 삶이 영원한 '겟세마네'였던 이유다. 하나님의 말씀을 읽으며 그 말씀이 자기 삶에서 다양하게 성취되는 장면과 맞닥뜨리면서 예수는 자기가 수욕 당하리라는 전망을 늘 하지 않을 수 없었다. 하지만 겟세마네는 십자가 치욕이라는 현실의 맛보기에 지나지 않았다.

시편 69:20-21에서 우리는 예수가 십자가에서 당할 치욕이 기록된 것을 본다.

> 비방이 나의 마음을 상하게 하여
> 근심이 충만하니
> 불쌍히 여길 자를 바라나 없고
> 긍휼히 여길 자를 바라나 찾지 못하였나이다.
> 그들이 쓸개를 나의 음식물로 주며
> 목마를 때에는 초를 마시게 하였사오니.

요한은 그리스도의 고난을 묘사하면서 이 시편 구절을 넌지시 비춘다.요 19:28-29 그리스도의 십자가형을 상세히 묘사하고 있는 시편 22편은 골고다에서 고난 당하는 동안 그리스도의 정신적 형편이 어떠했는지를 날카로운 통찰로 꿰뚫어 보고 있다.

> 나는 벌레요 사람이 아니라.
> 사람의 비방거리요 백성의 조롱거리니이다.
> 나를 보는 자는 다 나를 비웃으며
> 입술을 비쭉거리고 머리를 흔들며 말하되
> 그가 여호와께 의탁하니 구원하실 걸,
> 그를 기뻐하시니 건지실 걸 하나이다. _시 22:6-8

십자가에 달리셨을 때 예수의 세 가지 직분(선지자, 제사장, 왕)이 모독을 당했다. 선지자 역할에 대해서는 이렇게 기록되었다. "이에 예수의 얼굴에 침 뱉으며 주먹으로 치고 어떤 사람은 손바닥으로 때리며 이르되 그리스도야, 우리에게 선지자 노릇을 하라. 너를 친 자가 누구냐 하더라."마 26:67-68 광야에서의 그리스도와 달리 그런 무례한 도전자들은 하나님을 시험하라는 사탄의 유혹에 저항하지 않았다.

왕 역할에 대해서는 경멸조의 희롱을 보게 된다. "그가 이스라엘의 왕이로다. 지금 십자가에서 내려올지어다. 그리하면 우리가 믿겠노라. 그가 하나님을 신뢰하니 하나님이 원하시면 이제 그를 구원하실지라. 그의 말이 나는 하나님의 아들이라 하였도다."마 27:42-43

성경 다른 곳에서와 마찬가지로 사람들은 그리스도가 하나님의 방식대로가 아니라 자기들 방식대로 왕이 되어 주기를 바랐다.요 6:15 하나님의 질서에서는 연약함이 권세가 된다. 그 말이 그리스도 시대의 유대인들에게 얼마나 불쾌하게 들렸든 말이다.

제사장 역할에 대해서는 냉소와 조롱이 들려온다. "그가 남은 구원하였으되 자기는 구원할 수 없도다."마 27:42 믿을 수가 없다. 자기 생명을 대가로 치르면서 기꺼이 남을 구원하고 있는 바로 그 순간에 그리스도께서는 세상에 구원을 안겨 준다고 조롱을 당했다. 그리스도를 멸시하는 이 자들은 자기가 하는 말이 얼마나 옳은 말인지 거의 모르고 있었다. 예수 옆에서 십자가에 달려 있던 자들도 자기와 똑같이 고통스런 형편에 있는 분에게 위로를 건네기는커녕 그분에게 욕을 했다. "함께 십자가에 못 박힌 강도들도 이와 같이 욕하더라."마 27:44 물론 그 중 한 사람은 회개했고 그래서 그리스도께서 호의를 보여주셨지만,눅 23:39-43 한동안은 두 사람 모두 예수를 조롱했다.

예수께서 나무에 달리셨다는 것은 엄청난 의미를 담은 사실이기도 했는데, 특히 구약성경을 면밀히 읽은 사람들의 시선에는 더욱 그렇게 보인다. 갈라디아서 3:13에서 바울은 신명기 21:22-23을 언급한다. "그리스도께서 우리를 위하여 저주를 받은 바 되사 율법의 저주에서 우리를 속량하셨으니 기록된 바 나무에 달린 자마다 저주 아래에 있는 자라 하였음이라." 로마인의 관점에서 볼 때 십자가형은 궁극의 치욕이었다. 유대인의 관점에서 볼 때도 십자가형은 궁극의 치욕이었다. 하지만 궁극의 치욕인 이유가 달랐다. 십자가에서 죽으심으로써 예수는 하나님의 저주 아래 있게 되었다. 하나님께서 사랑하는 자기 아들이 욕을 당하게 하시고 그럼으로써 그 아들에게 저주를 내리신다니 이보다 더 큰 치욕을 상상할 수 있는가? 우리는 이 사실 앞에 겸손해져서 이런 생각을 할 수 있어야 한다. 하나님께서 한때 자기 아들보다 우리에게 더 큰 사랑을 보이사 그 아들이 우리를 위해 저주가 되게 하셨음을 말이다.

무덤

그리스도의 수욕은 사실상 십자가에서 끝나지 않았다. "무덤에 장사^{葬事}되고, 삼 일째 되는 날까지 죽은 상태로, 그리고 사망의 권세 아래 계속 머물러 계셨던 것도 [그리스도가 당하신 수욕을] 구성한다."[8] 「벨기에 신앙고백」도 그리스도가 신인^{神人}으로서 당하신 무덤의 수욕에 대해 몇 가지 통찰을 제공한다.

> 그러므로 그가 죽으실 때 아버지께 맡긴 것은 그의 몸을 떠난 실제 인간 영혼이었다. 그런 한편 무덤에 누워 있을 때도 그의 신성은 여전히 그의 인성과 연합한 상태로 있었다. 또한 그의 신격^{神格}은 그의 안에서 절대 사라지지 않고 그가 어린아이였을 때 그의 안에 있었던 것처럼 존재했으나 한동안은 그와 같이 드러나지 않았다.[9]

다시 말해, 무덤 속에서도 예수의 정체성은 달라지지 않았다. 마리아의 태 속에 있던 예수는 무덤 속에 있던 예수와 다르지 않았다. 태 속에서나 무덤 속에서나, 그리고 두 본성 속에서도 예수는 하나님의 아들이었으니, 이 본성은 삼 일 동안 사망의 권세 아래서 무덤에 누워 있는 동안에도 서로 불가분으로 연합되어 있었다. 얼마나 큰 신비인가!

성경에서는 그리스도에 관해 이렇게 말한다. "그의 무덤이 악인들과 함께 있었으며."^사 53:9 십자가에서 그리스도는 범죄자요 하나님의 저주 아래 있는 자로 여겨졌다. 그리고 그리스도는 장사되었다. 그럼에도 베드로는 저 유명한 오순절 설교에서 그리스도의 육신은 무덤에서 썩음을 당하지 않았다는 사실에 관심을 집중시킨다.^행 2:31 육신이 부패하지 않았다는 것은 그리스도가 곧 높아지고 부활하신 영광의 주님으로서 새로운 영역으로 들어가실 터였다는 증거가 된다. 하지만 죽음에서 일어나기 위해서는 죽음의 영역으로 들어가셔야 했다. 무덤에서 위풍당당하게 걸어 나오신 분은, 죽은 자요 시신으로서 무덤에 장사된 분과 동일한 분이었다. 놀라운 것은, 무덤이 수욕羞辱이 끝나고 높아지심이 시작된 곳이 되었다는 점이다. 하나님의 백성에게도 이는 마찬가지다. 사망의 영역으로 들어간 이들이 부활하여 영생으로 들어가는 것은 선구자이신 예수께서 앞서 그 길을 가셨기 때문이다.^골 1:18, 계 1:5 그리스도는 실로 그 영광스러운 부활로 죽은 자의 첫 열매가 되셨다.^고전 15:20, 23

결론

그렇다면 우리에게는 과연 너무 심해서 감당치 못할 수욕이란 게 있을 수 있을까? 우리 같은 죄인들로서는 예수께서 이 땅에서 살고 죽을 때 당했던 수욕에 비교할 수 있을 만한 상황을 도저히 상상할 수 없다.^빌 2:5-11 참고 그러므로 우리는 그리스도를 위해 모든 수욕과 고난을 기꺼이 받아들여야 한다. 바울은 빌립보서 3장에서 이 점을 분명히 하고 있는데, 여기서 바울은 다른 모든 것을 대가로 치르고서라도 그리스도를 얻는 것에 대해 이야기한다. 하지만 그리스도를 얻는다는 것은 무슨 의미인가? 이는 우리가 자기 자신의 의가 아니라 믿음을 통해 얻는 의를 얻는 것을 말하며, 그것 말고도 바울과 마찬가지로 그리스도의 고난을 함께 나누는 것을 말한다. 우리는 고난 중에 계신 그리스도와 교제하며 "그의 죽으심을 본받아,"빌 3:10 "어떻게 해서든지 죽은 자 가운데서 부활에 이르려"빌 3:11 함을 통해 그리스도를 알게 되고 그의 부활의 능력을 알게 된다. 청교도 존 게리1601경-1649에게 바로 그런 사고방식이 있었는데, 그는 청교도 전반에 대해 말하기를, 이생에서 그리스도를 "대장"으로 섬기고, "기도와 눈물"을 무기 삼으며, 십자가를 "깃발"로 들고, "빈치트 쿠이 파티투르",Vincit qui patitur 즉 "고난 당하는 자가 승리한다"를 모토로 삼는 이들이라고 했다.

우리 구미歐美 사회가 우리에게 가르치는 내용과 완전히 배치되는 사실이기는 하지만, 우리가 그리스도인으로서 당하는 수욕은 우리의 영광이다. 그리스도의 이름으로 욕을 당하는 것은 우리가 그리스도께 속해 있고 언젠가는 영광 중에 그분과 함께 다스리는 자리로 높아질 것을 보여주는 표지이기 때문이다. "그러므로 하나님의 능하신 손 아래에서 겸손하라. 때가 되면 너희를 높이시리라."벧전 5:6

16 } 그리스도의 변화

그들 앞에서 변형되사 그 얼굴이 해 같이 빛나며 옷이 빛과 같이 희어졌더라. _마 17:2

서론

예수 그리스도의 변화는 그리스도께서 이 땅에 사시는 동안 일어난 다른 중대한 사건들(예컨대 겟세마네, 골고다)과 비슷하다. 위의 본문을 세심히, 경건한 자세로 읽어 보면 아마도 마치 예배를 드리는 듯한 침묵으로 이 부분을 지나가야 할 것 같은 기분이 들 것이다. 그래도 이 본문에는 신학적으로나 목회 차원에서 이끌어내야 할 논점들이 많고, 그러려면 공관복음(마태, 마가, 누가)에서 저마다 다루고 있는 이 믿을 수 없는 광경을 좀 더 면밀히 검토하는 수밖에 없다.

사실, 하나님께서 성경에서 우리에게 무엇을 말씀하시든 그것은 다 우리의 유익을 위해서 하는 말씀이다. 그리스도께서 변화되신 사건도 예외가 아니어서, 이는 그리스도의 영광이 어떠한지 그 엄청난 장관을 우리에게 보여줄 뿐만 아니라 그리스도께서 다시 오실 때 우리가 보게 될 광경을 미리 맛보게 해준다. 우리는 사람들보다 더 상한 모습의 어떤 사람사 52:14이 아니라 권능과 영광 가운데 엄위로운 분을 보게 될 것이다. 우리는 이 현실을, 곧 믿음이 실제 광경이 될 날을 고대한다.고후 5:7 참고 "우리 생명이신 그리스도께서 나타나실 그 때에 너희도 그와 함께 영광 중에 나타나리라"골 3:4 했으니 말이다. 다시 말해, 그리스도의 영광은 우리의 영광이다. 그러므로 그리스도의 변화는, 아직 눈으로 보지는 못했으나 자기들을 위해 예비된 것에 소망을 두는 모든 그리스도인들에게 중대한 의미를 지닌다.

배경

일곱 번째 날(안식일), 영적으로나 육체적으로 안식하는 날 예수께서는 베드로와 야고보와 요한을 데리고 한 산으로 가셨다. 새 언약상 안식의 날(주일), 그리스도인은 하나님 백성들이 함께 모이는 회중 가운데서 하나님의 임재를 누리라고 부름받는다. 안식일, 이제 주일이 된 그 날은 우리가 밝아지는 날이다. 이제와 영원히 우리 안식이신 분을 예배하러 우리가 함께 나아갈 때보다 더 가까이서 하나님을 향유할 수는 없을 것이다.

    필자가 생각하기에 예수께서는 가장 친한 친구 셋을 데리고 가셨다.막 9:2 물론 성경에 관한 한, 모든 문제는 두세 증인의 증언에 따라 확정해야 하기 때문이었을 것이다.신 19:15, 요 8:17, 고후 13:1 하지만 예수는 그런 이유 외에 이 세 친구와 특별한 유대를 맺고 계셨던 듯하다. 여러 가지 추론을 할 수 있지만, 이 세 사람은 그리스도께 특별히 많은 총애를 받았다. 예를 들어, 그리스도는 이들 모두에게 다른 이름을 지어 주셨다. 시몬은 베드로라 하셨고,^요 1:42 야고보와 요한은 보아너게라고 부르셨다.^막 3:17 야이로의 딸을 살리실 때 예수는 아이의 부모 외에 베드로와 야고보와 요한만 자기와 함께 그 집에 들어가는 것을 허락하셨다.^눅 8:51 더 나아가 요한은 필시 "그[예수]가 사랑하시는 자"이다.^요 13:23, 20:2, 21:7, 21:20 청교도 토머스 맨튼^1620-1677 은 이렇게 증언한다.

……[예수는] 자기 제자들을 다 사랑하셨지만, 그 중에서도 특히 몇 사람과 가까이 지내며 특별한 교류를 나누었다. 이 제자들은…… 사도들 중의 꽃이었는데, 그 이유는 이들이 예수의 마음에 들어 예수가 특별히 좋아하게 되었기 때문이거나 아니면 이들의 성실함과 탁월함 때문에 다른 제자들에 비해 예수가 이들을 더 기뻐했기 때문이다……. 내가 만약 경건한 사람들을 사랑할진대, 가장 경건한 사람을 가장 많이 사랑할 것이다.[1]

참 인간이신 예수는 남들과 긴밀한 우정을 맺고 싶어 하셨다. 우리가 인생을 살면서 아주 친한 친구 몇 사람을 가까이 둘 수 있다면 그것은 큰 행운인 것처럼, 예수도 자기가 특별히 사랑했던 세 제자를 가까이 두는 특권을 누렸다.

누가는 예수께서 산에(이 산은 갈릴리 외곽의 헤르몬산일 가능성이 높다) 오른 것은 기도할 때가 되었기 때문이라고 말한다.^눅 9:28 예수는 왜 기도하셨을까? 자기 영광과 관련해 다양한 시험에 직면할 터였으므로 이 시기의 기도가 예수에게는 절대적으로 중요했기 때문이다. 하나님의 아들로서 당연히 자기에게 속한 그 영광에도 불구하고 그래도 예수는 십자가로 가려 했는가?

그리스도의 변화와 십자가

일부 학자들은 그리스도의 변화를 이해하는 열쇠는 이 사건이 그리스도의 십자가형과 병행되고 있음을 아는 데 있다고 올바로 지적했다. 성경에서 그리스도의 변화(마 17:1-9) 사건과 그리스도의 십자가형을 둘러싼 여러 가지 일들(마 27:33-54) 사이에서 볼 수 있는 대비점보다 더 아름다운 대비는 별로 없다.

첫째, 예수는 헤르몬산에서는 영광 중에 계시되었고,[17:2] 골고다 언덕에서는 수치스럽게 십자가에 달리셨다.[27:33] 둘째, 변화 사건 때 예수의 옷은 장엄하게 "빛과 같이 희어졌"고,[17:2] 골고다에서는 로마 병사들이 파렴치하게 예수의 피 묻은 의복을 나눠 가졌다.[27:35] 셋째, 산에서는 모세(율법을 대표하는)와 엘리야(선지자를 대표하는)가 영광스럽게 예수 옆에 서서 예수와 이야기를 나누었고,[17:3] 십자가에서는 두 범죄자가 수치스럽게 예수의 양 옆에 달려 예수를 욕했다.[27:44] 넷째, 산에서는 밝은 구름이 거기 있는 사람들에게 그늘을 드리웠는데,[17:5] 골고다 언덕에서는 어둠이(애굽에서의 재앙을 떠올리게 하는, 출 10:20-21) 땅을 덮었다.[27:45] 다섯째, 산에서는 하나님께서 공개적으로 "이는 내 사랑하는 아들이요 내 기뻐하는 자니 너희는 그의 말을 들으라"고 선언하셨는데,[17:5] 십자가에서는 예수께서 "나의 하나님, 나의 하나님, 어찌하여 나를 버리셨나이까"라고 부르짖으셨다.[27:45] 또한 백부장이 놀라 사람들에게 증언했다. "이는 진실로 하나님의 아들이었도다."[27:54] 여섯째, 산에서 베드로는 흥분해서 "주여, 우리가 여기 있는 것이 좋사오니"라고 했는데,[17:4] 골고다에서 이 사도는 어디론가 몸을 숨겨 자취를 감췄다.

십자가와 영광

결과적으로, 골고다가 없으면 변화산도 있을 수 없다. 십자가에는 영광이 있고 영광에는 십자가가 있다. 높음-낮음-높음(산-언덕-산)이라는 전개는 우리의 기독론에 없어서는 안 될 본질적 요소다.[빌 2:6-11, 마 4:7, 히 12:22, 계 14:1 참고] 그것이 바로 산에서 예수께서 자신의 "떠나가심"exodus,[눅 9:31, 새번역]에 대해 말씀하시고 또 산을 내려오면서 제자들에게 자신이 고난 당할 것을 말씀하신 이유다.[마 17:12] 출애굽exodus 사건은, 백성들에게 안식을 주기 위해 이들을 약속의 땅으로 인도하는 겸손한 종, 고난 당하는 그 종을 통해서 오는 구원과 연관되어 있다.[호 11:1, 마 2:15] 또한 모세가 약속의 땅을 찾아 출애굽한 것은 중보자로서의 모세와 관련된 (그의 죽음과는 상관이 없는) 일인데, 모세의 이 출애굽과 엘리야가 영광 중에(즉, 불병거를 타고) 이 땅을 떠난 것exodus(죽지 않고 죽음을 이긴 승리), 두 가지 사건 모두 죽음과 부활을 통해 그리스도께서 두 번째 출애굽 구원을 이루실 것을 가리킨다.

변화하실 때 예수가 자기 죽음을 망각하지 않으셨다는 것은 얼마나 놀라운 일인지! 다른 누구보다도 예수야말로 십자가와 영광이 동전의 양면이라는 것을 잘 알고 계셨다. 이 신비는 오직 믿음의 눈으로만 이해할 수 있다.

그리스도께서 변화하기 전, 베드로는 예수가 그리스도요 살아 계신 하나님의 아들이라고 고백했다.[마 16:16] 이어서 베드로는 이 그리스도가 예루살렘에서 유대 종교 지식인들의 손에 고난 당하다가 죽으시리라는 말씀을 들었다. 베드로는 이 지점에서 예수께 격렬히 이의를 제기했고, 이에 세상 그 어떤 그리스도인도 들은 적이 없었을 희대의 질책을 들었다. "사탄아, 내 뒤로 물러가라. 너는 나를 넘어지게 하는 자로다. 네가 하나님의 일을 생각하지 아니하고 도리어 사람의 일을 생각하는도다."마 16:23 이때의 베드로는 영광과 고난이 서로 불가분의 관계에 있다는 사실을 받아들일 만한 믿음의 눈이 없었다.

베드로는 진정한 제자됨에는 자기를 부인하고 날마다 자기 십자가를 지고 자기 몫의 십자가를 지신 분을 따르는 것도 포함된다는 사실을 배우고 있었다. 그 날 예수께서 데려가신 곳에서 베드로는 자신의 결단이 이 모든 사실에 기초해 있어야 한다는 것을 깨우칠 수 있었다. 언젠가 그리스도께서 영광 중에 돌아오실 것이고, 베드로는 십자가에 달리신 메시아를 따르겠다는 그 결단에 대해 풍성한 상급을 받을 것이다.

변화산에 오르기 전 예수께서는 "내가 진실로 너희에게 이르노니 여기 서 있는 사람 중에는 죽기 전에 하나님의 나라가 권능으로 임하는 것을 볼 자들도 있느니라"막 9:1고 알리셨다. 그러고 나서 예수는 그 산에서 변화되셨다. 이는 우연한 일이 아니었다. 하나님 나라는 오순절에 능력으로 임했지만,행 2장 그 날 이 산에서 베드로는 하나님 나라에 어떤 일이 수반될지 언뜻 일별할 수 있었다. 즉, 영화롭게 된 부활하신 메시아가 천국에서 우리를 다스리실 것이다. 그러나 나중에 밝혀지다시피 이 변화산 사건조차도 베드로가 예수를 버리는 것을 막기에는 불충분했다.벧후 1:19 참고

응답된 모세의 기도

그리스도의 삶은 대부분 수치와 모욕으로 점철되어 있었지만, 변화산에서는 그리스도의 신성을 덮어 가리고 있던 휘장이 걷혔다. 그리스도의 얼굴에서 제자들은 일찍이 모세가 시내산에서 보았던 것보다 더 큰 하나님의 영광을 볼 수 있었다. 출애굽기 33:18에서 모세는 하나님의 영광을 볼 수 있기를 청했지만, 하나님께서는 모세가 하나님을 볼 수는 없을 것임을 알려 주셨다. "나를 보고 살 자가 없음"^{출 33:20}이기 때문이다. 그래서 모세는 하나님의 영광이 지나가는 동안 반석 사이로 몸을 숨겼다. 모세는 하나님의 "등"은 볼 수 있었지만 하나님의 얼굴은 못 보았다.^{33:23}

주목할 만한 점은, 많은 세월이 지난 후 하나님께서 모세의 기도에 응답하셨다는 것이다. 사실상 모세가 이 세상을 떠난 후에서야 말이다. 모세는 변화산에서 하나님의 얼굴을 보았다. 예수가 보이지 않는 하나님의 보이는 형상이며^{골 1:15} "하나님의 영광의 광채시요 그 본체의 형상"^{히 1:3}이시니 말이다. 모세는 이 땅에서 소원했던 것을 이 땅에서 보았다! 모세는 하나님의 영광을 보았고, 살았다.

하나님의 선포

변화산에서 하나님께서는 그리스도에 관해 모두에게 들리도록 말씀하셨다. "이는 나의 아들 곧 택함을 받은 자니 너희는 그의 말을 들으라."^{눅 9:35} 이 말씀은, 짧긴 해도 상당히 소중한 진리를, 그리스도 자신에게도 소중했을 진리를 담고 있다. 베드로의 말에 따르면 예수는 이 말씀으로써 "하나님 아버지께 존귀와 영광을 받으셨"다.^{벧후 1:17}

예수는 영원한 하나님의 아들이다. 하나님은 자기 아들을 영원히 사랑하실 뿐만 아니라 필연적으로 사랑하신다. "본래 하나님을 본 사람이 없으되 아버지 품 속에 있는 독생하신 하나님이 나타내셨느니라."요 1:18 아버지를 '얼굴과 얼굴을 맞대고' 보신 분이 이제 여기서 아버지의 기쁨으로 선포되셨다. 하지만 이 말씀은 신(神)이신 아들에게만 해당되는 말씀이 아니라 신인(神人)이신 예수 그리스도에게도 해당되는 말씀이다.

아버지께서 예수를 아주 기뻐하심은 벧후 1:17 예수가 언제나 아버지께 기쁨이 되는 일을 행하시기 때문이다.요 8:29 그러므로 아버지는 예수의 순종 때문에 중보자로서의 예수를 사랑하신다. "내가 내 목숨을 버리는 것은 그것을 내가 다시 얻기 위함이니 이로 말미암아 아버지께서 나를 사랑하시느니라."요 10:17 예수는 또 제자들에게 이런 말도 하신다. "내가 아버지의 계명을 지켜 그의 사랑 안에 거하는 것 같이 너희도 내 계명을 지키면 내 사랑 안에 거하리라."요 15:10

변화산에서 구름이 이들을 감쌌을 때, 이는 하나님의 임재, 곧 '셰키나'의 영광을 나타냈다.출 24:16-18 참고 아버지의 말씀과 더불어 이 구름도 예수를 선택 받은 분, 여호와의 종, 여호와의 메시아로 확인해 주었다. 하나님께서는 예수의 말을 들으라고 베드로와 야고보와 요한에게 명령하셨다.마 17:5 이 말은 신명기 18:15에 기록된 모세의 말을 암시하는 게 분명하다. "네 하나님 여호와께서 너희 가운데 네 형제 중에서 너를 위하여 나와 같은 선지자 하나를 일으키시리니 너희는 그의 말을 들을지니라." 과거에 하나님께서는 모세와 엘리야 같은 사람들을 통해 말씀하셨지만, 이 종말의 시대에는 자기 아들로써 말씀하신다.[히 1:1-2] 우리가 그리스도의 가르침을 경청해야 하는 것은 그리스도가 모세보다 크기 때문이다.[히 3:1-6] 따라서 이 세 사람에게서 구름이 걷히자 오직 예수만 보이고 모세와 엘리야는 보이지 않았다.

하나님의 아들로서 예수는 선지자,[막 9:7] 제사장,[히 5:5] 그리고 왕[시 2:7]이었다. 우리가 예수와 예수께서 하신 일을 무시하는 것은 우리 목숨을 거는 일이다.

우리의 변화

그리스도의 변화 사건은 여러 면에서 하나님의 백성들에게 힘을 북돋아 준다. 이 시대의 고난에 비춰 볼 때 특히 더 그렇다. 그리스도의 모습 중에 어떤 모습을 가장 귀하게 여겼느냐고 베드로와 야고보와 요한에게 물어볼 수 있다면 참 흥미로울 것이다. 이들은 변화산에서의 그리스도의 모습을 더 생생히 기억했을까, 아니면 겟세마네 동산에서의 그리스도의 모습을 더 생생히 기억했을까? 대답과 상관없이 (필자가 생각해 보니, 두 모습 다 똑같이 소중했을 것 같다) 이 세 사람 모두 눈으로 본 광경보다 더 확실한 말씀을 소유하고 있었다. 즉, 성경 말이다.

이것이 바로 베드로가 베드로후서 1:16-21에서 중요하게 강조하는 사항이다. 베드로는 변화산에서 자신이 겪은 일을 설명한 다음 이렇게 말한다. "또 우리에게는 더 확실한 예언이 있어 어두운 데를 비추는 등불과 같으니…… 너희가 이것을 주의하는 것이 옳으니."[벧후 1:19] 우리는 변화산에서나 겟세마네에서의 예수님 모습 같은 그런 광경은 볼 수 없을 것이나, 우리에게는 "더 확실한" 하나님의 말씀이 있다. 성경의 확실성은 시각적 체험까지도 대체할 수 있다. 그리고 이생에서 믿음으로 살아갈 때 우리에게 주어진 명령은 눈에 보이는 광경이나 체험이 아니라 신구약성경에 기록된 예수의 말씀에 주의를 기울이라는 것이다.

그렇다고 해서 우리가 변화의 이상 같은 것을 체험할 수 없으리라는 뜻은 아니다. 사실 우리는 영광 중에 계신 그리스도를 보게 될 뿐만 아니라,요일 3:2 내생에서 충실하게 완결될 변화에 대한 예상으로서 이생에서 우리 자신의 변화를 체험하기도 할 것이다. 이생에서는 믿음으로써 우리가 "모두 너울을 벗어버리고, 주님의 영광을 바라봅니다. 이렇게 해서, 우리는 주님과 같은 모습으로 변화하여, 점점 더 큰 영광에 이르게 됩니다. 이것은 영이신 주님께서 하시는 일입니다." 고후 3:18, 새번역 그리스도와 연합했기 때문에 당연히 우리는 어린양의 피로 씻긴 흰 옷을 입게 될 것이다.계 7:14

베드로, 야고보, 요한은 그리스도의 영광의 몸을 미리 보았을지는 모르나, 변함없는 사랑으로 예수를 사랑하는 모든 성도에게 약속된엡 6:24 것보다 더 좋은 영광의 몸은 결국 보지 못했다.

17 } 그리스도께서 행하신 기적

랍비여, 우리가 당신은 하나님께로부터 오신 선생인 줄 아나이다. 하나님이 함께 하시지 아니하시면 당신이 행하시는 이 표적을 아무도 할 수 없음이니이다. _요 3:2

서론

하나님의 메시아로서 예수는 자기 사역이 진짜임을 입증하기 위해 기적을 행하셨다. 모세가 자기 사역의 유효성을 확인시키기 위해 기적을 행할 능력을 부여받았던 것처럼 말이다.^{출 4장} 그리스도께서 하신 모든 말씀은 그리스도가 기적을 행할 수 있다는 사실로써 그 진실성이 입증되었다.^{마 9:6} 요한의 제자들이 예수를 찾아와 "오실 그이가 당신이오니이까"^{눅 7:20} 라고 물었을 때 예수께서는 이렇게 대답하셨다. "너희가 가서 보고 들은 것을 요한에게 알리되 맹인이 보며 못 걷는 사람이 걸으며 나병환자가 깨끗함을 받으며 귀먹은 사람이 들으며 죽은 자가 살아나며 가난한 자에게 복음이 전파된다 하라."^{7:22} 누가는 위의 말씀에 열거된 기적들의 실례를 하나하나 제시하면서 그리스도께서 눈먼 자,⁴:¹⁸ 다리 저는 이,⁵:¹⁷⁻²⁵ 나병환자,⁵:¹²⁻¹⁶ 귀먹은 사람,⁴:¹⁸, 사 29:18 죽은 자⁷:¹¹⁻¹⁷에게 행하신 영광스러운 변화의 사역을 증언한다. 오실 메시아에 대해 구약성경에 예언된 모든 내용이 예수의 사역에서 성취되고 있었다.

예수가 행하신 이 기적들, 요한이 '표적'이라고 부른요 4:54, 6:15 이 기적들은 새 창조를 안내했다. 메시아, 곧 기름부음 받은 분으로서 예수는 성령의 권능으로 기적을 행하여 하나님 나라가 힘 있게 동터 오고 있음을 명백히 드러냈다.마 12:28 이 기적들이 모든 차원에서 재창조를 필요로 하는 저주 받은 창조 세계를 향한 성삼위 하나님의 인애를 증거할 때 이렇게 성부 하나님과 성령 하나님이 예수와 함께 계셨다.요 3:2, 눅 4:18, 행 10:38

기적의 사역을 시작하시다

그리스도의 첫 번째 기적은 가나의 결혼식에서 일어났다.요 2:1 그리스도는 어머니와 제자들과 함께 이 결혼식에 초대받았다.요 2:3 축하 잔치가 벌어지고 있는데 포도주가 동이 났다. 포도주가 떨어졌다는 것은 이 당시 이스라엘의 영적 황무 상태를 반영하는 것일 수 있다. 구약성경에서 포도주가 풍성하다는 것은 하나님께서 복을 주고 계시다는 표이기 때문이다.시 104:15, 잠 3:10, 참고 마 26:29 마리아는 자기 아들이라면 이 문제의 해법을 내놓을 수 있으리라는 것을 알았던 듯 곧 아들에게 이 상황을 알렸다.요 2:3 하지만 그리스도께서는 자신의 "때"가 아직 이르지 않았다고 대답했는데,요 2:4 요한복음을 보면 이 "때"란 십자가에 달리실 것을 가리키는 게 분명하다.7:30, 8:20, 12:23, 27, 13:1, 17:1 예수께서는 자신이 행하는 기적 하나하나가 다 십자가를 내다보는 것으로서, 이 기적들은 다 십자가를 가리키고 있음을 잘 알고 계셨다. 그래서 예수는 아직 사람들의 시선을 끌고 싶지 않았고, 예수의 어머니는 이를 이해하지 못했다.요 2:5

우리가 알다시피 예수에게는 물이 가득 들어 있는 "두세 통 드는 돌항아리 여섯이" 있었고,요 2:6 이에 예수는 이 여섯 통의 물을 모두 포도주로 변화시켰다.2:9 그런데 이 기적의 요점은 무엇인가?

첫째, 요한은 예수께서 이 표적을 행하고 난 뒤 제자들이 예수를 믿었다는 사실을 분명히 하고 있다.2:11, 참고 2:23-25 둘째, 그리스도께서는 그 자리에서 포도를 발효시켜 포도주로 만드는 길고도 정상적인 포도주 제조 과정을 우회하여, 이 기적을 통해 "그의 영광을 나타내"시고2:11 무대 중앙을 차지하셨다.

이 결혼식에서 그리스도의 역할은 역사 속에서, 실제로 영원의 시간으로까지 이어지는 역사 속에서 그리스도의 역할을 반영한다. 그리스도는 무대 중앙을 차지함으로써 자기 영광을 보이셨다. 이 일은 예수께서 아버지의 나라에서 백성들과 함께 포도 열매(즉, 포도주)를 마시게 될 천국에서 절정에 이를 것이다. 가나의 결혼식은 이런 식으로 새 예루살렘에서 있게 될 결혼식을 예상하게 한다. 이 결혼식에서 메시아 시대가 도래했다. 정결 예식에 쓰는 항아리, 이스라엘의 황무 상태, "구주"에 대한 요구 등 이 모든 것이 포도주를 풍성하게 해주실 메시아를 절실히 필요로 했다.사 25:5-12, 암 9:13-15 이 기적은 새 시대의 선언이었다.

주린 자를 먹이심

네 복음서는 저마다 예수께서 5천 명을 먹이신 기적에 대해 기록한다.마 14:13-21, 막 6:32-44, 눅 9:10-17, 요 6:1-13 이것이 남자만 계수된 숫자라는 점을 고려할 때, 예수께서는 2만 명 이상을 먹이신 듯하다. 마가는 예수께서 이들에게 많은 것을 가르치셨고 "그 목자 없는 양 같음으로 인하여 불쌍히 여기"셨다고 말한다.막 6:34 여기서 우리는 순서에 주목해야 한다. 예수께서는 먼저 "여러 가지로" 가르치신 후에야 이들을 먹이셨다.막 6:42

무리들을 먹이고자 하신 예수의 결정은 자기 능력을 드러내는 것이었을 뿐만 아니라 이 사람들에게 필요한 것이 무엇인지 보시고 그에 반응하신 것이기도 했다. 이 기적을 보면 구약성경에서 여호와께서 행하신 기적이 떠오른다.출 16장, 민 11장 그리스도께서 먹이신 유대인들은 이 일을 접하면서 아마 선지자 엘리사가 보리떡 스무 개로 백 명을 먹이고도 남은 사건을 떠올렸을 것이다.왕하 4:42-44 엘리사는 백 명을 먹인 반면 그리스도께서는 수만 명을 먹이셨다. 엘리사 선지자는 대 선지자 그리스도에 가려 빛을 잃었다. 그렇게 그리스도께서는 아버지께서 말하라고 하신 것을 하나님의 백성들에게 다 말했다.신 18:18 하나님께서 모든 백성들의 기본적 필요를 책임져 주시는 것처럼, 예수께서도 이들의 배고픔을 영적으로나 물질적으로나 다 책임져 주셨다.

그래서, 앞에서 말했다시피, 이때 설교된 좋은 소식은 기적의 목적이 종말론적으로 실현될 것을 예기豫期했는데, 그 목적은 그리스도의 사역에서 그리스도의 대리자인 성령을 통해 복음의 능력이 주린 자를 먹이고 앞 못 보는 자가 볼 수 있게 하고 병을 치유하며 죽은 자에게 생명을 주고 사람을 변화시키는 것에 관심을 불러일으키려는 것이었다. 우리는 썩을 양식을 위해서가 아니라 "영생하도록 있는 양식을 위하여" 일해야 하며, "이 양식은 인자가 너희에게 주"실 것이다.요 6:27

눈먼 자에게 시력을 주심

요한복음 9장에서, 날 때부터 앞 못 보는 사람을 보고 제자들은 이 사람이 이런 상태인 것이 자기 죄 때문인지 혹은 부모의 죄 때문인지를 묻지 않을 수 없었다. 예수께서는 "이 사람이나 그 부모의 죄로 인한 것이 아니라 그에게서 하나님이 하시는 일을 나타내고자 하심이라"고 대답했다.요 9:3 이 경우, "하나님이 하시는 일"에는 날 때부터 앞 못 보는 이 사람을 기적적으로 고쳐 주시는 일이 포함되었다.

이 특별한 유형의 기적에는 진정 주목할 만한 뭔가가 있다. 이 기적 앞에서 바리새인들은 상당한 관심을 보였던 것이 분명하다.요 9:13 본문의 설명은 이들이 사악한 불신앙 때문에 예수가 과연 하나님께로부터 왔는지의 여부에 대해 회의적 태도를 갖게 되었음을 강조한다. 구약성경에는 맹인이 치유된 사례가 아주 드물다.왕하 6:8-23 참고 날 때부터 맹인이었던 사람이 앞을 보게 되었다는 이야기는 어디서도 찾아볼 수 없으며, 여기서 시력을 되찾은 사람은 이렇게 말한 것도 그 때문이다. "창세 이후로 맹인으로 난 자의 눈을 뜨게 하였다 함을 듣지 못하였으니."요 9:32

바리새인들은 메시아가 앞 못 보는 사람에게 시력을 주는 분이라는 사실을 기억했어야 했다. "그 날에 못 듣는 사람이 책의 말을 들을 것이며 어둡고 캄캄한 데에서 맹인의 눈이 볼 것이며."사 29:18, 참고 35:5, 42:7 이 표적은 단순히 하나님이 하시는 일을 나타내기 위해서가 아니라 하나님의 종 메시아에게서 그 일을 나타내기 위한 것이었다. 메시아는 앞 못 보는 이들에게 육신의 시각을, 그리고 더 중요한 것으로 영적 시각을 안겨 주신다. 구약성경에서도 그런 사실이 명백히 강조되었는데, 이를테면 여호와께서 장차 한 회중을 소집하사 거기서 영적으로 눈멀고 귀먹은 이들이 고침 받게 하실 것이라고 했다. "눈이 있어도 보지 못하고 귀가 있어도 듣지 못하는 백성을 이끌어 내라."사 43:8

여기, 볼 수 있고 들을 수 있으나 여전히 눈멀고 귀먹은 상태로 있는 자들이 있었다. 태어날 때부터 맹인이었으나 이제 볼 수 있게 되었고 믿게 된 그 사람에게 예수께서는 자기가 세상에 온 것이 보지 못하는 자들은 보게 하고 보는 자들은 맹인이 되게 하려 함이라고 하셨는데,요 9:39 이때 예수께서 말씀하시고자 했던 요점이 바로 이것 아닌가? "우리도 맹인인가?"9:40라는 모욕적인 질문 앞에 바리새인들은 이제 예수의 말씀이 무슨 뜻인지 이해하기 시작했다는 태도를 보였다. 이에 예수께서는 다음과 같은 말씀으로 힘 있게 이 문제를 결론지었다. "너희가 맹인이 되었더라면 죄가 없으려니와 본다고 하니 너희 죄가 그대로 있느니라."9:41 결국 맹인이 치유된 것은 죄 사함과 관련한 영적 시력에 관한 문제였던 것이다.

이 모든 일에서 우리는 그리스도께서 행하신 기적을 단순한 박애 행위로 봐서는 안 된다. 이 기적들은 하나님께서 자기 아들 안에서 결정적으로 행동하셨을 때 역사에서 위대한 구속救贖의 순간이 개시되었음을 (아주 큰 소리로) 외치고 있다. 하나님 나라는 그리스도와 함께 도래했고, 따라서 기적도 있게 된 것이다. 이 기적들에서는 하나님의 은혜로움, 긍휼, 사랑뿐만 아니라 심판까지도 그 아들의 위격 안에서 빛을 발했다.

병자를 고치심

나병은 옛날 사람들이 두려워하던 병이었는데, 이는 그 병이 주는 육체적 고통 때문만이 아니라 나병 환자로 살아간다는 것에 함축되어 있는 사회적이고 (대개는) 종교적인 의미 때문이기도 했다. 나병은 사람의 몸이 말 그대로 썩어 문드러지는 정말 끔찍한 병인데, 그래서 나병은 너무나도 당연히 불결함과 연관된 질병이 되었다.^{레 13:45-46} 나병 환자들만을 위한 부락이 따로 정해진 것은 이들이 본질상 사회와 격리된 추방자들이었기 때문이다. 성경에서 가장 유명한 나병 환자는 아람의 군대 장관 나아만이다.^{왕하 5:1} 선지자 엘리사를 만나러 이스라엘로 간 나아만은 요단강에서 일곱 번 몸을 씻으라는 말을 들었다. 아무리 생각해도 납득이 안 되었지만, 나아만은 그 말대로 했고 그래서 병이 나았다.

　신약성경에서도 또 한 사람의 나병 환자가 깨끗해지는 사례를 보게 된다.^{마 8:1-4, 막 1:40-45, 눅 5:12-16} 큰 믿음의 사람이었던 그 나병 환자는 이렇게 말했다. "주여, 원하시면 저를 깨끗하게 하실 수 있나이다."^{마 8:2} 예수는 그 사람을 어딘가로 보내신 게 아니라 "온 몸에 나병 들린"^{눅 5:12} 그 사람을 실제로 만지셨다. 그리고 생각지도 못한 일이 일어났다. 우리 구주께서 불결해지신 게 아니라 그 불결한 나병 환자가 깨끗해졌다. 환자는 완전히 치유되었다.^{눅 5:13}

예수께서는 이 사람을 회복시킴으로써 육체적으로나 영적으로 이 사람에게 새 생명을 주셨다. 이제 이 사람은 공예배(즉, 회당과 성전)에 갈 수 있을 터였고, 사회에서 추방당해 살지 않아도 될 터였다. 먼저 이 사람은 제사장을 찾아가야 했다.레 14장 참조 나병 환자가 깨끗이 치유되었다는 선언은 제사장만이 할 수 있었기 때문이다. 물론 제사장은 어떻게 해서 병이 나았는지 이 사람에게 물을 것이 분명했다. 그때 이 사람이 할 말은 이것뿐이었다. "나사렛 예수가 나를 만졌습니다. 그랬더니 제가 깨끗해졌어요." 예수께서 치유의 능력을 지니셨다는 사실은 도저히 부인될 수 없었다.

사실은 우리 모두가 태어날 때부터 다 영적 나병 환자들이다. 우리의 내면은 예수께서 만지시기 전의 이 나병 환자의 겉모습과 같다. 치유의 능력이 있는, 죄를 사하시는 예수의 '손길'은 우리가 믿음으로 그분과 연합할 때 임한다. 예수는 자기 신부를 "물로 씻어 말씀으로 깨끗하게 하사 거룩하게 하시고 자기 앞에 영광스러운 교회로 세우사 티나 주름 잡힌 것이나 이런 것들이 없이 거룩하고 흠이 없게"엡 5:25-27 하여 그 신부를 성결케 하려고 십자가에서 죽으셨다. 구원 스토리는 나병 걸린 '나아만들'이 "씻고 깨끗해지라"는 단순하지만 위대한 말씀을 통해 그리스도에게 완전히 치유받는 이야기다.

귀신을 쫓아내심

변화산에서 내려오신 후 예수께서는 귀신 들린 남자아이를 고쳐 주셨다.마 17:14-19, 막 9:14-29, 눅 9:37-42 이 기적도 다른 기적과 마찬가지로 새 창조의 시작을 나타냈다. 하늘과 땅의 두드러진 대조가 이보다 더 선명할 수는 없을 것이다. 산에서 영광을 확인한 뒤 예수와 제자들은 귀신 들린 남자아이와 대면했다.

산에 오르지 않았던 제자들은 귀신 들린 아이와 그 아버지를 도울 수가 없었다. 이 제자들은 앞서 귀신을 쫓으라고 보냄 받은 적도 있었지만,^{막 6:7} 지금 이들은 그렇게 하지 못하고 있었다. 예수께서는 "믿음 없는 세대"^{막 9:19}라고 제자들과 무리들을 꾸짖으셨다. 모세와^{신 32:5} 다른 선지자들처럼,^{사 6:11, 렘 5:21-22} 그리스도께서는 이 시대 사람들이 광야에서 죽은 믿음 없는 세대와 똑같다고 말씀하셨다. 방금 산에서 모세하고 엘리야와 이야기를 나누고 내려온 예수께서는 불신앙의 위력을 날카롭게 인식하고 계실 터였다.

마침내 그리스도께서는 그 영에게 아이에게서 나오라고 명령하셨다. "말 못하고 못 듣는 귀신아, 내가 네게 명하노니 그 아이에게서 나오고 다시 들어가지 말라."^{막 9:25} 그리스도께서는 잘 쓰이지 않는 헬라어 대명사 '에고'^{에고}('나')를 써서 이것이 당신께서 친히 내리는 단호한 명령임을 강조했다.

여기서 그리스도와 어둠의 권세 사이의 싸움이 모두의 눈앞에서 펼쳐진다. 이 부분에서 우리가 알아야 할 것은, 마귀를 내쫓으실 때 예수께서는 성령의 권세 가운데 믿음으로 그렇게 하셨다는 점이다.^{행 10:38, 마 12:28} 기도는 믿음의 행위인데, 기도의 사람으로서 예수께서는 제자들이 하지 못한 일을 할 수 있었다. 왜냐하면 예수는 믿음의 사람이었기 때문이다. 우리는 예수가 이 일을 할 수 있었던 것은 그저 그가 하나님이었기 때문이라고 생각하는 경향이 있지만, 그렇게 생각하면 이 이야기의 요점을 놓치게 된다. 제자들이 귀신을 쫓아내지 못한 것은 이들에게 신성이 없었기 때문이 아니라 믿지 않았기 때문이다.

그러므로 이 기적에서 그리스도는 마귀를 물리치고 이기셨다. 그리스도께서는 자기가 싸우러 온 싸움을 강조하셨다.마 12:29 참고 하지만 그리스도께서는 능력의 영이 충만한 신실한 분으로서 이 싸움에서 이기셨다. 이 사실에서 사람들은 하나님의 위엄을 보았고,눅 9:43 이 위엄은 그 아들의 사역에서 주로 드러났다.눅 8:39, 9:26 참고 누가복음 10:17-20에 따르면, 마귀를 쫓아내는 권세는 믿음의 권세와 감히 비교할 수 없으며, 이 축귀逐鬼 사건은 바로 그 믿음의 권세를 가리키고 있다. 사탄이 하늘에서 떨어졌다! 사망의 권세를 손아귀에 쥔 자가 정복당했다. 불신자의 마음을 눈멀게 하는 자가 복음이 설교됨으로 정복되었다.

죽은 자를 일으키심

나사로 이야기는 나사로의 친구 예수라는 사람에 대해 많은 통찰을 준다. 이상한 점은, 예수께서 이틀을 지체한 후에야 마리아와 마르다의 도움 요청에 반응을 보였다는 것이다. 마침내 이 삼남매의 집에 도착한 예수께서는 나사로가 무덤에 있은 지 나흘째라는 것을 알게 되었다.요 11:17 마르다는 예수를 만나자 좀 더 일찍 오셨더라면 나사로가 죽는 것을 막을 수 있었을 것이라고 한마디 했다.11:21 마르다의 이 말에 예수께서는 그리스도가 부활이요 생명이므로 나사로가 살 것이라고 말씀하셨다.11:23, 25-26

예수의 이 말이 주목할 만한 것은, 예수가 부활을 믿었기 때문이 아니라 정말로 그가 마지막 날에 죽은 자를 살릴 분일 것이기 때문이다. 예수는 생명에 대한 소망이 바로 눈앞에 서 있음을 마르다에게 납

득시키셨다. 어떤 추상적 개념이 아니라 한 인물이 마르다의 소망의 대상이어야 했다.

그런데 이야기는 나사로의 미래에 대한 소망으로 끝나지 않는다. 그보다 예수께서는 마리아와 마르다의 고통 속으로 들어가셨다. 예수는 슬픔에 압도당했다. 예수는 "심령에 비통히 여기시고 불쌍히 여기"셨다.요 11:33 죽음을 둘러싼 그 모든 상황, 그리고 어쩌면 거기 있는 사람들에게서 볼 수 있었던 불신앙에 예수는 비통함을 느끼지 않을 수 없었다. 예수의 친구가 죽었고, 마리아와 마르다는 슬픔에 빠져 있었다. 그리고 여기 부활이요 생명이신 분이 서 있었다. 나사로가 무덤에서 나오려면 자신이 무덤으로 들어가야 한다는 것을 아는 채로. "예수께서 눈물을 흘리"신 것은11:35 이상할 게 없는 일이었다.

그리스도의 이 표적은 이 표적이 사실상 무엇을 의미하느냐의 관점에서 이해해야 한다. 이 표적은 예수께서 죽은 자에게 생명을 주심을 의미한다. 사실 죽음은 죄의 결과이지만,롬 6:23 이 문제에는 해결책이 있고, 그 해결책은 오직 그리스도 안에서만 찾을 수 있다. 예수는 부활한 몸을 입고 영원히 하나님을 즐거워하게 될 모든 사람들의 첫 열매로서, 영광으로 부활하실 분으로서 직접 무덤에 들어가셨다.고전 15:23, 51-54 실제로 예수가 부활이요 생명이신 만큼, 예수를 믿는 이들은 다 "죽어도 살" 것이다.요 11:25

하지만 우리가 이 부활 생명에 대한 소망을 갖게 되는 것은 나중 일일 뿐만 아니라 바로 지금의 일이기도 하다. 훗날 우리가 물리적으로 썩지 않을 몸을 입고서 받게 될 것을 우리는 지금 썩을 몸을 입은 상태에서도 영적으로 향유한다. 예수께서는 요한복음 11:25 말씀에 뒤이어 자기를 믿는 자는 "영원히 죽지 아니하리"라고[11:26] 놀라운 주장을 하심으로써 이 사실을 분명히 하셨다. 예수를 믿는 이들은 이제 예수 안에서 영생을 소유하며, 이 부활 생명을 나사로의 부활은 가리키고 있다. 이것이 성령께서 주시는 바로 그 생명이며, 예수께서는 "사람이 거듭나지 아니하면 하나님의 나라를 볼 수 없느니라"[요 3:3]고 증거하심으로써 니고데모에게 이 점을 분명히 밝히셨다. 리처드 개핀이 올바로 지적하다시피, 성령을 통한 예수의 이 사역, 특히 오순절 이후의 사역은 "부활의 사역에 미치지 못할 게 없으며, 장차 그리스도께서 다시 오실 때 있을 신자들의 몸의 부활 못지않게 현실적이고, 기적적이고, 종말론적이다."[1]

다시 말하거니와, 예수께서 가나에서 처음 행하신 기적과 귀신 들린 아이에게서 귀신을 쫓아내신 일과 마찬가지로, 나사로가 죽음에서 부활한 기적도 하나님의 영광을 나타냈다.[요 11:40] 이 세상에서 하나님의 영광은 늘 그리스도의 위격과 관계되어 드러난다.

결론

어떤 면에서 우리가 지금까지 살펴본 기적들은 무(無)에서 세상을 창조하시고 자신의 전능한 손으로 그 세상을 지탱하시는 분에게는 한갓 어린아이의 놀이와도 같았다. 그러나 또 어떤 면에서 이 기적들은 (때로는 문자 그대로) 삶과 죽음의 문제였다. 이 기적들은 그리스도 안에서 하나님의 능력을 그저 발휘해 보이는 것과는 거리가 멀고, 오히려 그리스도의 사역이 진짜임을 입증하며 그가 누구이고 무엇을 하러 오셨는지에 관해 소리 높여 말해 준다. 성결의 영은 그리스도가 이

런 일을 하실 수 있도록 구비시킬 책임이 있는 위격이었다.^사61:1-3

그리스도는 "하나님의 [새] 창조의 근본이신 이"시다.^계3:14 모든 기적들이 다 이를 증언한다. 하지만 기적 중의 기적은, 그리스도 안에 있는 자들은 장차 올 것을 맛보기로 보여주는 이들로서 이제 새 피조물^고후5:17이기도 하다는 사실이다. 영광 중에 우리는 우리 주님과 함께 포도나무 열매에서 난 것을 마실 것이다. 우리 몸과 영혼을 그분이 먹이실 것이다. 우리는 예수 그리스도의 얼굴에서 이제까지 본 적이 없는 하나님을 보게 될 것이다. 우리는 모든 더러움이 씻길 것이다. 정사와 권세를 이긴 정복자 그 이상이 될 것이다. 그리고 우리 몸의 영광스런 부활을 누리게 될 것이다. 우리가 이를 아는 것은 예수께서 행하신 기적이 이것이 사실임을 증명하기 때문이며, 우리는 훗날 이것을 완전히 누리게 될 것을 기다리면서 지금 이를 부분적으로 체험하고 있다.

그리스도께서 행하신 기적이 하나님의 영광뿐만 아니라 그분께서 우리를 구원하시는 목적을 가리키지 않는다면, 그것은 그 기적을 제대로 이해하는 것이 아니다. 우리가 그 기적에서 하나님의 엄위를 보고 또한 그리스도를 통해 만물을 새롭게 하시려는 하나님의 계획을 본다면, 그 기적은 단순한 신적 권능의 행위 그 이상이 될 것이다.

18 } 그리스도께서 남기신 말씀

내가 내 자의로 말한 것이 아니요 나를 보내신 아버지께서 내가 말할 것과 이를 것을 친히 명령하여 주셨으니. _요 12:49

서론

어떤 사람이 세상을 떠나기 전 어떤 말을 하는지 들어 보면, 그 사람에 대해 많은 것을 알 수 있다. 프랑스 철학자 미셸 푸코가 세상을 떠나기 직전, 오랜 세월 동안 그를 열렬히 추종해 오다가 이제 임종의 자리에서는 또 어떤 지혜의 말을 남길지 기대하며 둘러서 있는 사람들에게 그가 해줄 수 있는 말은 이것뿐이었다. "어떤 일정한 상황에서는 뭔가 말할 게 있기 마련이라고 여러분들은 늘 생각하는데, 결국은 아무것도 할 말이 없다는 게 이제 밝혀지는군요." 불신자가 세상을 떠나는 자리에서 남아 있는 이들에게 아무것도 (의미 있는) 전할 말이 없었다면, 일찍이 가장 경건했던 분의 경우는 어떠했는가?

임종의 자리에서 예수는 침묵하지 않고 말씀했다. 그것도 장엄한 태도로. 죽기 전 하신 일곱 마디 말씀 중 셋은 아버지를 향한 것이었고, 넷은 옆에 있던 사람들에게 주는 말씀이었다. 십자가에서 흘러내리는 예수의 피가 저주 받은 땅 위로, 저주 받은 죽음에 의해 언젠가는 구속될 땅 위로 뚝뚝 떨어지고 있을 때, 그리스도께서는 계속해서 말씀하셨다. 너무도 무게 있고 위엄 있는 말씀인지라 우리는 이렇게 말할 수밖에 없다. "이는 진실로 하나님의 아들이었도다."마 27:54

첫 번째 말씀: "아버지, 저들을 사하여 주옵소서······"
우리 죄가 사함 받는다면 이 세상에서 사실 다른 어떤 것도 중요하지 않다. 죄 사함 받는 것은 기독교를 다른 모든 종교와 구별 짓는 축복이다. 죄인들은 십자가에서 죄 짐을 지고 죽으신 그리스도의 죽음을 통해 자비로우신 하나님에게 값없이 사함을 받는다. 그것이 우리가 그분의 손에서 받는 가장 큰 자비이며, 그 죄 사함이 수반되지 않는다면 다른 모든 자비는 다 심판이다.

그리스도께서 "아버지, 저들을 사하여 주옵소서. 자기들이 하는 것을 알지 못함이니이다"눅 23:34라고 간구하신 것은 여전히 죄에 맞서 몸부림치는 친구들과 제자들을 위해서라기보다 그리스도를 미워하는 사람들(즉, 로마인과 유대인)을 위해서였다. 그리스도께서는 그 최악의 사람들을 위해 최선을 빌어 주셨고, 사람들이 자신을 지극히 미워하고 있을 때에도 지극히 자애로우셨다. 그러나 예수는 자신이 기도해 준 그 사람들에게 회개를 요구하지 않은 채 무조건 용서하지는 않으셨다. 예수는 그들을 사해 달라고 아버지께 요청했다. 그러면 아버지는 사실상 그리스도의 원수들을 사해 주신 것인가? 오순절 날 수천 명이 회심했을 때,행 2장 그리스도의 요청은 응답되었

다. 이 죄인들은 회개했고, 죄 사함을 위해 믿고 세례 받으라고 명령 받았다.[행 2:37-38]

그리스도께서 그들의 죄가 사함 받기를 바라셨던 것은 "자기들이 하는 것을 알지 못"하기 때문이었다. 사실 그 사람들의 행위는 일종의 무지 탓이기도 하다.[행 3:17] 교부 테르툴리아누스[160경-225]가 언젠가 말한 것처럼, 어떤 사람에 대해 잘 모르고 그 사람을 싫어하다가 그 사람이 어떤 사람인지 알게 되면 "그 무지가 끝나는 순간 미움도 끝이 난다."[1] 영광의 주를 십자가에 못 박은 사람들이 자기가 무슨 짓을 하고 있고 누구에게 그런 짓을 했는지 깨닫게 되었을 때, 이들의 증오는 사랑으로 변했다.[고전 2:8] 그런 일이 일어나는 이유는 다름 아니라 "아버지, 저들을 사하여 주옵소서"라는 그리스도의 간구 덕분이다.

그 어떤 간구도 십자가에서 하나님의 아들이 한 간구만큼 그렇게 효력 있게 하늘에 상달되지 못했다. 십자가에 달린 채 저들의 죄를 사해 달라고 청하신 예수의 간구는 그 사함이 오로지 십자가에 의해서만 임할 수 있었기 때문에 더더욱 힘이 있었다. 그런 상황에서 그런 간구를 한다는 게 그리스도께는 힘든 일이었겠지만, 그 비참한 죄인들을 사해 달라고 아버지께 간구하기에 그보다 더 적절한 순간은 없었다. 그렇게 하심으로써 성자께서는 제자들에게 주신 바로 그 명령을 이행하셨다. "너희 원수를 사랑하며 너희를 박해하는 자를 위하여 기도하라. 이같이 한즉 하늘에 계신 너희 아버지의 아들이 되리니."[마 5:44-45] 그 요구는 지금 우리에게도 여전히 주어진다. 그리스도께서는 죽임 당하는 순간에도 자기를 죽이는 자들에게 그런 자비를 보이실 수 있었다면, 우리가 어떻게 우리 원수들에게 동일한 태도를 보이지 않을 수 있겠는가?

두 번째 말씀: "내가 진실로 네게 이르노니, 오늘 네가 나와 함께 낙원에 있으리라"

여기, 그리스도께서 십자가에서 맨 처음 하신 말씀이 구체적으로 성취되었음을 보여주는 말씀이 있다. "아버지, 저들을 사하여 주옵소서"라고 그리스도께서 말씀하자마자 아버지께서는 한때 예수를 욕했던 범죄자를 변화시켜 그리스도께 영광 돌리는 성도로 만드심으로써 그 기도에 응답하셨다. 이제 곧 회심하게 될 그 죄인은 그리스도의 죽음에 직접적으로 책임이 있지는 않았지만, 그럼에도 그는 그 죽음에 책임 있는 자들 가운데 합류했고, 그리하여 그리스도께서 "저들을" 사하여 달라고 하나님께 청했을 때 그 중 한 사람으로 간접적으로 언급되었다.

그리스도는 죄 없으신 분임에도 범죄자 중 하나로 헤아림을 받거나 혹은 불법자의 동류로 여김 받았다.^{사 53:12, 눅 22:37} 이 모든 불법자들은 자신들이 저지른 죄 자체보다 더 큰 문제를 안고 있다. 이들은 신인(神人)이신 그리스도를 미워한다. 누구든 주 예수 아닌 다른 존재를 주인으로 모시는 사람은 다 예수를 미워한다.^{눅 16:13, 갈 4:8} 예수 양 옆의 이 두 범죄자가 예수를 혐오했다는 사실은 십자가형이 진행되는 동안 아주 뚜렷하게 드러났다. "함께 십자가에 못 박힌 강도들도 이와 같이 욕하더라."^{마 27:44}

그 중 한 범죄자의 회심은 아주 특별한 일로서, 그리스도의 기도가 지닌 위력과 하나님의 은혜를 증명한다. 그 사람은 그리스도께서

물을 포도주로 변화시켰을 때나 그 밖의 다른 기적, 이를테면 물 위를 걸으셨다거나 앞 못 보는 사람의 눈을 뜨게 해주셨다거나 혹은 죽은 나사로를 살리셨다거나 하는 그런 기적을 행하시던 순간에 믿음을 갖게 된 것이 아니었다. 그렇다, 그 불법자는 메시아께서 저주 받은 자로 나무에 달려 있을 때 메시아를 믿게 되었다! 그 불법자는 제자들이 버리고 달아난 분을 신뢰했고 담대히 변호했다. 이 불법자가 당신의 나라에서 나를 기억해 달라고 부탁하던 순간, 예수는 가장 비천한 상태에 있었다. 예수가 십자가에 달려 있을 때, 누구 하나 공개적으로 나서서 전에 세례 요한이 그랬던 것처럼 "보라, 세상 죄를 지고 가는 하나님의 어린양이로다"요 1:29 라고 외친 사람이 있는가? 그런데 나무에 달려 죽어가던 이 도적이 실질적으로 바로 그런 행동을 했다. 따라서 그리스도께서 이 사람에게 약속하기를 당신의 나라에 그를 위한 자리가 있을 것이라고 하신 것은 당연한 일이었다. "내가 진실로 네게 이르노니 오늘 네가 나와 함께 낙원에 있으리라."눅 23:43

그리스도께서는 언제나('언제나'가 중요하다!) 가장 비참한 죄인일지라도 기꺼이 구원하고자 하신다. 죄를 인식하면눅 23:40 그리고 우리 자신이 아니라 그리스도를 신뢰하면눅 23:42 언제나 죄인이 받을 수 있는 가장 확실한 진리에 이르게 된다. 즉, 구주께서는 그런 자를 낙원으로 영접하신다!

세 번째 말씀: "보라, 네 어머니라"

그리스도께서 원수를 용서하라는 자기 자신의 명령에 순종하셨다면, 마찬가지로 그분은 가장 혹독한 상황에서도 제5계명 또한 성취하셨다. 그리스도께서는 자기 어머니를 공경하셨다.출 20:12 이 당시 예수의 어머니는 아마 과부였을 것이며, 아무 수입도 없이 지극히 궁핍한 형편이었을 것이다. 예수께서는 죽어 가면서도 어머니에게 마음을 썼다. "보라, 네 어머니라"요 19:27고 하면서, 자기 어머니처럼 돌봐 달라고 사랑하는 제자(요한)에게 부탁했다.

예수의 어머니는 여기, 아들이 처형당하는 현장에 와 있다. 여인은 자기 자녀가 고통 중에 있는 것을 보았고, 이는 자식을 가진 부모라면 거의 누구라도 끔찍이 혐오할 일이다. 설령 세상에서 가장 비열한 인간일지라도 말이다. 위대한 복음주의 저술가 A. W. 핑크는 이 장면에 대해 이렇게 말했다.

> 지금 가시 면류관 쓰고 있는 그 이마에 맨 처음 입을 맞춘 사람이 이 여인이었다. 맨 처음 아장걸음을 할 때 그 손을 잡고 발길을 인도해 준 이도 이 여인이었다. 세상 그 어떤 어머니도 이 여인만큼 고통당하지 않았다. 제자들은 그분을 두고 달아나고, 친구들도 그분을 버리고, 같은 민족 사람들도 그분을 멸시할지 모르지만, 그분의 어머니만큼은 거기 십자가 발치에 서 있다. 오, 그 어머니의 심정을 감히 누가 헤아리거나 분석할 수 있겠는가.[2]

예수의 어머니는 아들에게 사랑을 보이셨고, 예수는 어머니에게 사랑을 보이셨다. 어머니와 자녀 사이는 늘 이러해야 한다. 의로운 마리아와 의로움의 선구자 사이에 사랑이 오가는 광경을 상상해 보라.

그리스도께서는 이제 곧 육신의 부모가 없는 영역으로 들어가려는 참이었고, 거기서 그리스도는 천지의 주님이 되시어 자기에게 합당한 영광을 입으실 터였는데, 그리스도 자신에게도 하나의 신비였을 이 시점의 그 상황에서 그리스도는 죽음을 목전에 두고서도 율법을 성취하는 것을 잊지 않으셨다. 우리는 그리스도께서 어머니를 요한에게 맡기며 돌봐 드리기를 부탁하지 않았다면 죄인을 위한 그분의 죽음이 전혀 효력이 없었을 것이라 말할 수 있다. 무슨 말이냐면, 그리스도께서 십자가에서 이 말씀을 하지 않았다면 우리는 지옥에 있게 되었으리라는 것이다. 하지만 그리스도께서는 삶에서는 물론 '죽음에서도' 하나님의 율법을 지키셨다.

네 번째 말씀: "엘리, 엘리, 라마 사박다니?"

그리스도께서 십자가에서 하신 이 말은 오직 한 분만 이해했다. "엘리, 엘리, 라마 사박다니?" 다시 말해, "나의 하나님, 나의 하나님, 어찌하여 나를 버리셨나이까?"마 27:46 그분은 그리스도 자신이었다. 그리스도를 제외한 우리 모두는 하늘을 가르고 마음을 녹이는 이 외침이 무슨 뜻인지 이해하려고 최선의 노력을 다하는 수밖에 없다. 하지만 우리는 그리스도에게 지워진 짐을 이해하기에는 턱없이 부족하다. 그 짐은 십자가 일만 개의 무게보다 무거운 짐이었고, 그리스도로 하여금 왜 나를 버리셨느냐고 큰 소리로 울부짖게 만든 짐이었다.

그리스도의 이 외침은 신에게 버림 받는 경험을 한 사람의 말이다. 하나님의 은총, 은혜, 사랑을 느낄 수 있으며 그 은총과 은혜와 사랑이 임재하는 자리에서 벗어나게 되는 것도 이런 유형의 버림 받음에 포함된다. 하나님의 은총과 은혜와 사랑이 내게서 사라진다는 것은 곧 하나님이 내게서 없어지는 것이다. 하지만 하나님께서 자기 아들에게서 은총을 거둬가셨을지라도 그리스도는 여전히 하나님께 순종했다. 하나님께서 자기 아들에게 가장 진노하셨을 때가 바로 하나님께서 그 아들과 더불어 가장 행복해하신 때였다.

이 지점에서 우리는 아주 조심스럽게 발걸음을 내디뎌야 한다. 하나님은 그리스도에게서 당신의 사랑을 철저히 다 거둬가지 않으셨다. 바로 그 사실이 그리스도 자신에게는 감춰져 있었지만 말이다. 아버지께서 어떻게 그와 같은 순종을 기뻐하지 않으실 수 있었겠는가? 아버지의 임재를 거둬가신 것이 그리스도에게는 오히려 새로운 경험이었다. 세상 그 어떤 사람도 성부의 사랑을 성자만큼 알지 못하며, 이것이 바로 세상 그 어떤 사람도 하나님이 그 모습을 감춘 상태에서 성자께서 받으신 그런 고통을 체감하지 못하는 이유다. 어찌하여 나를 버리셨느냐고 그리스도께서 부르짖었을 때(이는 시편 22:1을 직접 인용한 말이었다) 이는 마치 영원히 배척당한 사람의 입에서 터져 나오는 새된 비명 같았다. 이는 그리스도께서 전에는 알지 못했던 울부짖음이었다. 그리스도는 아버지의 기쁨이시고, 늘 아버지의 미소만 향유하셨기 때문이다. 그러나 이제 그리스도는 "지옥으로 내려가셨다."

아버지께 버림 받은 이 음울한 상태에서도 그리스도는 여전히 믿음으로 아버지께 자기를 의탁하고 아버지의 약속에 의지하셨다. 지옥에는 감각의 고통과 상실의 고통이 있다. 존 플라벨의 말을 들어보자. "그래서 이에 따라 그리스도는 진노를 느꼈을 뿐만 아니라 체감할 수 있는 모든 은총과 사랑이 다 감(減)하여지거나 회수되었다."[3] 그리스도께서는 육체의 고통과 함께 아버지의 얼굴을 잃는 영적 상실도 겪으셨다. 그리스도께서 아버지의 위로를 필요로 한 적이 있었다면, 아버지께서 그리스도에게서 모든 위로를 거둬가신 바로 그때였다. 그래서 그리스도가 가진 것, 그리스도를 지탱시켜 줄 만한 것이라고는 이 어둠의 시간을 지내는 동안 그분의 믿음이었다. "이제 그에게는 아버지의 언약과 약속에 매달리는 것 외에 다른 것은 아무것도 없었다."[4]

그리스도께서 십자가에서 5계명에 순종하신 것이 반드시 해야 할 필연적인 일이었을진대, "나의 하나님, 나의 하나님, 어찌하여 나를 버리셨나이까"라는 부르짖음은 얼마나 더 그렇겠는가? 그리스도께서 그 말씀을 하지 않았다면 "우리는 지옥의 가장 깊은 곳에서 영원히 이 가증스러운 불평을 쏟아내며 울부짖어야 했을 것이다."[5] 그런데 그리스도께서 그 말을 하셨다. 이는 하나님의 아들 입장에서는 그가 겪을 수 있는 가장 불편한 상황에서 나온 말이지만, 신자들의 입장에서는 상상 가능한 가장 큰 위로를 주는 말이다. 그리스도의 그 부르짖음 덕분에 우리는 이렇게 외칠 수 있게 된다. "나의 하나님, 나의 하나님, 어찌하여 우리를 그 품에 품으십니까?"

다섯 번째 말씀: "내가 목마르다"

성경에 기록된 우리 주님의 십자가상 말씀 중 주님의 육체적 고통을 드러낸 것은 이 말씀뿐이다. 이는 평범해 보이지만 절대 평범하지 않은 말씀이다. 우리는 이 말씀을 하시는 분이 세상의 모든 샘과, 모든 강과, 모든 시내와, 모든 구름과, 모든 대양을 만드신 분이라는 점을 고려해야 한다. 그런 분이 "내가 목마르다"고 하셨다.요 19:28 그렇다, 그분은 우물가의 여인에게 "네가 만일 하나님의 선물과 또 네게 물 좀 달라 하는 이가 누구인 줄 알았더라면 네가 그에게 구하였을 것이요 그가 생수를 네게 주었으리라"고 말씀하신 분이다.요 4:10

그리스도의 탈수 상태는 아주 극심했던 것이 분명하다. 만일 그리스도께서 요청하셨다면 구름이 기꺼이 비를 내려 기운을 차리실 수 있게 해주었을 것이다. 그리스도께서 목말라 하셨다는 사실에서는 그분의 인성이 명백히 확인되지만, 이는 물로 해소되기를 갈망하는 단순한 갈증을 넘어선다. 왜냐하면 이는 그리스도께서 정말로 하나님의 저주 아래 있었다는 물리적 증거인 듯하기 때문이다.

부자와 나사로라는 극적 비유에서 부자는 이렇게 소리친다. "아버지 아브라함이여, 나를 긍휼히 여기사 나사로를 보내어 그 손가락 끝에 물을 찍어 내 혀를 서늘하게 하소서. 내가 이 불꽃 가운데서 괴로워하나이다."눅 16:24 그리스도에게는 십자가에서 느낀 목마름이 그분의 지옥이었다. 스펄전은 말하기를, 만약 그리스도가 목마르지 않았다면 "우리 모두가 하나님에게서 멀리 떨어진 채 천국과의 사이에 건널 수 없는 구렁텅이가 가로놓인 상태에서 영원히 목말라 했을 것"이라고 한다.[6]

우리 주님께서 겪으신 목마름은 죽을 때의 영적 목마름이었다. 자연 발생적인 목마름도 있고 영적인 목마름도 있다. 성경은 하나님의 백성들을 압도하는 영적 부류의 목마름에 대해 자주 이야기한다.

가련하고 가난한 자가 물을 구하되
물이 없어서

갈증으로 그들의 혀가 마를 때에

나 여호와가 그들에게 응답하겠고

나 이스라엘의 하나님이 그들을 버리지 아니할 것이라. _사 41:17

우리가 목마름 중에 버림 받지 않는 것은 그리스도께서도 그 목마름 중에 계셨기 때문이다. 그리스도의 목마름은 사실 육체의 목마름을 초월하는 목마름이었다. 스펄전이 말하다시피, "하지만 우리 주님은 목마름을 극한까지 감당하셨는데, 이는 이 목마름이 자기에게 임한 죽음의 목마름이기 때문이었고, 더 나아가 이것이 일반적이지 않은 죽음을 죽는 이의 목마름이기 때문이었으니, 그분은 '모든 사람을 위하여 죽음을 맛보았다.'"[7]

흥미로운 점은, 예수께서 마르고 갈라진 목구멍으로 신 포도주를 넘기신 것은, 그렇게 해야 그 다음 말씀을 할 수 있기 때문이었다.[요 19:29-30] 하지만, 궁극적으로 그리스도께서 받아 마신 것은 무엇이었는가? 진노의 잔이었다. 스펄전은 이 부분을 이렇게 보고 있다. "거기 잔이 있었고, 음부가 담겨 있었으며, 구주께서 이 잔을 마셨다. 입술 한 번 적시고 만 게 아니었다. 한 모금 마시고 그친 게 아니었다. 자기 백성 중 그 누구든 한 방울도 마실 수 없게 바닥까지 남김없이 드셨다."[8]

여섯 번째 말씀: "다 이루었다"

예수께서는 오직 요한만이 기록한 한 소중한 말씀을 남겼다. '테테레스타이'(tetelestai, "다 이루었다", 요 19:30). 요한은 이보다 앞서 낮아지신 메시아로서의 그리스도의 사역이 이제 완결되었음을 설명하려고 이 표현을 쓴 적이 있는데,[19:28] 예수께서는 최후의 일성으로 이 말씀을 하신 게 분명하다. 예수는 아버지께서 하라고 하신 일을 완수했다.[요 17:4] 고대 헬라 철학자들은 짧은 말로 많은 것을 표현하는 것을 훌륭하게 여겼다. 그렇다면 '테테레스타이'라는 이 한 마디에는 어떤 의미가 담겨 있을까?

예수께서는 모든 의를 다 이루셨고,[마 3:15] 도덕법과 민법과 의식법 등 모든 율법의 교훈에 따라 자기에게 명령된 일을 다 하셨다. 아버지께서 맡기신 일을 다 완수함으로써 아들은 아버지께 영광을 돌렸다. 또한 모든 의를 이룰 수 있는 능력을 주신 성령께도 영광을 돌렸다. 마지막으로, 그리스도께서는 자기 자신에게도 영광을 돌렸다. "다 이루었다"는 말은 무언가 성삼위께서 모두 다 기뻐하는 그런 말이었다.

하나님께서는 우리의 모든 죄악을 그리스도에게 담당시킴으로써[사 53:6] 우리 죄를 그리스도에게 옮겼다. 그 죄는 이제 우리가 값을 치러야 할 죄가 아니다. 다 이루어졌다. 그리스도인으로서 우리는 이제 더는 정죄 아래 있지 않다.[롬 8:1] 다 이루어졌기 때문이다. 우리 죄의 죄책과 정죄와 권세와 형벌은 갈보리에서 다 처리되었으니, 왜냐하면 다 이루어졌기 때문이다. 예수께서는 오직 그분만이 다 이룰 수 있는 일을 다 이루셨다.

예수께서 다 이루었다는 말을 했을 때, 이는 승리를 말하는 게 아니었다. 사탄은 그리스도의 죽음에서 그분의 발꿈치를 상하게 했으나, 오히려 그로써 자기 머리가 으스러져 패배했다.[창 3:15] 그리스도께서는 아버지의 공의를 충족시키셨고, 아버지께 영광을 돌리셨으며, 죽음으로써 무덤에 가둬둘 수 없는 분으로서 무덤에 들어가고 계셨다. "다 이루었다"는 말은, 그리스도는 물론 그리스도께 속한 모든 이들의 입장에서는 "시작되었다"는 뜻이기도 하다. 새 생명, 새 소망, 새 하늘과 새 땅은 모두 이 의기양양한 말씀에 달려 있다.

일곱 번째 말씀: "아버지, 내 영혼을 아버지 손에 부탁하나이다"

죽는 순간 그리스도께서는 하나님을 칭할 때 가장 즐겨 쓰시던 호칭 "아버지"께로 돌아갔다. 이 말은 시편 31:5에서 인용한 것으로, 거기에는 "아버지"라는 말이 없는데 그리스도께서 이제 이 호칭을 써서 사랑하는 아버지께 자기 자신을 의탁했다. 이 말은 그리스도께서 지상에서 마지막으로 하신 말씀이었다. 이 말은 믿음과 위로로 충만하다.

하나님께서는 창조를 다 이루신 후 "심히 좋았더라"고 하셨다. 확실한 것은, 그리스도께서 이 땅에 오신 목적을 다 이루었을 때도 아버지께서 또 한 번 "심히 좋았더라"고 하셨으리라는 것이다. 우리 주님께서 하나님께 자기 자신을 위탁하는 행동에는 머뭇거림이 없다. 그리스도께서는 자기 일을 다 이루었음을 알고 계셨고, 그것도 주저하지 않고 하나님께 자기 영혼을 맡길 수 있는 그런 방식으로 이루었다는 데 한 치 의심이 없으셨다.[눅 23:46]

이 말씀은 그리스도의 죽음이 자발적인 죽음이었음을 입증한다. 죽음은 그리스도께서 즉각 이 말씀을 하실 수 있을 때까지 그분을 취하지 못했다. 그래서 아우구스티누스는 이렇게 말했다.

그러므로 뉘라서 예수께서 기뻐하며 죽은 것처럼 기뻐하며 잠잘 수 있겠는가? 그러므로 뉘라서 예수께서 기꺼이 자기 육신을 벗은 것처럼 기뻐하며 자기 옷을 벗을 것인가? 그러므로 예수께서 기쁘게 이 세상을 떠나신 것처럼 즐거워하며 떠날 자 어디 있는가? 우리가 소망하는 혹은 두려워하는 권세가 얼마나 크든, 그 권세는 판관이신 그분의 것이어야 한다. 그 권세가 죽어가는 사람으로서 그분께서 보여주신 권세라면![9]

누구도 그리스도의 생명을 그리스도에게서 취하지 못했다. 그리스도에게는 그 생명을 버릴 권세가 있었다. 그 생명을 다시 일으킬 권세가 있었던 것처럼 말이다.요 10:17-18 성령으로써 예수께서는 자기 영을 하나님께 바쳤다.히 9:14 그리스도께서 자기를 위탁할 곳으로 아버지의 손보다 더 안전한 곳이 있었는가? 누구도 우리를 그리스도의 손에서 낚아챌 수 없는 것처럼, 그리스도 또한 아버지의 손에서 낚아채일 수 없다. 그리스도의 말씀은 과연 어떤 하나님께 자기 자신을 의탁하고 있는지를 웅변으로 말해 준다. 그 하나님은 자애로운 아버지라고 말이다.

그리스도께서는 아버지께 자기를 맡기면서 또한 모든 그리스도인 한 사람 한 사람을 아버지께 맡기고 계셨다.롬 6:5-8 우리는 그리스도와 함께 죽었다. 하지만 우리가 마지막 호흡을 바칠 때 우리의 영은 그리스도의 영과 다름없이 하나님의 안전한 손 안에 머문다. 거기보다 더 좋은 곳은 없다. 그것이 바로 하나님께서 고르고 또 고르신 몇몇 성도, 이를테면 루터나 라티머나 리들리 혹은 크랜머 같은 사람들이 오랜 세월 동안 예수의 이 말씀을 여러 모양으로 변화시켜 가며 임종의 자리에서 자기 입에 올렸던 이유다. 이들의 확신은 순전히 그리스도의 확신에 근거를 두고 있다.

결론

그리스도께서는 오로지 아버지께서 주신 말씀만 말했다. 살 때나 "죽을" 때나 그리스도는 여느 사람들과는 다르게 말씀했다.$^{요\,7:46}$ 지금까지 살펴본 그리스도의 말씀들은 다 하나님의 백성들에게 위로를 주는 말씀이다. 비록 그것이 우리가 생각할 수 있는 가장 큰 고통을 겪고 있는 분의 입에서 나온 말씀임에도 말이다. 이 장 서두에서 살펴보았다시피, 사람이 세상을 떠날 때 마지막으로 어떤 말을 하는지를 보면 그 사람에 대해 많은 것을 알 수 있다. 그리스도께서 죽음을 앞두고 이 솔직하고 분명한 말씀을 남길 수 있기 위해서 필요했던 것은 다른 무엇도 아니고 그 말씀처럼 솔직하고 분명한 삶이었다. 여기에 우리 구주의 영광이 있다. 구주께서는 어린아이도 알아들을 수 있을 만큼 단순하되 이생에서는 일찍이 그 누구도 다 이해할 수 없을 만큼 의미 깊은 말씀으로 생애를 마치셨다.

19 } 그리스도의 죽음

그리스도께서 너희를 사랑하신 것 같이 너희도 사랑 가운데서 행하라. 그는 우리를 위하여 자신을 버리사 향기로운 제물과 희생제물로 하나님께 드리셨느니라. _엡 5:2

서론

그리스도의 죽음에 관해서는 우리와 우리의 구원을 위해 특별히 중요한 두 가지 측면이 있다. 하나는 그리스도께서 성령으로 말미암아 기꺼이 죽고자 하셨다는 것이고, 또 하나는 성부의 눈으로 보기에 그리스도의 죽음이 기꺼이 받으실 만한 죽음이었다는 것이다. 간단히 말해, 그리스도께서 기꺼이 죽지 않으셨다면 성부께서는 죄인들을 대신한 그리스도의 죽음을 받아들이시고 기뻐하실 수 없었으리라는 것이다. 우리는 그리스도께서 기꺼이 죽고자 하신 것만큼 성부께서도 그리스도의 그 희생제사를 기꺼이 받고자 하셨음을 알고 만족할 수 있다. 그리고 그리스도 안에서 하나님께서 기꺼이 우리를 받아들이신다는 것 또한 틀림없는 사실이다. 성자의 희생제사를 기꺼이 받아들이신다는 것은 바로 우리를 기꺼이 받으신다는 것에 다름 아니다.

성부께서 정하심

성경은 성부께서 예수를 세상에 보내사 죽게 하셨다는 점을 분명히 밝힌다. "자기 아들을 아끼지 아니하시고 우리 모든 사람을 위하여 내주신 이가……."롬 8:32, 참고 요 3:34, 6:29, 롬 3:25 그렇지만 예수는 하늘에서 "왔다." 예수는 억지로 혹은 강요에 의해 행동한 게 아니다. 예수께서는 잃어버린 자를 찾아 구하려고 기꺼이 오셨다.눅 19:10, 딤전 1:15 스티븐 차녹이 아주 훌륭하게 주목하고 있다시피, "성부께서 거리낌 없이 제안하신 것처럼, 그분의 의지도 거리낌 없이 동의하셨다."[1]

성삼위 하나님에게는 한 가지 뜻만 있다. 성부와 성자와 성령은 한 가지 뜻을 공유하시며, 이는 신의 속성에 속한 일이다. "그리스도께서는 하나님으로서 작정하신 일을 인간으로서 실행하셨다. 그리고 영원 전부터 뜻하신 일을 현세에서 인간으로서 행하기 시작하셨다."[2] 그리스도의 인간적 뜻은 성삼위 하나님의 신적인 뜻에 언제나 복종했고, 그 뜻과 언제나 완벽한 조화를 이루었다.

그리스도께서 기꺼이 하고자 하심

그리스도의 죽음을 자발적인 죽음으로 이해하지 못하면 그분의 죽음을 전혀 이해하지 못하는 것이다. 자신이 자원하여 드리는 희생에 대해서는 예수 자신이 증언했다.

> 내가 내 목숨을 버리는 것은 그것을 내가 다시 얻기 위함이니 이로 말

미암아 아버지께서 나를 사랑하시느니라. 이를 내게서 빼앗는 자가 있는 것이 아니라 내가 스스로 버리노라. 나는 버릴 권세도 있고 다시 얻을 권세도 있으니 이 계명은 내 아버지에게서 받았노라 하시니라. _요 10:17-18

선한 목자이신 예수께서는 우리를 위해 자기를 주셨다.엡 5:2 예수는 부를, 심지어 우주의 모든 부요를 다 바치실 수도 있었겠지만 그렇게 하지 않으셨다. 그보다 예수는 자기 자신을 내놓으셨으니, 이는 우주의 다른 어떤 것보다도 귀한 것이었다. 바울은 이 점을 분명히 한다. "우리 주 예수 그리스도의 은혜를 너희가 알거니와 부요하신 이로서 너희를 위하여 가난하게 되심은 그의 가난함으로 말미암아 너희를 부요하게 하려 하심이라."고후 8:9

그리스도께서는 자기 자신을 아버지께 올려 바쳤다. 성경에서 화목은 특히 그리스도의 공로로 돌려진다.고후 5:18-19 우리는 죄 때문에 하나님과 멀어졌고, 그래서 진노와 정죄를 받아 마땅하다.창 2:17, 롬 1:18-32, 3:23 하지만 하나님의 아들께서 자기 죽음을 통해 우리를 하나님과 화해시키셨다. 예수께서는 자기 자신을, 자기 몸과 영혼을 모두 하나님께 내어드렸으니, 하나님은 눈이 정결하여 악을 차마 보지 못하는 분이시다.합 1:13 하나님께서는 우리 대신 자기 아들을 보셨고, 그리하여 하나님과 불화 중인 우리가 영원한 정죄라는 고통에서 건짐 받아 하나님과 화평할 수 있게 하셨다.롬 5:1

그리스도의 흔쾌한 태도는 단지 십자가에서의 자발적 죽음만을 품어 안지 않았다. 그보다는 그리스도의 삶 전체가 다 하나님의 뜻에 대한 기꺼운 순종의 제사였다. 말하자면 요람에서 무덤까지 예수께서는 사랑에서 우러난 행동을 하셨고, 이 덕분에 예수의 순종은 하나님께서 열납하실 만한 것이 된다. 그러므로 예수의 기꺼운 태도는 자기 자신의 뜻이 아니라 자기를 보내신 분의 뜻을 이루고자 하는 의식적 결단이었다.^{요 6:38}

자발적 죽음

예수는 십자가형으로 죽게 해달라고 부탁하지 않았다. 비록 그런 일이 일어날 게 확실하다는 것을 알고 있기는 했지만 말이다.^{마 16:21} 여러 사람, 여러 가지 사건이 예수의 죽음에 책임이 있었다.^{마 20:18} 베드로는 오순절 설교에서 유대인들에 대해 이런 주장을 함으로써 이 점을 분명히 했다. "너희가 법 없는 자들의 손을 빌려 못 박아 죽였으나……너희가 십자가에 못 박은 이 예수를."^{행 2:23, 36} 그런데 이때 베드로는 예수가 "하나님께서 정하신 뜻과 미리 아신 대로 내준 바 되었"다고^{2:23, 참고 4:28} 우리에게 알려 주기도 한다. 베드로는 신의 권위와 인간의 책임을 한 구절 안에 모순 없이 나란히 배치하고 있다. 마치 "하나님께서 십자가에 매단 예수를 너희 유대인들이 죽였다"고 말하는 것처럼 말이다.

하지만 이 일이 궁극적으로 하나님께서 하신 일이라는 옥타비우스 윈슬로의 주장에도 일리가 있다. "누가 예수를 내어주어 죽게 했는가? 돈을 목적으로 유다가 내어준 게 아니다. 두려움 때문에 빌라도가 내어준 것도 아니다. 시기심 때문에 유대인들이 내어준 것도 아니다. 사랑 때문에 성부께서 내어주셨다!"[3] 하지만 여기서 우리는 '필리오케'filioque ('그리고 아들도')를 덧붙일 필요가 있다. 성자는 성부의 의논에 따라, 사랑을 위해 거리낌 없이 자기 자신을 바쳤다. 사실 차녹이 단언하다시피 "인간의 손에서 자기 자신을 구할 수 있지만 그렇게 하지 않는 분이야말로 기꺼이 죽는 것이라 말할 수 있다. 설령 폭력적인 죽음을 당한다 해도 말이다."[4] 그리스도인으로서 우리의 위대한 신앙고백 내용이 바로 이것이다. 즉, 우리는 우리가 사는 이 삶을 우리를 사랑하고 우리를 위해 자기를 내어주신 하나님의 아들을 믿는 믿음으로 산다.갈 2:20

"이 잔을 내게서 지나가게 하옵소서"

그리스도께서 자발적으로 자신을 바친다고 했는데, 그렇다면 이 개념을 겟세마네 동산에서 그리스도께서 하나님의 진노의 잔이 자기를 비껴가기를 구했다는 사실마 26:39과 어떻게 조화시킬 것인가? 그리스도께서 그렇게 기도했기 때문에 그분의 죽음은 내키지 않는 죽음이 되는가? 절대 그렇지 않다! 이 질문과 관련해서는 몇 가지 요소들을 염두에 두어야 한다.

첫째, 성자께서는 자기를 향한 성부의 사랑만을 알되 인성을 좇아서 일시적 시간 속에서 사랑하신다는 것뿐만 아니라 신성을 따라 영원부터 영원까지 사랑하신다는 사실을 알고 있었다. 아버지의 진노가 격랑처럼 그리스도에게 쏟아 부어진다는 개념은 그리스도께서 겟세마네에서 드린 기도에 담긴 삼중 요청의 속성을 설명한다.

둘째, 만약 그 진노의 잔이 치워지기를 바라지 않으셨다면 그리스도는 그 잔이 얼마나 무시무시한 잔인지에 대해 아무 이해가 없었던 것이라고 자신 있게 말할 수 있다. 하지만 그리스도의 무죄함은 그리스도의 지식과 짝을 이루어, 하나님께서 자기를 "죄로 삼으"실 고후 5:21 것이라는 생각으로 그리스도를 전율케 만들었다.

셋째, 하나님의 무시무시한 진노를 전망하는 중에도 거기에는 기쁨이 있었다. 더할 수 없는 믿음의 행위로 예수께서는 자기 앞에 놓인 기쁨을 위해 십자가를 감내하셨다. 히 12:2 "그러나 나의 원대로 마시옵고 아버지의 원대로 하옵소서" 막 14:36 라고 말씀했을 때 예수의 믿음은 어느 쾌청한 날 태양보다 더 밝게 하늘에서 빛났다. 아우구스티누스와 안셀무스의 입에서 되울리는 저 유명한 금언, "나는 알기 위해 믿는다"는 말은 누구보다도 그리스도에게 탁월하게 들어맞는 말이다. 자기가 이제 어떤 일을 겪어내야 하는지 이해할 수 있기 위해서 그리스도는 먼저 아버지의 뜻을 신뢰해야 했다.

이 사실을 염두에 두면, "이 잔을 내게서 지나가게 하옵소서"라는 말에 담긴 불안보다 "그러나 나의 원대로 마시옵고"라는 말에 담긴 순종이 더 크다는 사실을 알 수 있다. 차녹이 말하다시피, "성부께서 이 일을 애정으로 제안하셨지만 성자께서는 그 애정보다 더 큰 기쁨으로 이 일에 응하셨다." 히 10:7-5 실제로 우리는 그리스도께서 죽기까지 자기를 낮추시되 죄인들이 영생을 받을 때보다 더 기꺼이 그렇게 하셨다는 사실 앞에 겸손해져야 한다.

하나님의 공의

하나님의 선하심과 공의는 필연적으로 한 죄 없는 사람이 타인을 위해 죽을 것을 요구했다. 하지만 이 사람이 자원하여 자기를 죽음에 내어놓지 않는 한 그 죽음은 타인을 위한 죽음이 될 수 없었다. 온 땅을 심판하시는 분, 언제나 공정하게 행하는 분께서 왜 한 죄 없는 사람이 불법한 사람들에게 죽임 당하도록 허용하셨는가?

성부께서는 타인의 죄를 위해 자기 자신을 바치는 분과 뜻을 같이하고 그분과 언약을 맺을 필요가 있었다. 성부께서는 무죄한 성자가 죽는 것을 허용할 수는 있었지만, 성자께서 성령의 능력으로 자기 생명을 바치는 것만을 허락하셨다.히 9:14 그렇게 하기로 그리스도께서 동의했기 때문이다. 게다가 오직 신인神人만이 그 위격의 무한한 가치 덕분에 많은 죄인들을 대신할 수 있었다. 우리를 위한 그리스도의 죽음의 공효功效는 그리스도가 자원하여 자기를 희생하느냐에 달려 있었다. 만약 그리스도께서 기꺼이 죽지 않으신다면 죄인들을 위해 죽으시지도 않았고 죽으실 수도 없기 때문이다.

예수께서 기꺼이 죄인들을 위해 고난 당하기로 하셨기에 예수의 죽음의 그 다음 중요 국면에 이르게 된다. 그것은 이 죽음이 하나님 보시기에 기쁘게 받으실 만한 죽음이었다는 것이다.

향기로운 제물

바울은 에베소서 5:2에서 그리스도의 죽음을 "[하나님께 드리는] 향기로운 제물과 희생제물"이라고 설명한다. 예수께서는 자기 자신을 아낌없이, 흠 없이 바치셨다. 베드로가 주목하다시피, 우리는 "오직 흠 없고 점 없는 어린양 같은 그리스도의 보배로운 피"벧전 1:19로 사신 바 되었다.

하나님 아버지께서는 예수께 요구하시기를, 두 분 사이에 체결

되는 영원한 언약의 모든 조건에 완벽히 순종하라고 하셨다. 예수께서는 그렇게 하셨다. 예수께서 순종하신 것은 사랑 때문이었고, 이런 사랑이 예수의 순종을 자발적 순종으로 만들었다. 이 모든 것이 성부를 얼마나 기쁘게 만들었던지 예수의 죽음은 하나님의 코에 역겨운 악취가 아니라 "향기로운 제물"이었다고 묘사되었다. 차녹은 "이 달콤한 향기가 그리스도의 자원하는 태도에서 풍겨 나왔다"고 말한다. "그리스도는 고난 당하는 자리까지 질질 끌려간 게 아니었다. 그리스도는 우리가 하나님을 거슬러 탐욕스레 죄를 지을 때보다 더 기꺼이 고난 당하셨다." 사실 "그리스도께서 기쁨으로 자기 본분을 이행하신 것이 하나님께서 기쁨으로 이를 가치 있게 여기사 받아들여 주시고 보답하게 하신 하나의 동기였다. 하나님께서는 그리스도께 주신 면류관에서 그리스도의 순종을 주시하셨고, 고난 받을 때 순종하신 것을 고려해서서 그 탁월한 위엄의 자리로 그리스도를 높이셨다."[6] 하지만, 그리스도의 자발적 태도 외에, 그분의 제물이 하나님께 왜 그렇게 큰 기쁨으로 받아들여졌는지 설명해 주는 또 다른 이유가 있는가?

그리스도의 인격

예수께서는 현재는 물론 앞으로 다른 어느 누구도 갖지 못한, 혹은 가질 수 없는 인품을 보유하신다.[골 1:15] 예수는 신인(神人)이시며, 하나님의 아들이시고, 하나님의 영광의 광채이시다.[히 1:3] 피조물이 하나님을 닮으면 닮을수록 그 피조물은 하나님께 사랑 받는다. 예수는 거룩함과 덕의 완벽한 모범이시다. 하나님께서 예수를 다른 모든 것보다 좋아하심은 세상에 그와 같은 분이 없기 때문이다.[시 45편]

성부께서는 예수께서 세례 받으실 때와 변화되실 때 예수에 대한 사랑을 공개적으로 선언하셨다.^마 3:17, 17:5 그 외에도 예수께서는 제자들에게 이렇게 알리셨다. "아버지께서 아들을 사랑하사 만물을 다 그의 손에 주셨으니."^요 3:35, 참고 5:20

영원 세상에서 그때까지 성자에게 해당되었던 사실, 즉 성자는 성부의 영원하고 이루 말로 다 할 수 없는 기쁨이라는 사실은 그리스도의 지상 사역 중에도 역시 참이었고, 그리스도께서 영광 중에 다스리실 때도 분명 영원히 참일 것이다. 성부께서는 성자를 기뻐하시고 성자를 자랑스러워하신다. 그러므로 하나님께서 예수를 사랑하심은 단지 예수께서 흠 없이 기꺼이 죽으셨기 때문이 아니라 하나님께서 예수를 자기 아들로 영원히 사랑하시기 때문이다. 성부는 성자를 필연적으로 사랑하시며, 성자가 하는 모든 일이 성부께 기쁨인 것은 성자의 성자됨 때문이다.

내가 생각하기에 선하거나 가치 있는 일을 누군가가 이행할 때 우리는 그 사람의 그 행동을 보고 기뻐할 수 있다. 그런데 그렇게 뭔가 만족스럽거나 선한 일을 하는 사람이 내가 깊이 사랑하는 사람일 경우, 바로 그 사실 때문에 우리의 기쁨은 배가(倍加)된다. 예수께서는 자신이 "나의 하나님, 나의 하나님, 어찌하여 나를 버리셨나이까"^마 27:46라고 부르짖게 될 것을 알면서 십자가의 공포에 자기 자신을 맡겼다. 골로새서 3:20 말씀이 이 상황에 딱 들어맞는다. "자녀들아, 모든 일에 부모에게 순종하라. 이는 주 안에서 기쁘게 하는 것이니라." 예수께서는 "모든 일에" 아버지께 순종했고, 그리하여 부모를 기쁘게 한다는 면에서 세상 모든 사람을 훨씬 능가하는 그런 방식으로 아버지를 기쁘시게 했다. 부모는 자녀가 자원하여 순종하는 것을 좋아한다. 하물며 하늘에 계신 빛들의 아버지께서는 하나밖에 없는 아들의 희생적 순종을 얼마나 더 좋아하시겠는가?

하나님의 영광과 우리의 구원

하나님께서 그리스도의 제물을 기뻐하신 것은 십자가가 하나님께서 자기 속성을 펼쳐 보일 수 있는 무대였기 때문이다. 하나님은 메시아, 하나님 아들의 죽음에서 영광을 받으셨다. 이사야 49:3에서 우리는 이런 말씀을 본다. "내게 이르시되 너는 나의 종이요 내 영광을 네 속에 나타낼 이스라엘이라 하셨느니라." 예수께서는 자기 삶, 그리고 특별히 자기 죽음에서 아버지께 영광을 돌리셨다.[요 13:31]

요한복음에서 예수께서는 자신이 아버지께 돌리는 영광에 대해, 특히 자신의 죽음을 통해 돌릴 영광에 대해 자주 이야기한다.[요 12:23, 13:31, 17:1, 4] 그리스도의 죽음에서는 성경의 다른 어디에서도, 혹은 세계 역사를 통틀어서도 찾아볼 수 없는 능력으로 하나님의 속성이 빛을 발한다.

십자가에서 드러난 하나님의 거룩하심과 진노에 대해 생각해 보자. 차녹은 이렇게 설명한다.

> 악한 세상에 부어지는, 혹은 부어질 그 모든 심판의 대접도…… 저주 받은 피조물들의 신음 소리도 하나님께서 자기 아들에게 터뜨린 진노만큼 죄에 대한 하나님의 증오심을 보여주지 못한다. 하나님의 거룩하심 또한 우리 구주께서 죽어가며 신음하는 동안 그 얼굴이 심히 상했을

때보다 더 아름답게 보인 적이 없었다.7

하나님의 공의와 자비에 대해서도 생각해 보라. 거룩하시고 의로우신 하나님이 어떻게 사악한 죄인들을 거저 용서해 주실 수 있는가? 그리스도께서 우리를 대신하여 자기 피로써 화목제물을 삼았기 때문이다.롬 3:25 하나님은 의로우시고, 자기 아들을 믿는 자들을 의롭다 하시는 분이다.롬 3:26 십자가가 죄인들을 향해 하나님의 의(공의)와 자비를 보이는 것은 하나님의 진노가 우리의 희생제물 그리스도께 부어졌기 때문이다.

죄인들에 대한 하나님의 선하심은 한때 자기의 사랑하는 아들보다 우리에게 더 많은 선함을 보여주셨을 때 역사상 최고조에 달했다. 차녹은 이에 대해 기억에 남을 만한 말을 한다.

> 하나님은 예수가 신음하는 소리를 듣고 싶어 하셨고 예수가 피 흘리는 것을 보고 싶어 하셨으니, 이는 우리가 하나님의 찌푸린 얼굴 아래 신음하며 하나님의 진노 아래 피 흘리는 일이 없도록 하기 위해서였다. 하나님께서 예수를 살려 두지 않으심은 우리를 살려 주기 위해서였다. 예수를 치기를 마지 아니하심은 우리를 기뻐하실 수 있도록 하기 위해서였다. 자기 검을 아들의 피로 흠뻑 적심은 그 검이 영원히 우리 피로 젖어 있는 일이 없도록 하기 위해서, 우리를 구원하는 일에서 하나님의 선함이 언제나 승리하도록 하기 위해서였다. 인간은 스스로 파멸하기를 기뻐한 존재인즉 하나님께서는 그런 인간이 멸망하게 두기보다는 기꺼이 자기 아들이 인간이 되어 죽게 하셨다. 하나님은 자기 아들을 원래의 신

분에서 잠시 강등시키신 듯했다.[8]

갈보리에서 하나님의 지혜와 선하심과 사랑과 자비와 거룩함과 진노를 보지 못한다면, 우리는 이생에서 하나님의 그런 속성들을 절대 보지도 못하고 알지도 못할 것이다. 그렇다면 그리스도의 제사는 하나님께 어떻게 다른 무엇도 아니고 "향기로운 제물"이라 묘사될 수 있었을까? 그리스도의 죽음에서 하나님은 영화롭게 되셨고, 우리의 구원은 성취되었으며, 예수는 아버지께서 맡기신 일을 지상에서 완수하셨다.요 19:30

그리스도의 고난이 우리에게 주는 함축적 의미

베드로는 그리스도의 고난을 말하되 그리스도가 감내해야 했던 어떤 일로 말할 뿐만 아니라 우리가 본받아야 할 어떤 것으로도 말한다. "이를 위하여 너희가 부르심을 받았으니 그리스도도 너희를 위하여 고난을 받으사 너희에게 본을 끼쳐 그 자취를 따라오게 하려 하셨느니라."벧전 2:21 그리스도께서 "너희를 위하여" 감당하신 일이 있기에 너희도 능히 고난을 감당할 수 있다는 것이다. 예수께서 하고자 하신 일을 너희가 할 수 있음은 예수께서 너희를 위해 이루신 일이 있기 때문이라는 것이다. 그리스도 안에 있는 우리 구원의 토대가 그리스도를 본받는 것을 가능케 하고, 그렇게 그리스도를 본받는 것이 모든 그리스도인들에게 주어진 본분이다. 성경은 이 점을 아주 명백히 하고 있다. 이 개념을 배척하는 사람은 경건과 거룩에 심각한 반감을 갖고 있는 사람뿐일 것이다.

마찬가지로 바울도 그리스도인들에게 "너희 안에 이 마음을 품으라 곧 그리스도 예수의 마음이니"빌 2:5라고 먼저 명하고, 그런 후에야 그리스도께서 겸손의 본을 보이신 이야기를 한다.2:6-11 이 겸손은 고난, 곧 십자가에서 죽기까지의 고난에 순종할 것을 요구했다. 우리가 그리스도께 속해 있을진대, 우리는 그리스도와 함께 고난 당할 것이다.3:10, 살전 2:14-15 우리가 그리스도 안에 있을진대, 우리는 그리스도께서 행하신 대로 행할 것이다.요일 2:6 다음과 같은 차녹의 말이 아주 적절한 것은 바로 그 때문이다. "하나님과 관계를 맺고 있다 주장하면서 예수를 본받지 않는 이들은 자녀가 아니라 서자庶子다. 이들은 가르침을 따라서는 하나님의 가족에 속해 있을지 모르나 혈통을 따라서는 그렇지 않다. 창조주와 구속주를 모두 본받지 않는다면 그리스도 안에 심겨진 게 아니다."9

물론 우리는 우리 자신의 구주가 아니다. 예수만이 유일하게 완벽하고 완전한 구주시다. 하지만 그렇다고 해서 우리가 삶과 고난 면에서 예수를 닮을 수 없다는 뜻은 아니다. 살면서 십자가를 질 일은 절대 없을지 모르지만, 그래도 우리는 하나님의 영광을 위해 희생적으로 살라는 부르심을 받는다.

바울은 빌립보 교인들에게 말하기를, 옥에 갇힌 자신에게 그들이 보내준 희생적 선물을 하나님께서 "받으실 만한 향기로운 제물이요 하나님을 기쁘시게 한 것"빌 4:18으로 여기셨다고 한다. 생각해 보면 얼마나 엄청난 일인가. 우리가 드리는 미비한 희생이 그 미비함에도 불구하고 하나님께 열납될 뿐만 아니라 그렇게 아름다운 말로 묘사된다니 말이다!참고 행 10:4, 고후 2:14-15, 히 13:16 우리는 예수께서 먼저 십자가에서 그렇게 하나님께 열납될 만한, 자원하는 죽음을 죽으심으로써 하나님을 기쁘시게 했다는 그 이유만으로도 하나님을 기쁘시게 할 수 있다.

이 점은 기억해 둘 만한 가치가 있다. 예수께서 자기 백성들이 교회에 갈 때보다도 더 기꺼이 십자가로 가셨다는 것을 생각하면 더욱 그렇다. 주일에 우리가 드리는 향기로운 찬양의 제물은 우리를 대신해 그리스도께서 기꺼이 고난 받으사 우리가 그분을 위해 찬양할 수 있도록 하기 위해서였다는 사실을 염두에 두는 그런 제물이어야 한다.

결론

그리스도의 죽음을 생각할 때 우리가 무엇보다 먼저 떠올려야 할 것은 그리스도께서 자기 백성들을 위해 흠 없는 어린양으로서 자원하여 죽으셨다는 사실이다. 게다가 이 죽음은 그리스도께서 대신 죽어 주신 그 백성들보다 아버지를 더 기쁘시게 하는 죽음이었다.

그리스도의 죽음의 향기는 그때까지 알려지지 않았던 향기를 천국에 더해 주었다. 저주 받은 이 유대인 사내는 자기를 올려다보는 사람들에게는 눈에 보이는 공포였지만, 천군 천사들에게는 하나님의 영광을 가장 근사하게 보여주는 존재였다. 그리스도의 자발적 태도는 하나님의 기쁨과 짝을 이루었다. 그리스도가 자발적이면 자발적일수록 아버지는 더 기뻐하셨다.

십자가를 늘 우리 생각의 중심에 놓는 것과 마찬가지로 우리는 성자의 자원하는 태도와 성부께서 그 희생을 기쁘게 받으셨다는 사실을 늘 기억해야 한다. "우리가 한 나무에 의해 하나님께 빚진 자가

된 것처럼, 또한 한 나무에 의해 우리가 그 빚을 탕감받을 것"이기 때문이다.[10]

20 } 그리스도의 부활

성결의 영으로는 죽은 자들 가운데서 부활하사 능력으로 하나님의 아들로 선포되셨으니 곧 우리 주 예수 그리스도시니라. _롬 1:4

서론

부활은 그리스도께서 이 땅에서 중보자로 행하신 모든 일, 특히 십자가에서 대속적으로 죄를 짊어지고 죽으신 죽음을 통해 이루신 모든 일에 대한 성삼위 하나님의 '아멘'이었다. 또한 부활은 하나님의 아들이 무덤에서 일어나심과 더불어 새 창조가 밝아옴에 따라 하나님께서 "심히 좋았더라"[창 1:31]고 하신 것이기도 했다.

스코틀랜드 장로교도 토머스 보스턴[1676-1732]은 부활에 대해 다음과 같이 감동적인 말을 했다.

[부활에서] 하나님께서는 자기 자신에게 권세를 행사하사 자기 진노의 불을, 느부갓네살의 풀무 백만 개를 모아 놓은 것보다 더 뜨거운 그 진노의 불을 끄셨다. 하나님은 율법의 저주 때문에 우리 구주가 머물렀던

감옥의 문을, 리워야단의 배와 갈비뼈보다 더 튼튼한 그 문의 자물쇠를 여셨다. 율법의 저주 아래서, 우리 죄의 그 무한한 무게에서 일어나시고, 음부의 권세와 날카롭게 대면한 뒤 성공리에 영광과 함께 나오셨다니 이 얼마나 감탄할 만한가! 이 일에서 하나님의 권능이 찬란하게 드러났다……. 그리스도가 만약 무덤에 계속 머물렀다면, 그는 그냥 평범한 사람이었다고, 그의 죽음은 그저 주제넘게 하나님의 아들을 참칭한 데 대한 징벌이었다고 믿는 게 옳았을 것이다.[1]

보스턴도 그랬다시피, 부활이 기독교 신앙에 얼마나 중요한지는 아무리 말해도 결코 과장일 수 없다. 부활의 역사적 사실성은 부활이 구원 교리에 매우 중요한 요소가 되는 토대를 제공한다. 바울은 이를 다음과 같이 명쾌하게 가르친다.

> 그리스도께서 만일 다시 살아나지 못하셨으면 우리가 전파하는 것도 헛것이요 또 너희 믿음도 헛것이며…… 그리스도께서 다시 살아나신 일이 없으면 너희의 믿음도 헛되고 너희가 여전히 죄 가운데 있을 것이요 또한 그리스도 안에서 잠자는 자도 망하였으리니 만일 그리스도 안에서 우리가 바라는 것이 다만 이 세상의 삶뿐이면 모든 사람 가운데 우리가 더욱 불쌍한 자이리라. _고전 15:14-19

기독교 신앙의 모든 것은 부활의 역사적 사실성에 달려 있다. 그러므로 존 녹스가 육체의 부활을 가리켜 "우리 신앙의 주요 조항"[2]이라고 한 것도 이해할 만하다.

C. S. 루이스의 책 『순전한 기독교』에는 온갖 번득이는 통찰이 담겨 있지만, 루이스는 부활의 중요성에 관해서는 실질적으로 아무 말도 하지 않는다. 바울은 고린도전서 15장 서두에서 우리에게 '순전한' 기독교를 전해 준다. "내가 받은 것을 먼저 너희에게 전하였노니 이는 성경대로 그리스도께서 우리 죄를 위하여 죽으시고 장사 지낸 바 되셨다가 성경대로 사흘 만에 다시 살아나사."^{고전 15:3-4} 그러므로 부활은 우리에게 영원한 중요성을 지닌다. 그리스도의 부활이 없으면 영생도 없다. 그리스도의 부활이 없으면 "우리가 전파하는 것도 헛것"이고 우리 "믿음도 헛것"이다.^{고전 15:14}

부활이 중요하기는 하지만 그리스도인들은 부활이 그리스도 자신에게 어떤 의미를 갖는지를 놓칠 때가 많다. 구속사에서 이 부활 사건은 그리스도께서 낮아지신 상태에서 높아지신 상태로 변화가 일어났음을 나타냈다. 그래서 이 장에서는 부활이 예수께 무슨 의미였는가 하는 문제에 주로 초점을 맞춰 보겠다. 부활 당시 그리스도의 신변에는 뭔가 극적인 일이 벌어졌다. 이 사실은 성경에 실린 부활 기사의 삼위일체적 성격에 의해 확증된다. 그리스도의 성육신에서와 마찬가지로, 부활이 그리스도에게 어떤 중요성을 지니는지 우리가 이해하는 데에는 삼위 모두가 중요한 역할을 한다. 삼위 하나님은 부활에 동등하게 관여했지만, 일 자체에서는 역할 구분이 뚜렷했다.

부활에 대한 그리스도의 인식

부활과 관련해 성삼위의 역할과 그 외 관련 진리들을 논하기에 앞서 먼저 우리가 기억해야 할 것은, 예수는 자신이 고난 당하고 죽을 것이며 그 후 다시 살아나리라는 것을 인식하고 있었다는 점이다. 이 땅에서 사역하실 때, 이런 일이 일어날 것이라고 그리스도께서 청중에게, 특히 자기 제자들에게 알려 주신 경우가 몇 번 있었다.

앞에서(11장) 주목했다시피, 자신이 죽을 것이라는 전망은 예수가 이 땅에서 사역하시는 동안 그분에게 영원한 겟세마네였다. 하지만 부활할 것이라는 전망이 있었기에 예수는 완전히 절망하지 않을 수 있었다. 성경이, 곧 예수가 온 마음과 목숨과 뜻과 힘을 다해 읽고 믿는 그 성경이 예수가 무덤에 머물지 않고 삼 일째 되는 날 다시 일어나리라고 예수에게 확인을 해주었다.

마가복음에서 그리스도는 자신의 죽음과 부활에 대해 세 가지 명백한 예측을 한다. 이 세 가지 예상이 얼마나 명쾌한지, 우리는 제자들이 왜 주일 아침 무덤 밖에서 기다리고 있다가 승리하신 구주를 맞이하지 않았는지 의아할 정도다. 예를 들어, 예수께서는 제자들에게 분명히 말씀하셨다. "인자가 많은 고난을 받고 장로들과 대제사장들과 서기관들에게 버린 바 되어 죽임을 당하고 사흘 만에 살아나야 할 것"막 8:31, 참고 9:31, 10:34이라고. 게다가 엠마오로 가는 길에 제자들에게 하신 그리스도의 말씀을 잊을 수 있는 이가 누구였겠는가? 누가복음에서는 그때 일을 이렇게 기록한다. "그리스도가 이런 고난을 받고 자기의 영광에 들어가야 할 것이 아니냐 하시고 이에 모세와 모든 선지자의 글로 시작하여 모든 성경에 쓴 바 자기에 관한 것을 자세히 설명하시니라."눅 24:26-27, 참고 고전 15:4

그리스도의 부활 후, 사도행전 2장에 기록된 베드로의 설교에서는 시편 16:10을 그리스도에게 적용한다. "이는 내 영혼을 음부에 버리지 아니하시며 주의 거룩한 자로 썩음을 당하지 않게 하실 것임이로다."행 2:27, 참고 13:35 시편 16:10에서 얻을 수 있는 위로 외에도, 예수께서는 요나가 물고기 뱃속에서 '죽고' 거기서 '부활'한 것을 자신의 죽음과 부활의 한 모형으로 이해했다. "요나가 밤낮 사흘 동안 큰 물고기 뱃속에 있었던 것 같이 인자도 밤낮 사흘 동안 땅 속에 있으리라." 마 12:40 이 두 가지 사례 외에도 많은 것들이 그리스도에게 자기 죽음이 승리로 끝나리라는 확신을 주었다!

그러나 부활하기 위해서 예수가 자기 자신뿐만 아니라 성부와 성령을 의지해야 하는 문제가 있었다.

부활에 대한 성부의 관심

성부께서는 부활을, 어쩌면 성자께서 하신 모든 일들 중 가장 위대한 일일 그 일을 특별히 기뻐하셨다. 성경은 성부를 죽음에서 예수를 일으키신 분으로 명백히 제시한다. "하나님께서 그를 사망의 고통에서 풀어 살리셨으니 이는 그가 사망에 매여 있을 수 없었음이라."행 2:24, 참고 2:32, 3:15, 5:30, 13:37, 17:31, 롬 4:24, 고전 6:14, 15:15, 고후 4:14, 갈 1:1, 골 2:12 성부께서는 예수를 죽음에서 일으키심으로써 자신의 권세를 확실히 하시는 것은 물론 예수께서 성부와의 언약에서 요구된 모든 일을 다 완수하셨음을 승인하셨다.시 89편

또 우리가 알아야 할 것은, 성부께서 예수를 죽음에서 일으키신 것은 예수를 공개적으로 변호하기 위해서였다는 점이다. 십자가에서의 그 저주 받은 죽음 앞에서 예수는 자신이 하나님께 순종하는 참 하나님의 아들임을 입증 받을 필요가 있었다. 그리스도의 의로움을

그리스도 자신의 아버지보다 더 기쁘게 옹호해 줄 수 있는 분은 없었다. 바울은 아마도 초대교회의 신앙고백이었을 내용을 인용해, 부활하신 그리스도가 "영으로 의롭다 하심을 받으"셨으며, 이 영이 살아 계신 하나님이라는 예수의 주장을 옳다고 인정해 주셨다고 말한다.딤전 3:16 사도행전에 기록된 바울의 설교도 이 논제를 확증한다.

> 우리도 조상들에게 주신 약속을 너희에게 전파하노니 곧 하나님이 예수를 일으키사 우리 자녀들에게 이 약속을 이루게 하셨다 함이라. 시편 둘째 편에 기록한 바와 같이 너는 내 아들이라. 오늘 너를 낳았다 하셨고 또 하나님께서 죽은 자 가운데서 그를 일으키사 다시 썩음을 당하지 않게 하실 것을 가르쳐 이르시되 내가 다윗의 거룩하고 미쁜 은사를 너희에게 주리라 하셨으며. _행 13:32-34

하나님께서는 (다시 한 번) 이렇게 선포하심으로써 아들을 부활시키심을 기뻐하셨다. "너는 내 아들이라. 오늘 너를 낳았다."행 13:33 그런데 부활은 하나님의 아들이 다시는 죽음을 보지 않으리라는 사실을 의미했다. 그리스도가 영원히 살리라는 약속요 12:34은 성취되었다. "내 종 다윗이 영원히 그들의 왕이 되리라."겔 37:25, 참고 시 89:4, 110:4, 사 9:7, 눅 1:33

부활에서 성령의 역할

성령은 그리스도가 높아지신 상태가 될 때 지극히 중요한 역할을 했다. 로마서 8:11에서 우리는 성령께서 예수를 죽음에서 일으키셨다고 기록된 것을 본다. 성령께서는 그리스도의 영혼을 그리스도의 몸과 재결합시키셨다. 그리스도는 "육체로는 죽임을 당하시고 영으로는 살리심을 받으셨"다.벧전 3:18 성부께서 그리스도의 부활 때 그리스도를 자신의 아들로 선포하기를 기뻐하셨던 것과 마찬가지로, 성령께서도 그리스도를 변호하는 중요한 역할을 했다. 사실 그리스도는 그 완벽한 순종 덕분에 줄곧 의롭다 하심을 받거나 그 모든 언행이 진실임을 입증 받는 상태에 있었다. 그리스도가 맨 처음 공개적으로 변호를 받은 것은 세례 때였는데, 이때 성령이 그리스도에게 강림했고 성부께서 그리스도에 대해 모두에게 들리게끔 말씀하셨다. 부활은 그리스도의 삶에서 하나의 패턴을 지속시켰는데, 이 패턴에서 성령은 예수와 불가분의 동행으로서 예수의 몸을 변화시킴으로써 예수가 계속 변호를 받는 데 한 역할을 했다.

성령은 그리스도가 그 인성에서 진보를 보일 수 있었던 직접적 원인이었다. 무덤에 누워 있던 죽은 몸이 능력으로 다시 일어난 살아 있는 몸이 된 것은롬 1:4 성령의 특별한 내주(內住) 덕분이었다.딤전 3:16 오웬이 주장하는 것처럼, "처음에 [그리스도의] 본성을 거룩하게 만드신 성령이 이제 그 본성을 영화롭게 만들었다."³ 그렇게 영화롭게 되신 분 그리스도는 성령의 능력으로 부활한 덕분에 '연약함'의 영역에서 '능력'의 영역으로 최종적으로 옮겨가셨다.

성령께서는 그리스도의 인성을 피조물에게는 가능하지 않은 곳으로 나아가게 하셨다. 그리스도는 단순히 높아지신 인간이 아니라 신인(神人)이시기 때문이다. 그리스도가 지닌 인간으로서의 몸은 소멸되지 않고 영화롭게 변화했고, 그래서 그리스도의 인성의 거룩한 속성은 이제 완전해져서 그 능력의 최대치에 이르렀다. 게다가 그리스도의 영혼도 성령의 내주 덕분에 진보를 했다.

부활에서 성자의 주도권

예수는 부활 사건에서 단지 수혜 대상이 아니라 솔선하는 주체였다. 예수는 이렇게 증언했다. "이를 내게서 빼앗는 자가 있는 것이 아니라 내가 스스로 버리노라. 나는 버릴 권세도 있고 다시 얻을 권세도 있으니 이 계명은 내 아버지에게서 받았노라 하시니라."요 10:18 자신이 지닌 신성의 권세로 예수께서는 자기 자신을 죽음에서 일으키셨다. 16세기와 17세기 이단의 우두머리인 파우스투스 소키누스[1539-1604]는 이런 입장을 일컬어 "우스꽝스럽고, 터무니 없고, 불가능하다"고 했다.[4] 하지만 예수는 유대인들에게 이렇게도 말했다. "너희가 이 성전을 헐라. 내가 사흘 동안에 일으키리라."요 2:19

 삼위일체를 믿는 그리스도인의 경우, 하나님의 역사는 분할되지 않기 때문에 성부께서 무슨 일을 하시든 성자와 성령도 그 일을 한다. 하나님의 뜻은 하나이지 셋이 아니기 때문이다.요 10:30 그래서 예수는 이렇게 주장한다. "아버지께서 행하시는 그것을 아들도 그와 같이 행하느니라."요 5:19 따라서 예수, 곧 죽은 자들 가운데 가장 먼저 나신 이는골 1:18 자기가 지닌 신성의 권세에 의해 자기 자신을 죽음에서 일으키셔야 했다. 그런 주도적 태도는 예수가 못 하실 일이 없었음을, 심지어 자기 백성들을 위해 죽음에서 다시 사는 일까지 기꺼이 하실 수 있었음을 증명한다. 예수는 자기 뜻에 반해 억지로 이 땅에서 밀어 내쳐진 것이 아니었다. 그보다는, 성삼위 하나님의 신비로운 역사에 따라 예수께서 스스로 자기를 죽음에서 일으켰다. 예수는 부활이요 생

명이며,요 11:25 따라서 성자는 자기가 뜻하는 이에게, 심지어 자기 자신에게도 생명을 준다.요 5:21

예수가 그저 한낱 인간이었다면 자기를 죽음에서 일으킨다는 것은 정말 "우스꽝스럽고, 말도 안 되고, 불가능한" 일이었을 것이다. 그러나 그리스도의 부활의 경우는 그렇지 않다. 그리스도는 신인神人이시다. 그러므로 그리스도가 자기 자신을 죽음에서 일으킬 수 있었음을 부인하는 것은, 개혁파 신학자 프랜시스 튜레틴[1623-1687]의 말을 빌리자면, "신성모독적이고 사악한" 일이다.[5]

부활이 기독교 신앙에 그토록 중요한 일이기에 성경은 부활의 사실성뿐만 아니라 그 삼위일체적 성질에 대해 그 어떤 의문도 남기지 않는다.

그리스도의 부활한 몸

높아지신 상태에서 그리스도의 몸은 플라벨이 언급한 것처럼 "믿기 어려울 만큼 발전되었다."[6] 그리스도의 몸은 이제 슬픔에 매이지 않으며, 그리스도는 자기 자신 안에서 완전하고 완벽한 행복을 누린다. 그리스도는 간고를 많이 겪었고 질고를 아는 분이었다. 하지만 이제 그리스도는 복된 분이요, 자기가 받은 상급, 곧 아버지의 임재, 택함 받은 이들의 구원, 그리고 자기 안에 내주하는 성령의 충만함을 아는 분이다.

중요한 것은, 그리스도의 부활체가 마리아의 태 속에 들어 있을 때의 몸과 전혀 다르지는 않았다고 주장해야 한다는 점이다. 그렇지 않으면 이 부활은 진짜 부활이 아니었다 할 것이다. 무엇보다도, 부활하신 예수께서 제자들에게 말씀하셨다. "내 손과 발을 보고 나인 줄 알라. 또 나를 만져 보라. 영은 살과 뼈가 없으되 너희 보는 바와 같이 나는 있느니라."눅 24:39, 참고 요 20:27

그럼에도 우리는 그리스도의 몸이 주목할 만한 변화를 겪었다는 사실은 인정해야 한다. 우선 눈에 보이는 외모가 달라졌다. 낮아지신 상태에 있는 동안 그리스도는 "고운 모양도 없고 풍채도 없은즉 우리가 보기에 흠모할 만한 아름다운 것이 없"다고 묘사된다.사 53:2 그런데 부활과 함께 이 모든 것이 변화되었다.

초대교회 교부들은 부활 때 그리스도의 변화된 외모라는 논제를 제기했다. 시편 기자는 예수를 "사람들보다 아름다"우며 "영화와 위엄을 입"은 분으로 묘사한다.시 45:2-3 오리게네스, 크리소스토무스, 히에로니무스, 암브로시우스, 아우구스티누스는 예수가 이제 사람의 아들들 중 외모가 가장 아름다운 분이며 이는 그 영혼의 내적 아름다움을 반영한 것이라는 입장을 견지했다. 다시 말해, 예수의 외모가 보여주는 아름다움은 사실 그의 거룩하심의 아름다움을 반영한다는 것이다. 어떻게 그렇지 않을 수가 있겠는가? 예수는 보이지 않는 하나님의 보이는 형상이다. 그것도 모든 면에서 완벽한. 이 형상은 예수가 이 땅에서 행하시는 동안에는 "가려져" 있었으나 이제 영화롭게 되신 예수의 몸에서는 더 이상 숨겨진 상태로 있지 않다.

예수의 변화된 외모는 막달라 마리아가 어떻게 예수를 동산지기로 착각했는지를 설명하는 데 도움이 된다.요 20:15 엠마오로 가던 두 제자도 비슷한 유형의 인지 실패를 겪었다.눅 24:31 더 나아가 요한은 예수께서 바닷가에 나타났을 때 제자들이 처음엔 그분을 못 알아봤다고 말한다.요 21:4 예수의 외모에 어떤 변화가 일어났든, 그럼에도 예수는 여전히 다른 어떤 사람이 아니라 예수로 인식되었다.

"첫 열매"

바울은 부활의 역사적 사실성에 관한 신학적 함의를 다루는 길고 긴 글에서 그리스도의 부활을 가리켜 "첫 열매"라고 한다.고전 15:20 이는 무슨 의미인가? 간단히 말해 이는 그리스도의 부활이 탁월한 부활이라는 뜻이며, 이는 그리스도가 죽은 자들 가운데서 가장 먼저 나신 분이기 때문이다.골 1:18 '첫 열매'라는 개념에는 구약성경의 배경이 풍성하게 깔려 있다. "네 토지에서 처음 거둔 열매의 가장 좋은 것을 가져다가 너의 하나님 여호와의 전에 드릴지니라."출 23:19 이스라엘 백성들은 첫 열매를, 그 해 처음 수확한 것 중 가장 좋은 것을 제사장에게 가져옴으로써 하나님을 예배해야 했다. 첫 열매를 드린다는 것은 가장 좋은 것을 드린다는 의미였을 뿐만 아니라 일부로써 전체를 대표한다는 의미도 있었다. 그 모든 것이 궁극적으로는 다 주님의 것이기 때문이다.

첫 열매로서 그리스도의 부활은 탁월한 부활로, 전체(교회)를 대표하는 부활로 우뚝 서 있다. 그리스도는 부활 추수의 장자長子이시다. 그리스도의 부활은 대략 이천여 년 전에 일어났지만, 그리스도의 부활과 그분의 재림 때 있을 우리의 부활 사이에는 유기적 상관관계가 있다. 그래서 이 두 부활은 따로따로인 두 가지 사건이 아니라 동일한 부활 사건의 두 가지 에피소드다. 다시 말해 그리스도가 부활하지 않았다면 그의 백성들 또한 부활하지 않으리라는 것이다. 동시에, 장차 있을 우리의 부활은 예수가 실제로 죽음에서 부활하셨음을 증명한다.

또한 그리스도의 부활은 새 창조를 안내했으며,롬 6:4, 고후 5:17 그때 "마지막 날"(혹은 "다가올 세대")의 시동이 걸렸다.갈 1:4 그리고 그리스도께서 부활하셨기 때문에 신자들의 부활은 사실상 벌써 일어났다.엡 1:20, 2:6 토머스 굿윈의 말처럼 "하나님께서 우리를 위해, 그리고 우리 안에서 어떤 일을 의도하셨든, 우리에게 어떤 특권을 주고자 하셨든, 하나님은 그 일을 먼저 그리스도에게 행하셨다."7

그래서 바울은 그리스도와 함께 부활한 교회에 대해 자주 이야기한다.엡 2:5-6, 골 2:12-13, 3:1 우리의 대표자 그리스도는 "우리의 부활" 그리스도다. 결정적으로, 이 교리는 신자의 삶을 살 수 있도록 우리에게 큰 확신을 준다.

베드로는 "예수 그리스도께서 부활하심으로 말미암아" 세례가 우리에게 "선한 양심"을 준다고 교회에 알려 준다.벧전 3:21 베드로의 말은 선한 양심을 가질 것을 요구하는 말이거나(세례에 약속의 성질이 있음을 강조하는), 선한 양심을 서약하는 말이거나(은혜에 대한 화답으로서의 세례를 강조하는), 부활이 있음으로 효력을 갖게 되는 게 무엇인지에 대한 말이다. 베드로와 비슷하게 바울도 로마에 있는 그리스도인들에게 말한다. "누가 정죄하리요? 죽으실 뿐 아니라 다시 살아나신 이는 그리스도 예수시니."롬 8:34 우리가 경건한 삶을 살 수 있음은 우리가 그리스도와 함께 부활했기 때문이다.골 3:1

아브라함이 그랬듯, 우리는 순례자로서 이 세상을 지나 하늘에 있는 본향으로 가는 천국 시민이다.히 11:10 우리는 하늘에 속한 사람들이며, 지금 거기에 앉아 있다. 우리가 그리스도와 함께 부활했기 때문에 말이다. 따라서 우리의 속사람은 말하자면 이미 "부활했다.""그러므로 우리가 낙심하지 아니하노니 우리의 겉사람은 낡아지나 우리의 속사람은 날로 새로워지도다."고후 4:16 실로 몸의 실제적 부활은 우리가 간절히 기다리지만 아직 경험하지는 못한 어떤 것이다. 하지만 값은 치러졌다. 그리스도께서 부활하셨고, 어떤 의미에서 우리는 부활한 자로 있고 앞으로도 그러할 것이다.

'오직 자비에 빚진 자'라는 찬송이 증거하는 것처럼 말이다.

> 그의 손바닥에서 내 이름
> 영원도 지우지 않으리.
> 그의 마음에 새겨진 내 이름
> 지워지지 않는 은혜의 표 가운데 남으리.
>
> 그렇다네! 나 끝까지 견디리,
> 보증이 주어진 만큼 확실하게.
> 더 행복하긴 해도 더 안전하지는 않으리,
> 천국에 있는 영화로운 영들.

천국에 있는 성도는 정말 "더 행복하기는 해도 더 안전하지는 않다." 왜냐하면 그리스도께서 죽음에서 일어나셨을 때 우리도 다 그리스도와 함께 부활하여 천국 같은 곳으로 들어갔기 때문이다. 그래서 "우리의 시민권은 하늘에 있는지라. 거기로부터 구원하는 자 곧 주 예수 그리스도를 기다리노니 그는 만물을 자기에게 복종하게 하실 수 있

는 자의 역사로 우리의 낮은 몸을 자기 영광의 몸의 형체와 같이 변하게 하"실 것이다.빌 3:20-21

21 } 그리스도의 높아지심

예수 그리스도께서 부활하심으로 말미암아…… 그는 하늘에 오르사 하나님 우편에 계시니 천사들과 권세들과 능력들이 그에게 복종하느니라. _벧전 3:21-22

서론

부활 전에 예수는 낮아지신 상태에 있었다. 부활 이후로 예수는 영원히 높아지신(즉, 영광) 상태에 있다. 그리스도에게나 그리스도의 백성에게나 낮아짐이 높아짐에 선행한다. 이 변화는 우리에게 많은 위로를 주지만, 큰 찬양을 유발시키기도 한다. 그래서 존 플라벨은 이렇게 찬탄한다. "오, 이는 얼마나 엄청난 변화인가! 그는 이곳에서는 땀 흘리셨으나, 저곳에서는 앉아 계신다. 이곳에서는 신음하셨으나, 저곳에서는 승리하신다. 이곳에서는 땅에 누우셨으나, 저곳에서는 영광의 보좌에 앉아 계신다."[1]

하지만, 영광의 보좌에 앉을 수 있기 위해 예수께서는 먼저 그리로 올라가셔야 했다. 우리는 많은 그리스도인들이 (아마도 부지중에)

걸려드는 그 덫에 빠져서는 안 된다. 즉, 그리스도의 승천이 그분에게는 그저 이 세상을 떠나가는 한 방식일 뿐이었다고 하는 덫 말이다. 그 말도 맞는 말이기는 하지만 부분적으로만 맞을 뿐이다. 그리스도의 부활과 승천과 성부 하나님 우편에 "앉아 계심" 사이에는 유기적 상관관계가 있다. 이 세 가지는 서로가 서로에게 의존한다. 이 세 가지는 중요성 면에서 동등하다. 그리스도께서 높아지신 길에는 천국에서 그리스도의 몸이 최고로 영화롭게 되는 것이 포함되었고, 이는 우리 자신이 영광에 이르는 길을 반영하기 때문이다.

예수는 죽음에서 부활하시기만 한 게 아니었다. 하늘로 올라가시기만 한 게 아니었다. 그리고 영광 중에 앉아 계시기만 한 게 아니다. 그렇다, 예수는 부활하셨고, 올라가셨고, 신부의 남편으로서 앉아 계신다. 예수는 자기 모든 백성을 품에 안고 영광으로 데려가셨으며, 그래서 예수가 천상에 계신 이상 우리는 안전하다.

모든 피조물의 주님

그리스도의 높아지심에 관한 신약성경의 증거에는 다양한 측면이 있다. 그리스도는 보편적 주님이시어서,^{고전 8:6, 행 2:36} 모든 권한이 그분에게 주어졌다.^{마 28:18} 영화롭게 되신 신인^{神人}으로서 그리스도는 다른 어떤 피조물도 지닐 자격 없는 탁월함을 지닌다. 순종하는 종으로서 그리스도는 다른 어떤 피조물도 휘두를 수 없는 능력을 행사한다. 성부 하나님은 그리스도를 만물이 의존하는 분으로 만듦으로써 그리스도를 존귀하게 하셨다.^{엡 3:11} 영광의 주님으로서 그리스도는 하나님의 창조와 섭리와 구속 사역의 중심을 차지한다. 바울이 보기에 그리스도의 높아지심에는, 그리고 그에 따라 갖게 된 지상권에는 온 우주의 영적 권세 위에 군림하는 주권도 포함된다.^{고전 15:24, 골 1:20, 2:10, 15}

그리스도께서는 주님으로서 자기 일을 실행함으로써 아버지를 섬긴다. 예수는 하나님 일의 우주적 대행자이시며,^{히 1:1-2} 온 피조물이 다 그분께 복종하게 된다.^{고전 15:27, 엡 1:22, 히 2:6-9} "높인다."^{빌 2:9}는 말은 인자로서의 예수와 관련해서도 쓰이고^{요 3:14, 8:28, 12:34, 13:31, 참고 단 7:14} 뿐만 아니라 성부의 오른편에 앉아 계신 것과 관련해 성경 다른 곳에서도 쓰인다.^{롬 3:34, 엡 1:20, 벧전 3:22}

그리스도의 승천

창조 사역을 다 마치셨을 때 하나님께서는 매우 좋다고 말씀하시고^{창 1:31} 복되게 하셨다.^{창 2:3} 예수, 곧 죽음에서 부활하심으로써 새 창조를 알리신 분도 비슷한 축복을 하셨다. "예수께서 그들을 데리고 베다니 앞까지 나가사 손을 들어 그들에게 축복하시더니 축복하실 때에 그들을 떠나 하늘로 올려지시니."^{눅 24:50-51}

그리스도의 승천은 하나님의 백성들을 위한 풍성한 신학적 의미를 가득 담고 있다. 성경은 이 사건에 큰 관심을 쏟는다. 그리스도의 승천 교리에 담긴 여러 가지 신학적 진리 중에서도 우리는 이 사건을 아마도 그리스도께서 영화^{榮化}에 이르신 경로로 생각해야 할 것이다. 사도 바울은 그 경로에 대해 이렇게 말한다. "내리셨던 그가 곧 모든 하늘 위에 오르신 자니 이는 만물을 충만하게 하려 하심이라."^{엡 4:10} 영화롭게 되신 신인^{神人}으로서 그리스도는 하늘에서 절대 주권을 행사하시되, 승리를 축하하는 두 가지 행위로써 그렇게 하신다. "그가 위로 올라가실 때에 사로잡혔던 자들을 사로잡으시고 사람들에게 선물을 주셨다 하였도다."엡 4:8 토머스 굿윈은 그리스도의 이 행위를 다음과 같이 생생하게 묘사한다.

> 이제 그리스도께서 친히 정복하셨고, 그러므로 친히 승리하셨다. 그것도 오로지 혼자서. 그리하여 그리스도가 우리의 구속주가 되심은 (또 하나의 삼손처럼) 죄의 빗장을 부러뜨리고 음부의 문을 확 날려 버려, 갇혀 있던 그 감옥에서 나오기 위해서였을 뿐만 아니라 승리의 표지로 그 문을 가지고 언덕까지 옮겨가기 위해서이기도 했다. 마치 삼손이 성 문짝을 떼어 직접 어깨에 메고 의기양양하게 산꼭대기까지 갔던 것처럼 말이다.2

우리를 데리고 천국에 들어가실 때 그리스도께서는 원수들을 물리치고 승리하셨음을 공개적으로 나타내셨다.골 2:15 그와 동시에, 영광 중에 보좌에 좌정하시는 한편 교회에 복 주시고 교회를 보존하시고자 하는 소원을 드러내셨다. 플라벨은 주장하기를, 그리스도께서 "선지자와 사도와 복음전도자처럼 특별하고 일시적인 것으로, 목사와 교사처럼 일상적이고 지속적인 것으로 교회에게 복을 주셨고, 이 두 번째 복은 이 시대에까지 남아 있다.엡 4:11-12 그리고 그 복들은 아주 견고한 체제에 의해고전 12:28 교회(하늘)에 별처럼 박혀 있다. 이 시대에도 그리스도께서는 승천 선물로 하늘에도 수천 가지, 땅에도 수천 가지로 복을 주고 계신다."3

제자들의 경우, 구름이 제자들과 구주 사이에 장막을 드리웠다.행

1:9 제자들은 눈에 보이는 것으로써가 아니라, 이 땅에서 이들을 사랑하셨고 하늘에서도 계속 이들을 사랑하실 하나님의 아들에 대한 믿음으로써 살고 전파하다가 죽어야 할 터였다. 이렇게 해서 제자들이 잃은 것을 사람들은 얻었다.

"승천한다"히 4:14, 참고 6:19-20, 7:26는 말은 그리스도께서 하늘로 올라가신 것과 관련해 또 다른 중요한 진리를 강조한다. 다니엘 7장과 마가복음 13장은 흔히 그리스도의 재림이라는 관점에서 이해된다. 그런데 다니엘 7:13-14 또한 그리스도의 승천 때 성취되었다. 사도행전 1장에서 제자들이 밑에서 본 것을 다니엘은 위의 관점에서 묘사했다.

> 내가 또 밤 환상 중에 보니 인자 같은 이가 하늘 구름을 타고 와서 옛적부터 항상 계신 이에게 나아가 그 앞으로 인도되매 그에게 권세와 영광과 나라를 주고 모든 백성과 나라들과 다른 언어를 말하는 모든 자들이 그를 섬기게 하였으니 그의 권세는 소멸되지 아니하는 영원한 권세요 그의 나라는 멸망하지 아니할 것이니라. _단 7:13-14, 참고 요 13:31

마가복음 13:24-27도 그리스도의 재림을 가리키는 것이 분명한데, 그리스도의 승천에는 재림을 미리 맛보게 하는 부분이 있었다. 예수는 "올려져 가시니 구름이 그를 가리어 보이지 않게" 되었다.행 1:9 이어서 천사들이 제자들에게 알리기를, "너희 가운데서 하늘로 올려지신 이 예수는 하늘로 가심을 본 그대로 오시리라"고 했다.행 1:9-11 승천은 그리스도께서 영광에 이르시는 길을 계속 이어갔다. 부활은 낮아지신 상태에서 영광으로의 변화를 뚜렷하게 나타낸 반면, 승천은 우리의 선구자께서 자신의 공로를 우리에게 적용시키고 또한 이제 합법적으로 그분의 소유가 된 그 높아지심을 받기 위해 "하늘로 오르는" 길을 닦았다.^{히 12:2}

그리스도께서 천국에 들어가신 효과

그리스도의 승천이 천국에 있는 이들에게 끼친 영향은 엄청났을 것이다. 듣기로는 죄인 하나가 회개할 때에도 천국에 큰 기쁨이 있다고 하는데,^{눅 15:7} 그러면 천국에 들어오는 모든 이들을 구원하시는 예수께서 당도하사 아버지 오른편에 좌정하실 때는 그 기쁨이 어떠하겠는가? 오웬의 말처럼 "그리스도의 인성이 천국에서 영화롭게 영접되는 광경은 그 어떤 심정으로도 상상할 수 없고 더구나 그 어떤 혀로도 표현할 수 없다."[4]

하늘과 땅은 화해할 필요가 있었다. 여기, 그리스도께서 "하늘에 있는 것이나 땅에 있는 것"^{엡 1:10}이나 그 모든 만물을 연합시킨 분으로서 천국에 들어왔다. 그리스도께서 천상의 영역에 들어오자 거룩한 천사들은 순진한 얼굴로 영광의 주님을 뵈었다. 천사들이 오래 바라던 일이 이제 이뤄졌다.^{벧전 1:12} 플라벨은 그리스도의 승천과 그리스도께서 천국에 들어가시는 것을 다음과 같이 성부의 관점에서 묘사한다.

성부는 그리스도를 천국에서 다시 보게 된 것을 더할 수 없이 기뻐하며 두 팔 벌려 그리스도를 맞이했다. 그래서 그리스도가 하나님에 의해 "영광 가운데서 올려지셨느니라"고 한다.^{딤전 3:16} 그래서 이 일은 그리스도의 관점에서는 승천이라 불리고 성부의 관점에서는 영접^{assumption}이라 불린다. 그리스도는 올라가셨고, 성부께서는 그리스도를 맞아들이셨다. 그렇다, 그리스도 전에는 누구도 그렇게 영접 받은 적이 없고 이후로 누구도 그분처럼 영접 받지 못할 것이다.⁵

예수께서는 자기가 떠나는 것이 제자들의 유익을 위해서라고 제자들을 안심시켰다. 예수가 떠나심으로 말미암아 "보혜사"가 오실 터였기 때문이다.요 16:7 그런데 우리가 기억해야 할 것은, 예수가 하늘로 가시는 것은 영광 중에 세상을 떠난 성도들과 천군 천사들, 성부, 그리고 특히 "영광 가운데서 올려지"신딤전 3:16 예수 자신에게도 좋은 일이었다는 사실이다. 그래서 존 오웬이 다음과 같이 지극히 아름답게 이를 설명한 것도 이상할 게 없다. "이로써 판단해 볼 때, 그리스도께서 하나님의 거룩한 성소인 천국으로 들어가신 때는 일찍이 창조된, 혹은 앞으로 창조될 영광이 만물의 절정에 이르게 되는 가장 탁월한 사례였다."⁶

그리스도께서 만물을 화해시키는 사역을 계속하기 위해 천국에 도착했을 때 그곳은 "새로운" 곳이었다. 천국은 그리스도께서 들어가시기 전에도 더할 나위 없이 완전한 곳이었을 테지만, 일단 그리스도께서 들어가셨을 때에도 더 이상 완벽할 수 없을 만큼 완벽했다. 천국은 그리스도께서 들어오심과 더불어 더 큰 영광에 도달했다. 그래서 그리스도께서 의기양양하게 입성하신 후 더할 나위 없이 완벽해진 천국은 이제 성자께서 승리자로 돌아오신 만큼 거기 거하는 이들의 기쁨과 만족이 점점 더 커지는 곳이 되었다는 데 의심의 여지가 없다.

그리스도께서 보좌에 앉으심

그리스도는 천상에 들어오시자마자 즉시 천사들과 택함 받은 성도들에게 경배를 받으셨다. 성부께서는 한 인간이 받을 수 있는 최고의 영광을 그리스도에게 내려 주셨다. "내가 네 원수들로 네 발판이 되게 하기까지 너는 내 오른쪽에 앉아 있으라."시 110:1 그리스도께서 아버지 우편에 앉으신 것은 그리스도의 높아지심의 '세 번째' 단계로서, 부활 및 승천과는 구별된다.롬 8:34, 벧전 3:21-22 이 땅에서 예수께서는 보좌에 앉는 것이 자신에게 정해진 운명임을 알고 있었다.마 19:28, 22:44, 25:31, 26:64 헬라어 완료시제로 기록된 히브리서 12:2("하나님 보좌 우편에 앉으셨느니라")는 그리스도께서 보좌 우편에 앉는 것이 지금도 진행 중인 일임을 입증한다.

그리스도께서 하나님 우편에 앉으신다는 것은 권세와 영광을 암시한다. 위엄과 명예의 면에서 성자에게 무엇을 주실 수 있었든, 그리스도가 영광의 왕으로 보좌에 올랐을 때 하나님께서는 주실 수 있는 것을 다 주셨다. 신자로서 우리는 그리스도께서 아버지에게로 혼자 돌아가지 않고, 우리로 하여금 자기 영광에 동참케 할 수 있는 우리 구원의 대장으로 돌아가셨다는 사실로 우리 자신을 위로해야 한다.

우리가 기억해야 할 것은, 예수는 오로지 왕으로서만이 아니라 선지자와 제사장으로서도 영광 중에 좌정하신다는 점이다. 그리스도께서 보좌에 앉으심은 그리스도의 권세와 위엄을 말해 줄 뿐만 아니라 자기 백성들에게 기꺼이 복 주고자 하시는 그리스도의 은혜 또한 말해 준다. 시편 45편을 그리스도에게 적용할 수 있는 때가 있다면 바로 이때다.

선지자로서 그리스도는 자기 성령을 보내사 제자들을 모든 진리로 인도하게 하셨다.요 14:26, 16:7-15 완성된 성경은 그리스도께서 천상에서 선지자로 활동하신 결과다. 제사장으로서 그리스도께서 보좌 우편에 앉으신 것은 그리스도의 봉헌(속죄) 사역이 완료되었기 때문이었다. 그런데 이제 그리스도는 늘 자기 백성을 위해 중보하시는 분으로 보좌에 앉아 계신다.히 7:25 왕으로서 그리스도는 모든 원수들을 그 발 아래 둘 때까지 다스리실 것이다.고전 15:25, 시 110:1 성부의 오른편에 앉으신 분으로서 그리스도가 어떻게 왕 노릇 하시는지에 대해 중세 신학자 토마스 아퀴나스1225-1274는 이렇게 말했다.

> [그리스도는] 성부와 더불어 왕 노릇 하시고 성부에게서 재판관의 권한을 받으신 만큼 성부와 함께 다스리신다. 왕의 오른편에 앉는 이가 왕을 도와 지배하고 재판하는 것처럼 말이다. 그래서 아우구스티누스는 말한다. "'오른편'이라는 이 표현은 이 사람, 하나님께서 택하신 분, 전에 심판받으셨던 이 분이 이제 심판하러 올 수 있도록 받은 권능임을 알라."7

그리스도가 보좌 우편에 앉으심의 영광은 교회에까지 전해진다. 우리는 천상에서 그리스도와 함께 앉는다.엡 2:6 우리는 그리스도와 함께 다시 살리심을 받는다.골 3:1 그리고 우리에게는 이 약속이 주어진다. "이기는 그에게는 내가 내 보좌에 함께 앉게 하여 주기를 내가 이기고 아버지 보좌에 함께 앉은 것과 같이 하리라."계 3:21

윌리엄 프리먼 로이드1791-1853는 '나의 때는 주님 손에'라는 찬송에서 이 소망을 잘 포착했다.

나의 때는 주님 손에.

내 하나님, 나의 때가 주님 손에 있기를 바라나이다.

나의 인생, 나의 친구, 나의 영혼을 모두

주님의 돌보심에 맡기나이다.

나의 때는 주님 손에.

십자가에 달리신 예수여,

내 잔인한 죄가 그 손을 찔렀으나

이제 그 손이 나를 지키고 나를 인도하도다.

나의 때는 주님 손에.

나는 늘 주를 의지하리.

죽은 뒤에는 주님 오른편에

나 영원히 거하리.

결론

자신이 높아지실 것을 알았기에 그리스도는 쉼 없이 고난 당해야 했던 이 땅의 가장 극단적 상황 아래서도 늘 아버지의 뜻을 행할 수 있었다. 그리스도의 의식 속에는 장차 영광을 받으리라는 전망이 늘 자리 잡고 있었고, 영광에 대한 그 전망을 목표 삼아 그리스도는 발걸음을 재촉했다. 자신의 신분 때문에 예수는 천상에 속해 있다. 이 땅에 계시는 동안 예수는 더할 수 없이 "이질적이고 낯선" 이였다.

　예수는 자기 본향이 어디이고 그 본향에 이르는 길이 무엇인지 누구보다 잘 알고 있었다. 그 무엇도 예수가 본향으로 돌아가는 것을 막을 수 없을 터였다. 심지어 죽음 자체도. 예수 앞에 놓인 기쁨에는 부활, 승천, 보좌에 앉으심이, 그리고 이 모든 일의 의미까지 다 포함되었다.

그리스도인으로서 우리는 "우리의 시민권은 하늘에 있는지라. 거기로부터 구원하는 자 곧 주 예수 그리스도를 기다리노니 그는 만물을 자기에게 복종하게 하실 수 있는 자의 역사로 우리의 낮은 몸을 자기 영광의 몸의 형체와 같이 변하게 하시리라"^{빌 3:20-21}는 것을 기억해야 한다.

22 } 그리스도의 대언

누가 정죄하리요. 죽으실 뿐 아니라 다시 살아나신 이는 그리스도 예수시니 그는 하나님 우편에 계신 자요 우리를 위하여 간구하시는 자시니라. _롬 8:34

서론

복음의 깊은 신비에 대해 갈망을 갖는다는 것은 영혼이 건강하다는 징표다. 그래서 복음을 가르치는 교사는 하나님의 백성들이 이 소중한 진리를 더 깊이 알 수 있게 해주어야 한다. 그리스도의 천상 사역에서 우리에게 위로가 되는 진리들이 얼마나 많이 생겨 나오는지를 생각하면, 그리스도의 대언은 그리스도인이라면 절대 몰라서는 안 되는 교리다.

하나님께 부름 받은 제사장으로서,[히 5:4] 그리스도의 제사장 직분의 '두 번째' 의무에는 하나님 백성들을 위해 기도하는 일이 포함된다. 이는 무슨 뜻인가? 성부께 나아가 그 오른편에 좌정한 분으로서 예수는 자기 자신의 유익이나 하늘에서 예수가 들어오기를 간절히 기다리고 있던 성도들의 유익을 위해서뿐만 아니라 땅에 남아 있는 백성들의 유익을 위해서도 아버지께로 갔다. 주께서는 성부께 완벽히 순종한 분으로서 성부께 나아갔고, 그래서 성부께 드리는 간청의 향^香은 예수께서 말씀하시는 그 어떤 것도 거절할 수 없을 만큼 진한 향기를 풍겼다. 토머스 굿윈은 이렇게 말했다.

> 대언하는 분 즉 그리스도와, 그리스도께서 대언자로서 은총을 구하는 분 즉 하나님 두 분 모두를 생각해 보자. 한 분은 성자이고, 한 분은 성부다. 하나님과 함께 하시는 그리스도의 위대함, 그리고 그리스도를 대하시는 하나님의 은혜로움이 이 두 분 모두에게 있는 의지의 하나됨과 애정의 일치와 짝을 이룬다. 그래서 그리스도는 그 무엇을 요구해도 아버지께서 들어주시지 않을 것이 없음을 확신할 것이며, 아버지는 그리스도가 무엇을 요구해도 거절하지 않으실 것이다.[1]

간단히 말해, 그리스도의 대언의 목적은 택함 받은 이들의 구원이다. 자신의 죽음을 통해 그리스도는 자기 백성들에게 하나의 권리를, 그 백성들의 구원이라는 유익을 샀다. 하지만 우리가 모든 영적 복을, 궁극적으로 천국을 소유할 수 있기 위해서는 그리스도의 대언이 사실상 여전히 필요하다. 다시 말해, 그리스도께서 자기 백성들을 위해 이루신 모든 일이 실제로 우리에게 적용되는 것은 궁극적으로 그분의 대언 사역에 달려 있다는 뜻이다. 그리스도의 대언이 없으면 구원도 없다.

그리스도의 대언

대언한다는 것은 기본적으로 다른 누군가를 대신해 변론한다는 뜻이다. 그리스도께서 다른 이를 위해 대언(혹은 중재)하신다는 것은 지금도 여전히 기독교 신앙의 기본 조항이다.^{요일 2:1-2, 롬 8:34} 교회를 향한 그리스도의 돌보심, 사랑, 긍휼은 자기 신부에게 은혜를 부어 주시는 것으로 드러나며, 이는 그리스도의 대언 사역의 결과다.

대언에는 두 가지 측면이 있다. 첫째, 대언에는 뭔가 유익한 것을 위해 상대를 설득하는 요청 혹은 주장이 담겨 있다. 예수는 이 땅에 계실 때 하나님께 이렇게 기도했다. "그는 육체에 계실 때에 자기를 죽음에서 능히 구원하실 이에게 심한 통곡과 눈물로 간구와 소원을 올렸고 그의 경건하심으로 말미암아 들으심을 얻었느니라."^{히 5:7} 요한복음 17장에서 보다시피, 예수는 아버지께 많은 것을 요구하셨는데, 그 요구들은 장차 자신이 천상에서 대언하게 될 것을 예상한 것이며, 천상에서 대언하게 되는 것 자체는 십자가에서의 자발적인 죽음에 달린 일이다.

그리스도께서 십자가에서 죽으심, 그리고 죽음에서 부활하심은 그리스도의 대언의 두 번째 측면으로 이어진다. 즉, 자기 자신을 희생 제물로 바친 것을 말한다. 천국에서 그리스도는 세상의 모든 죄를 치워 없앤 하나님의 어린양으로 아버지 앞에 자기 자신을 제시한다. 그리스도께서는 이 땅에 계실 때 요한복음 17장에서 요구하신 것을 이제 아버지 앞에 자기를 보이심으로써 받으신다.

히브리서 8:1에서 우리는 예수가 "하늘에서 지극히 크신 이의 보좌 우편에 앉으"신 대제사장이라는 말씀을 본다. 예수가 지극히 크신 아버지 옆에 앉아 그런 제사장 역할을 이행하기 위해서는 땅에 머물 수가 없었다. 예수는 하늘로 올라가서서[히 8:4] 우리의 유익을 위해 일하는 대제사장으로서 천국에 들어가셔야 했다. 그게 무슨 말이냐면, 그리스도의 유명한 말씀 "다 이루었다"[요 19:30]는 이 땅에서 행하신 제사장 사역(즉, 희생제사)을 가리키는 것이지만, 그 말씀은 사실상 천국에서 자기 사역을 계속 이어가기 위한 토대를 제공한다는 뜻이다. 이에 대해서는 존 오웬이 잘 설명했다. "우리가 대체적으로 잘 알고 있다시피, 죄인은 그리스도의 죽음 없이는 구원 받을 수 없다. 하지만 그 이후 그리스도의 삶 없이는 신자가 구원 받을 수 없다는 사실은 그다지 많이들 고찰하지 않는다."[2]

우리의 대제사장으로서 예수는 "자기를 힘입어 하나님께 나아가는 자들을 온전히 구원하실 수 있으니 이는 그가 항상 살아 계셔서 그들을 위하여 간구하"시기 때문이다.[히 7:25] 예수는 제사장으로서 기도할 뿐만 아니라 왕이요 선지자로서도 기도한다. 예수는 하나님을 대신해 백성들에게 말하고, 백성들을 대신해 하나님께 말씀하기도 하기 때문이다. 하지만 선지자로 일하실 때도 예수는 늘 왕이시며, 이 사실이 예수의 말씀에 절대 권위를 부여한다. 예수는 선지자-왕으로서만이 아니라 영광의 주로서도 기도하신다. 그리고 예수는 영광의 주로서만이 아니라 능력으로 부활하신 하나님의 아들로서도 기도하신다.[롬 1:4] 다시 말해, 예수는 그 어떤 요청도 거절당하지 않는 분으로서 기도하신다. 그래서 예수는 완전한 제사장, 곧 자기 백성을 대표하며 그리하여 그 백성들이 하나님께 다가갈 수 있게 하는 분이다.

그리스도는 언제나 살아 계시고 언제나 대언하신다. 세상에 살아 있는 그리스도인치고 그리스도께서 아버지께 그 이름을 언급하지 않은 그리스도인은 없다. 여러분이 그리스도인이라면 그것은 성자께서 여러분의 이름을 자기 아버지께, 이제는 여러분의 아버지인 하나님께 아뢰었기 때문이다. 예수는 어쩌면 무고한 사람들과 천사들의 세상 수백만 개를 희생제물로 드릴 수도 있었겠지만, 그런 제물도 그리스도께서 드리신 피의 제사에 비하면 그 가치가 무색해질 것이다. 그리스도인들이 알아야 할 것은, 그리스도께서 하셔야 했던 일은 아버지 앞에 손을 들고 그리스도인들의 이름이 드러나게 하는 것뿐이었다는 점이다. 그리스도인들이 영생을 소유할 수 있게 되는 데에는 그것으로 족했다. 찬송가 작사가 채러티 뱅크로프트는 '위에 있는 하나님 보좌 앞에서'에서 이 개념을 잘 표현했다.

위에 있는 하나님 보좌 앞에서
나 힘차고 순전하게 간구하네.
크신 대제사장 그 이름은 사랑
언제나 살아 계셔서 나를 위해 간구하시네.

내 이름 그 손에 새겨졌으니
내 이름 그 마음에 기록되었으니.
나 알도다, 그가 천국에 계시면
그 어떤 입도 거기서 나 떠나라 말하지 못하리.

그리스도는 '아뢰시고' 그리하여 '받으신다.' 천국에서 그리스도는 새롭게 성령을 받으셨다.시 45:7, 행 2:33 "기쁨의 기름"이 그리스도의 머리에서 흘러나와 그 어느 때보다 많고도 풍성하게 교회에 부어진다.요 7:39 그리스도는 구하시고 받으신다.시 2:8 자기 신부를 구원하기 위해 성령을 받으신다. 교회를 성결하게 하시고,요 17:17 교회에 은사를 주신다.엡 4:8-12 또한 그리스도는 아버지 집으로 가셔서 자기 자녀들이 살 곳을 예비하신다.요 14:3 그리고 아버지 집에서 우리를 변론하신다. "만일 누가 죄를 범하여도 아버지 앞에서 우리에게 대언자가 있으니 곧 의로우신 예수 그리스도시라."요일 2:1 모든 복을 다 받으시는 분으로서 그리스도는 모든 복을 자기 백성에게 주실 수 있다.

천국에서 아버지께 간구하신다고 해서 그리스도의 값어치가 떨어지는 것은 아니다. 그리스도의 인성은 여전히 하나님께 의존하고, 하나님은 그리스도가 낮아지신 상태에서는 받지 못했던 복을 이제 높아지신 상태에 있는 그리스도에게 주셨다. 예를 들어, 새 계시가 그리스도에게 주어졌고, 그에 따라 그리스도는 교회에 복을 주실 수 있었다.계 1:1 사실 그리스도는 이제 "심한 통곡"히 5:7 으로 기도하시지 않으며, 이제 하나님의 직접적 임재 가운데 있는 만큼 말을 사용할 필요도 없다. 그 임재 안에서 이제 그리스도는 믿음으로가 아니라 눈에 보이는 것으로 산다. 그럼에도, 여전히 참 인간이시기 때문에(이 땅에 있는 우리는 이해할 수 없는 방식으로 영화롭게 되시긴 했지만) 그리스도는 귀에 들리는 말로 상급을 요구하실 수 있다. 단지 자신이 그렇게 하기를 원한다는 이유로 말이다. 천국은 침묵하는 곳이 아닌데 교회의 대선지자께서 왜 굳이 침묵을 지키겠는가?

그리스도의 대언의 은혜

그리스도께서 늘 살아 계셔서 우리를 위해 대언하시기 때문에, 우리는 그리스도의 사랑을 확신할 수 있다. 대제사장 직분은 한마디로 은혜의 직분이다. 굿윈은 "그리스도의 왕 직분이 능력과 다스림의 직분이고 그리스도의 선지자 직분이 지식과 지혜의 직분인 것처럼, 그리스도의 제사장 직분은 은혜와 자비의 직분"이라고 말한다.[3]

그렇게 자비롭고 신실한 대제사장이기 위해 예수께서는 "범사에 형제들과 같이 되"셔야 했다. 히 2:17 히브리서 기자는 이 부분을 다음과 같이 상세히 설명한다.

> 그러므로 우리에게 큰 대제사장이 계시니 승천하신 이 곧 하나님의 아들 예수시라. 우리가 믿는 도리를 굳게 잡을지어다. 우리에게 있는 대제사장은 우리의 연약함을 동정하지 못하실 이가 아니요 모든 일에 우리와 똑같이 시험을 받으신 이로되 죄는 없으시니라. 그러므로 우리는 긍휼하심을 받고 때를 따라 돕는 은혜를 얻기 위하여 은혜의 보좌 앞에 담대히 나아갈 것이니라. _히 4:14-16

그리스도가 자기 백성들을 위해 쉼 없이 중보기도를 하실 수 있고 기꺼이 중보기도 하고자 하시는 이유는 여러 가지다. 굿윈의 저서 『이 땅의 죄인들을 향한 하늘에 계신 그리스도의 마음』은 필자가 생각하기에 이 땅의 죄인들을 향한 그리스도의 자비롭고 자애로운 마음을 가장 훌륭하게 다룬 책으로 남아 있다. 필자는 기껏 해봤자 굿윈의 생각을 요약만 할 수 있을 뿐이다.[4]

구약성경에서부터 시작해 우리는 대제사장이 지성소로 들어간 것은 그곳에 있는 속죄소가 화목과 속죄를 드러내 보여주기 때문이라는 것을 알게 된다. 이는 천국에서 그리스도가 행하실 제사장 직분을 미리 보여준 것이다. 굿윈은 천국에서 예수가 그 인성으로 "영광과 행복과 기쁨을 누릴 이중의 자격"을 지닌다고 말한다. 첫 번째는 "삼위 하나님과의 위격적 연합을 통해 그리스도께서 성부를 비롯해 다른 사람들과 나누는 교통"에 바탕을 두고 있다.시 16:11 이 기쁨은 완전하다. 이 기쁨이 "그 자체로 절대적이고 완전한" 것은 이것이 성자께서 본래부터 소유한 유업이기 때문이다. 둘째, 하나님께서는 영광과 기쁨을 누릴 수 있는 또 하나의 자격을 그리스도에게 부여하셨는데, 이는 "그리스도의 몸인 그의 교회와 신부에게서" 나오는 영광과 기쁨이다.엡 1:20-22 교회의 머리이신 신인神人으로서 그리스도는 신부에게서도 영광을 받으신다.

교회와 관련한 그리스도 의 행복과 영광(그리스도 자신의 개인적 영광이 아니라)은, 그리스도께서 택하신 이들이 그리스도의 구속 사역의 유익을 수확해 들임에 따라 점점 더 커져 간다. 굿윈은 설명하기를 "택함 받은 이들이 죄 사함을 받고 이들의 마음이 더 성결해지며 이들의 영혼이 위로를 받을 때" 그리스도께서 오사 자기 수고의 열매를 보시고 이로써 그리스도께서도 위로를 받으신다고 한다. 사실 그리스도는 이 부분에서 성도들보다 훨씬 더 큰 기쁨을 누린다. 그러므로 "때때로 물을 주"는 것이 여전히 그리스도의 관심사이다.사 27:3 자기 신부에게 은혜와 사랑을 주심으로써 그리스도 자신의 행복도 날로 커져 간다.엡 5:28

굿윈의 말에 따르면, "그리스도는 자기 교회를 사랑하시는 가운데 자기 자신을 사랑하신다. 그래서 자기 몸의 지체들에게 사랑과 은혜를 더 많이 보여주실수록 자기 자신에게 [사랑과 은혜를] 더 많이 보이시는 것이다"고 한다. 그리스도께서 자기 교회의 지체들에게 행하시는 일은 바로 그리스도 자신에게 행하시는 일이다. 사실, 자기 양 떼들보다는 자기 자신에게 더 충실히 행하시는 것이다.요 17:13, 22-23. 참고 15:9-11

히브리서 4:15에서 "우리의 연약함을 동정"하실 수 있는 그리스도에 대한 말씀을 볼 때, 우리는 이 동정을 구약성경에서 하나님께서 이따금 "사람의 예대로" 말씀하실 때 하듯이 은유적인 의미로 이해해서는 안 된다. 동정이라는 이 감정은 그리스도의 인성에 속한 것이지 신성에 속한 것이 아니다. 굿윈은 "그래서 전에 타당치 않게 표현된 것, 그리고 구약성경에서 은유와 비유로 표현된 것…… 히브리서의 이 말씀에 담긴 진실에서 입증되고 성취된다"고 한다. 히브리서 기자는 그리스도의 인성이 우리에게 주는 유익을 그리스도께서 천상에서 이행하시는 사역과 연결시키기 위해 그리스도의 인성에 큰 강조점을 둔다. 그리스도는 천상에서도 자신의 참 인성을 그대로 유지하기 때문에 천상에서도 분명 자기 신부를 향해 애정을 품으신다. 심지어 이는 천사들에 대한 애정보다 더 큰 애정일 것이다. 그리스도의 긍휼은 참되고 진실해서, "결코 은유적 의미의 긍휼로 여겨지지 않는다."

그리스도께서 이 땅에 계시는 동안 하나님은 그리스도를 위해 온갖 고통과 불행을 예비하셨는데, 굿윈은 주장하기를 이것이 "그리스도가 영광을 입게 될 때 품어야 할 마음의 틀을 짜기 위해서"였다고 한다. 이렇게 해서 그리스도는 자기처럼 시험 받고 고통 당하는 사람들을 향해 경험에 근거한 연민을 품을 수 있었다. 천국에서 그리스도의 인성은 과거와 현재에 일어난 모든 일들을 다 알고 기억하신다 (계 2:2, "내가 네 행위……를 알고"). 몸의 머리로서 그리스도는 "몸의 모든 감각과 느낌의 원천이시다." 자기 자신이 처했던 그 역경 중에 있는 사람들을 그리스도는 기억하시며, 그 사람들을 긍휼히 여기신다. 그러므로 그리스도께서 자신의 연약함과 마찬가지로 우리의 연약함을 기억하신다는 것을 우리는 안다. 또한 "동정한다"는 말은 우리가 고통에서 벗어날 때까지 그리스도께서 우리와 더불어 고통스러워하신다는 의미다.

우리는 이런 질문을 던져 볼 수 있다. 이 애정은 얼마나 멀리까지 미치며 얼마나 깊은 곳까지 닿는가? 대답은, 이생에서는 누구도 이 애정의 넓이와 깊이를 가늠하지 못하리라는 것이다. 실제로, 굿윈이 기막히게 설명하다시피, "여러분의 바로 그 죄가 그의 마음을 움직여, 진노하기보다는 불쌍히 여기게 만드니" 여러분을 향한 그리스도의 동정은 그 정도다. 리처드 십스가 잘 표현한 것처럼 "우리 안에 있는 죄보다는 그리스도 안에 있는 자비가 더 크다."[5] 우리의 죄가 아무리 크다 한들 그리스도의 동정과 짝을 이룬 그리스도의 자비에는 비할 바가 못 된다.

스데반의 예

사도행전 7:55-56에서 "성령 충만"한 사람 스데반은 예수가 "하나님 우편에 서신 것을" 봤다. 산헤드린 앞에서 스데반은 모든 신자들이 권면 받는 것처럼 "우리가 믿는 도리의 소망"(신앙고백)을 굳게 잡았다.히 10:23 히브리서 기자는 예수가 "하나님의 집 다스리는 큰 제사장"10:21이시라는 사실에 근거해서 우리에게 그렇게 하라고 권면한다. 매혹적인 사실은, 스데반이 예수를 봤을 때 예수는 "앉아" 있지 않고 "서" 있었다는 점이다. 왜 이런 표현이 쓰였을까? 마치 드라마에서처럼 스데반은 예수를 옹호하며 서 있었다. 스데반은 자기 신앙고백을 굳게 잡았다. 그 결과 예수께서도 스데반을 인정하며 "서" 있어 주셨다. 여기서 마태복음 10:32-33이 성취되었다. "누구든지 사람 앞에서 나를 시인하면 나도 하늘에 계신 내 아버지 앞에서 그를 시인할 것이요."[6]

예수가 스데반을 시인할 수 있었던 것은 스데반의 신실함 때문이었고, 이 신실함은 스데반이 그리스도의 간구와 돕는 은혜를 필요로 할 때 그리스도께서 간구하시고 은혜를 채워 주신 결과였다. 우리가 알다시피 스데반은 죽었다. 하지만 우리가 또 기억해야 할 것은, 요한복음 17장에서 그리스도께서 대제사장으로서 드린 기도가 이렇게 해서 성취되었다는 점이다. "아버지여, 내게 주신 자도 나 있는 곳에 나와 함께 있……기를 원하옵나이다."17:24 우리의 대제사장으로서 그리스도께서는 아버지께 구하는 것을 받으신다. 그리스도는 스데반이 천국에서 자기와 함께 있게 되기를 구하셨고, 따라서 스데반이 본향으로 안내를 받은 것은 단순히 그를 죽인 악한 사람들 때문이 아니라 은혜로운 구주 때문이었다.

결론

그리스도와 교회의 연합이 완전케 되는 것은 아직 실현되지 않은, 구속救贖의 목표다. 세상을 떠난 의로운 자들의 영은 온전케 된다고 하지만,히 12:23 이 영들이 자기들의 부활한 몸과 아직 연합하지 못했다는 의미에서 이들은 여전히 불완전한 상태다. 그리스도는 스스로 완전하시고 최고의 복됨으로 충만하시지만, 자기 교회와의 관계에서는 그리스도 역시 "불완전한" 상태다. 그리스도의 원수들의 멸망이 그리스도에게 위엄을 더해 주는 것처럼,시 110:1 교회의 완전한 구원은 그리스도께서 언젠가 자기 몸 된 교회와 완전한 연합을 경험하실 때 그분의 영광을 더해 줄 것이다.

하나님의 백성들은 그리스도께서 우리를 위해 죽으셨음을 진심으로 확언한다. 또한 그리스도께서 이 땅에서 우리를 위해 사셨음을 많은 이들이 인정한다. 그래서 믿음으로 우리는 우리에게 전가된 그리스도의 의를 받을 수 있다. 하지만 그리스도께서 천국에서도 자기 신부를 위해 사신다는 것을 아는 사람은 거의 없다. 그리스도는 지금도 여전히 자기 교회를 위해 대언하는 삶을 살고 계시다.

그리스도는 대언 사역을 통해 우리 이름을 성부 앞에 일컬을 뿐만 아니라 우리에게 복 주시기 위해 성령을 내려 보내신다. 그리스도는 우리를 구원하실 뿐만 아니라 연약함 가운데 있는 우리를 불쌍히 여기기도 하시는데, 이는 그리스도가 모든 일에서 우리와 똑같이 시험을 받으셨기 때문이다. 하지만 그리스도에게는 죄가 없으시며, 이것이 바로 그리스도가(그리고 오직 그리스도만이) 교회에 복을 주시기 위해 하늘에 계신 아버지 앞에 모습을 드러내야 할 이유다.

만민의 우두머리가 누구인지 모를 수 없는 것처럼, 우리는 그리스도의 대언과 그 대언이 우리 영혼을 위해 얼마나 소중한지를, 특히 이 악한 시대에 갖가지 시련과 환란으로 어찌할 바를 모를 때 그 대언이 우리 영혼에 얼마나 소중한지를 모르고 있을 여유가 없다. 그래서 스코틀랜드 장로교도 로버트 머리 맥체인[1813-1843]이 한번은 이런 유명한 말을 했다. "그리스도께서 바로 옆방에서 나를 위해 기도하는 소리를 들을 수 있다면, 나는 백만 원수도 두렵지 않을 것이다. 하지만 그 기도 소리가 멀리서 들려와도 다를 것은 없다. 그리스도는 나를 위해 기도하고 계시다."[7]

아멘!

23 } 그리스도의 백성들

너는 여호와 네 하나님의 성민聖民이라. 네 하나님 여호와께서 지상 만민 중에서 너를 자기 기업의 백성으로 택하셨나니. _신 7:6

서론

그리스도를 안다는 것에는 그리스도의 백성을 아는 일도 포함된다. 그리스도의 몸인 우리는 우리의 머리이신 그분께 연합된다. 그리스도의 백성을 떼어 놓고서는 그리스도를 생각할 수 없다. 그리스도의 백성은 그리스도의 충만함이기 때문이다.엡 1:23 남편(그리스도)과 신부(교회)라는 용어는 성경 여러 곳에서 주도적 주제로 등장한다. 초대교회 교부 키프리아누스가 남긴 유명한 말이 있다. "교회를 어머니로 갖지 않으면 하나님을 아버지로 가질 수 없다."[1] 그와 동시에, 그리스도를 사랑한다고 주장하면서 그리스도의 신부를 미워할 수는 없다. 왜인가? 그리스도께서 자기 신부를 사랑하기 때문이다. 당신은 뭔가 달리 생각하고 행동하는 입장인가?

그리스도를 아는 하나의 중요한 길로 그리스도의 백성을 고려할 때 우리가 단단히 명심해야 할 것은, 그리스도께서 자기 교회를 얼마나 사랑하시는가 하는 점이다. 오직 그 사실에 따라서만 우리가 그리스도의 교회에 관해 생각하는 방식을 변화시켜야 하니, 교회는 그리스도께서 자기 피로 값 주고 사신 것이기 때문이다.

하나님의 성도는 신앙에 진짜 걸림돌일 수 있다. 우리들이 없다면 복음은 훨씬 더 쉽게 믿어질 수도 있다. 하지만 하나님께서는 일의 질서를 그렇게 정하지 않으셨다. 하나님은 자기 아들을 위해 교회가 "흠을 하나도 감추지 않고, 있는 모습 그대로" 있게 하셨다! 하나님은 자신에게 순종하는 신실한 아들에게 신부를 주시되 저주가 아니라 상급으로 주셨다. 교회가 어떤 문제를 안고 있든, 혹은 교회와 관련해 우리에게 어떤 문제가 있든, 그리스도의 백성은 그리스도의 충만함이라는 사실을,엡 1:23 그래서 그 백성이 없으면 그리스도는 불완전한 분이 된다는 사실을 우리는 명심해야 한다. 그러기 위해서는 이 사실을 믿는 믿음이 요구되는데, 이는 우리가 이 땅에 있는 동안에는 불완전하기 때문이다. 교회는 예수의 저는 다리이며, 이 절룩거림은 아담이 에덴에서 다리 관절을 탈구시키는 행위를 했기 때문이다(히 12:12-14, 13절에서 다리를 전다는 것은 '관절이 어긋났다'는 뜻이다). 하지만 성부의 뜻과 성령의 능력으로 그리스도의 몸이 다리를 절면서도 승리를 향해 나가는 것은 다름 아니라 그 몸이 그리스도께 속해 있기 때문이다.

그리스도의 사랑

"날 사랑하심 성경에 써 있네." 그러나 사람들이 확신 문제로 씨름

할 때 목회자들은 그냥 이 말을 해주는 것 말고 그보다 더 나은 뭔가를 해야 한다. 성경은 실제로 뭐라고 말하는가? 그리고 예수는 왜 죄인들을 사랑하셔야 했는가? 다음과 같이 그리스도께서 자기 신부를 사랑하시는 삼위일체적 이유를 생각해 보자. 그 이유를 알면 우리는 "날 사랑하심 성경에 써 있네"라고 자신 있게 말할 수 있다.

첫째, 그리스도께서 자기 교회를 사랑하심은 아버지께서 당신의 백성을 사랑하라고 그리스도에게 영원한 명령을 내리셨기 때문이다.요 6:37-40, 10:15-18, 15:10 참고 그리스도는 양떼를 사랑하심으로써 아버지의 사랑 안에 머문다. 성자께서 가련하고 비참한 죄인들을 사랑하는 일에 성부의 명령보다 더 큰 영향을 끼치는 것은 있을 수 없다. 그리스도께서 우리를 사랑하시지 못한다면 사실상 그것은 성부를 사랑하지 못하는 것일 터이다. 남을 위해 자기 목숨을 내놓는 것보다 더 큰 사랑은 없는데,요 15:13 예수께서 아버지의 뜻에 순종하여 바로 그 일을 하셨다.

둘째, 그리스도께서 자기 교회를 사랑하심은 열매를 맺는 성령의 사역 때문이다. 그리스도께서는 탁월한 성령의 사람으로서 성령을 한량없이 소유하셨다.요 3:34 천국에 들어가실 때 그리스도는 여느 인간이 받을 수 있는 최대 한도로 새롭게 성령을 부음 받으셨다.행 2:33, 시 45편 천국에서 높임 받으신 자비로운 대제사장으로서 그리스도는 땅에서 경험한 것을 훨씬 능가하는 방식으로 성령에게서 은혜와 자비를 받으신다. 그러므로 성령의 열매를 맺은갈 5:22 그리스도는 천국에서 이 땅의 죄인들을 향해 훨씬 더 자애롭고 오래 참는 태도를 보이신다. 이는 그리스도께서 왜 자신이 여기 머무는 것보다 떠나는 것이 더 유익이라고 말씀하셨는지요.16:7 그 이유를 일부 설명해 준다.

셋째, 그리스도께서 자기 교회를 사랑하심은 그리스도의 거룩한 자기애 때문이다. 토머스 굿윈은 이렇게 말했다. "요한의 말처럼 하나님은 사랑이시며, 그리스도는 육신을 입은 사랑, 바로 우리의 육신을 입은 사랑이시다."[2] 그리스도께서 사랑하심은 자신이 사랑이시기 때문이다. 하지만 그리스도는 필연적으로 자기 자신도 사랑하신다. 자기 백성을 구원하시고 복 주실 때 그리스도는 자기에게 이익이 되는 방식으로 죄인들을 위한 사역의 열매를 거두시되 자기 자신에게 합당히 영광을 돌리는 하나님으로서 그렇게 하신다. 그리스도는 우리의 구원에 대해 우리보다 더 관심이 많으시다. 선한 남편으로서 그리스도는 자기 신부를 사랑하신다. 그러나 기억하라, 그리스도는 자기 신부를 사랑하면서 자기 자신을 사랑하는 것임을.엡5:28

당신이 만약 그리스도인으로서 확신 문제와 씨름하고 있다면, 자기 신부의 한 부분으로서 당신을 사랑하시는 그리스도의 사랑을 확신해야 할 세 가지 복된 이유가 여기 있다. 그것은 바로 성부, 성자, 성령이다.

사랑하심을 받은 자

자기 신부를 향한 그리스도의 사랑은 하나님의 백성을 묘사하는 용어들에서도 볼 수 있다. 하나님의 백성은 '성도', '택하심을 입은 자', '부름 받은 자', '사랑하는 자' 등과 같이 다양하게 묘사된다. 바울은 '사랑하는 자'를 '택하심을 입은 자'와 동의어로 쓰면서 교회를 묘사한다.롬1:7, 살전1:4, 살후2:13, 골3:12 신약성경은 구약성경의 용어를 빌려와 새 언약 아래 있는 유대인과 이방인을 표현한다. 예를 들어, 호세아는 하나님과 그 백성 사이의 사랑의 관계를 강조했는데, 이 백성들은 부름 받은 자/택하심을 입은 자로 불린다.^{롬 11:28 참고} 이 세상에서 부름 받은 자 혹은 선택 받은 자는 성령의 능력으로 믿음으로써 그리스도께 속한 자들이다. 이 사람들은 성삼위 하나님의 특별한 사랑을 받는 이들이요, 그러므로 "사랑하심을 받은 자"라고 불리기에 합당하다.

흥미롭게도, 하나님의 백성을 일컫는 이름은 그리스도 자신에게도 붙여질 수 있다는 점을 기억해야 한다. 그리스도는 택한 사람,^{사 42:1} 세상의 터가 놓이기 전에 미리 정해진 분^{벧전 1:20}이다. 그리스도는 성도, 탁월하게 거룩한 분이시다.^{막 1:24, 요 17:19} 그리스도는 아버지께서 사랑하시는 분이다.^{엡 1:6, 마 3:17, 17:5}

그리스도의 충만함

바울은 교회를 "그리스도의 충만함"^{엡 1:23}이라고 묘사한다. 그리스도 자신이 만물을 충만케 하신다는 점을 고려할 때^{엡 1:23, 4:10}이는 주목할 만한 묘사다. 성경 다른 곳에서 바울은 그리스도 안에 어떻게 "신성의 모든 충만이 육체로 거하시"는지^{골 2:9}를 설명한다. 다시 말해, 그리스도 안에는 완전한 충만함이 있지만, 그래도 여전히 우리는 그리스도의 충만함이라 불린다.

티끌과 재에 지나지 않는 가련한 거지들인 교회는 그리스도가 없으면 텅 빈다. 그리스도께서 우리를 선한 생각으로 충만케 하시지 않으면 우리는 선한 생각을 할 수 없다. 그리스도께서 우리로 하여금 선한 일을 하게 하시지 않으면 우리는 선한 일을 할 수 없다.^{요 15:5} 그리스도는 우리를 성령으로, 즉 그리스도의 영으로 충만케 하신다.롬 8:9, 행 16:7 그래서 우리는 포도주로 충만케 될 것이 아니라 성령으로 충만케 되어야 한다.엡 5:18 세상에 대한 지식으로 충만케 될 것이 아니라 "모든 신령한 지혜와 총명"골 1:9으로 충만케 되어야 한다.

이렇게 충만케 됨은 예수의 정체성과 예수가 자기 교회를 위해 하신 일에 달려 있다. 우리를 부요하게 하기 위해 예수는 가난해져야 했다. 우리를 충만케 하기 위해 예수 자신은 텅 비어야 했다. 예수가 우리를 위해 자기를 비우셨기에 이제 우리가 예수를 위해 예수를 충만케 한다. 그런데 이 말은 무슨 의미인가?

아주 간단히 말해, 예수는 머리이고 우리는 몸이다. 머리는 몸이 없으면 불완전하고, 몸도 머리가 없으면 불완전하다. 구원받을 성도 한 사람 한 사람이 그리스도의 충만함을 이룬다. 양떼 중 한 마리만 없어져도 선한 목자 그리스도는 충만하지 못하고 텅 비게 된다. 교회에 부어지는 모든 은혜는 머리에서 온몸으로 흘러내리는 기름처럼 언젠가는 충만함에 이를 것이고, 교회는 자기 고유의 상흔(내주하는 죄)을 지니고 있다가 모든 면에서 완벽히 깨끗해질 것이다. 성령이 그리스도에게서 보냄 받아, 그리스도의 백성들 사이에서 그렇게 깨끗게 하시는 일을 시작한다.

리처드 십스는 이 깨끗게 함에 대해 이렇게 말한다.

아론의 머리에 부어진 기름은 그의 수염으로, 옷깃으로 흘러내렸고,시 133:2 그의 의복에서 가장 보잘 것 없는 부분이 그 기름에 젖었다. 우리의 머리이신 그리스도, 우리의 아론, 우리의 대제사장에게 부어진 성령의 은혜도 이렇게 우리에게, 모든 반열의 그리스도인들에게, 심지어 옷깃이라 할 수 있는 가장 연약하고 가장 비천한 그리스도인에게까지 흘러내린다. 누구나 다 은혜 위에 은혜를 받는다. 우리 모두 다 우리의 영적 아론, 우리 대제사장의 기름과 기름부음에 참여한다.³

그리스도를 본받음

머리와 몸이 함께 완전해진다는 것을 고려할 때 우리는 몸과 영혼이 모두 그리스도의 형상을 본받는 것을 우리 구원의 목표로 이해하는 게 좋다. 롬 8:29, 빌 3:21, 고전 15:49, 요일 3:2 우리의 몸과 영혼이 그렇게 그리스도의 형상을 본받으면 교회의 머리와 몸이 소원하는 영적 하나됨과 균형을 이룰 수 있게 된다. 예수가 구주이시지 우리가 구주가 아니라는 것은 말할 필요도 없을 것이다. 존 오웬은 다음과 같은 점에 주목한다.

신자라면 누구나 다 모든 은사와 그 은사를 발휘하는 문제에서 예수 그리스도처럼 되려는 큰 뜻을 마음에 품고 있다. 예수 그리스도는 모든 일에서 신자들의 모범이요 본보기다. 그러므로 그리스도에게서 발휘된 어떤 은사의 영광을 머리에 그리며 자기 자신의 부족함을 깨닫고 자기가 그리스도의 형상에 미치지 못함을 알게 될 때⋯⋯ 신자들은 엄숙한 기도로 그리스도께 전념하면서 그리스도의 그 은사의 보고寶庫와 그 충만함으로부터 그 은사가 자신에게 좀 더 전달될 수 있기를 구할 수밖에 없다. 우리가 제대로 이 일에 임한다면 서로 간에 더 힘을 북돋울 수 있을 것이다.⁴

그리스도의 형상을 닮는다는 개념은 요리문답의 가르침 형식으로 살펴볼 수 있을 것이다.

문: 예수는 우리 신앙의 대상이자 모범입니까?
답: 즐거운 마음으로 그렇다고 단언합니다.

예수는 믿음으로 살았다. 우리도 믿음으로 산다. 토머스 굿윈이 말했다시피, 예수는 "우리처럼 믿음으로 살아야 하는 형편에 처해졌다"[5]는 점에서 우리와 똑같은 사람이었다. 그리고 게하더스 보스의 말처럼 예수는 사실상 "완전하고 이상적인 한 신자로서"[6] 믿음을 실행했다.

예수에게는 의롭다 여김 받을 만한 믿음이 있었다.사 50:8 우리에게도 의롭다 여김 받을 만한 믿음이 있다.롬 4:5 하지만 예수는 자기 믿음의 대상으로서 중보자를 바라지 않았다. 예수는 자신의 순종에 대해 자신을 의롭다 해줄 분으로 하나님을 바라보았다. 예수는 우리처럼 자기를 향한 하나님의 자비를 믿은 게 아니라 자기를 향한 하나님의 의를 믿었다.시 16편, 행 2:25-27

우리의 경우, 하나님과 그리스도 두 분 모두 우리 믿음의 대상이다.요 14:1 우리는 그리스도처럼 자기 자신의 순종에 대해서 의롭다 여김 받기를 바라서는 안 되고 그리스도의 순종을 의지해 의롭다 여김 받기를 기대해야 한다. 우리의 믿음은 우리를 그리스도에게 연합시키니, 하나님께 순종한 이 귀한 분에게서 구원의 은혜로운 유익이 아무 값어치 없는 죄인들에게로 흘러간다.

하지만 믿음의 본보기나 모범으로서의 예수는 어떠한가? 믿음

면에서도 우리는 예수를 본받아야 하는가? 만약 그렇다고 할 경우 본받는 행위가 남용될 가능성이 있음에도 불구하고 성경은 이 질문에 아주 명쾌하게 답한다. "내가 그리스도를 본받는 자가 된 것 같이 너희는 나를 본받는 자가 되라."^{고전 11:1} 그리스도께서 보이신 본은 교회가 어떻게 생각하고 행동해야 하는지에 대한 모범을 제시한다. 이와 관련해 굿윈은 우리에게 이런 도전을 던진다.

> 그리스도는 자기의 모든 영광을 내려놓고, 자기를 비우고, 자기를 아무 가치 없는 존재로 버려두고, 자기가 가진 모든 것을 아버지의 손에 넘기는 행위를 하되 "자기로 인해 (하나님께서) 많은 이들을" 의롭다 여겨 주시리라는 순전한 신뢰로 그렇게 하지 않았는가? 그러므로 우리도 가진 것을 다 내려놓고, 무엇이든 전에 소중히 여기던 것과 다 헤어져, 그분과 같은 순종으로써 우리 자신도 그리스도에 의해 의롭다 여김 받을 것을 믿고 의지하며 소망해야 하지 않겠는가?[7]

마찬가지로 칼뱅도 히브리서 2:13을 주석하면서 교회의 모범으로서 그리스도에게 주목할 것을 촉구한다.

> [예수께서] 하나님의 도움에 의지했을 때처럼 그분의 운명은 우리의 운명과 동일하다. 우리가 하나님을 신뢰하는 것은 무익한 일이나 헛수고가 아니다. 우리에게 하나님의 은혜가 없다면 우리는 비참할 것이고 길을 잃을 것이다. 그러므로 우리가 하나님께 두는 신뢰는 우리가 무력하다는 증거다. 그와 동시에 이 점에서 우리는 그리스도와 다르다. 필연적

으로, 그리고 당연히 우리에게 속하는 연약함을 그리스도께서 기꺼이 감당하셨다. 하지만 우리가 그리스도를 우리 인도자요 교사로 모신다는 사실은 하나님을 믿고 의지하도록 우리를 적지 않게 고무시킨다. 그리스도의 발자취를 따르는데 뉘라서 길을 잃을 염려를 하겠는가?[8]

바울은 그리스도께서 보이신 겸손의 모범을 제시하기에 앞서[빌 2:6-11] "너희 안에 이 마음을 품으라. 곧 그리스도 예수의 마음이니"[빌 2:5]라고 그리스도인들에게 명령한다. 더 나아가, 우리가 그리스도에게 속해 있을진대 우리는 그리스도와 더불어 고난 받을 것이다.[1:29, 3:10, 살전 2:14-15] 우리가 그리스도 안에 있을진대 우리는 그리스도께서 행하신 것처럼 행해야 한다.[요일 2:6] 실제로 로마서 15장은 그리스도를 본받는다는 말에 함축된 실제적 의미를 강조한다.

오웬이 주장한 것처럼, "그리스도가 믿음으로써 그 목표에 이르려 했다는 것을 생각할 때, 그리고 그런 그분의 형상을 본받으려 수고할 때 [그리스도가] 그렇게 우리의 모범이심을 등한시한다는 것은 악하고 해로운 짓이다."[9] 우리가 죄에서 구원 받는다는 것은 그리스도의 형상을 본받는 것을 말하기도 한다. 그리스도께서 그 모든 거룩한 행위를 하실 때 그분에게 능력을 부어 주신 바로 그 성령께서 이제 모든 의로운 행위를 할 때 우리를 능력 있게 하시므로, 그리스도께 속해 있는 한 그리스도를 본받으려 애쓰기도 해야 한다는 현실을 우리는 회피할 수 없다.

결론

지체와 머리는 한 몸이다. 이는 이 몸이 소원하는 그 충만 상태에 반드시 도달해야 할 영적인 몸으로서, 그 충만에 의해 하나님 백성들은 하나님 아들의 형상을 완벽히 본받는다. 세상에는 완전한 하나의 몸이 있다. 바로 그리스도와 그 자녀들로 이뤄진 몸이다. 굿윈은 이를 다음과 같이 놀랍게 설명했다.

> ……이 같은 광경은 한 번도 없었다. 이 머리가 모든 영광과 영예로 관 쓰고 하나님 우편에 앉아 만물을 그 발 아래 둔 광경이라니. 그 머리를 바라보면 얼마나 아름다울지…… 그리스도의 아름다움은 그의 몸에 아름다움을 더할 것이다. 그리고 이 몸의 아름다움이 다 모여 머리의 아름다움이 더욱 돋보이게 할 것이다.[10]

그리스도의 형상을 본받는 우리는 그리스도의 충만함이다. 심지어 이 죄와 비참함의 세상 중에서도 그렇다. 그러나 언젠가 우리는 그분처럼 될 것인데, 이는 우리가 그리스도의 참 모습, 왕의 모든 영광을 입고 계신 모습을 볼 것이기 때문이다.요일 3:2 실로 "주를 향하여 이 소망을 가진 자마다 그의 깨끗하심과 같이 자기를 깨끗하게 하느니라." 요일 3:3

교회는 하나님께 참으로 귀중하기에 하나님은 우리를 생각해서 세상을 관대히 보아 주시고, 그리스도를 생각해서 우리를 사랑하신다.

24 } 그리스도의 진노

또 내가 하늘이 열린 것을 보니 보라, 백마와 그것을 탄 자가 있으니 그 이름은 충신과 진실이라. 그가 공의로 심판하며 싸우더라. 그 눈은 불꽃 같고 그 머리에는 많은 관들이 있고 또 이름 쓴 것 하나가 있으니 자기밖에 아는 자가 없고 또 그가 피 뿌린 옷을 입었는데 그 이름은 하나님의 말씀이라 칭하더라. 하늘에 있는 군대들이 희고 깨끗한 세마포 옷을 입고 백마를 타고 그를 따르더라. 그의 입에서 예리한 검이 나오니 그것으로 만국을 치겠고 친히 그들을 철장으로 다스리며 또 친히 하나님 곧 전능하신 이의 맹렬한 진노의 포도주 틀을 밟겠고 그 옷과 그 다리에 이름을 쓴 것이 있으니 만왕의 왕이요 만주의 주라 하였더라. _계 19:11-16

서론

누구도 하나님의 아들만큼 하나님의 진노를 알지 못한다. 따지고 보면, 하나님의 어린양은 하나님의 진노의 불길에 구워졌다. 하나님의 어린양은 골고다에서 세 시간 동안 격렬한 풀무불 속에 들어가 있었다. 그 결과 하나님의 백성들에게는 그리스도의 의복이 입혀졌다. 그

격한 시험을 거친 의복에 대해 토머스 왓슨이 말하는 것처럼 "지옥의 불길은 결코 이 의복을 태울 수 없다."[1]

이 진리에는 중요한 의미가 함축되어 있다. 첫째, 대다수 사람들은 그리스도의 의복을 안 입었고, 그래서 지옥의 불길이 영원히 그 사람들을 태울 것이 분명하다. 둘째, 그리스도는 하나님의 진노를 경험한 분으로서 경건치 못한 모든 이들에게 자신의 분노를 발할 것이다. 이 진리를 부인하려면 성경의 상당 부분을 도려내야 할 것이다.

여호와의 천사

구약성경이 우리에게 보여주다시피 여호와의 천사(하나님의 아들)는 흔히 가장 혹독한 방식으로 심판을 행하셨다. 그리스도의 그런 모습은 원수들에게 내리실 심판의 실상, 특히 마지막 날 그리스도께서 "심판하며 싸우"실계 19:11 때 그 모습이 어떠할지를 예측할 수 있게 한다. 예를 들어, 역대상 21장에서 하나님은 칼로 예루살렘을 멸하게 하시려고 여호와의 천사를 보내셨다.[21:15] 천사는 명령을 시행했으나 이내 여호와께 제재를 받았다.[21:15] 성경에 보면, 이 천사가 "천지 사이에 섰고 칼을 빼어 손에 들고 예루살렘 하늘을 향하여 편"[21:16] 것을 다윗이 보고 있다. 심판이 임박한 이 광경 앞에서 다만 얼굴을 땅에 대고 엎드리는 것 외에 다윗과 장로들이 달리 할 수 있는 일이 뭐였겠는가? 이어서 우리는 뭔가 주목할 만한 광경을 본다. "[다윗이] 하나님께 아뢰되……."[21:17] 다윗은 하나님께 자비를 간청했고, 이에 대해 천사는 몇 가지 지침으로 화답했다. 이 광경에서, 이 심판의 천사에게서 우리는 주 예수 그리스도의 모습을 보아야 하지 않겠는가?

구약성경의 그런 광경과 관련해 조나단 에드워즈는 이렇게 주장했다. "타락 이후 하나님께서 이따금 어떤 가시적 형태나 자기 임재의 외적 상징의 모습으로 등장하시는 것을 볼 때 우리는 보편적으로, 아니 통상적으로 이를 성삼위 중 제2위의 등장으로 이해해야 한다."² 즉, 심판이 하나님에게서 직접 임할 때, 경건치 못한 자들에게, 심지어 어떤 때는 하나님의 친 백성들에게 진노를 내리시는 분은 대개 하나님의 아들이었다. 테르툴리아누스도 비슷한 말을 했다.

> 태초부터 그 높은 탑을 부수고 언어를 혼잡케 하며 홍수로 온 세상을 벌하고 소돔과 고모라에 불과 유황을 내려서 인간을 심판한 분은 성자였다……. 성자는 아담으로부터 족장과 선지자들에 이르기까지 환상과 꿈과 거울과 묵시를 통해 인간과 대화하기 위해 늘 내려오사 태초로부터 자기 길을 예비하셨기 때문이다. 이 땅에서 인간과 대화하신 하나님이 육신이 되신 그 말씀Word 아닌 다른 어떤 존재일 수 있다는 것은 불가능했다.³

유다 사도는 그리스도의 진노에 대해 매혹적인 언급을 한다. "너희가 본래 모든 사실을 알고 있으나 내가 너희로 다시 생각나게 하고자 하노라. 주께서 백성을 애굽에서 구원하여 내시고 후에 믿지 아니하는 자들을 멸하셨으며."유 5절 예수는 자기의 신성을 따라, 구약의 백성들에게 심판을 시행했다. 예수는 애굽에서 구원되어 나온 하나님의 백성들을 가혹하기 그지없는 방식으로 심판했는데, 이는 이 백성들의 불신앙 때문이었다.고전 10:5, 히 3:16-19 참고 이는 구약성경에 등장하는 여호와의 천사가 하나님의 아들이라는 입장과 잘 일치된다.창 16:10, 22:11-18, 출 3:2-12, 14:19, 삿 2:1, 6:22, 대상 21:18 참고 구약성경에 이런 '그리스도 현현'Christophanies이 있고, 이로써 하나님의 아들이 심판을 시행했다는 것은 그리스도의 진노에 관한 신약성경의 가르침과도 조화된다(이를테면, 계 6:17). 예를 들어, 우리는 성육신하신 예수가 자기 자신에 대해 이렇게 말하는 것을 본다. "내가 세상에 화평을 주러 온 줄로 생각하지 말라. 화평이 아니요 검을 주러 왔노라."마 10:34 이 검은 마지막 날에 어떤 이들은 생명을 얻고 어떤 이들은 생명을 잃게 만든다.마 10:39

마찬가지로, 요한계시록에서 그리스도를 설명하는 많은 구절들은 심판자로서의 그리스도의 권위를 반영한다. 예를 들어, 10장에 등장하는 천사는 신의 속성을 지니고 있다. 이 천사는 "구름을 입고"10:1 있다. 구약성경에서는 오직 하나님만이 구름을 입고 오신다.출 14:19, 19:9-19, 33:9-10, 34:5 요한계시록의 이 천사는 마치 사자처럼 포효하며, 그때마다 "일곱 우레가 그 소리를 내어 말"한다.계 10:3 우레는 심판을 나타내므로,출 9:23-34, 19:16, 19, 삼상 7:10, 12:17 우리는 요한이 여기서 신적神的인 천사 그리스도께서 시행하는 하나님의 심판 광경을 극적으로 묘사하고 있다고 결론을 내릴 수 있다. 그리스도의 검이라는 이 주제는 요한계시록 19:15에서도 계속 이어진다. "그의 입에서 예리한 검이 나오니 그것으로 만국을 치겠고 친히 그들을 철장으로 다스리며 또 친히 하나님 곧 전능하신 이의 맹렬한 진노의 포도주 틀을 밟겠고." 구약성경에서는 요한이 하는 말의 배경을 형성하는 하나님의 심판을 여러 번 언급하는데,사 11:4, 63:2-6 이를 근거로 우리는 그리스도가 용사임을 알 수 있다. 그리스도의 진노는 나라와 권세와 통치자들과 영을 포함해 온 우주에 미친다.

지옥을 전한 설교자

심판에 대한 공포를 알기에 그리스도는 지옥에 대해서도 설교하여 죽음이 아니라 생명을 붙잡으라고 듣는 이들을 설득했다.요 5:40 어느 누구도 죽음에 대해 그리스도만큼 설교하지 않았다. 사실 그리스도는 천국에 대해서보다는 지옥에 대해 더 많이 이야기했다. 그리스도의 설교 중 어림잡아 13퍼센트는 지옥과 심판에 초점을 맞추고 있다.

마태복음의 처음 열 장에서만 해도 그리스도께서 다음과 같이 경고하고 있다는 것을 생각해 보라. "형제를 대하여…… 미련한 놈이라 하는 자는 지옥 불에 들어가게 되리라."5:22 "만일 네 오른 눈이 너로 실족하게 하거든 빼어 내버리라. 네 백체 중 하나가 없어지고 온 몸이 지옥에 던져지지 않는 것이 유익하며."5:29 "좁은 문으로 들어가라. 멸망으로 인도하는 문은 크고 그 길이 넓어 그리로 들어가는 자가 많고."7:13 "아름다운 열매를 맺지 아니하는 나무마다 찍혀 불에 던져지느니라."7:19 "바깥 어두운 데 쫓겨나 거기서 울며 이를 갈게 되리라."8:12 "몸은 죽여도 영혼은 능히 죽이지 못하는 자들을 두려워하지 말고 오직 몸과 영혼을 능히 지옥에 멸하실 수 있는 이를 두려워하라."10:28 우리 구주는 자신을 거부하는 자들에게 임할 심판에 대해 말씀하기를 특별히 신경 썼던 것이 분명하다.

하나님께서 만드신 우주의 궁극적 공포는 바로 지옥이다. 그리스도께서 이 공포에 대해 설교하신 것은 이 공포의 현실을 누구보다도 잘 아셨기 때문이다. 따지고 보면, 그리스도께서 지옥을 만드셨다. 그리스도께서 백성들의 불신앙을 보고 우심은[눅 19:41-44] 그 불신앙 때문에 이들이 영원한 기쁨을 대가로 치를 뿐만 아니라 이 불신앙이 이들에게 "꺼지지 않는 불"[막 9:43]의 고통을 안기리라는 것을 알고 계셨기 때문이다.

우리가 알고 있는 교리 중에는 그 중요성 때문에 널리 알려지는 것도 있다. 그러나 지옥 교리는 그 영원한 의미 때문에 널리 알려져야 한다. 스펄전은 이에 대해 이렇게 말했다.

> 죄인들이 저주를 받아야 할진대, 적어도 우리의 시신을 뛰어넘고서야 지옥으로 건너갈 수 있게 해야 할 것이다. 죄인들이 멸망할 때는 멸망하더라도 우리가 두 팔로 그 무릎을 부여잡고 여기 계속 머물기를 간청해야 할 것이다. 지옥이 죄인들로 가득차야 할진대, 이를 막기 위해 최선을 다하는 우리 면전에서 그리되어야 할 것이며 우리의 경고를 받지 않고는, 우리가 기도해 주지 않고서는 한 사람도 그리 가지 못하게 해야 할 것이다.[4]

그리스도는 죄인과 하나님 사이에 있는 십자가로 가셨다. 하지만 모든 공포 중에서도 가장 공포스러운 일은, 사람들이 사실상 그리스도에게로 뛰어가 안겨 구원을 받는 것이 아니라 무모하게도 멸망으로 이어지는 자기 나름의 길을 간다는 것이다.

그리스도의 사역은 필연적으로 사람들을 나눈다.[눅 2:34-35] 그리스도께서는 어떤 이는 패하게 하고 어떤 이는 흥하게 한다. 어떤 이는 구원하고 어떤 이는 멸한다. 어느 한쪽이 없으면 다른 한쪽도 있을 수 없다. 심판자로서 그리스도가 갖는 특권은 구주로서 그리스도가 갖는 특권만큼 권위가 있다. 예수가 우리 죄 때문에 십자가에서 죽으셔야 했음을 진실로 믿는다면, 회개하지 않는 죄인들은 바깥 어두운 데서 고통 중에 영원히 지내야 한다는 것 또한 믿어야 한다. 지옥이 존재하지 않는다면 우리는 이렇게 물어야 한다. '성자께서 하나님의 저주 아래 십자가에 달려 죽기 위해 육신이 되신 것이 무슨 소용인가?' 우리가 영원한 징벌의 사실성을 부인한다면 이는 십자가의 가치를 깎아내리는 것이며, 이는 곧 하나님에게서 그 영광을 빼앗는 것이다.

그리스도가 심판주로 임명받으심

성부께서는 그리스도를 심판주로 임명하셨다. 이는 주와 구주라는 그리스도의 직분에서 꼭 필요한 부분이다. "[아버지께서] 또 인자됨으로 말미암아 [아들에게] 심판하는 권한을 주셨느니라."요 5:27. 참고 행 10:42, 7:31, 고전 15:25 믿을 수 있는 분으로서 그리스도는 축복하고 저주하며, 구원하고 멸하며, 사랑하고 미워할 권한을 받으신다. 심판주는 사람들의 눈에 보일 텐데, 마찬가지로 그분의 심판 또한 그러할 것이다.

한편, 하나님의 나라를 멸시하고,눅 19:27 하나님의 은혜를 거부하며,시 81:11 하나님께서 베푸시는 은전에 콧방귀를 뀌고,히 2:3 하나님의 은혜를 방탕한 것으로 만들어 버리고,유 4절 하나님 안에 거하지 않으며,요 15:6 악하게 행동하는마 24:48-51 자들에게 그리스도는 공포일 것이다. 그리고 또 한편, 그리스도의 가르침을 믿고,요 11:25 그리스도를 사랑하며,엡 6:24, 고전 16:22 그리스도의 원수와 마귀와 세상과 육체에 맞서 싸우고,계 3:21 그리스도의 계명에 순종하는요일 2:28, 4:17 이들에게 그리스도는 위로가 되어 주실 것이다. 신자가 위로를 받음은 심판주로서 그리스도가 신자들의 친구와 형제와 대제사장이요 신자들의 죄를 위해 대신 죽으신 분이기 때문이다. 그리스도께서는 천국에 신자들을 위해 예비하신 거처로 이들을 데려가기 위해 오실 것이다.

그리스도는 영화롭게 된 그 인성을 좇아 인간을 향한 하나님의 모든 작정과 목적을 다 아는 분이기에히 4:13 그 무엇도 그리스도에게 숨겨질 수 없다. 선악 간에 우리의 모든 행위를 완전히 다 아시지 못했다면 그리스도는 모든 이들의 영원한 운명을 결정하는 심판자이실 수 없었을 것이다. 하나님께서 그리스도를 심판주로 임명하시기는 했지만, 천사들 또한 그리스도를 위해 심판의 일을 이행할 것이다.마 24:31 천사들은 의로운 자와 불의한 자를 무덤에서 데리고 나와 천국 혹은 지옥이라는 영원한 거처로 호송할 것이다.마 13:39-41, 49-50

그리스도께서 오셔서 심판하실 때, 악한 자는 변명할 말이 없을 것이다.시 130:3 악한 자들은 심판주 앞에 서기는 할 테지만 심판을 견딜 수는 없을 것이다.롬 14:10, 시 1:5 모든 사람들에게 생사 간 선고를 내리시기 위해 예수는 이 심판의 자리에 입회하실 것이다. 죽으리라는 선고를 받은 자는 자기의 불경건함에 대한 명백한 증거에 근거해 정죄받을 것이다. 그리스도는 하나님의 의를 변호할 텐데, 왜냐하면 신실한 자의 선행에 대해 아버지께 호의적으로 말씀하심으로써 그 선행에 근거해 신실한 자에게 상급을 내리실 것이기 때문이다. "이기는 자는 이와 같이 흰 옷을 입을 것이요 내가 그 이름을 생명책에서 결코 지우지 아니하고 그 이름을 내 아버지 앞과 그의 천사들 앞에서 시인하리라."계3:5 영생에 들어갈 권리는 오로지 그리스도만을 통해서 오지만, 우리는 선행이라는 길을 두루 다닐 때 영생을 소유한다. 그리스도께서는 이 선행에 풍성히 상급을 내리신다. 그렇다, 우리를 위해 미리 예비하사 행하게 하신 그 선행에 대해서 말이다.엡2:10

모든 사람들의 행위는 마지막 날에 다 드러나는 만큼,고전3:13 책들이 펼쳐질 것이다.

> 또 내가 보니 죽은 자들이 큰 자나 작은 자나 그 보좌 앞에 서 있는데 책들이 펴 있고 또 다른 책이 펴졌으니 곧 생명책이라. 죽은 자들이 자기 행위를 따라 책들에 기록된 대로 심판을 받으니 바다가 그 가운데에서 죽은 자들을 내주고 또 사망과 음부도 그 가운데에서 죽은 자들을 내주매 각 사람이 자기의 행위대로 심판을 받고 사망과 음부도 불못에 던져지니 이것은 둘째 사망 곧 불못이라. 누구든지 생명책에 기록되지 못한 자는 불못에 던져지더라. _계 20:12-15

장차 있을 심판, 그리스도께서 불경건한 자들을 불못에 집어 던짐으로써 보응하사 이들을 쳐 없애실 그 심판을 부인한다면, 우리는 미망에 빠진 가련한 그리스도인이다. 살아 계신 하나님, 구원과 심판으로 오시는 예수 그리스도의 손에 떨어지는 것은 두려운 일이다.히10:31

결론

우리가 이 시대에 부르는 찬송 중 그리스도의 진노와 심판에 대해 말하는 찬송은 얼마나 되는가? 성경을 믿는 대다수 복음주의 그리스도인들은 하나님의 진노를 시인할 마음의 준비가 되어 있다. 설교자가 하나님의 진노를 너무 자주, 너무 소란스럽게 전하지 않는 한 말이다. 하지만 우리 시대에는 어린양의 진노를 강조하는 설교가 눈에 띄게 부족하다. 어린양 그리스도께서는 구원뿐만 아니라 심판을 통해서도 하나님의 목적을 이행하신다. 그리스도는 "충신과 진실"이시며 "심판하고 싸우"는 분이시다.계 19:11

그리스도의 위격과 사역에서 진노와 심판이라는 요소를 제거할 경우 그리스도를 안다는 것은 우상숭배일 수 있다. 조나단 에드워즈의 유명한 설교 '진노하신 하나님의 손 안에 있는 죄인들'에는 동행이 필요하다. 그 동행은 '진노하신 그리스도의 손 안에 있는 죄인들'이다. 성경은 하나님과 그리스도의 사랑에 대해서는 아무 의심의 여지도 남기지 않으며, 회개하지 않는 자에게 하나님께서 그리스도를 통해 심판을 시행하실지의 여부에 대해서도 그 어떤 추측도 하지 못하게 한다. 천국이 반드시 있는 것처럼 지옥도 분명 존재함은, 십자가가 이를 요구하기 때문이다.

만물이 그리스도를 위해 창조되었다.골 1:16 심지어 지옥 그 자체도. 지옥은 그리스도를 영화롭게 한다. 그렇지 않다면 지옥은 존재하지 않았을 터이다. 우리가 경배하는 예수는 성경이 말하는 그리스도임에 틀림없다. 그리고 그리스도는 당신을 구주로 주장하는 이들을 포함해 모든 이들을 위한 이 한 가지 질문을 늘 중시하신다. 그 질문은 바로 "너희는 나를 누구라 하느냐?"이다.

25 } 그리스도의 얼굴

사랑하는 자들아, 우리가 지금은 하나님의 자녀라. 장래에 어떻게 될지는 아직 나타나지 아니하였으나 그가 나타나시면 우리가 그와 같을 줄을 아는 것은 그의 참모습 그대로 볼 것이기 때문이니 주를 향하여 이 소망을 가진 자마다 그의 깨끗하심과 같이 자기를 깨끗하게 하느니라. _요일 3:2-3

서론

오늘날의 그리스도인들은 자신의 신학적 유산과 관련한 자신의 특권적 지위를 잊을 때가 가끔 있다. 초대교회 때나 심지어 종교개혁 직전의 하나님의 백성들이 우리만큼 갖지 못했거나 알지 못했던 많은 것들을 오늘날 우리들은 당연시한다. 예를 들어, 천국에서 우리가 마치 친구를 대하듯 예수님을 대면하여 보게 되리라는 믿음에 대해 생각해 보자. 대략 17세기까지만 해도 천국에서 하나님을 본다는 것은 주로 하나님을 지적으로 알게 된다는 개념으로, 하나님에 대해 여기 이 땅에서 우리가 알 수 있는 것을 훨씬 능가하는 지식을 갖게 된다는 개념으로 이해되었다. 이것도 맞는 말이기는 하다. 하지만 위대한 청교도 사상가 존 오웬을 비롯해 몇몇 신학자들은 흔히 '지복직관'(복된 뵈옴)[beatific vision]이라 일컫는 것에 대한 우리의 이해를 '개혁'했다. 오웬은 천국에서 영화롭게 된 성도들은 하나님에 대해 훨씬 더 큰 지적 이해를 갖게 되고, 그리하여 하나님을 더 많이 사랑하게 될 뿐만 아니라 영화롭게 된 인성을 입고 계신 예수를 눈으로 보게 될 것이라고 단언했다.

우리가 하나님을 보게 되는 일은 예수 그리스도의 면전에서 일어나며, 사실상 예수 그리스도의 면전에서만 일어날 수 있다. 하나님을 보는 이 일은 시각적인 일일 것이다. 즉, 우리는 구속받은 몸과 영혼으로 우리 구속주의 모습을 실제 모습 그대로, 보이지 않는 하나님의 보이는 형상인 영화로운 신인[神人]의 모습으로 보게 된다는 말이다. 골 1:15, 요일 3:2

믿음으로

이 시대와 다가올 시대에 우리가 그리스도를 볼 수 있는 방법은 두 가지뿐이다. 지금 이 시대의 우리는 믿음으로[by faith] 살고, 고후 5:7 다가올 시대에서는 보는 것으로[by sight] 살게 될 것이다. 요일 3:2 그래도 어쨌든 우리 믿음과 우리 시각의 직접적 대상은 언제나 주 예수다. 예수는 우리가 모두 (보는 것으로) 예수의 영광을 보게 되기를 바라지만, 요 17:24 그런 한편 우리가 이 세상에서 믿음으로 살기를 바라시기도 한다. 요 20:29

이 세상에서 우리는 믿음으로 그리스도의 영광을 보지만, 마치 거울을 통해 보는 것처럼 흐릿하게 본다. 고전 13:12 우리는 믿는다. 하지만 우리는 우리 불신앙에 대해 쉼 없이 도움을 필요로 한다. 그 도움은 성령께서 베푸는 도움이며, 우리는 은혜의 보좌에서 그 도움에 다가간다.^막 9:24, 롬 8:26, 히 4:16 우리는 견고히 서지만, 흔들리기도 한다. 우리는 생각이 모자라며, 영광의 이편에 있는 한 그리스도에 대한 우리의 개념에는 늘 선명성과 순도純度가 부족하다. 우리는 뭔가 더 나은 것, 뭔가 더 안정적이고 확고하고 지속적인 것을 바란다.

반면, 이생에서 우리는 성경을 통하는 것 외에는 중재 없이 예수 그리스도께 다가갈 방도가 없고, 이 성경에 우리는 믿음으로 접근해야 한다. 성경은 예수 그리스도의 '얼굴'이다. 예수 그리스도에 대해 말하는^눅 24:44 기록된 말씀을 점점 더 많이 알고 이해함에 따라 우리는 성육신한 말씀으로서의 예수를 점점 더 많이 알게 된다.

그리스도를 알아가는 이 일은 지극히 변화무쌍하다. 바울은 그리스도인들이 어떻게 "수건을 벗은 얼굴로" 그리스도의 영광을 보는지, 그리고 그 결과 어떻게 "그와 같은 형상으로 변화하여 영광에서 영광에 이르"는지에 대해 말한다.^고후 3:18 우리의 속사람이 변화함에 따라, 그리스도의 영의 능력으로 우리의 '변화'(즉, 그리스도의 형상을 닮게 되는 일)가 일어난다.

내생에서 얼굴과 얼굴을 맞대어 그리스도를 만나고자 하는 이들은 이 세상에서 믿음으로 그리스도를 보아야 한다. 지금 우리는 아직 보지 못하는 것을 믿는다.^벧전 1:8 하지만 우리가 믿어야 할 것은, 믿지 않으면 절대 보지 못할 것들이기도 하다. 존 오웬이 엄숙히 말했다시피, "여기 이 세상에서 믿음으로 그리스도의 영광을 어느 정도 보지 못하는 사람은 내세에서 실제로 그리스도의 영광을 절대 보지 못할 것"이기 때문이다.[1] 오웬은 또 덧붙이기를, 은혜가 우리를 예비시켜 영광을 보게 하는 것처럼, 믿음도 우리가 믿음의 내용을 실제로 보게 될 것을 예비시킨다고 한다.

이 점을 염두에 두면 우리도 러더포드처럼 말할 수 있게 된다. "나의 주 예수 그리스도여, 주님 없이 천국에 산다면 그 천국은 지옥일 것입니다. 그러나 제가 지옥에 있을지라도 주님과 함께 있을 수 있다면 지옥도 제게는 천국일 것입니다."² 사실 "그리스도와 함께 있는" 것이 확실히 다른 어떤 것보다도 좋다.빌 1:23 그러므로 우리 마음은 믿음으로 지금 천국에 있는 것이며, 이곳에 우리의 가장 큰 보화이신 예수가 거하신다.눅 12:34, 고후 4:18, 골 3:1-2

이는 또 다른 부분, 즉 천국에 대한 우리의 갈망, 누구나 시인하다시피 지옥보다 더 좋은 그곳에 대한 갈망은 천국에 계신 그리스도에 대한 갈망이어야 한다는 사실을 강조한다. 십자가에서 죽어가던 도적도 이렇게 요청했다. "예수여, 당신의 나라에 임하실 때에 나를 기억하소서."눅 23:42 믿음은 그때 상황을 생각하면 정말 대단한 행위로서, 그 범죄자는 이 믿음으로 단순히 더 좋은 곳이 아니라 그리스도의 나라에 가게 되기를 소원했다. 그리고 이에 예수는 이렇게 대답했다. "내가 진실로 네게 이르노니 오늘 네가 나와 함께 낙원에 있으리라."눅 23:43 예수께서는 그 도적의 요청을 들어주셨고, 당신과 함께 있는 것이 낙원의 진짜 기쁨임을 다시 한 번 확인해 주셨다. 성경이 천국의 중심 되신 그리스도와 더불어 종결되는계 21-22장 데에는 이유가 없지 않다. 천국의 주님은 자기에게 합당한 자리인 보좌에 앉아 계신다.

보는 것으로

우리는 천국에서 그리스도의 모습을 보되 바로 눈앞에서 보게 될 것이다. 다시 말해, 우리와 그리스도 사이에는 우리 몸과 영혼에 생기를 주어 그리스도의 영광을 볼 수 있게 해주는 성령 외에는 아무것도 없으리라는 것이다. 또한 우리가 보는 광경은 직접적인 광경일 것이다. 그리스도는 영광을 입고 우리 앞에 나타나실 것이다. "우리가…… 그의 참모습 그대로 볼 것……이니." 요일 3:2

이는 우리에게 왜 부활한 몸이 필요한지를 설명해 준다. 우리가 몸의 영광을 입고 계신 그리스도를 보기 위해서는 눈이 필요하다. 우리가 그리스도를 보는 광경은 가시적인 광경이나 지적인 광경 둘 중 하나가 아니라 둘 다이다. 우리는 영광 중에 계신 그리스도를 보되 그분의 위격에 대해, 영화롭게 된 우리 상태에 걸맞은 그런 이해를 갖고 본다. 우리가 그리스도를 보는 이 '봄'은 현재의 우리에게는 전혀 적절하지 않다. 내주하는 죄와 함께 이 땅에 살고 있는 지금의 "우리에게는 너무 높고, 빛나고, 경이로울" 것이기에 우리는 그 '봄'을 감당할 수 없을 것이다.[3]

베드로, 야고보, 요한은 변화산에서 그리스도의 영광을 거의 감당할 수가 없었고, 그래서 베드로는 눈앞에서 벌어지고 있는 광경에 대해 자기도 무슨 말인지 모를 말을 했다. 눅 9:33 실제로, 영화롭게 되신 주님이 이 땅 백성들에게 나타나신다면, 이 나타나심이 우리를 변화시켜 주님과 똑같은 형상을 갖게 만들지 않는 한 우리에게 아무런 유익이 되지 않을 것이다. 오웬은 주장하기를 "우리는 지금까지 받았거나 혹은 받을 수 있는 어떤 빛이나 은혜의 능력으로는 [그리스도의]

직접적 나타나심과 드러나심을 감당할 수 없다"고 한다.⁴ 그렇게 하지 못하는 데 대한 증거로, 사도 요한이 영화롭게 된 그리스도를 마주했을 때,계 1:17 또는 다메섹으로 가는 길의 바울에게 어떤 일이 일어났는지 생각해 보라.행 9장

우리가 이생에서 믿음으로써 그리스도의 형상으로 변화되는 것처럼, 다가올 생에서는 보는 것으로 그리스도의 형상으로 변화될 것이다. 요한은 다음과 같은 사실을 분명히 하고 있다. "사랑하는 자들아, 우리가 지금은 하나님의 자녀라. 장래에 어떻게 될지는 아직 나타나지 아니하였으나 그가 나타나시면 우리가 그와 같을 줄을 아는 것은 그의 참모습 그대로 볼 것이기 때문이니."요일 3:2 요한은 우리가 그리스도와 같게 되는 것은 우리가 그분을 볼 것이기 때문이라고 말한다. 그러므로 그리스도를 보면, 믿음으로써 그리고 실제 시각으로써 그리스도를 보면, 하나님의 백성에게 변화가 일어난다. 왓슨은 어두운 방에 빛이 들어오면 방이 전과 달라졌다고 말할 수 있을 것이라는 비유로 이 사실을 설명했다.⁵ 마찬가지로, 우리는 그리스도를 볼 것이고, 그러면 전과 달라질 것이다. 머리이신 그리스도와 연합하여 영화롭게 된 그분의 임재 안에 있으면서 몸과 영혼이 그리스도의 형상을 닮게 되지 않는다는 것은 불가능한 일이다. 실로 우리가 계속 그리스도의 영광에 미치지 못하는, 이해할 수 없는 일이 벌어진다면 그것은 우리가 신의 속성과 인격적 연합을 이루지 못하기 때문이다. 그럼에도 우리 안에 있게 될(사실은 이미 있는) 은혜는 그리스도 예수 안에 있는 은혜와 동일한 은혜다.

우리는 지금 당장은 이 소망을 완전히 붙잡을 수 없다. 강력한 영

적 시각이 있어야 그리스도의 위격 안에 있는 영광을, "우리가 여기서 알 수 있고" 이 땅에서 "호흡하고 갈망하는" 것보다 "천 배 이상" 경험할 수 있다고 오웬은 주장한다.[6]

그리스도인은 천국에서는 죄를 짓지 않을 것이라고들 한다. 맞는 말이다. 하지만 이는 우리가 그렇게 거룩해서라기보다 그리스도에게서 눈을 뗄 수 없기 때문이라고 하는 게 맞다. 우리는 이생에서 예수께 시선을 고정시키라는 명령을 받는데,[히 12:2] 이는 그것이 바로 우리가 내세의 삶을 사는 방식일 것이기 때문이다. 예수를 바라보면, 우리는 죄를 짓지 않는다. 예수가 아닌 먼 곳을 바라본다면, 이는 우리 자신을 중대한 위험에 처하게 만든다. 천국에서 우리가 부단히 그리스도를 보게 되면, 그런 위험은 영원히 사라질 것이다.

그리스도의 초상

그리스도의 모습은 부활 때 아주 극적으로 달라진 것 같다.[눅 24:31] 그런데 지복직관(복된 뵈옴) 교리는 그리스도를 그림으로 묘사하는 것이 과연 타당한가 하는 질문을 낳는다. 하나님의 백성이라면 누구나 부활하신 그리스도를 보고 싶어 할 테지만, 우리는 먼저 이 질문을 해야 한다. "높아지신 신인(神人)의 영광을 그림으로 포착할 수 있는가?" 사실 높아지신 그리스도의 영광은 필연적으로 이미지 같은 것을 초월하는데, 이는 그리스도의 영광이 비물질적이기도 한 동시에 변화하는 효과를 갖고 있기 때문이기도 하다.

게다가 어떤 그림이 그리스도를 표현할 의도로 그분을 그린 것이라 할 때 우리는 그 그림 앞에 경배해도 되는가? 신인(神人)을 어떤 이미지로 형상화할 수 있는가 하는 문제와는 전혀 별개로, 우리는 왜 그리스도의 모습을 형상화하려고 하는가?

영광의 절정에 계신 그리스도의 모습을 보면 우리는 그 앞에 엎드려 경배할 수밖에 없을 것이다.빌 2:9-11 우리가 어떤 그림 앞에 경배하지 않는 것이 그 그림이 실제 그리스도가 아니기 때문일진대, 더 이상 무엇이 문제인가? 예수는 이생에서 제자들의 눈에도 보였고 다른 수많은 사람들의 눈에도 보였다고 어떤 이들은 대답할지 모른다. 하지만 이 사람들은 비록 믿음의 눈으로 보지는 않았을지라도 진짜 그리스도를 실제로 보았지 그리스도를 나타낸 그림을 본 것은 아니었다는 점을 기억해야 한다. 그런 맥락에서는 그리스도께 경배하는 것은 전혀 이상할 게 없고 전적으로 타당하다. 그리스도의 제자들은 머리 속에 그리스도의 이미지를 갖고 있었을 것이 분명하고, 그 이미지를 결코 버릴 수 없었을 것이다. 설령 그럴지라도, 그리스도께서 승천하신 후 이들에게 중요한 것은 이들이 머리 속에 갖고 있던 그 이미지가 아니라 그리스도께서 이루신 일, 천국에서도 계속 이어가실 것으로 기대되는 그 일이었다. 궁극적으로 볼 때 구원하는 복음을 포용하는 것은 오직 믿음뿐이지 그리스도에 대한 머리 속 이미지가 아니다. 그런 이미지라면 많은 바리새인들 역시 갖고 있었을 것이 틀림없다.

존 오웬은 지복직관에 대한 올바른 이해를 갖고 있어야 하나님의 백성들이 예수 초상을 활용하는 것을 막을 수 있다고 생각한 듯하다. 오웬은 그리스도의 참 영광은 그림으로는 포착할 수 없다고, 그러므로 그림은 우리가 믿음이 아니라 실제를 가장한 어떤 광경으로 관심을 돌리게 만든다고 지적했다. 오직 하나님의 말씀만이 우리에게 표현된 그리스도를 향한 애정을 환기시킨다. 루터가 말했다시피 "성경은 그리스도가 누워 있는 요람이다."[7]

그리스도는 그 안에 인성과 신성이 불가분하게 연합된 분이기에, 그리스도를 표현한다는 것은 곧 하나님을 표현하는 것이다. 그리스도를 어떻게 형상화하든 인간이자 신이신 그리스도의 위격을 참으로 완전하게 반영하지 못한다면 그것은 그리스도를 잘못 표현하는 것이다. 그러므로 예수님을 그린 그림이나 영화는 단지 그리스도의 인격만 나타내는 것이라고 말한다 해서 문제가 해결되지는 않는다. 그리스도의 위격에 대한 우리의 이해를 고려할 때, 그런 것은 불가능하다. 그리스도에게는 참 인성이 있지만, 그 인성은 언제나 성자의 위격에 있는 신성과의 연합 안에서 존재한다. 하나님의 자녀라면 누구나 다 그리스도의 위격 안에서 그리스도의 얼굴을 보고 싶어 하는 게 당연하지만,[고후 4:6] 우리는 그리스도가 참되게 표현되는 모습을 참을성 있게 기다려야 한다. 그 모습은 우리가 이 땅에서 우리 생각으로 그려내는 그 어떤 모습보다도 무한히 더 훌륭할 것이다. 우리는 아직 보는 것으로 살지 못하고, 우리를 사랑하사 우리를 위해 자기를 버리신 하나님의 아들을 믿는 믿음으로 산다.[갈 2:20]

한 가지 덧붙일 것은, 어린아이들의 나이에 맞춰 나오는 예수님 그림책에는 적어도 한 가지 아주 중요한 결함이 있다는 점이다. 목회적 관점에서 봐도 그렇고 함축적 의미 면에서 봐도 그렇고, 이 그림들은 믿음의 눈으로만 "보아야" 하는 복을 우리 아이들에게서 앗아 간다. 부모는 자녀에게서 이 놀랍고 즐거운 특권을 빼앗아서는 안 된다.[요 20:29, 벧전 1:8] 아버지, 어머니, 그리고 설교자는 어린아이들에게 예수

가 참되이 알려지도록 예수를 제시해야 한다.요일 1:3

그리스도인들의 입장에서, 이 땅을 순례하실 때의 그리스도를 가장 친밀하게(그리고 가장 훌륭하게) 나타낸 모습은 성찬 때 우리에게 주어지는 떡과 포도주에 나타난 모습이다. 떡과 포도주는 우리가 시각으로 보기는 하지만 믿음으로 받지 않는 한 궁극적으로 아무 소용이 없다. 성례를 통해 부활하신 우리 구주와 교통하는 기쁨은 그림을 통해 오는 게 아니라 믿음 충만하게 성례를 거행할 수 있는 은혜에서 느낄 수 있다.

천국에서의 교통

영화롭게 된 인성을 입은 성육신하신 하나님의 아들은 천국에서도 여전히 성삼위 하나님에 대한 성도들의 지식과 사랑을 중보하는 이로 있을 것이다. 존 오웬은 이렇게 단언한다.

> 천국에서 하나님께서 영화롭게 된 성도들과 나누는 교통, 그리고 이 성도들에게 미치는 무한한 충만함은 그리스도 예수 안에서와 그리스도 예수를 통해서 이뤄진다. 이 그리스도 예수는 이 땅에서뿐만 아니라 영광 중에서도 하나님과 교회 간 교통의 영원한 매개자이시다. 만물이 예수 안에서 하나의 머리로 모인다. 이 땅에 있는 것들뿐만 아니라 천국에 있는 것들까지⋯⋯ 이 질서는 절대 와해되지 않을 것이다⋯⋯. 그리고 우리가 복됨과 영원 상태에서 우리 존재를 지속해 나가는 일은 그리스도를 통해 이뤄지는 하나님과의 이런 교통에 전적으로 달려 있다.[8]

하나님에게서 오는 계시는 성경 66권에 그치지 않는다. 계시는 이생과 영광의 이쪽에서는 그쳤지만, 다가오는 천국의 생에서 하나님께서는 당신의 성도들에게 계속 말씀하실 것이되 예수 그리스도를 통해 말씀하실 것이며, 예수 그리스도는 신인(神人)으로서 영원히 하나님의 뜻을 교회에 계시할 것이다.

우리는 무한한 지식을 가질 수 없는 인간이지만 그럼에도 불구하고 그리스도를 통해 새로운 지식을 계속 공급받을 것이다. 우리의 행복은 우리 하나님에 대해, 그리고 하나님께서 행하시는 놀라운 일들을 점점 더 많이 알아갈 때만 증진될 것이다.^{시 40:5} 예수님을 참으로 '보는' 것은 언제나 즐거운 일이다. "주께서 생명의 길을 내게 보이셨으니 주 앞에서 내게 기쁨이 충만하게 하시리로다."^{행 2:28} 믿음은 기쁨을 낳는다.^{벧전 1:8} 하지만 '보는 것'은 그 기쁨을 훨씬 더 많이 이끌어낸다. 우리는 우리 주님의 기쁨에 참여할 것이며,^{마 25:21} 이 기쁨은 우리가 주님께 직접, 중간에 거치는 그 어떤 것도 없이 나아가는 데서 흘러나온다. 사실 언제나 이는 이 땅에서 불멸의 사랑으로 예수 그리스도를 사랑하는^{엡 6:24} 모든 그리스도인들의 진정한(비록 불완전할지언정) 갈망이 되어 왔다.

그리스도께서 우리에게 하나님을 아는 지식과 하나님의 사랑과 지혜와 선하심을 전해 주심에 따라 우리는 예배로 이에 화답한다. 영화롭게 되신 신인(神人)은 언제까지나 우리가 드리는 흠 없는 예배의 대상이 되실 것이다. 오웬은 이렇게 말한다. "어린양, 그리스도의 위격은 성부와 성령의 위격과 더불어 영원한 대상이시니, 성자에게 있는 인성은 동일한 그 영원한 영광의 교통으로 들어갔다."⁹ 우리는 그리스도를 실제 모습 그대로 볼 것이며, 그렇게 기쁨으로 그리스도를 예배할 것이다. 천국에서 그리스도는 성도가 누리는 더없는 복에 기여하신다. 찬송가 작사가 윌리엄 워커[1809-1875]는 그 사실을 다음과 같이 가사에 반영했다.

> 위에 있는 수금이 다 울려도
> 천국을 만들지 못하리.
> 하나님께서 자기 처소를 옮기시거나
> 자기 얼굴을 가리시면.

예수 얼굴의 임재는 천국이 왜 천국인지 그 이유를 설명해 줄 것이다. 지옥이 지옥인 것은 거기 거하는 이들이 늘 심판주로서의 하나님의 임재 안에만 있을 뿐, 얼굴을 볼 수 있고 누릴 수 있는 중보자로서의 하나님의 임재 안에 있지 못하기 때문이다.

결론

이생에서 우리는 그리스도인으로서 믿음으로 살라고 부름 받으며, 이 덕분에 우리는 예수 그리스도의 얼굴에서 하나님의 영광을 보게 된다.[고후 3:18, 4:6] 이생에서나 내생에서나 우리가 중보자 없이 하나님께 직접 나아갈 수 있는 길은 없다. 우리는 오직 그리스도의 위격 안에서만 하나님께 나아갈 수 있다. 이 수단으로 우리는 우리 주 예수 그리스도의 은혜와 그를 아는 지식이 자라감에 따라 날마다 속사람이 새로워진다. 그런 과정은 큰 심판의 날, 그리스도께서 다시 오시고 우리가 "홀연히"^{고전 15:51} 곧 변화할 날 임할 것을 미리 맛보게 해준다.

그러나 이 모든 일 가운데서 우리가 잊지 말아야 할 것은 마음이 청결한 이가 하나님을 보게 되리라는 사실이다.^{마 5:8} 요한은 그리스도께서 다시 오실 때 신자들이 어떻게 변화할 것인지 아름답게 묘사한 뒤 편지 수신인들에게 이렇게 권면한다. "주를 향하여 [지복직관의] 이 소망을 가진 자마다 그의 깨끗하심과 같이 자기를 깨끗하게 하느니라."^{요일 3:3} 예수를 바라보는 이, 예수와 함께 있으며 예수 닮기를 소원하는 이가 바로 이 소망을 가진 사람이다.

아우구스티누스는 말하기를 "믿음이란 보이지 않는 것을 믿는 것이다. 그리고 믿는 것을 보게 되는 것이 이 믿음에 주어지는 상급"이라고 했다.[10] 그리스도는 우리 믿음의 대상으로서 우리 믿음의 상급이 되실 것이며, 그래서 우리는 우리가 이 땅에서 믿는 것을 보게 될 것이다.

26 } 그리스도의 이름

그 눈은 불꽃 같고 그 머리에는 많은 관들이 있고 또 이름 쓴 것 하나가 있으니 자기밖에 아는 자가 없고 또 그가 피 뿌린 옷을 입었는데 그 이름은 하나님의 말씀이라 칭하더라. _계 19:12-13

서론

성경은 성삼위의 제2위를 여러 가지 이름으로 부른다. 그분은 어떤 때는 그저 예수라고 불리고, 어떤 때는 그리스도로 불리며, 어떤 때는 두 가지를 합쳐 예수 그리스도라고도 불린다. 또한 그분은 주님, 하나님의 아들, 인자, 로고스(말씀), 목자로도 알려져 있다. 이는 우리가 그분을 좀 더 잘 알기 위해 이제부터 조금 상세히 살펴볼 이름들이다. 더 많은 이름들을 검토해 보면 굉장한 내용들이 나올 테지만, 그런 연구는 이 장 하나로 다 다룰 수 없음은 물론 이 책 전체를 다 할애해도 부족할 것이다.

그리스도의 다양한 이름들이 지닌 의미를 면밀히 연구해 봄으로써 우리는 그리스도에 대해 알아야 할 모든 것을 다 알 수 있다. 하나님에 관해 말하자면, 하나님의 이름은 하나님의 성품과 동의어 역할을 한다. 하나님의 이름은 하나님 속성의 총합이다.^{출 20:7, 시 8:1} 그러므로 하나님의 이름을 안다는 것은 하나님과 하나님께서 하신 일을 아는 것이다.^{출 6:3} 우리 주 예수에 대해서도 마찬가지다. 예수의 이름은 예수라는 인물과 예수가 한 일에 대해 말해 준다.^{마 1:21} 사실 우리는 예수의 이름으로 구원받는다.^{행 4:12} 예수의 이름은 구원을 뜻하기 때문이다.^{마 1:21}

모든 사람이 다 자기 이름의 의미에 걸맞게 살지는 못한다. 하지만 우리 주님의 경우, 주님은 사실 그분에게 주어질 수 있는 모든 이름보다 더 위대하다. 그럼에도 주님은 아버지께서 자기에게 주신 이름, 자기 안에 내주하는 분으로서 성령께서 변호하시는 그 이름들을 사랑한다.

주 Lord

예수는 하늘과 땅의 주이시다.^{롬 10:9} 이는 하나님의 백성들이 성령의 능력을 힘입어 하는 고백으로서, 이 고백이 우리를 영원한 고통에서 구해내어 그리스도를 보는 곳으로 데려다 준다. 예수를 '주'라 부른다는 것은 예수에 관해 뭔가 의미심장한 내용을 말하는 것이다. 칠십인역^{LXX}이라고 하는 헬라어판 구약성경은 '주'(퀴리오스)라는 말을 히브리어 아돈^{Adon}의 번역어로, '야웨'와 대등한 말로 사용한다. 주(퀴리오스)는 성경에서 야웨/여호와에 상응하는 말로 6천 번 이상 쓰인다.

주목할 만한 점은, 예수께서 '주'라는 말을 자기 자신을 일컫는 말로 쓴다는 것이다. "이러므로 인자는 안식일에도 주인^{lord}이니라."^{막 2:28}

마태복음 7:21에서도 예수는 자신이 주이심을 단언한다. "나더러 주여, 주여 하는 자마다 다 천국에 들어갈 것이 아니요 다만 하늘에 계신 내 아버지의 뜻대로 행하는 자라야 들어가리라." 예수는 단순히 존경하는 '선생님'의 의미가 아니라 하나님의 율법을 능가하는 권위를 지닌 어떤 존재를 가리키기 위해, 누가 천국에 들어가느냐와 관련해 이 호칭을 쓴다.

빌립보서 2:10-11에서 바울은 수신인들에게 이렇게 알려 준다. "……모든 무릎을 예수의 이름에 꿇게 하시고 모든 입으로 예수 그리스도를 주라 시인하여……." 바울 사도는 예수가 야웨라는 이름을 받아들이는 것에 대해 이야기하는데, 바울이 그렇게 이야기하는 데는 여러 가지 이유가 있다. 예수는 신분과 권위뿐만 아니라^{마 28:18} 오직 하나님께만 속한 영광도 받으신다. 이사야 45:22-23에서 하나님께 "모든 무릎이 꿇겠고"라고 한 것을 생각해 보라. 예수께서는 주님으로서의 이 신분을 향유^{享有}한다. 예수는 그냥 한 주인^{a lord}이 아니라 메시아이신 주님^{Lord}이시다. 높아진 한 인간이 아니라 "높은 곳에 계신 지극히 크신 이의 우편에"^{히 1:3. 참고 엡 5:23, 골 2:10, 계 7:17} 앉아 계신, 높아지신 신인^{神人}이시다. 따라서 주라는 예수의 호칭은 하늘에서나 땅에서나 절대 권위를 지니는 호칭이다.

예수

우리 구주를 칭하는 일반적인 이름 중 하나는 '예수'인데, 이는 '여호수아'(예슈아, '야웨가 구원하신다')로 번역되는 히브리 이름에서 온 이름이다. 성장기에 예수의 가족들과 친구들은 그분을 그냥 '예수'라고 불렀다. 하지만 여호와의 천사가 요셉의 꿈에 나타나 마리아를 아내로 취하고 아들에게 '예수'라는 이름을 붙여 주라고 지시한 데서 알수 있다시피 이는 단순한 별명이 아니었다. 왜냐하면 그분은 "자기백성을 그들의 죄에서 구원할 자"이기 때문이다.^{마 1:21}

이스라엘 사람들 중에는 누가 되었든 장차 오실 메시아를 통해 하나님께서 곧 구원을 이루실 것이라는 소망으로 자기 아들에게 '예수'라는 이름을 지어 주는 이들이 간혹 있었다. 하지만 여호와의 천사는 요셉과 마리아 부부에게서 태어날 이 '예수'가 바로 구원을 이루실 분이라는 점을 분명히 했다. 이 소망은 구약성경을 잘 아는 경건한 유대인들의 마음에 견고히 자리 잡고 있는 소망이었다.^{사 40:2, 53:6, 렘 31:31-34, 겔 36:25-27, 단 9:24, 슥 13:1} 마리아가 낳은 아기에게서 이들의 소망은 곧 현실이 될 터였다. 비록 이들이 깨닫지는 못했지만 말이다. 실제로 약속은 바로 그들의 눈앞에서 이행되었다.

예수는 살 때는 물론 죽을 때도 내내 자기 이름의 의미를 실현했다. 예수는 자기 자신을 아끼지 않음으로써 자기 백성을 구원했다. 예수의 수욕^{受辱}은 십자가에 자기를 제물로 바친 일에서 절정을 이루었는데, 이것이야말로 죄 문제를 처리하는 유일한 길이었다. 오직 예수만이 죄인을 구원할 수 있었던 것은 예수가 단순히 한 인간이 아니라 신인^{神人}이었기 때문이다.

'예수'라는 이름은 하나님의 이름 '야웨'와 동의어로 쓰일 수 있다.^{빌 2:9-11, 사 45:20-23} 그래서 그리스도인은 예수라는 이름을 영화롭게 할 수 있고,^{살후 1:12} 그 이름으로 감사할 수 있다.^{엡 5:20, 골 3:17} 실제로 죄인이 그분의 이름(즉, 예수)으로 구원받는 것은 그분이 어떤 분이시고 어떤

일을 하셨는지 이 이름이 다 나타내 주기 때문이다.^{행 4:11-12}

그리스도

'예수'는 그냥 하나의 이름인 반면 '그리스도'는 마침내 특정 개인의 이름이 되는 호칭이다. '그리스도'는 '기름부음 받은 자'라는 뜻이다. 이 이름은 구약성경에 뿌리를 두고 있다.^{삼하 7:5-16, 시 110:1-4, 사 9:6-7, 61:1} '그리스도'Christ는 칠십인역 성경의 크리스토스christos라는 헬라어에서 왔는데, 이 크리스토스는 '마샤흐'mashach라는 히브리어를 번역한 말이다. 마샤흐는 '메시아'(헬라어로 메시아스)와 더 밀접히 연관되어 있으며, 메시아는 기름부음이라는 개념을 표현한다는 점에서 '그리스도'와 동의어다. 예를 들어, 안드레는 자기 형제 시몬을 찾아서는 "우리가 메시아를 만났다"고 말했는데, 요한은 편지 수신인들에게 이런 설명을 덧붙인다. "메시아는 번역하면 그리스도라."^{요 1:41, 참고 7:31}

신약성경에 '그리스도'라는 말은 약 350번 등장한다. 예수의 승천 후 베드로가 했던 그 유명한 오순절 설교에서도 '그리스도'라는 말이 쓰이는데, 여기서는 이 이름이 예수를 묘사하는 말로 쓰인다.^{행 2:27, 31, 36} 그리스도라는 말의 의미는 누군가에게 기름을 붓는 행위, 구체적으로 제사장,^{출 29:1-9} 왕,^{삼상 10:1} 선지자^{왕상 19:16}에게 기름을 붓는 행위에서 파생된다. 그러므로 선지자, 제사장, 왕으로서 예수는 필연적으로 기름부음을 받았다. 예를 들어, 누가복음 4:18-19을 보면, 아마도 최초였을 설교를 마친 후 예수는 이사야 61:1("주 여호와의 영이 내게 내리셨으니 이는 여호와께서 내게 기름을 부으사 가난한 자에게 아름다운 소식을 전하게 하려 하심이라")을 인용했는데, 이는 자신이 메시아임을 예수가 알고 있었음을 보여준다.

우리는 '예수 그리스도'Jesus the Christ가 흔히 우리 주님을 일컫는 호칭으로 쓰이는 것을 본다.행 5:42, 9:22, 17:3 이 호칭은 사도행전에 자주 등장한다.2:38, 3:6, 9:34, 10:36 두 용어가 결합된 것은 구주, '예수', 그리고 '그리스도'로서 하나님의 기름부음 받은 분이 무릇 사람은 불가능하되 하나님은 하실 수 있는 구속의 일을 성취하신다는 사실을 놀랍게 상징한다.요일 5:1, 마 16:16, 눅 18:27

성령을 한량없이 부음 받은 분으로서요 3:34 예수께서는 자신이 참으로 하나님의 기름부음 받은 메시아요 자기 백성을 구원할 분이라는 데 대한 증거로 기적을 행하셨다. 베드로가 사도행전 10장의 설교에서 말했다시피, "하나님이 나사렛 예수에게 성령과 능력을 기름 붓듯 하셨으매 그가 두루 다니시며 선한 일을 행하시고 마귀에게 눌린 모든 사람을 고치셨으니 이는 하나님이 함께 하셨음"이다.10:38 바울과 베드로뿐만 아니라 야고보약 1:1 유다도유 1, 17절 예수를 메시아(그리스도)로 언급한다. 요한계시록에서 요한은 만물에 대한 우리 주님의 권세라는 맥락에서 '그리스도'라는 호칭을 쓴다.계 11:15, 12:10

오로지 예수만이 메시아시다. 예수만이 마음을 다하고 목숨을 다하고 뜻을 다하고 힘을 다하여 아버지께 완벽히 순종하셨다. 예수는 영광을 탐함으로써 자기 직분을 싸구려로 팔아넘기지 않았고, 오히려 그 직분으로 자기를 부르신 아버지께 자기를 맡겼다. 또한 아버지께서는 메시아로서의 예수의 소명을 예수가 사람들을 향해 취하는 태도의 기초로 삼으신다. 이에 대해 보스는 이렇게 말한다. "예수는 자기 자신이 역사의 목표 지점에 서 있는 것으로 본다. 구약성경 계시의 모든 계통은 다 그 지점으로 수렴된다. 이스라엘을 위한, 그리고 이스라엘을 통해 이뤄지는, 세상을 위한 하나님의 모든 역사役事는 예수라는 인물에 초점이 맞춰진다."[1] 예수가 아버지께 선택받은 분이라는 그 영광스러운 사실 덕분에 예수는 죽을 수 있었고 그리하여 세상은 살 수 있었다.

하나님의 아들

'하나님의 아들'Son of God이라는 호칭은 '그리스도'라는 호칭과 밀접한 관계가 있다. 마가복음은 예수를 하나님의 아들로 묘사함으로써 시작된다.[막 1:1] 사탄,[막 4:3] 귀신,[막 8:29] 세례 요한,[요 1:34] 그리스도의 제자들,[마 14:23] 천사들,[눅 1:35] 로마의 백부장[마 27:54]은 모두 예수를 하나님의 아들로 언급했다. 이 사람들이 이 호칭을 쓴 것은 예수의 신성에 관심을 불러일으키고 싶어서였는가? 그랬을 것 같지는 않다. 물론 예수도 자기 자신에 대해 이 호칭을 썼지만,[요 5:23, 10:36, 11:4] 예수도 '하나님의 아들'이라는 호칭이 단순히 신으로서의 자기 신분뿐만 아니라 선지자와 제사장과 왕으로 부름 받은 자신의 소명(즉, 메시아로서의 자기 역할) 또한 단언하는 이름이라는 것을 알고 있었을 것이다.

약속된 다윗 계통의 왕으로서[마 1:1] 예수는 하나님의 아들이다. 하나님께서는 자기 아들 예수 안에 있는 영원한 나라를 가리키면서[삼하 7:14, 16] 자기 아들로서의 이스라엘 왕에 대해 친히 말씀하셨다. 따라서 시편 기자가 '다윗의 아들'이라는 이름을 써서, 하나님께서 자기 종 '다윗'에게 하신 약속을 자기 아버지 하나님에게서 상속받은 이 영원한 왕(즉, 예수)을 언급하는 것은 전혀 놀라운 일이 아니다.[시 89:3-4] 이사야는 다윗이 죽은 지 오래 뒤, 한 아이가 태어나 우리에게 "주신 바"[9:6] 된 아들로서 다윗의 보좌에서 다스릴 것을 예언했다.[사 9:6-7] 예수는 하나님의 아들이다. 그러하기에 예수는 하나님의 왕으로서 다스려야 했고, 모든 행동에서 하나님의 생각과 뜻을 반영해야 했으니, 그렇게 하면 그리스도의 영원한 나라에 이를 터였다.[눅 1:32-33, 골 1:13]

예수는 다윗 계통의 하나님의 아들로서 이스라엘이라는 한 집단 전체를 대표했다. 예수는 이스라엘의 역사를 되풀이했고(예를 들어, 마태복음에서 애굽에서 피난살이한 것을 보라), 아버지께 철저히 순종하는 아들로서의 자기 역할을 완수했는데, 이 순종은 이스라엘과 이스라엘 왕들(심지어 선한 왕들까지도) 그리고 아담의(하나님의 아들이었던,[눅 3:38]) 불순종과 나란히 대비된다.

하지만 예수는 단순히 이스라엘과 그 왕들이 그토록 참담하게 실패했던 지점에서 신실하게 순종한 인간 왕이 아니었다. 예수는 거룩한 하나님의 아들로서, 성부와 성령과 똑같이 동등하고, 똑같이 영원하며, 똑같은 실체다. 만물은 마치 아버지를 공경하듯 아들을 공경해야 한다.[요 5:23] 다른 성경 구절들도 메시아로서의 그리스도의 아들됨이 하나님으로서의 영원한 아들됨을 반영한다고 확언한다.[히 1:2-3, 요 1:1, 14]

'하나님의 아들'이라는 표현이 그리스도께 적용되었다는 사실은 지금도 여전히 복음의 위대한 토대 중 하나다. 성경이 예수를 하나님의 아들로 칭하는 것은 선지자와 제사장과 왕이라는 그분의 직분 때문만이 아니라 영원한 성자로서의 예수의 존재 때문이기도 하다. 예수보다 연장자인 세례 요한이 그리스도를 가리켜 "나보다 앞선" 분이라 했는데,[요 1:15, 30] 자기보다 앞섰다는 바로 이 사실 때문에 세례 요

한은 예수를 하나님의 아들이라 고백했다.1:34

히브리서 1:1-2에서 우리는 성자 예수가 창세 전부터 존재했다는 말씀을 보는데, 이는 예수가 세상을 창조했기 때문이다.1:2, 골 1:16 마찬가지로, 예수가 성육신 때 비로소 존재한 게 아님은 예수가 거룩한 성자로서 창세 이후 성부와 동시에 일하셨기 때문이다.요 5:17-19

이 모든 사실은 나사렛 예수가 약속된 하나님의 아들이라는 것을 입증한다. 예수는 신인神人으로 오셨고, 이는 예수가 존재론적으로 뿐만(즉, 본질상) 아니라 역할상으로도(즉, 신인으로서의 사명과 소명에서) 하나님의 아들이었다는 뜻이다. 메시아로서의 '역할'을 할 때 예수는 언제나 하나님의 아들로서의 정체성을 유지하셨음이 분명한데, 왜냐하면 그것이 예수를 영원히 규정해 주는 신분이기 때문이다. 하지만 신인으로서 예수가 하나님의 아들임이 공개적으로 선언된 것은 예수가 죽음에서 부활했다는 역사적 사실 덕분이었다.롬 1:4, 행 13:33-37

인자

공관복음(마태, 마가, 누가)은 '인자'Son of Man라는 호칭을 거의 백여 번 쓰는 반면 요한은 이 호칭을 열세 번 쓰고, 사도행전에서는 이 말이 한 번 언급된다(스데반이 행 7:36에서 언급). 이 말은 거의 매번(단 세 번을 제외하고) 예수의 입에서 나온다. 그러므로 이는 예수께서 자기 자신을 말하기 위해 가장 자주 쓴 호칭이며, 아마도 예수가 가장 선호하는 자기 호칭일 것이다.

이 호칭은 예수의 인성을 암시하는 말 같지만, 단순히 그것만을 가리키지는 않는다. '하나님의 아들'이라는 이름이 단순히 그리스도의 신성만이 아니라 그리스도의 인성까지 포괄하는 것처럼, '인자'(사람의 아들)라는 말도 단지 그리스도의 인성만이 아니라 그리스도의 신성까지 포함한다.

'인자'라는 호칭은 그리스도의 삶과 사역,^{막 2:10, 28, 눅 7:34, 9:58, 19:10} 고난과 높아지심,^{막 8:31, 9:31, 10:33, 요 13:31} 그리고 장차 다시 오실 것^{마 10:23, 19:28, 24:30, 25:31}을 가리킨다. 자신이 당할 고난과 관련해 예수께서는 제자들에게 이렇게 말했다. "인자가 사람들의 손에 넘겨져 죽임을 당하고 죽은 지 삼 일 만에 살아나리라."^{막 9:31. 참고 요 3:14} 자신이 이 땅에서 낮아지신 상태에 있는 것과 관련해 예수께서는 (틀림없이 창조의 주님으로서) 말씀하시기를 "여우도 굴이 있고 공중의 새도 집이 있으되 인자는 머리 둘 곳이 없도다"라고 했다.^{눅 9:58} 그러나 고난과 낮아지심이라는 이 두 범주와 명백한 대조를 이루는 말씀으로 예수께서는 "자기 영광의 보좌에 앉을"^{마 19:28. 참고 계 14:14} 인자로서 자신이 높아지실 것에 대해서도 말했다. 사실 인자로서 예수가 높아지심은 인자로서 고난 당하심을 통해서 이뤄졌다.^{요 13:31}

다니엘과 에스겔이라는 구약성경의 배경은 이 호칭과 관련해 이해를 돕는다. 예를 들어, 다니엘 7:13-14은 인자가 인간으로서 지닌 특징과 신으로서 지닌 특징을 결합시키는 것 같다. 신적 권한을 지니고 구름을 타고 오시는 분으로서,^{7:13. 참고 시 104:3, 사 19:1} 그리스도는 권세와 영광과 나라를 받으신다.^{7:14} 만민이 그리스도께 경배하며 섬길 것인데, 이는 그리스도의 권세가 영원할 것이기 때문이다.^{7:14} 오직 신인^{神人}, 인자만이 마지막 날에 열방을 심판하러 돌아오실 분으로서 이 말씀을 성취할 것이다.^{계 19:11-16}

그러므로 낮아지신 분이자 높아지신 분으로서 예수는 완벽한 인자다. 하지만 믿음의 눈을 가진 사람들만이 고난을 통해서만 그 상태에 들어가신 영광의 주님에 관한 그 두 가지 진리 모두를 포용할 수 있다. 십자가에 달리시기 전 예수께서는 자신이 다니엘의 환상에 나온 인자라고 주장했는데,[단7:13-14] 예수를 미워하던 그 종교 지도자들은 이 주장을 근거로 예수를 신성모독자로 고소했다.[마 24:30, 26:64] 다시 말해, 보스가 지적하는 것처럼, 인자는 "요나와 솔로몬보다 크신 분이로되, 당대 사람들에게는 그 크심을 인정받지 못한다……. 이 모든 경우에서 엄위롭고 장엄한 분위기가 다소간 명쾌하게 지각知覺된다."[2] 실로 인자는 만대를 통해 여전히 '지각'되지만, 이는 오직 눈이 열린 사람들에게만 해당되는 말이다.

로고스

자신의 복음서 도입부에서 요한은 예수를 '말씀'the Word(로고스)이라고 밝힌다. 이 호칭이 지닌 의미는 엄청난 논쟁을 불러일으켰다. 기록된 말씀은 성육신하신 말씀을 틀림없이 하나님으로 규정한다. "이 말씀은 곧 하나님이시니라."[요 1:1] 그런데 요한은 왜 '로고스'라는 헬라어 단어를 쓰는 것일까?

어떤 이들은 원전의 헬라어 문맥에 근거해서 로고스가 이성과 말씀, 혹은 사상과 말 둘 다를 의미한다고 주장했다. 사상은 내면의 말과 관계되는 반면 말은 겉으로 드러나는 사상과 관계된다. 예수는 로고스로서 하나님의 속 생각을 겉으로 드러내는 목소리다.

또 어떤 이들은 이와 달리 '말씀'(호 로고스)은 성부의 마음의 생각 또는 의논이신 그리스도를 가리키지 않는다고 주장한다. 그렇게 보는 것은 플라톤 같은 이방 철학자들의 사상을 너무 많이 반영하는 것이라면서 말이다. 이들은 요한이 그리스도를 '말씀'이라 부르는 것은 헬라의 영향 때문이 아니라 그렇게 불러도 될 만한 구약성경의 증거 때문이라고 말한다. 그 결과 필론과 플라톤 두 사람 모두 유대인에게서 로고스 개념을 빼앗아 자기들 나름대로 사용한 죄를 지은 게 된다. 이런 이론은 고대신학^{prisca theologia} 논쟁을 제시하는데, 이 논쟁은 기독교 변증과 관련해 자주 등장해서 '이교도'(예컨대, 플라톤 같은)의 글에서 거룩한 신적 진리의 흔적을 발견해 낸다.

구약성경에서 '다바르'('말씀'이라는 의미)는 '말씀의 전'(성막의 지성소)을 가리키는 것일 수 있다. 성막은 하나님과 인간이 만나는 곳이었고, 지성소는 성막 안뜰에 자리 잡고 있었다. 그래서 어떤 이들은 요한이 예수를 '말씀'이라 부를 때 이는 예수가 지성소라는 뜻이라고 주장한다. 우리는 그리스도라는 존재 안에서 하나님과 만나며, 그리스도는 하나님과 '얼굴과 얼굴을 맞대고'(프로스, pros) 계신 분이다.^{요 1:1}

요한은 로고스라는 말을 자신이 쓰는 일반 아람어와 관련해 사용한 것일 수도 있다. 아람어 성경인 탈굼(구약성경을 아람어로 느슨하게 번역·상술한 것)에서는 '여호와의 말씀[메므라]'을 자주 언급한다. 그래서 "이스라엘은 여호와의 메므라로써 구원을 받아 영원한 구원을 얻"는다.^{사 45:17} 더 나아가 마소라 사본의 호세아 1:7("내가…… 그들의 하나님 여호와로 구원하겠고")은 탈굼 성경에서 "내가 여호와 그들의 하나님의 말씀으로써 그들을 구원할 것"이라고 의역된다. 그러므로 그리스도를 '말씀'^{the Word}으로 부르는 것은, 아람어 탈굼이 이 호칭을 어떻게 쓰고 있는지를 볼 때 사실상 그리스도의 신성을 주장하는 말이다. 올바로 결론을 내리자면, 요한복음 1장의 직접적 맥락을 볼 때 그리스도는 영원 속에 존재한 거룩한 말씀이시고, 우리는 요한이 그리스도를 '말씀'으로 지칭한 것을 그리스도의 신성에 대한 증거로 보아야 하며, 이는 1세기 정황에서 아람어를 쓰는 유대인들이 이 말을 그런 식으로 이해했을 터이기 때문이다.

목자

예수를 목자로 지칭하는 것은 예수의 다른 이름들과 마찬가지로 예수라는 인물에 대해 많은 것을 드러내 보여준다. 목자라는 호칭은 그리스도의 긍휼,^{요 9:36} 보호하심^{요 10:9, 28}에 대해 말해 준다. 목자로서 예수는 잃어버린 양을 찾아다니시고,^{요 10:14-15, 눅 15:3-7} 자기 양을 알며,^{요 10:14-15} 또 그분의 양은 그의 음성을 안다.^{요 10:4} 그리스도와 그분의 양떼 사이의 유대 관계는 그리스도께서 이 양떼를 위해 자기 목숨을 기꺼이 내놓을 만큼 강하다.^{요 10:11} 심판주로서 그리스도는 염소를 양떼에게서 분리해 내시기도 할 것이다.^{마 25:32-46}

목자(하나님)는 양떼보다 우월하다.^{겔 34:31} 그러나 그리스도의 경우, 하나님인 동시에 인간인 그리스도는 목자인 동시에 양떼요, 매를 맞을 수도 있는 분이다.^{슥 13:7, 마 26:31} 또한 목자라는 호칭은 선지자, 제사장, 왕이라는 그리스도의 세 가지 직분을 암시한다. 선지자 직분은 "내가 한 목자를 그들 위에 세워 먹이게 하리니 그는 내 종 다윗이라. 그가 그들을 먹이고 그들의 목자가 될지라"^{겔 34:23}는 말씀이 설명해 주고, 제사장 직분은 "나는 선한 목자라. 선한 목자는 양들을 위하여 목숨을 버리거니와"요10:11 라는 말씀이 설명해 주며, 왕 직분은 "인자가 자기 영광으로…… 올 때에…… 모든 민족을…… 각각 구분하기를 목자가 양과 염소를 구분하는 것 같이 하여…… 그 때에 임금이 그 오른편에 있는 자들에게 이르시되 내 아버지께 복 받을 자들이여, 나아와 창세로부터 너희를 위하여 예비된 나라를 상속받으라"마 25:31-34, 참고 시 23:2, 요 10:27 는 말씀이 설명한다.

'목자'라는 이 한 이름만으로도 우리가 구원받기에는 충분할 것이다. 우리가 검토해 본 이 이름들은 참으로 많은 의미를 저마다 함축하고 있어서, 각각의 의미에 대해 책을 한 권씩 써도 될 정도다. 더욱이 각 이름은 흔히 이런저런 다른 이름과 밀접하게 연관되어 있다. 하나님께서 자기 아들 예수 그리스도에 관해 우리에게 계시하신 그 모든 내용, 그리고 그 아들에게 붙여진 다양한 이름들을 보면 그 이름이 그분의 백성들에게는 대단히 소중한 것임에 틀림없다는 생각을 하게 된다.

결론

또 무엇을 말할 수 있을까? 그리스도는 마지막 아담,고전 15:45 전능한 자,계 1:8 알파와 오메가,계 1:8 아멘,계 3:14 여호와의 팔,사 51:9 우리 믿음의 주,히 12:2 하나님의 창조의 근본,계 3:14 사랑하는 아들,마 12:18 싹,사 4:2 생명의 떡,요 6:25 모퉁잇돌,시 118:22 모사,사 9:6 구원자,롬 11:26 문,요 10:7 영존하시는 아버지,사 9:6 충성된 증인,계 1:5 하나님,롬 9:5 다스리는 자,마 2:6 거룩하신 이,행 3:14 구원의 뿔,눅 1:69 스스로 있는 자,I Am, 요 8:58 임마누엘,사 7:14 의인,행 7:52 왕,슥 9:9 만왕의 왕이시며 만주의 주,딤전 6:15 하나님의 어린양,요 1:29 생명,요14:6 세상의 빛,요8:12 유다 지파의 사자,계5:5 영광의 주,고전2:8 여호와 우리의 공의,렘23:6 간고를 많이 겪은 이,사53:3 사자,말3:1 전능하신 하나님,사9:6 새벽별,계22:16 유월절 양,고전5:7 생명의 주,행3:15 평강의 왕,사9:6 대속자,욥19:25 부활이요 생명,요11:25 반석,고전10:4 다윗의 뿌리,계22:16 사론의 수선화,아2:1 우리 영혼의 감독자,벧전2:25 공의로운 해,말4:2 참 포도나무,요15:1 증인사55:4이시다.

이제 우리는 이사야가 왜 "그의 이름은 기묘자라……"사9:6고 했는지 그 이유를 얼핏 알 수 있을 것도 같다.

그리스도를 안다는 것은 뭘까? 이는 그분의 이름을, 그리고 그 이름의 모든 의미를 다 안다는 말이다. 이런 이유로 우리는 우리 깨달음의 범위를 넘어서는 이름을 가지신 분을 영원히 경배할 수밖에 없을 것이다.

27 } 그리스도의 직분

이는 보좌 가운데에 계신 어린양이 그들의 목자가 되사 생명수 샘으로 인도하시고 하나님께서 그들의 눈에서 모든 눈물을 씻어 주실 것임이라. _계 7:17

서론

중보자로서 예수는 선지자와 제사장과 왕의 직분을 이행한다. 우리가 이 직분들을 구별할 수는 있겠지만, 이 직분들이 서로 분리되지는 않는다. 사실상 예수의 직분은 하나다. 하나님과 택함 받은 자들 사이의 중보자 직분 말이다. 예수는 낮아지신 상태는 물론 높아지신 상태에서도 중보자로 행동하셨다. 즉 예수는 세 가지 직분에서 낮아지신 상태였다가 그 후 세 가지 직분에서 높아지셨다. 더 나아가, 예수는 이 땅에서 중보자로서의 자기 역할을 이행했을 뿐만 아니라 천국에서도 이 땅의 하나님의 자녀들을 위해 그 일을 계속하고 있다.

그리스도의 삼중 직분은 두 번째 아담으로서 언제나 그리스도의 운명이었다. 아담 자신도 선지자와 제사장과 왕이었다. 하나님은 왕으로서의 아담에게 피조물을 다스릴 수 있는 통치권을 주셨고[창 1:28]

그를 에덴 동산에 두사 피조물을 경작하며 지키게 하셨다.[2:15] 에덴은 하나님의 전(즉, 하나님의 성소)으로, 여기서 하나님은 아담과 하와와 더불어 "거니셨다."[3:8, 참고 겔 28:11-19, 레 26:12, 신 23:15] 에덴은 아마 산 위에 있었을 텐데,[겔 28:14, 16] 산은 왕이 자기 창조 세계를 다스리기에 딱 좋은 곳이다. 아담이 왕으로서 잃은 것을 그리스도께서 되찾으셔야 했다. 그래서 최후의 성전은 산 위에 자리를 잡는다.[계 21:10]

또한 아담은 에덴 동산을 '지키라'는 명령도 받았다. 아담은 성전 제사장으로서 하나님의 거처를 보호하고 여호와를 섬기되 특별히 일곱째 날 하나님을 예배함으로써 그렇게 해야 했다. 마찬가지로, 구약 시대의 제사장들도 성막에서 지키고 시무해야 했다.[민 3:7-8, 8:25-26] 그리스도는 하나님의 백성을 보호하니, 이들은 살아 계신 하나님의 전이다.[고전 6:19, 고후 6:16] 그리스도는 제사장으로서 마귀의 일을 궤멸함으로써 '성전'(즉, 자기 백성들)을 '지켰는데', 이는 아담이 하지 못한 일이었다. 아담은 뱀의 머리를 탁 꺾었어야 했다. 하지만 그리스도는 뱀의 머리를 짓뭉개셨으되,[창 3:15, 롬 16:20] 자기 성전이 허물어지게 놓아두심으로써 그렇게 하셨다.[요 2:19]

마지막으로, 아담은 최초의 선지자였다. 아담은 하나님의 거룩한 의논이 이뤄지는 곳의 구성원이었다. 예를 들어, 하나님은 아브라함과 아모스와 더불어 상의하듯 아담과 상의하셨다. 아담에게 '지상명령'을 내리실 때[창 1:28] 하나님께서는 아담에게 직접적으로 말씀하셨다. 그런데 아담은 이번에도 온 땅에 하나님을 경외하는 피조물을 만들어 내지 못했지만, 그리스도는 새 피조물의 선지자와 제사장과 왕으로서 다음 말씀과 함께 제자들을 보내시니, 이는 최초의 지상명령을 재단언하는 말씀이다.

> 하늘과 땅의 모든 권세를 내게 주셨으니 그러므로 너희는 가서 모든 민족을 제자로 삼아 아버지와 아들과 성령의 이름으로 세례를 베풀고 내가 너희에게 분부한 모든 것을 가르쳐 지키게 하라. 볼지어다, 내가 세상 끝 날까지 너희와 항상 함께 있으리라 하시니라. _마 28:18-20

우리 주께서 이 말씀만 하실 수 있었던 것은, 낮아지신 상태에 있는 신실한 선지자와 제사장과 왕이었기 때문이다. 그래야만 주께서는 높아지신 상태에서 그 세 가지 직분을 이행할 수 있을 터였다. 그리스도는 땅을 정복하셨고, 땅을 정복하고 계시며, 땅을 정복하실 것이다.^{히 2:5-10, 계 21-22} 땅은 신인(神人)이신 예수 그리스도의 형상을 지닌 하나님의 아들 딸로 충만할 것이다.

선지자로서의 그리스도

선지자로서 그리스도는 말씀과 성령으로써 우리 구원을 위한 하나님의 뜻을 우리에게 계시하신다.¹ 영화롭게 된 신인(神人)께서는 천국에서 영광을 입은 상태에서도 여전히 하나님이 영광 중에 있는 자기 자녀에게 자기를 계시하는 통로로 계실 것이다. 우리는 그리스도의 선지자 직분을 주로 이 땅에서 행하신 대략 삼 년간 사역의 관점에서 생각할 수도 있지만, 그리스도께서 하나님의 계시를 자기 신부에게 드러내는 일을 영원히 계속하시리라는 점을 생각하면 이는 그리스도의 선지자 역할을 구성하는 한 단편일 뿐이다. 그래서 어떤 의미에서 그리스도의 중보자 직분은 그분께서 죽으셨을 때 끝날 것인 반면, 또 어떤 의미에서 하나님의 뜻과 생각을 계시하는 분으로서의 그리스도의 역할은 천국에서도 계속될 것이다. 그리스도가 없으면 우리는 하나님께 나아갈 수 없으니 말이다.

그리스도는 선지자 직분을 이행하실 때 하나님에 관한 모든 참 지식을 우리에게 나눠 주시고 우리가 그것을 받을 수 있게 해주신다. 그리스도는 우리를 구원으로 인도하는 그 모든 빛의 근원이시다.^{고후 4:6} 구약성경에서 하나님의 아들은 신적 위격으로 선지자들에게 하나님의 뜻을 계시했는데, 때로는 천사들을 통해 대언하셨고 때로는 성자께서 여호와의 사자로 나타나시기도 했다.^{창 16:13, 삿 13:22}

신약 시대, 즉 복음 시대에는 말씀(로고스)으로서의 예수께서 성육신이라는 직접적 방식으로, 기록된 말씀을 선포했다. 우리는 예수가 완전한 신(즉, 영원한 로고스)이시므로 그 신적 속성에 따라 하나님의 뜻을 교회에 계속 계시하신다고 생각하고 싶을 수도 있다. 하지만 중보자로서 예수는 자신의 인성을 좇아 성령의 능력으로^{행 1:2} 하나님의 뜻을 교회에 계시하신다. 존 오웬은 "신인(神人)이신 그리스도라는 인물이 우리의 중보자이기는 했지만…… 그리스도의 인성은 자기 직분의 본분을 이행하는 그런 자리였다"고 지적했다.²

예수는 자기 인성을 좇아, 선지자로서의 본분을 이행하는 데 필요한 은사와 은혜를 받으셨다. 타고난 고유의 인간적 능력, 죄에서 자유로웠던 그 능력 외에 그리스도에게는 "성령께서 주신 독특한 은사"가 있었다고 오웬은 주장한다. 그런 은사는 "인간이 이해할 수 있는 모든 측정 범위를 초월하는 것이었기에 그리스도는 교회의 대*선지자로서 이 은사를 받아야 했으며, 성부께서는 그 선지자를 통해 말씀하시고 자기 자신을 최종적으로 계시하실 터였다."[1]

예수는 성육신하신 순간에 성령을 받기는 했지만, 성령이 충만하게 전달된 것은 요단강에서 세례 받으실 때였다. 그리스도께서 새 계시를 내셨을 때, 이는 성령에 의해 성부께 그 계시를 받았기 때문이었다. 특정한 때에만 계시가 주어졌던 모세와 달리 그리스도는 지혜와 지식과 진리의 모든 보화를 다 갖고 있었다.골 2:3 그리스도는 앞서의 다른 어떤 선지자보다도 더 하나님의 생각에 대해 오류 없이, 권세 있게 말할 수 있었다. 예수는 성령을 통해 성부께서 자신에게 계시하신 그 모든 것을 완벽하게 이해하셨다. 그리스도께서 이 땅의 교회에 무엇을 계시했든, 그것은 맨 처음 천국에서부터 그리스도에게 계시된 것이었다.

그리스도께서 자기 인성을 좇아 하나님의 뜻을 계시하셨기에, 그리스도가 알지 못한 진리도 있었다. 왜냐하면 성부께서 그리스도에게 계시하시지 않았기 때문이다. 이것을 알면, 마태복음 24:36에서 그리스도께서 하신 말씀이 설명된다. "그러나 그 날과 그 때는 아무도 모르나니 하늘의 천사들도, **아들도 모르고** 오직 아버지만 아시느니라"(강조는 필자가). 마지막 때가 정확히 언제일지 예수께서 모르신 것은 아버지가 아직 이를 예수에게 보여주시지 않았기 때문이다. 유한은 무한을 이해할 수 없다는 개혁파의 금언은, 그리스도의 선지자 직분과 관련해 그분이 높아지신 상태에서도 여전히 진리로 남는다. 그럼에도 부활 이후 그리스도의 지식의 범위에는 변화가 있었다.

그리스도가 지상에서 사역하는 동안, 성령이 한량없이 그리스도

위에 머물렀다.요 3:34 세례 받으신 후 특히 그러했다. 그렇지만 굿윈이 증언하다시피, 천국에서 그리스도는 "영원히 받아야 할 성령을 단번에 더할 나위 없이 충만하게 받으셨다……. 그리스도가 받으신 성령은 〔영화롭게 된〕 인간 역량의 최대 한도였다."4

이는 그리스도의 모든 직분을 위해 중요한 함축적 의미를 지닌다. 중보자로서의 그리스도의 역할은 천국에서도, 높아지신 상태에서도 계속되며, 성령의 충만함은 선지자와 제사장과 왕으로서의 그리스도의 역할을 더욱 두드러지게 한다. 선지자 직분과 관련해서는 그리스도의 지식이 확장된다. "그분은 심판 날이 언제일지 전에는 알지 못했다"고 굿윈은 말한다. "그런데 이제 이 요한계시록을 쓰던 때에는 그 날을 알고 계셨다."5 승천과 높아지심으로 그리스도는 성령을 그렇게 온전히 소유하게 되사 인간으로서 지닌 은사가 최대 분량으로 확장되었다.

모든 진리의 성결한 근원(혹은 저장고)으로서 그리스도는 모든 진리의 총합이자 중심이다. 그리스도는 우리 구원의 중보자이실 뿐만 아니라 하나님과 타락한 인간 사이의 모든 의사소통의 중보자이기도 하다. 차녹이 주목한 것처럼, 예수는 하나님의 존재가 신자들에게 발현되는 빛줄기다. 실로 "무엇이든 하나님의 영광을 지향하는 것은…… 그리스도에 의해 충분히 나타난다."6 인간 중 누군가가 이 하나님을 알게 되기 전부터, 그리스도는 하나님이 우리에게 알려지도록 하기 위해 하나님을 알 수 있는 독특한 능력과 독점적 특권을 갖고 있었다. 그리스도는 아버지와 친밀한 관계가 있었으며, 인간 중에서는 그 누구도 하나님과 이런 친밀한 관계가 있다고 주장하지 못할

것이다.요3:13

요약하자면, 성자께서 이 땅에 오신 '큰 목적'은 하나님을 계시하는 것이었다.마13:35, 요1:18 성경은 그 내용을 그리스도께 의존했다. 성경에서 그리스도께서 하신 말씀은 붉은색 활자로 강조해야 한다고 주장한다면, 아예 성경 전체를 다 붉은 글씨로 인쇄해야 할 것이다. 그리스도는 성부의 말씀이기에 하나님의 진리는 다 그리스도를 통해서, 그리스도에게서 나오니 말이다.

심지어는 천사들도 그리스도를 통해 하나님을 아는 지식을 갖는다고 말할 수 있다. 그리스도가 천사를 창조하는 매개자였으니 말이다. 그리스도가 십자가에 달리시고, 성부께 버림 받으시며, 무덤에 장사되고, 죽음에서 부활하시며, 천국에 오르시는 것을 봤을 때 천사들은 "하나님과 하나님의 본성에 대해, 하나님의 지혜와 하나님의 은혜의 보고와 하나님의 진노의 위력에 대해 더 많이 알게 되었으니 이 지식은…… 이들이 존재해 온 그 사천 년 세월 동안 세상에서 하나님께서 하신 그 모든 행위에 의해 알게 되었던 것들을 훨씬 능가했다."[7]

제사장으로서의 그리스도

그리스도께서는 자기 백성들의 죄를 위해 십자가에서 죽으심으로써, 그리고 그 백성들을 위해 계속 대언하심으로써 제사장 직분을 이행하셨다.[8] 신학자들은 그리스도의 제사장직과 관련해 통상적으로 두 가지 역할에 대해 이야기했다. 하나는 희생제물(봉헌)이고 또 하나는 대언인데, 쉽게 말해 이는 그리스도의 죽음과 그리스도의 기도를 말한다. 이 두 가지 역할은 서로가 서로에 의존한다. 죽음이 없으면 대언도 없다. 사실 우리는 그리스도께서 천상에서 하시는 대언을 천상에서 계속되는 '봉헌'이라고도 말할 수 있으며, 이 봉헌으로써 그리스도는 자기 희생의 공로를 계속 주장하사 하나님의 백성들이 최대한 구원받을 수 있게 한다.

중보자라고 해서 다 제사장은 아니지만, 제사장은 다 중보자다. 그리스도는 그 삶과 죽음과 부활의 공로 덕분에 자기 자신과 자기 백성들에게 복 주시기를 아버지께 탄원할 수 있다. 아버지께서 자기에게 하신 약속을 따라 무엇이든 자기가 원하는 것을 받고자 할 때 그리스도는 아버지께 그저 자기 손바닥을 보여드리기만 하면 된다.

예수는 피로써 빚을 갚으셨고, 다른 이들을 위해 자기를 바치셨다.히 9:26, 벧전 2:24 구약성경에서 대제사장은 지성소에 들어가 하나님 백성들의 죄를 위해 희생제사를 드렸다.히 9:7 그런 제사는 그리스도에게서 이뤄진 궁극적 희생제사를 미리 가리켰다. 예수께서는 자기 자신이 아니라 자기 백성들을 위해 희생제사를 드리러 이 땅에 오셨다. 그리스도와 그리스도가 가져온 제물이 "흠이 없었기" 때문이다.히 9:14 지성소에 들어갈 때 대제사장의 어깨에는 열두 지파의 이름이 씌어 있었다. 성부께서 그리스도의 가슴을 찌르셨을 때 그리스도도 어깨에 자기 양떼의 이름을 지니고 있었다. 이런 식으로 우리는 그리스도와 함께 죽었다.딤후 2:11

이런 사실을 염두에 두고 우리는 십자가에서의 그리스도의 죽음, 혹은 이른바 '수동적 순종'의(겟세마네에서 십자가로의) 시기도 그리스도의 봉헌의 시작은 아니었다는 점을 기억해야 한다. 그리스도는 이 땅에서 처음부터 끝까지 낮아지신 삶을 사셨고, 그 삶으로써 하나님의 율법 아래 있게 되었는데,$^{갈\,4:4}$ 이 삶은 그리스도께서 제사장으로서 드린 희생제사의 일부분이었다. 이는 그리스도의 선지자 직분과 왕 직분에도 해당된다. 그리스도께서는 교회의 구원을 위해 행하신 모든 일을 선지자와 제사장과 왕으로서 행하셨다. 그리스도께서 하신 일 중 단 한 부분도 이 세 가지 직분에서 배제되지 않는다.

그러므로 백성들을 위해 대언하실 때 예수께서는 지성소에 나타나사 백성들을 위해 자신의 삶과 죽음과 부활의 공로를 아버지께 의뢰했다. 그러나 어떤 의미에서 예수의 '대언'에는 그분의 부활과 승천과 보좌에 앉으신 것도 포함된다. 이 일들은 하나의 유기적 전체로서 필연적으로 서로 연관되기 때문이다. 그리스도의 모든 행위 사이의 필연적 관계를 해석할 때 굿윈은 택함 받은 자의 완전한 칭의는 그리스도의 대언에 "특별히 의존"한다고 주장한다. "어느 편이든 신학자들은 다 택자의 완전한 칭의를 그리스도의 대언 덕분으로 돌리지만, 그런 한편 그리스도의 죽음의 영향과 우리의 구원을 위한 대언의 영향 사이에 차이를 둔다. [이들은] 그리스도의 죽음을…… 우리를 위해 구원의 획득을 초래하는 수단이라 하고…… 그리스도의 대언은…… 획득된 그 구원을 우리에게 모두 적용하는 수단이라고 한다."[9]

다시 말해, 칭의가 우리에게 적용될 수 있는 것은 그리스도의 죽음이나 그리스도의 부활의 결과가 아니다. 다만 그리스도의 대언이$^{히\,5:8\text{-}10}$ 필연적으로 신자의 칭의를 지속시키고, 그래서 일단 의롭다 여김 받은(즉, 처음 믿을 때) 신자는 늘 의롭다 여김 받을 것이다. 실제로, 굿윈의 말에 따르면 "우리가 매 순간 은혜의 자리에 서 있을 수 있는 것은 그리스도께서 천국에 좌정하사 매 순간 대언하시는 덕분이다."[10]

히브리서 기자는 그리스도가 우리에게 공감하는 대제사장일 수 있음은 그리스도 자신이 인간과 혈과 육을 공유하신 만큼 모든 면에서 시험을 받으셨기 때문임을 히 2:17-18, 4:15 강조한다. 그리스도는 큰 시험을 경험하셨고, 이 때문에 심한 통곡과 눈물로 기도를 드리기에 이르렀다. 히 5:7 이미 강조했다시피, 그리스도께서 자기 생명을 바쳤다 함은 십자가에서의 죽음만을 말하는 게 아니라 자발적으로 하나님의 율법에 순종한 것까지 포함된다. 예수께서는 저주 받은 죽음을 죽음으로써 갈 3:13 하나님의 율법의 저주에 스스로 순복했지만, 그리스도의 삶 또한 고난과 비참함으로 가득한 제물이었다는 의미에서 그 삶도 하나의 '봉헌제물'이었다. 그리스도의 전 생애는 죄 없는 고난의 삶으로, 이 삶이 그리스도를 완전한 희생제물로 만들어 주었다. "그가 아들이시면서도 받으신 고난으로 순종함을 배워서." 히 5:8 그리스도는 그렇게 영광스러운 배움을 인간에게 멸시 받고 배척당하는 상황 가운데서 얻었다. 사 53:3 십자가는 그리스도의 순종이 절정을 이루는 행위였고, 빌 2:8 하늘에 계신 아버지께 단 한 번도 불순종한 적이 없는 분에게 딱 어울리는 '목표'였다. 제사장으로서 그리스도의 죽음이 이렇게 하나님께 드리는 "향기로운 제물과 희생제물" 엡 5:2 이었음은 그리스도의 거룩함이 지닌 아름다움과 그리스도의 성품이 지닌 지고한 위엄 때문이었다. 높아지신 제사장으로서 그리스도는 우리의 이해를 넘어서는 방식으로 자기 백성들에게 공감하는 능력이 있었는데, 왜냐하면 그리스도께서 당하신 고난과 시험이 그 수준상 우리가 경험하는 고난과 시험보다 훨씬 크고 중했기 때문이다.

　마지막으로, 그리스도의 제사장 반열에 대해 확실히 해두어야 할 것이 있다. 제사장직에 임명되기는 했지만 그리스도는 아론 반열의 제사장이 아니었다. 그리스도는 멜기세덱 반열에 속해 있었는데,^{히 5:6, 10} 멜기세덱은 창세기 14:18-20과 시편 110:4에 언급된 제사장 겸 왕이다. 이 멜기세덱 반열은 소멸하는 아론 반열과 달리 영원하고 불변한다. 그래서 그리스도의 죽음과 대언의 효과는 영원한 가치를 지닐 것이다.^{계 22:1-5} 그리스도는 언제까지나 하나님과 인간 사이의 신인(神人)이시다.

왕으로서의 그리스도

그리스도는 "우리를 당신 자신에게 복종시킴으로, 우리를 다스리고 지킴으로, 그리고 우리의 원수는 물론 자신의 원수를 모두 제압하고 정복하심으로" 왕의 직분을 이행하신다.[11] 하나님으로서 예수는 무한한 위엄과 영광을 지닌다. 그리스도는 한마디로 왕이시다. 하지만, 선지자와 제사장 역할을 하실 때와 마찬가지로 왕 역할을 할 때도 그리스도는 중보적 왕으로, 자기 나라를 언젠가는 아버지께 넘겨드려야 할 그런 왕으로 행동하신다.^{고전 15:24} 그리스도의 중보적 왕권은 그리스도께 주어진 것이지 그리스도께서 찬탈한 것이 아니다. 그리스도는 성부에게서 그 왕권을 받았다.^{빌 2:5-11, 요 5:22, 행 2:36, 10:42, 히 3:2-8} 성자로서 예수는 세상의 왕이 되기에 더할 나위 없이 적합했다.

성경은 왕에 대해 많은 이야기를 한다. 아담은 지상 최초의 왕이었고, 그래서 '하나님의 아들'이라 불린다.^{눅 3:38} 아담은 에덴에서 자기 왕국을 잃었다. 첫 아담의 타락 후, 새 아담, 따라서 새 에덴을 다스리는 새 왕이 필요했다. 그리스도께서 새 에덴을 자기 나라로 확보하실

바로 그 새 왕이 되실 터였다.계 22:1-4

구약성경이 후반으로 전개되면서 우리는 여러 인간 왕들을 만난다. 그 왕들은 자기 영역 안에 한 백성을 소유했다. 이 왕들은 자기 신민[민民]을 다스리고, 보호하고, 그들을 위해 싸우며, 그들에게서 충성을 기대했다. 처음에 이스라엘에는 왕이 없었다. 하나님이 이스라엘의 왕으로 여겨졌다. 하지만 이들은 인간 왕을 세워 달라고 아우성을 치면서 자기들 왕으로서의 하나님을 배척했다.삼상 8:6, 10:19 그리하여 이스라엘은 왕을 갖게 되었다. 실로 수많은 왕들을 말이다. 이 모든 왕들은 하나님 보시기에 옳은 행동을 했는지의 여부에 따라 평가되었다. 하지만 최고의 왕도 궁극적으로는 실패했다. 땅을 다스리고 정복할 수 있는 왕은 한 사람도 없었다. 그런데 또 한 왕이 오실 터였다. 다윗 계통의 불완전하고 분열된 왕조가 영원한 보좌를 가져올 터였다.시 89편 그 일은 완전한 왕 그리스도에게서 성취될 터였다. 그리스도가 계신 곳에 그 나라가 있었다. 완벽한 상태로 그 나라가 임할 것을 대망하면서.마 6장

이렇게 구약성경은 완전한 왕이 오실 것을 기대했다. 예를 들어, 시편 110:1은 신약성경에 아주 자주 인용되는 부분인데, 이 구절은 하나님께서 그리스도의 원수를 진압하실 것에 대해 이야기한다("내가 네 원수들로 네 발판이 되게 하기까지 너는 내 오른쪽에 앉아 있으라"). 청교도인 에드워드 레이널즈1599-1676는 이 시편만을 주제로 논문 한 편을 썼다. 레이널즈의 말에 따르면, 그리스도가 중보의 왕인 나라에서 하나님은 예수를 위해 다음과 같은 일을 해주셔야 했다. 첫째, 성자가 위격적으로 연합할 몸을 예비해 주셔야 했다.히 10:5 둘째, 성자에

게 성령을 한량없이 부어 주사,요 3:34 경건한 왕으로서 그리스도를 구비시키셔야 했다.삼 11:2 셋째, 그리스도가 왕이심을 공개적으로 선포하셔야 했다.마 3:17, 17:5 넷째, 의의 홀,繼 입술의 검을 주셔야 했고, 선지자 겸 왕으로서 인류에게 하나님의 뜻을 계시할 수 있는 능력을 주셔야 했다. 다섯째, 사신使臣과 종으로 그리스도를 존귀하게 해야 했다.4:11-12, 고후 5:20 여섯째, 뭇 영혼들을 그리스도에게 주시되 단순히 유대인뿐만 아니라 이방인까지 주셔야 했다.시 2:8, 요 17:6 일곱째, 하나님의 거룩한 율법에 따라 교회를 제어할 권능을 주셔야 했다.마 5장, 골 2:14 여덟째, 원수를 심판하고 정죄할 권능을 주셔야 했다.요 5:27 아홉째, 죄를 사할 수 있는 권능을 주셔야 했다.마 9:6 12 이 모든 것은 한마디로 그리스도가 모든 면에서 왕의 역할을 완수하셨다는 말이다.

그리스도의 나라는 그가 이 땅에서 사역하시는 동안에 시작되었다("가까이 왔으니", 막 1:15). 그리스도께서 낮아지신 상태에서 그 나라는 아무것도 아니어서 그다지 볼 만한 게 없었다(그 한 예로, 겨자씨 비유를 보라. 마 13:31-32). 하지만 그 나라를 다스리는 왕 덕분에 그 씨가 자라나 어느 날 모든 것을 이길 터였다.단 2장 그런데 그 날은 아직 오직 않은 상태였다. 유대인들은 이를 잘못 이해하고 지상의 왕, 물리적 압제에서 자신들을 구원해 줄 사람을 고대하고 있었다. 이들은 그리스도라는 인물과 그가 하신 일을 통해 그 나라의 권세가 바로 자기들 앞에(즉, "너희 안에", 눅 17:21) 임해 있는 것을 보지 못했다. 그것이 바로 그리스도께서 자신의 나라는 이 세상에 속한 나라가 아니라고 말씀하신 이유다.요 18:36 그리스도의 나라에 권능이 있음은 바로 이 나라가 영적인 나라요 궁극적으로는 물리적인 나라이기도 할 것이기 때문이다.

사람들이 원하던 바로 그 정복은 왕의 칼이 아니라 왕이 당한 고난에서 발견되었다. 예수는 자신의 죽음으로 "우리 죄를 없애"셨을 뿐만 아니라,^요일 3:5^ 악과 죽음의 세력을 정복하셨다. 참되신 왕으로서 예수는 자기 백성들을 위해 자기 목숨을 내놓으셨다. 예수께서 고난을 당하심으로 참 정복이 임했다. 왕은 죽음으로 상(傷)하였지만, 이는 왕을 상하게 한 사탄의 머리가 짓이겨지는 결과를 낳았을 뿐이다.^창 3:15^ 예수는 제사장 겸 왕이었는데, 이는 왕으로서 예수가 거둔 승리와 예수의 다스림을 예수의 제사장 직분(혹은 선지자 직분)과 별개로는 생각할 수 없다는 뜻이다.

그리스도가 왕으로서 높아지신 일은 그리스도의 부활 때 일어났다. 능력으로 부활한^롬 1:4^ 하나님의 아들(이는 왕을 묘사하는 위풍당당한 표현이다)로서 예수는 이제 온전한 권한으로 왕권을 행사한다.^마 28:18^ 예수는 자신이 중보하는 나라를(때로 신학자들은 이 나라를 일컬어 예수가 '섭리적으로 다스리는' 나라라고 한다) 최후 심판 때 아버지께 넘겨드릴 것이다.^고전 15:24-28^ 그러나 니케아 신조가 명쾌히 밝히고 있다시피, 그리스도의 나라에는 종말이 없을 것이다. 신인(神人)으로서 그리스도는 새 하늘과 새 땅의 왕이실 것이다.^계 22장^ 그리스도께서 받는 보상은 일시적 보상이 아니라 영원한 보상이다.

부활 후 제자들에게 하나님 나라에 대해 가르치신 뒤 그리스도는 하늘로 승천하셨다.^행 1:2-11^ 승천하실 때 그리스도는 군사적 승리를 이끄셨다.^시 68:18, 엡 4:8^ 이 승리는 십자가에서의 그리스도의 죽음이 사실상 그 이상의 승리를(예컨대 부활, 승천) 주도하는 한 승리였다는 사실을 나타냈다. 십자가에 달릴 때 그리스도 옆에 있었던 그 죄인처럼 낙원에서 그리스도와 함께 있는 이들은 승리하는 교회, 의기양양한 나라의 한 부분으로서 그리스도와 함께 있다. 그리스도께서 영광 중에 아버지 오른편에 앉으신다 했는데, 이 좌정하심이 부활과 함께 시작된 그리스도의 높아지심을 완성하리라는 데에는 의심의 여지가 없다. 신인(神人)의 위엄과 권능과 영광이 실현된다. 그리스도는 높아지시고, 영원히 높아지시며, 우리는 그리스도를 높아지신 왕으로 찬양할 것이다. 그리스도께서 낮아지신 상태에서는 그리스도라는 인물에 내재된 신적 영광이 그분의 육신 뒤에 감춰져 있었다. 하지만 천국에서는 그리스도의 인성이 진짜로, 그리고 실제로 높아지되 하나님의 모든 목적을 다 성취할 수 있는 그런 방식으로 높아진다. 그리스도의 권능은 하나님의 영원한 작정만큼 멀고도 넓게 확장된다.

어느 시대든 그리스도인이라면 고난과 환난과 괴로움의 와중에서도 이렇게 말할 수 있다. "내가 알거니와 예수는 천지의 왕이시고, 그러므로 모든 것이 다 만족스럽다." 리처드 십스는 높아지신 우리의 왕을 생각하며 음미하라고 우리에게 올바로 권면한다.

오 달콤한 묵상이어라, 사랑하는 이여, 우리 육신이 이제 천국에, 하나님 오른편에 있음을 생각하는 일은. 그리고 동정녀에게서 태어나 구유에 뉘었고 선한 일을 하며 오르막 내리막을 경험하고 우리를 위해 저주가 되사 죽기까지 자기를 낮추며 삼 일 동안 죽음의 속박 아래 누워 있던 그 몸을, 그리고 이 몸이 이제 영화롭게 되어 천국에 있음을, 이 사람이 산 자와 죽은 자를 다스리는 주님이심을 생각하는 일은. 이를 연구하

는 책은 탁월한 책이다. 사랑하는 이여, 낮아지시고 높아지신 상태에 있는 그리스도를 연구하라.[13]

낮아지신 그리스도 없이는 높아지신 그리스도가 있을 수 없고, 그 반대도 마찬가지다. 고난과 영광은 동전의 양면이다(그리스도께서 변화되셨던 일을 생각해 보라).

천국 보좌에 앉으실 때 그리스도는 원수들에게 승리하셨고 이제 그리스도는 약속된 성령으로 교회에 복 주실 수 있는 왕의 권능을 갖고 계시다. 보좌에 앉으실 때 그리스도는 인성으로는 더 받을 수 없을 만큼 충만하게 성령을 받으셨다. 성령을 받으실 때 그리스도는 자기 백성들의 머리로서 필연적으로 그 백성들을 위해서 성령을 받으셨으며, 그래서 성령은 그리스도의 이마에서 흘러나와[시 45편, 133:2] 교회로 흠뻑 흘러내렸고, 이는 오순절 때 엄청나게 많은 사람들이 회심한 일이 어떻게 해서 일어났는지를 설명해 준다. 그리스도의 대리자 성령을 통해 그리스도의 나라는 계속 커져가 온 땅을 가득 채운다.

그리스도의 직분이 욕을 당한 것에 대한 묵상

선지자, 제사장, 왕이라는 그리스도의 세 가지 직분은 그리스도께서 수난 당하시는 동안 복음서 기자들에 의해 면밀히 조사받게 된다. 사실 세 가지 직분 모두 불경스럽게 모독당했다. 첫째, 선지자 직분이 놀림 당했다. "이에 예수의 얼굴에 침 뱉으며 주먹으로 치고 어떤 사람은 손바닥으로 때리며 이르되 그리스도야, 우리에게 선지자 노릇을 하라. 너를 친 자가 누구냐 하더라."[마 26:67-68] 이들은 이 사람이 단순히 모세처럼 하나님의 집에서 "종으로서" 있는 사람이 아니라 "하나님의 집을 맡은 아들로서"[신18:18, 행 3:22, 7:37, 히 3:5-6] 있는 분이요 하나님 자신으로서 만물에 대한 최종적 말씀을 하신 분[히 1:1-3]이라는 사실을 거의 깨닫지 못했다.

둘째, 그리스도의 제사장 직분이 조롱당했다. "그가 남은 구원하였으되 자기는 구원할 수 없도다."[마 27:42] 사람들은 그리스도께서 제사장으로서 행하신 구원의 일을 조롱하면서 부지중에 영광스러운 진리를 입 밖에 냈으니, 그 진리란 그리스도께서 행하신 구원의 일이 타인을 구원하는 일일 뿐만 아니라 바로 그리스도 자신을 구원하는 일이기도 하다는 것이다. 하지만 사람들은 그리스도를 그릇 고소한 것이기도 했다. 왜냐하면 그리스도는 자기 자신을 구원할 수 있었기 때문이다.[요 10:18-19] 하지만 그리스도는 자기 앞에 놓인 기쁨을 위해 십자가를 감내했다.[히 12:2] 남은 구원하면서 자기 자신은 못 구원한다고 그리스도를 조롱했던 이 사람들이 자기가 조롱했던 분 덕분에 훗날 회심하고 구원받을 수도 있다는 것은 얼마나 놀라운 일인가![눅 3:34, 행 2:36-41]

셋째, 그리스도의 왕권이 비웃음을 샀다. "그가 이스라엘의 왕이로다. 지금 십자가에서 내려올지어다. 그리하면 우리가 믿겠노라."[마 27:42] 하지만 십자가에서의 죽음을 통해 그리스도는 마귀를 궤멸하고 모든 승리 중에서도 가장 위대한 승리를 실제로 획득하셨다.[히 2:14] 세상의 그 어떤 왕도 십자가에서의 그리스도만큼 자기 원수들에 대해 승리를 거둔 적이 없다. 지금 천국에서 그리스도는 자신의 모든 원수들, 자신의 발등상에 지나지 않는 이 원수들에 대해 절대 권능을 행사하고 계시다.[시 110:1]

결론

선지자, 제사장, 왕으로서의 그리스도의 직분을 제대로 이해하려면 먼저 그리스도가 자원하여 자기를 낮춘 신인(神人)이시라는 점을 정확히 이해해야 한다. 그리스도는 낮디 낮은 곳으로 몸을 낮추사 우리를 대신해 언약의 의무를 완수하고자 하셨으니, 이렇게 하신 것은 성부에 의해 가장 높은 곳으로 높임 받기 위해서였다. 그리스도는 한때 자기를 낮추신 선지자, 제사장, 왕이셨으나 이제 천국에서 높아지신 상태로 동일한 그 세 직분을 만물이 완성될 때까지 차지하고 계신 분이니, 이렇게 말해야 그리스도에 대해 제대로 말하는 것이라 할 수 있다. 그러나 영화롭게 되신 그리스도는 새 하늘과 새 땅이 열리는 그 때에도 우리의 중보자로 행동하실 것이다. 그 때가 되어도 그리스도는 선지자로서 하나님의 계시를 성도들에게 중간에서 전해 주실 것이며, 제사장으로서 이렇게 백성들을 위해 속죄하고 대언하시는 일에 대해 그들에게서 계속 영광을 받으실 것이며, 왕으로서는 신실한 '아담'으로 만사에 지배권을 행사하며 만물을 자기 앞에 복종시키사 온 인류를 위해 하나님께서 계획하신 의도를 완벽히 성취하실 것이다.

맺는 말

예수께서 행하신 일이 이 외에도 많으니 만일 낱낱이 기록된다면 이 세상이라도 이 기록된 책을 두기에 부족할 줄 아노라. _요 21:25

요한의 '변명'

책을 마무리하면서 변명을 하면 책의 서두에서 변명을 하는 것보다 아마 약간 나을 뿐일 것이다. 책을 끝내면서 하는 변명이든 책을 시작하면서 하는 변명이든 대체적으로 둘 다 피해야 하는 일이기는 마찬가지다. 사도 요한은 예수에 관해 말하는 자기 책 말미에서 거의 변명에 가까운 아주 훌륭한 주장을 한다. "예수께서 행하신 일이 이 외에도 많으니……." 요한은 예수께서 행하신 그 모든 일을 다 기록하지 못했다. 왜냐하면 "이 세상이라도 이 기록된 책을 두기에 부족할" 것이기 때문이었다. 그럼에도 요한은 이렇게 선언할 수 있었다. "오직 이것을 기록함은 너희로 예수께서 하나님의 아들 그리스도이심을 믿게 하려 함이요 또 너희로 믿고 그 이름을 힘입어 생명을 얻게 하려 함이니라." 요 20:31

내 원고 중 몇 개 장은 끝내 이 책에 포함되지 못했다. 예수의 행적 중 끝내 요한복음에 기록되지 못한 부분이 있는 것처럼 말이다. 독자들은 잘 느끼지 못하겠지만, 요한처럼 나도 그 빼먹은 부분이 자꾸 마음에 걸린다. 원고를 하나도 빼놓지 않았다면 책의 두께가 두 배로 두꺼워지는 것은 일도 아니었을 것이다.

독자 여러분이 지금 이 마지막 장을 읽고 있다면 그것은 아마 이 책 전체를 다 읽었다는 뜻일 것이다. 바라기는, 주의 은혜로 여러분이 이 책에서 어떤 식으로든 유익을 얻었으면 한다. 그리스도에 대해 알게 된다는 것이 우리에게 얼마나 큰 특권이며, 그 일에 도움이 될 수 있다는 것이 나에게 얼마나 큰 특권인지! 그보다 더 큰 복은(사실 말로는 제대로 표현할 수도 없는), 이 책을 읽고 여러분이 그리스도를 더 잘 알게 되고 더 잘 사랑하게 되었을지도 모른다는 것이다. 누군가 이 책을 읽고 실로 난생 처음 그리스도에 대해 알게 된다면 그것이 나로서는 무엇보다도 큰 은혜일 것이다.

그리스도를 빼면 존 오웬이 아마 이 책에서 가장 큰 영웅일 것이며, 성경을 제외하고 나의 그리스도 신학에 가장 큰 영향을 준 이도 존 오웬일 것이다. 그래서 사도 요한John이 아닌 다른 존John의 말로 이 책을 마치는 것을 양해해 주기를 바란다.

그리스도의 영광을 성실히 묵상하며 살자. 그러면 그분에게서 생겨 나오는 덕(德)이 우리의 모든 부패를 보수하고, 우리 안에 정직한 영을 새롭게 하며, 모든 순종의 일에 풍성히 거하게 할 것이다. 이런 효과를 낳는 길을 혈과 육은 알려 주지 않으니 이 방법은 문둥병을 고치려고 요단강에 몸을 씻는 것과 비슷해 보인다. 믿음으로 사는 삶이야말로 그 삶을 사는 사람들만이 알 수 있는 비결이다.[1]

아멘.

주

들어가는 말

1. John Owen, *Works*, 16 vols. (repr. London: Banner of Truth, 1965-68), 1:287. (『존 오웬 전집』, 부흥과개혁사)
2. Owen, *Works*, 1:287-8.
3. Augustine, 'Exposition on the Book of Psalms,' in *A Select Library of Nicene and Post-Nicene Fathers of the Christian Church*, Volume 8 (New York: The Christian Literature Company, 1886-1890).
4. James Allen Francis, 'One Solitary Life', *The Real Jesus and Other Sermons* (Philadelphia: Judson Press, 1926). http://www.olasg.org/Events/11-01-2014.pdf. Accessed July 14, 2015.

01 } 그리스도의 선언

1. Thorbjörn Campbell, *Standing Witnesses: A Guide to the Scottish Covenanters and their Memorials, with a Historical Introduction* (Edinburgh: Saltire Society, 1996), p. 169.
2. Samuel Rutherford, *Letters* (repr. Edinburgh: Banner of Truth, 1984), No. 226 (p. 446). (『새뮤얼 러더퍼드 서한집』, 크리스챤 다이제스트)
3. Augustine. *The Confessions of St Augustine*, in *A Select Library of Nicene and Post-Nicene Fathers of the Christian Church*. Volume 1: Augustine: Prolegomena, Confessions, Letters (New York: The Christian Literature Company, 1886-1890). (『고백록』)

02 } 그리스도의 엄위

1. Stephen Charnock, 'The Existence and Attributes of God' in *Works*, 5 vols. (repr. Edinburgh: Banner of Truth, 2010), 2:325.
2. Owen, *Works*, 1:159.
3. Thomas Goodwin, *Works*, 12 vols. (repr. Grand Rapids: Reformation Heritage Books, 2006), 5:20.
4. Rutherford, *Letters*, No. 175 (p. 331).

03 } 그리스도의 언약

1. John Flavel, *Works* (repr. Edinburgh: Banner of Truth, 2015), 1:61.
2. B. B. Warfield, 'The Biblical Doctrine of the Trinity', *Biblical Doctrines* (repr. Edinburgh: Banner of Truth, 1988), p. 166.
3. Goodwin, *Works*, 5:7.
4. *Westminster Confession of Faith* (repr. Edinburgh: Banner of Truth, 2012), 8.1 (p. 44).
5. John Owen, *Exposition of the Epistle to the Hebrews*, 7 vols. (repr. Edinburgh: Banner of Truth, 1991), 2:95.
6. Goodwin, *Works*, 5:31.
7. William Geddes (1600-94), 'This is the Covenant of Grace', quoted in Joel R. Beeke and Mark Jones, *A Puritan Theology: Doctrine for Life* (Grand Rapids: Reformation Heritage Books, 2012), pp. 257-8.

04 } 그리스도의 성육신

1. James Ussher, *Immanuel, or, The Mystery of the Incarnation of the Son of God* (London: Susan Islip for Thomas Downes and George Badger, 1647; repr. Swansea, 1810), p. 2.
2. Goodwin, *Works*, 2.82.
3. Herman Bavinck, *Reformed Dogmatics*, 4 vols. (Grand Rapids: Baker, 2006), 2:49. (『개혁교의학』, 부흥과개혁사)
4. Thomas Brooks, *Works* (repr. Edinburgh: Banner of Truth, 1980), 5:346.
5. Ussher, *Immanuel*, p. 5.
6. John of Damascus, *An Exact Exposition of the Orthodox Faith*, Book 3, Chapter 9, in *A Select Library of Nicene and Post-Nicene Fathers of the Christian Church* (New

York: The Christian Literature Company, 1890-1900).
7. *Westminster Confession of Faith*, 8.7 (p. 48).
8. Council of Chalcedon, A.D. 451.
9. Charnock, *Works*, 2:150.
10. Warfield, *Biblical Doctrines*, p. 186.
11. Charnock, *Works*, 2:60.
12. Martin Luther, 'All Praise to Thee, Eternal God.'
13. Abraham Kuyper, *In den Kerstnacht* [*On Christmas Night*] (Wormser, 1887), pp. 127-8.
14. Augustine, *Sermons* 184-229 (Edmund Hill O.P. Hyde Park, NY: New City Press, 1993), 191.1.

05} 그리스도의 신성

1. 2 Clement 1:1-2.
2. John Calvin, *Institutes of the Christian Religion*, Ed. John T. McNeil, tr. Ford Lewis Battles (Philadelphia: Westminster Press, 1960), 2.13.4. (『기독교강요』)
3. Charnock, *Works*, 1:466-7.
4. Jonathan Edwards, 'The Excellency of Christ', *The Works of Jonathan Edwards: Sermons and Discourses, 1734-1738*. Vol. 19, ed. M. X. Lesser (New Haven: Yale University Press, 2001); see also Works(repr. Edinburgh: Banner of Truth, 1974), 1:681. (『조나단 에드워즈 전집』, 부흥과개혁사)

06} 그리스도의 인성

1. B. B. Warfield, 'On the Emotional Life of Our Lord' in *Biblical and Theological Studies: A Commemoration of 100 Years of Princeton Seminary* (New York: Charles Scribner's Sons, 1912).
2. Bavinck, *Reformed Dogmatics*, 3:256.
3. Bavinck, *Reformed Dogmatics*, 3:256.
4. Gregory Nazianzen, *NPNF*.
5. Goodwin, *Works*, 5:55.
6. Goodwin, *Works*, 5:60.
7. B. B. Warfield, 'The Human Development of Jesus' in *Selected Shorter Writings* (Philadelphia: P&R, 1976), 1:162.

07 } 그리스도의 동행

1. Owen, *Works*, 1:160-2.
2. *Westminster Confession of Faith*, 8.2 (pp. 44-5).
3. Abraham Kuyper, 'The Holy Spirit in the Mystery of the Incarnation' in *The Work of the Holy Spirit*, tr. Henri De Vries (Grand Rapids: Eerdmans, 1946). Volume 1, Chapter 5, p. xix.
4. Sinclair B. Ferguson, *The Holy Spirit* (Downers Grove: InterVarsity Press, 1996), p. 53. (『성령』, IVP)
5. Bavinck, *Reformed Dogmatics*, 3:292.
6. James Smith, *Sabbath Reading; or Profitable Portions for the Lord's Day* (London & Cheltenham: Simpkin, Marshall, & Co., 1855), p. 128.

08 } 그리스도의 믿음

1. Goodwin, *Works*, 4:9.
2. J. C. Philpot, *Meditations on the Character of Jesus Christ as Prophet, Priest, and King*, np. Online version accessed July 21, 2015: http://grace-ebooks.com/library/J.%20C.%20Philpot/JCP%20On%20The%20Character%20of%20Christ%20as%20Prophet%20Priest%20King.pdf.
3. Bavinck, *Reformed Dogmatics*, 3:312.
4. Augustine, *Homilies on the Gospel according to St John, and His First Epistle*, Sermon 40:9. *A Library of Fathers of the Holy Catholic Church*, Vols. 26, 29 (Oxford: J. H. Parker, 1848).
5. Goodwin, *Works*, 5:144.
6. Geerhardus Vos, 'Redemptive History and Biblical Interpretation', *The Shorter Writings of Geerhardus Vos*, ed. Richard B. Gaffin Jr.(Phillipsburg, NJ: P&R, 2001), p. 213.
7. Geerhardus Vos, *Grace and Glory* (repr. Edinburgh: Banner of Truth, 1994), p. 104.

09 } 그리스도의 감정

1. Warfield, 'On the Emotional Life of Our Lord.'
2. Charnock, *Works*, 2:211.

3. Warfield, 'On the Emotional Life of Our Lord.'
4. Charles Spurgeon, 'The Parable of the Lost Sheep', *Metropolitan Tabernacle Pulpit*, Volume 30 (1884), Sermon No. 1801.
5. Octavius Winslow, *The Sympathy of Christ with Man* (New York: Robert Carter & Brothers, 1863), p. 55.
6. Ellen H. Willis, 'The Tears of Jesus' in *'I left it all with Jesus', and other poems* (London: John F. Shaw & Co, 1875), p. 17 (alt.).
7. Warfield, 'On the Emotional Life of Our Lord.'
8. Warfield, 'On the Emotional Life of Our Lord.'

10} 그리스도의 성장

1. 'The Alleged Legalism in Paul's Doctrine of Justification', *The Princeton Theological Review* 1:176. [1903].
2. Owen, *Works*, 3:168-9.
3. Bavinck, *Reformed Dogmatics*, 3:292.
4. Irenaeus, *Against Heresies*, 2.22.4. *Ancient Christian Writers*, no. 55, 64-65; trs. Dominic J. Unger and John J. Dillon (New York, N.Y: Paulist Press; Newman Press, 1992).
5. Goodwin, *Works*, 4:414.
6. James Smith, *The Voice of Mercy in the House of Affliction* (London & Cheltenham, 1855), p. 143.

11} 그리스도의 성경 읽기

1. Goodwin, *Works*, 5:203.

12} 그리스도의 기도

1. John of Damascus, 'An Exact Exposition of the Orthodox Faith', Book 3, Chapter 24, *NPNF*.
2. Thomas Crawford, *The Doctrine of Holy Scripture Respecting the Atonement* (Edinburgh and London: William Blackwood & Sons, 1871), p. 127.
3. F. W. Krummacher, *The Suffering Saviour*, (1856, repr. Banner of Truth, 2004), p. 100.
4. Warfield, 'On the Emotional Life of Our Lord.'

5. Spurgeon, 'Gethsemane', *MTP*, Vol. 9 (1863), No. 493.
6. Brooks, *Works*, 5:87.
7. Thomas Watson, *The Lord's Prayer* (repr. London: Banner of Truth, 1965), p. 32.

13 } 그리스도의 무죄無罪하심

1. Leon Morris, *The Gospel According to John*, New International Commentary on the New Testament (Grand Rapids: Eerdmans, 1995), p. 465.
2. Spurgeon, 'The Sinful Made Sinless', *MTP*, Vol. 43 (1897), No. 2509.
3. Owen, *Hebrews*, 6:310.
4. James Denney, *The Death of Christ* (London: Hodder & Stoughton, 1902), p. 64.

14 } 그리스도께서 받으신 시험

1. W. G. T. Shedd, *Dogmatic Theology*, ed. Alan W. Gomes, 3rd edition (Phillipsburg, NJ: P&R, 2003), p.661.
2. 'The Definition of Faith' in 'The Seven Ecumenical Councils', *NPNF*.
3. Shedd, *Dogmatic Theology*, p. 659.
4. Leon Morris, *The Lord from Heaven: A Study of the New Testament Teaching on the Deity and Humanity of Jesus Christ* (Grand Rapids: Eerdmans, 1958), pp. 51-2.
5. Iain H. Murray, *The Life of John Murray* (Edinburgh: Banner of Truth, 2007), pp. 211-12.

15 } 그리스도의 낮아지심

1. Flavel, *Works*, 1:95.
2. Basil of Caesarea, *Homily*, 20.6. *St Basil: Ascetical Works Fathers of the Church* (Raleigh, NC: Lulu Press, Inc., 2013).
3. Calvin, *Institutes*, 2.13.1.
4. Calvin, *Institutes*, 2.13.4.
5. John Ross MacDuff, *Clefts of the Rock; or, The Believer's Grounds of Confidence in Christ* (London: James Nisbet & Company, 1874), p. 58에 인용됨.
6. Flavel, *Works*, 1:233.
7. Flavel, *Works*, 1:238.
8. *Westminster Larger Catechism*, Q.&A. 27.

9. *The Belgic Confession*, Article 19.

16 } 그리스도의 변화

1. Thomas Manton, *Works* (repr. Edinburgh: Banner of Truth, 1993), 1:340.

17 } 그리스도께서 행하신 기적

1. Richard B. Gaffin Jr, 'A Cessationist View' in *Are Miraculous Gifts for Today?: Four Views*, ed. Stanley N. Gundrey and Wayne A. Grudem, et. al. (Grand Rapids: Zondervan, 1996), p. 26.

18 } 그리스도께서 남기신 말씀

1. Tertullian, *The Apology of Tertullian*, tr. and anno. by Wm. Reeve and Jeremy Collier (London, Sydney: Griffith Farran Okeden & Welsh, 1889), p. 5.
2. A. W. Pink, *The Seven Sayings of the Saviour on the Cross* (Grand Rapids: Baker, 1958) p. 57.
3. Flavel, *Works*, 1:410.
4. Flavel, *Works*, 1:410.
5. Flavel, *Works*, 1:411.
6. Spurgeon, 'The Shortest of the Seven Cries', *MTP*, Vol. 24 (1878), No. 1409.
7. Spurgeon, 'The Shortest of the Seven Cries'.
8. Spurgeon, 'It is Finished', *MTP*, Vol. 7 (1861), No. 421.
9. Augustine, *Homilies on the Gospel of John*, 119, 6.

19 } 그리스도의 죽음

1. Charnock, *Works*, 4:543.
2. Charnock, *Works*, 4:543
3. Octavius Winslow, *No Condemnation in Christ Jesus* (repr. Edinburgh: Banner of Truth, 1991), p. 361.
4. Charnock, *Works*, 4:545.
5. Charnock, *Works*, 4:547.

6. Charnock, *Works*, 4:554.
7. Charnock, *Works*, 2:211.
8. Charnock, *Works*, 2:322-23.
9. Charnock, *Works*, 4:540.
10. Irenaeus, *Against Heresies*, 5.17.3.

20 } 그리스도의 부활

1. Thomas Boston, *The Whole Works of the Late Reverend Thomas Boston of Ettrick* (Aberdeen: George & Robert King, 1848), 1:95.
2. John Knox, Sermon on Isaiah 26:13-21 in *The Works of John Knox*, 6 vols, ed. David Laing (repr. Edinburgh: Banner of Truth, 2014), 6:262.
3. Owen, *Works*, 3:183.
4. Francis Turretin, *Institutes of Elenctic Theology*, ed. James T. Dennison, tr. George Musgrave Giger (Phillipsburg, NJ: P&R, 1997), 2:364-65.
5. Turretin, *Institutes*, 2:366.
6. Flavel, *Works*, 5:90.
7. Goodwin, *Works*, 4:37.

21 } 그리스도의 높아지심

1. Flavel, *Works*, 1:519.
2. Goodwin, *Works*, 4:48.
3. Flavel, *Works*, 1:507.
4. Owen, *Hebrews*, 5:410.
5. Flavel, *Works*, 1:506.
6. Owen, *Works*, 1:264.
7. Thomas Aquinas, *Summa Theologica*, Part 3, 'Treatise on the Incarnation', Question 58, Of Christ Sitting at the Right Hand of the Father, Article 1; tr. by Fathers of the English Dominican Province (New York: Christian Classics, 1981). (『신학대전』)

22 } 그리스도의 대언

1. Goodwin, *Works*, 4:71.

2. Owen, *Hebrews*, 5:542.
3. Goodwin, *Works*, 4:127.
4. Goodwin, *Works*, 4:138-50을 보라.
5. Richard Sibbes, *The Bruised Reed* (repr. Edinburgh: Banner of Truth, 1998), p. 13.
6. 이 개념은 필자의 친구 리처드 개핀 교수에게서 얻었다.
7. Andrew A. Bonar, *Robert Murray M'Cheyne* (repr. Edinburgh: Banner of Truth, 2012), p. 236.

23 } 그리스도의 백성들

1. Cyprian, *On the Unity of the Church*, section 6, Treatises (Washington, D.C.: The Catholic University of America Press, 2007).
2. Goodwin, *Works*, 4:116.
3. Richard Sibbes, *Works* (repr. Edinburgh: Banner of Truth, 1973), 1:20.
4. Owen, *Works*, 1:118.
5. Goodwin, *Works*, 4:9.
6. Vos, *Grace and Glory*, p. 104.
7. Goodwin, *Works*, 4:9.
8. John Calvin, *Commentaries on the Epistle of Paul the Apostle to the Hebrews* (Edinburgh: Calvin Translation Society, 1853), p. 68.
9. Owen, *Works*, 3:513.
10. Goodwin, *Works*, 1:564.

24 } 그리스도의 진노

1. Thomas Watson, *The Ten Commandments* (repr. London: Banner of Truth, 1965), p. 43.
2. Jonathan Edwards, *History of the Work of Redemption*, Works, (repr. Edinburgh: Banner of Truth, 1974), 1:537.
3. Quoted in Richard Watson, *Theological institutes, or, A View of the Evidences, Doctrines, Morals, and Institutions of Christianity* (London: J. Mason, 1829-1832), Vol. 1, p. 501.
4. Spurgeon, 'The Wailing of Risca', *MTP*, Vol. 7 (1861), No. 349.

25 } 그리스도의 얼굴

1. Owen, *Works*, 1:288.
2. C. H. Spurgeon이 'Heavenly Worship', *New Park Street Pulpit*, Vol. 3 (1857)과 *Mording and Evening*(January 17)에서 새뮤얼 러더포드가 한 말로 인용함.
3. Owen, *Works*, 1:290.
4. Owen, *Works*, 1:380.
5. Thomas Watson, *The Beatitudes* (repr. Edinburgh: Banner of Truth, 2014), p. 215.
6. Owen, *Works*, 1:379.
7. Martin Luther, 'Preface to the Old Testament,' *What Luther Says: An Anthology*, ed. Ewald M. Plass, vol. 1 (St. Louis: Concordia, 1959), p. 71.
8. Owen, *Works*, 1:414.
9. Owen, *Works*, 1:272.
10. Augustine, *Homilies on the Gospel according to St John, and His First Epistle*, Sermon 40:9.

26 } 그리스도의 이름

1. Vos, *Shorter Writings*, pp. 338-9.
2. Geerhardus Vos, *The Self-Disclosure of Jesus: The Modern Debate about the Messianic Consciousness*, Ed. Johannes G. Vos (Phillipsburg, NJ: P&R, 2002), p. 237.

27 } 그리스도의 직분

1. *Westminster Shorter Catechism*, Q.&A. 24를 보라.
2. Owen, *Works*, 20:30.
3. Owen, *Works*, 20:30.
4. Goodwin, *Works*, 4:21.
5. Goodwin, *Works*, 4:21.
6. Charnock, *Works*, 4:131.
7. Charnock, *Works*, 4:135.
8. *Westminster Shorter Catechism*, Q.&A. 25 참고.
9. Goodwin, *Works*, 4:63.
10. Goodwin, *Works*, 4:64.

11. *Westminster Shorter Catechism*, Q.&A. 26.
12. Edward Reynolds, *Explication of the Hundred and Tenth Psalm: Wherein the Several Heads of Christian Religion Therein Contained, Touching the Exaltation of Christ, the Sceptre of His Kingdom, the Character of His Subjects; His Priesthood, Victories, Sufferings, and Resurrection, Are Explained and Applied* (Religious Tract Society, 1837), pp. 6-7.
13. Sibbes, *Works*, 5:346.

맺는 말

1. Owen, *Works*, 1:460-61.

스터디 가이드

01 } 그리스도의 선언

1. 그리스도께서는 영생을 어떻게 묘사하는가?
2. 그리스도가 우리의 가장 큰 소망이 되는 것을 가로막는 것은 무엇인가?
3. 무엇이 그리스도를 우리의 가장 큰 소망으로 만들어 주는가? 그리스도를 우리의 가장 큰 소원으로 삼을 때 그리스도의 역할은 무엇인가?
4. '안다'는 말에 대해, 그리고 이 말이 어떻게 여러 다양한 의미를 가질 수 있는지에 대해 토론해 보라.

02 } 그리스도의 엄위

1. 그리스도의 탁월함을 이해하는 것이 그리스도인에게 왜 중요한가? 이 진리는 자녀 양육, 노동, 예배 등과 관련해 우리가 살아가는 방식에 어떻게 영향을 끼치는가?
2. 자녀가 있으면 성부께서 성자를 얼마나 사랑하시는지를 어떤 식으로든

이해하는 데 어떻게 도움이 되는가?

3. 성부께서는 성부에 대한 사랑을 어떻게 표현하셨는가? 성부께서 사랑을 표현하셨을 때 그리스도께 어떤 유익이 있었는가? 그리고 이것이 신자와는 어떤 관계가 있는가?

03 } 그리스도의 언약

1. '언약'이라는 말은 성부와 성자의 관계를 어떻게 표현해 주는가?
2. 이 장은 그리스도인들이 '여호와의 증인'을 비롯해 예수가 완전한 하나님이 아니라고 가르치는 기타 사이비 종파들에게 대응할 때 어떻게 도움을 주는가?
3. 성부께서는 상급을 약속하심으로써 성자에게 동기를 부여하셨는가? 답변하고 설명해 보라. 상급에 대한 약속이 과연 신자들에게 동기를 부여하는 건전한 방법인지에 대해 각자의 생각을 토론해 보라. 자녀들에게 보상을 약속함으로써 동기를 부여해야 하는가? 만약 그렇다면 어떤 점을 주의해야 하는가?
4. 구속의 언약은 어떻게 해서 우리에게 확신을 주는가?

04 } 그리스도의 성육신

1. 성육신은 어떻게 해서 성삼위 하나님의 역사인가?
2. "하늘이 땅에 입 맞추었다"는 말에 우리는 왜 충격을 받는가?
3. 무슬림들은 예수가 잠도 자고 나이 들기도 하고 죽기도 하므로 절대 하나

님일 수 없다고 말하는데, 이 장은 그리스도인들이 무슬림들의 그런 말에 대응하는 데 어떤 도움을 주는가?
4. 우리와 하나님과의 교통을 위해 성육신은 어떤 중요성을 갖는가?
5. 이 큰 신비^{빌 2:6-11}와 관련해 우리는 어떻게 그리스도의 마음을 가져야 하는가?

05 } 그리스도의 신성

1. 신의 속성을 공부하면 그리스도인은 성육신의 신비 앞에서 경외감이 커진다. 어떻게 그렇게 되는가?
2. 그리스도의 신적 속성에 대한 묵상이 왜 우리에게 복인가?

06 } 그리스도의 인성

1. 그리스도에게 '유한한' 인성이 있다는 말은 무슨 뜻인가?
2. 동정녀 탄생에는 어떤 중요한 의미가 있는가? 이 성경적 진리를 부인할 때 우리는 무엇을 잃는가?
3. 그리스도가 보는 것으로써가 아니라 믿음으로 살았다는 것이 여러분에게는 어떤 의미인가? 그것이 왜 중요한가?
4. 그리스도에게는 몸과 영혼이 있었다. 어떤 그리스도인은 그리스도의 신적 속성을 그리스도의 '영혼'으로 생각하는 경향이 있다. 그런 식으로 생각해서는 안 되는 이유가 무엇인가?

07 } 그리스도의 동행

1. 이 장은 그리스도의 삶에서 성령의 역할에 대해 무엇을 가르쳤는가? 성경이 성령과 그리스도에 대해 언급하는 내용들에 놀랐는가? 놀랐다면, 그 이유는 무엇인가?
2. 그리스도의 생애에서 성령이 임재했다고 언급된 주요 사건들을 나열해 보라.
3. 그리스도가 성령께 의존한다는 사실이 그리스도의 백성들에게 어떤 함축적 의미를 지닐 수 있는지 생각해 보라. 그 함축적 의미가 뭐라고 생각하는가?

08 } 그리스도의 믿음

1. 그리스도는 믿음으로 행동하기를 언제 멈추셨는가? 우리가 더는 믿음을 행사하지 않아도 되는 때는 언제인가? 답변하고 설명하라.
2. 우리가 생각하기에 이 장에 열거된 시험 중 예수께서 직면하셨던 가장 의미 있는 '시험' 세 가지는 무엇인가?
3. 예수가 만약 완벽한 믿음을 갖지 못할 경우 어떤 일이 닥칠 것이라는 '위협'이 있었는가?
4. 예수께서는 구약성경 중에 어떤 책을 늘 마음 속에 품고 있다가 믿음을 강하게 유지해야 할 때마다 활용하사 우리가 시험 받을 때를 위해 본을 보이셨는가?
5. 그리스도께서는 믿음을 최종적으로 어떻게 표현하셨는가? 그리고 이 최

종적 신앙고백은 고통과 핍박 아래 사는 신자들을 어떻게 강하게 만들어 줄 수 있는가?

09 } 그리스도의 감정

1. 예수는 왜 인간의 진정한 감정의 완벽한 본보기이신가? 감정은 왜 하나님의 선물인가?
2. 그리스도께서 보이신 본에 비추어서 그리스도인들이 자기 감정을, 특히 죄를 향해 분노하고 격노하는 감정을 억제해야 하는지의 여부에 대해 토론하라.
3. 그리스도께서 의로운 분노를 보인 사람들이 있는데, 그 사람들의 공통적 특징은 무엇인가? 나의 분노가 의로운 분노인지 아닌지 어떻게 알 수 있는가?
4. 예수가 죄인들에게는 의로운 분노를 보이지만 나는 그리스도께 긍휼과 불쌍히 여김을 받았다는 것을 알았을 때 내 기분은 어떤가?
5. 이 장에는 그리스도께서 드러내신 여러 가지 감정이 묘사되어 있는데, 그 중 여러분을 가장 불편하게 만드는 감정은 무엇인가? 그 감정을 어떻게 돌아볼 것이며 어떻게 해야 그 감정이 나로 하여금 구주를 더 경배하게 한다는 사실에 감사할 수 있을까?

10 } 그리스도의 성장

1. 성부께서 예수에게 주신 은혜는 성부께서 우리에게 주시는 은혜와 어떻

게 다른가?
2. 잉태되었을 때부터 완전한 성장에 이를 때까지 예수가 인간 성장 발달의 모든 단계를 다 거쳤다는 사실이 그토록 중요한 이유는 무엇인가? 지금 나 자신의 성장 발달 단계상 이 사실은 나에게 무슨 의미이며, 나는 그것에 어떻게 반응할 것인가?
3. 그리스도의 믿음은 그리스도께서 마주해서 이겨내신 각 시험과 관련해 어떻게 더 좋은 쪽으로 변화할 수 있었는가?
4. 어떻게 하면 나에게도 똑같은 일이 일어날 것이라는 확신을 가질 수 있을까?
5. 성부께서 성자를 가장 기뻐하셨고 가장 진노하셨던 때는 언제인가?

11 } 그리스도의 성경 읽기

1. 누가복음 24장은 그리스도의 자기 이해에 어떤 중요성을 갖는가? 또한 우리가 구약성경 각 부분의 목적이 무엇인지 이해하는 데에는 어떤 중요성을 갖는가?
2. 시편 90편의 여러 구절은 예수께 어떻게 적용되는가?
3. 시편 22편은 이 땅에서 낮아지신 상태에 있는 예수에게 어떤 힘과 확신을 제공했을까?

12 } 그리스도의 기도

1. 예수께서는 무슨 이유(들)로 기도하셨는가?
2. 여러분은 요즘 무슨 이유(들)로 기도하는가?

3. 그리스도께서 기도하신 이유들로 볼 때 그분의 기도는 나의 기도가 내용과 빈도 면에서 어떻게 달라져야 하는지에 대해 어떤 모범을 보이는가?
4. 그리스도는 이 땅에서 사는 동안 쉼 없이 기도하셨고, 영광 가운데 보좌에 앉아 계신 지금도 여전히 자기 백성들을 위해 기도를 계속하고 있다. 이 사실이 우리 마음을 고무시켜 더욱 기도에 힘쓰게 만드는가?
5. (이 장에서 언급된) 요한복음 17장을 먼저 읽으라. 거기 기록된 기도는 나의 구원에, 시련을 이겨내는 인내에, 그리고 장차 있을 부활에 어떤 중요한 의미를 갖는가? 이 기도에 어떻게 화답해야겠는가?

13 } 그리스도의 무죄하심

1. 그리스도의 '무죄성'impeccability이란 무슨 뜻인가?
2. 베드로와 요한, 그리고 히브리서 기자는 그리스도의 무죄하심을 어떻게 서술하는가?
3. 우리에게는 왜 죄 없으신 중보자가 필요한가?
4. 예수는 어떻게 해서 "일찍이 존재한 죄인 중 가장 큰 죄인"이 되셨는가?

14 } 그리스도께서 받으신 시험

1. 그리스도의 위격의 단일성이란 무슨 뜻인가?
2. 그리스도의 의지는 어떻게 그리스도가 시험에 저항할 수 있게 도왔는가?
3. 그리스도는 광야에서 시험과 싸울 때 어떻게 성경을 이용하셨는가? 우리 또한 시험과 싸울 때 어떻게 성경을 이용할 수 있는가?

4. 그리스도의 무죄함 때문에 그리스도께서 받으신 시험의 사실성이 어떻게 고조되었는지 설명하라.

15 } 그리스도의 낮아지심

1. 성육신이 '역사적 정황' 가운데서 이뤄졌다는 것은 무슨 뜻인가?
2. 마태복음 8:20을 묵상하는 것이 여러분에게 어떤 영향을 끼치는가?
3. 요한복음 1:11에 담긴 진리를 상세히 설명하라.
4. 그리스도가 받은 심문에서 그리스도가 겪는 모욕을 심화시킨 일곱 가지 불법 요소는 무엇이었는가?
5. 그리스도의 세 가지 직분은 십자가에서 어떻게 모독당했는가?

16 } 그리스도의 변화

1. 예수가 베드로, 야고보, 요한과 맺은 우정의 성격을 설명하라. 예수에게 왜 우정이 중요했는가?
2. 예수의 변화와 예수의 십자가는 여섯 가지 면에서 대비된다. 그 여섯 가지는 무엇인가?
3. 십자가와 영광은 어떻게 해서 동전의 양면인가? 이 사실은 그리스도인으로서의 우리 삶에 어떤 함축적 의미를 가지는가?
4. 모세의 기도는 그리스도의 변화 때 어떻게 응답되었는가?
5. 성부는 왜 필연적으로 성자를 크게 기뻐하셨는가?
6. 우리는 이생에서 우리 자신의 변화를 어떻게 경험하는가?

17 } 그리스도께서 행하신 기적

1. 출애굽기 3장과 4장을 읽고 그리스도께서 행하신 기적에 구약성경이 어떻게 배경을 이루고 있는지 생각해 보라. 모세는 왜 '표적'과 '기사'를 행했는가? 이 표적과 기사는 우리가 예수의 기적을 이해하는 데 어떻게 도움이 되는가?
2. 이사야 25:5-12와 아모스 9:11-15를 읽고 구약성경이 그리스도께서 맨 처음 행하신 기적에 어떻게 배경을 이루는지 생각해 보라. 포도주가 메시아 시대를 상징하는 그림이라면 예수께서 물을 포도주로 변화시킨 일에는 어떤 중요한 의미가 있는가?
3. 예수께서 '포도 열매'로 성찬을 제정하신 이유가 뭐라고 생각하는가?

18 } 그리스도께서 남기신 말씀

1. 우리는 어떻게 남을 용서해야 하는가? 이것이 상대가 회개하기도 전에 용서를 하는 일에 대해 가지는 함축적 의미는 무엇인가?
2. 때로 우리 죄가 너무 커 도저히 사함 받을 수 없을 듯 여겨지는 이유는 무엇인가? 이런 감정은 우리의 그리스도 이해에 관해 무엇을 드러내는가?
3. 여러분은 부모님을 얼마나 신경 쓰는가? 형편상 부모를 공경하기가 어려울 때에는 어떻게 하는가?
4. 그리스도께서 십자가에서 하신 네 번째 말씀은 하나님께 버림 받은 것 같은 기분일 때 여러분에게 어떤 위로를 주는가?

19 } 그리스도의 죽음

1. 이 장에서 논의된 그리스도의 죽음의 두 가지 측면은 무엇인가?
2. 그리스도가 기꺼이 십자가를 향해 간 것이 왜 중요한가?
3. 그리스도의 죽음이 어떻게 하나님을 영화롭게 하는가?
4. 그리스도의 고난은 그리스도인으로서의 우리의 행보에 어떻게 연관되는가? 벧전 2:21

20 } 그리스도의 부활

1. 부활은 왜 그리스도의 사역에서 없어서는 안 될 부분이었는가?
2. 부활하신 그리스도가 사람의 아들들 중 가장 잘 생긴 분이었다고 하는 초대교회 교부들의 견해에 대해 토론하라. 이는 단순한 추측인가? 그런 견해에서 어떤 유익을 이끌어낼 수 있는가?
3. 육체적으로나 정신적으로 장애가 있는 사람, 나이 든 사람들 등에게 그리스도의 부활은 무엇을 의미하는가?
4. 우리는 현재 어떤 식으로 그리스도의 부활의 유익을 누리는가?

21 } 그리스도의 높아지심

1. 천상의 교회는 그리스의 높아지심과 그리스도께서 천국에 들어가신 일에서 어떤 유익을 얻었는가?
2. 그리스도께서 천국에 들어가신 것이 어떻게 해서 성부께 기쁨이었는가?

3. 그리스도께서는 자신이 장차 높아지리라는 것을 알고 있었는데 이것이 그리스도께서 이 땅에서 사시는 동안 어떤 도움이 되었는가?
4. 우리가 장차 높아지리라는 것을 알면 우리가 이 땅에 사는 동안 어떻게 도움이 되는가?

22 } 그리스도의 대언

1. 그리스도의 대언은 그리스도에게 어떤 도움이 되는가? 그리스도의 대언은 우리에게 어떤 도움이 되는가?
2. 그리스도인은 왜 그리스도의 대언에 대해 더 많이 생각해야 하는가?
3. 지금까지 이 책에서 읽은 내용, 특히 그리스도의 인성에 관한 내용은 그리스도의 대언의 소중함을 인식하는 데 어떻게 도움이 되는가? 그리고 그리스도의 인성이 그리스도의 대언 사역에 그렇게 중요한 이유는 무엇인가?

23 } 그리스도의 백성들

1. 일부 그리스도인들이 교회를 향해 그렇게 부정적 태도를 보이는 이유는 무엇인가?
2. 예수는 왜 교회를 사랑하시는가? 예수의 교회 사랑에 대한 삼위일체적 근거는 무엇인가?
3. 교회에 대한 그리스도의 사랑은 교회를 향한 우리의 태도에 어떤 영향을 끼치는가?

4. 그리스도를 본받는 것에 대해 토론하라. 우리가 이 교리를 논할 때 있을 법한 위험, 피해야 할 그 위험은 무엇인가? 그리스도를 본받는다는 이 성경적 개념은 그리스도인인 우리에게 왜 소중한가?

24 } 그리스도의 진노

1. 그리스도께서 심판을 행하신다는 것을 아는 것이 왜 중요한가?
2. 그리스도께서는 어떤 식으로 과거에 이미 심판을 행하셨는가? 그리고 어떤 식으로 장차 심판을 행하실 것인가?
3. 그리스도께서 지옥에 대해 그렇게 자주 설교하신 이유가 뭐라고 생각하는가?

25 } 그리스도의 얼굴

1. 우리가 천국에서 받게 될 가장 큰 복은 무엇인가?
2. 오늘날 교회에서는 몸이나 몸에 관련된 것의 중요성에 대해 소극적 태도를 보이거나 말하기를 삼가는 경향이 있는데, 그 이유는 무엇인가? 우리의 물리적 몸에 관한 성경의 가르침은 천국과 어떻게 연관되는가?
3. 지복직관이 이생과 내세에서 그렇게 중요한 이유는 무엇인가? 믿음과 봄 sight 은 지복직관과 어떻게 연관되는가?
4. 성경이 지복직관에 대해 뭐라고 가르치는지를 생각하고 이와 관련해 예수의 모습을 그림으로 그려 활용하는 것에 대해 토론하라.

26 } 그리스도의 이름

1. 오늘날 이름의 용도와 비교해 볼 때 성경에서 이름은 어떤 중요성을 갖는가?
2. 그리스도가 여러 가지 이름을 가졌다는 것은 우리에게 왜 중요한가?
3. 그리스도를 '하나님의 아들' Son of God 로 언급하는 것은 그리스도의 신성을 말해 주고 그리스도를 '인자' Son of Man 로 언급하는 것은 그리스도의 인성을 말해 준다고 하는 것이 맞는 말인지 토론하라. 그리스도에 대해 이런 이름 혹은 호칭을 쓸 때 성경이 우리에게 이해시키고자 하는 것은 무엇인가?

27 } 그리스도의 직분

1. 아담은 어떻게 선지자, 제사장, 왕이었는가?
2. 그리스도의 직분에 대해 이 장에서 읽은 내용 중 새로이 알게 된 것이 있는가?
3. 이 직분들이 그리스도의 인성과 연관된다는 것이 왜 중요한가? 그리스도의 직분은 어떤 식으로 여러분에게 위로를 주는가?

맺는 말

1. 이 책에서 어떤 식으로 유익을 얻었는가?
2. 지금까지 몰랐다가 이 책을 통해 새로 알게 된 것이 있는가? 혹은 이 책에서 알게 된 내용 중 주 예수 그리스도에 대해 여러분이 지금까지 생각해 왔던 방식을 변화시킨 내용이 있다면 무엇인가?